Découvrez l'histoire par les archives de presse

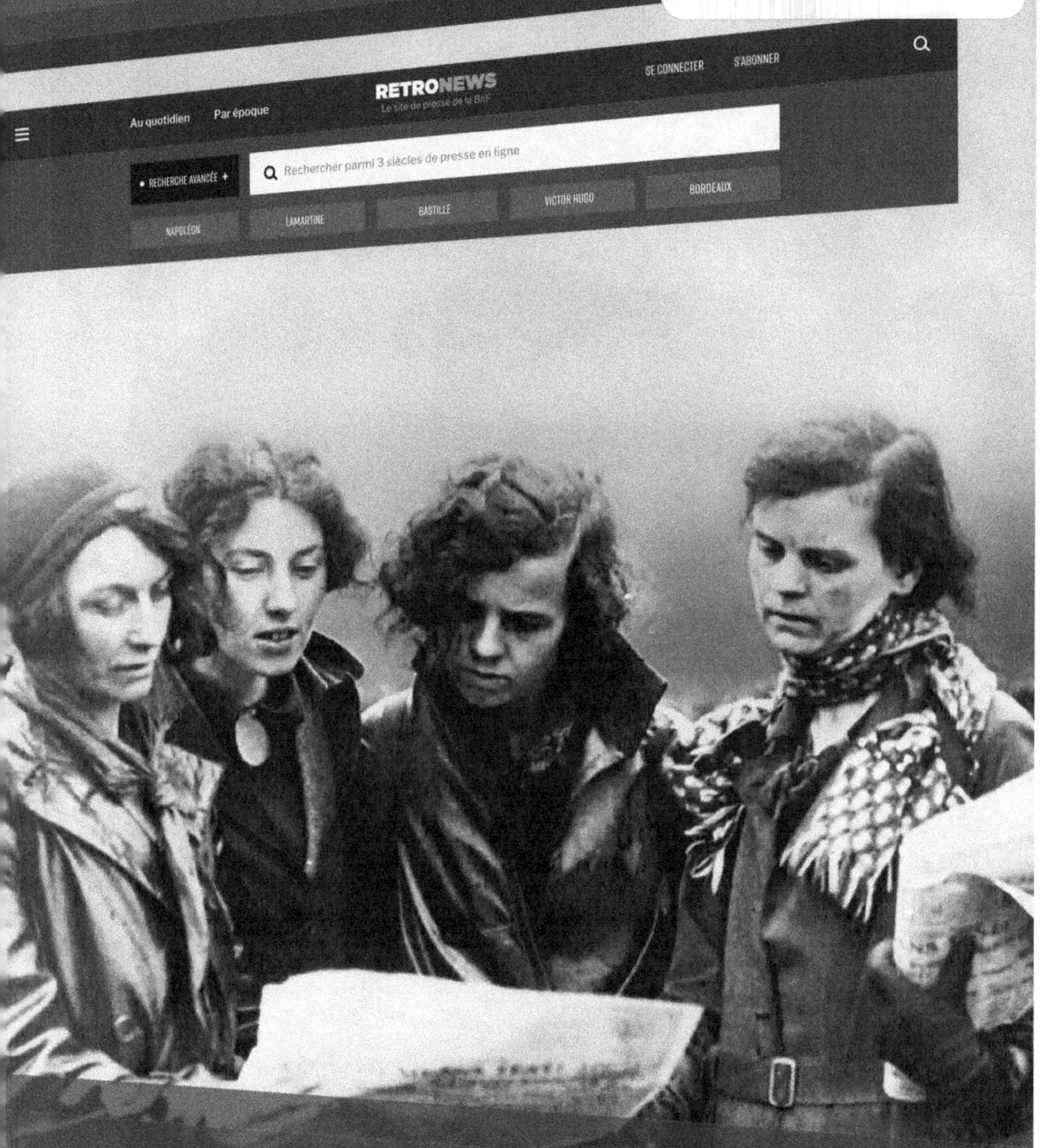

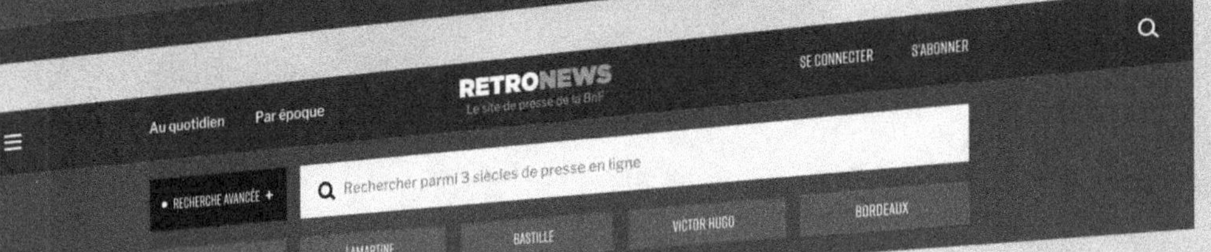

RETRONEWS

Le site de presse de la BnF

www.retronews.fr

REVUE HISTORIQUE

NOBILIAIRE ET BIOGRAPHIQUE

RECUEIL DE MÉMOIRES ET DOCUMENTS

Publié sous la Direction de

M. L. SANDRET

Avec la Collaboration de littérateurs et d'archéologues.

Troisième Série. — Tome Quatrième.

PARIS

Librairie historique de J.-B. Dumoulin, Libraire de la Société
des Antiquaires de France
13, Quai des Augustins, 13

1879

REVUE

HISTORIQUE

NOBILIAIRE ET BIOGRAPHIQUE

XVI.

LISTE DES COLLABORATEURS

DE CE VOLUME.

MM.

Callier (G.).
Daguin (A.).
Mannier (E.).
Marsy (comte de).
Merlemont (comte de).
Riocour (comte de).
Sandret (L.).
Sornay (comte de).

ANCIENNES REMARQUES

DE LA

NOBLESSE BEAUVAISINE

PAR

P. LOUVET

Pierre Louvet avait fait sur la noblesse du Beauvaisis un premier travail qui comprenait toutes les lettres de l'alphabet. Ce premier travail fut ensuite augmenté par de nouvelles recherches, qui ont été publiées jusqu'à la lettre L, et pour quelques rares exemplaires jusqu'au nom de MALLET. Le reste du travail de Louvet resta manuscrit et inachevé. Une minute originale, tout entière de la main de l'auteur, fait partie de la bibliothèque de M. Le Mareschal, à Beauvais. Celle du château de Merlemont en possède une copie. C'est pour compléter, autant que possible, les *remarques sur la noblesse de Beauvaisis* de P. Louvet, qu'on a extrait de cette copie les notes concernant les noms de familles qui suivent celui de MALLET, le dernier qui figure dans la portion déjà imprimée du travail de cet auteur [1].

Comte DE MERLEMONT.

---

[1] La *Revue* doit à M. le comte de Merlemont cette précieuse communication. Nous publions ici les notes telles que Louvet les a recueillies sans y rien ajouter, nous contentant de traduire toutes celles qu'il a laissées en latin.　　L. S.

M

Maubeuge. — Pierre de Maubeuge (*de Malobodio*), chevalier et professeur ès-lois, 1320. (Coutume de Senlis.)

Malvoisin. — Raoul Malvoisin, frère de l'archevêque Rhemor, 1148. (Titres de Saint-Germer.)

Gui Malvoisin, chevalier, 1148. (Titres de Saint-Germer.)

Manassès, dit Malvoisin, écuyer, 1164. (Titres de Beaupré.)

Pierre Malvoisin, très-honnête chevalier, 1214. (Rigord.)

Robert de Malvoisin, écuyer, 1251. (Titres du comté de Beauvais.)

Robert de Malvoisin, écuyer, 1300. (Titres de Saint-Germer.)

Charles de Mauvoisin, écuyer, seigneur de Crocgoison et d'Espaumesnil, 1567. (Coutume d'Amiens.)

Marche (la). — Geoffroy de La Marche, chevalier. (Titres de l'abbaye de Lannoy.)

François de La Marche, écuyer, seigneur de Blicourt, 1539. (Coutume de Senlis.)

Marcilly. — Guillaume de Marcilly (*de Marcyliaco*), chevalier, 1305..

Jacques de Marcilly, maréchal de France, 1356. (Lettres du comté de Beauvais.)

Maret. — Raoul de Maraires (*de Marairis*), fils de Robert, 1171. (Titres de Lannoy.)

Pierre de Maresc (*de Maresco*) fit une donation à l'église de Saint-Quentin, 1130. (Titres de Saint-Lucien.)

Margival. — Messire César de Margival, chevalier, seigneur de Salencq et de Cuvillers, prévosté de Roye, 1567. (Coutume de Montdidier.)

Maricourt. — Jean de Maricourt, escuyer, baron chastellain de Monci-le-Chastel, 1539. (Coutume de Senlis.)

Marie (Sainte-). — Adrian de Sainte-Marie, écuyer, seigneur de Formerie, 1507. (Coutume de Gerberoy.)

Marle. — Guillaume de Marle, escuyer, seigneur de Versigny, 1539. (Coutume de Senlis.)

MARREGNY. — Robert de Marregny fit une donation à Saint-Germer, 1196. (Titres de Saint-Germer.)

Jean de Marigny, chevalier, 1248. (Titres de Saint-Germer.)

Gilles de Marregny, sire dudit lieu et chevalier, 1270-1305. (Titres de Beaupré.)

Dame Ysabel de Marigny, mère de Guy de Beaumont, chevalier, seigneur d'Ons, 1361.

Beaugeois de Marregny, seigneur dudit lieu et de Framicourt, 1518.

Magdeleine de Marregny, dame de Framicourt, 1539. (Coutume de Senlis.)

MARINES. — Gaultier de Marines et sa femme Mathilde firent une donation à Saint-Pierre, 1214. (Titres de l'église de Beauvais.)

MARSEILLES. — Philippe de Marseilles (*de Marsiliis*), seigneur à Briostel, 1138. (Titres de Lannoy.)

Droux, fils de Roer de Marseilles, seigneur de la mairie de Briostel, 1148. (Titres de Lannoy.)

Ibert de Marseilles, sa femme Ermengarde, Laurent et Hildeburge, ses enfants, 1175. (Titres de Lannoy.)

Thomas de Marseilles, 1224. (Titres de Saint-Lucien.)

MARTIN (SAINT-). — Bodin de Saint-Martin, 1164. (Titres de Lannoy.)

Jehan de Saint-Martin, écuyer, seigneur à Reilli, 1308. (Titres de Saint-Germer.)

MARTINCOURT. — Regnauld de Martincourt et Isabelle de Mortviller firent une vente, 1258. (Titres de l'église de Beauvais.)

MARTREDAM. — Raoul de *Marthredo*, 1103. (Titres de l'église de Beauvais.)

MASIS (DES). — Gilbert des Masis, écuyer, 1272. (Titres de Saint-Lucien.)

MAUQUENCI. — Geoffroy, fils de Gérard de Mauquenci, seigneur à Vaux, 1155. (Titres de Saint-Paul-lez-Beauvais.)

MAUDUN. — Gilbert de Maudun (*de Maloduno*), fils de Gilbert de Maudun, chevalier, seigneur à Mateigny, 1255. (Titres de Saint-Germer.)

MAURE (SAINT-). — Messire Louis de Saint-Maure, chevalier de l'Ordre du Roy, marquis de Nelle, baron d'Athies, 1567. (Coutume de Montdidier.)

MEAUX-MEAUCIA. — Thomas de *Meaucia*, chevalier, 1148. (Titres de Saint-Germer.)

MELUN. — Messire Maximilien de Melun, chevalier, vicomte de Gand, seigneur chastellain de Bailleul, 1567. (Coutume d'Amiens.)

MELUSINE. — Raymond et Melusine, sa femme. Cette dame fut appelée ainsi des seigneuries de Melles et de Lusignan qu'elle eut en partage, étant appelée auparavant Marie, 1080.

MENERVAL.

MERCASTEL ou MELCASTEL. — Richard de Mercastel (*de Merulæ-Castello*), chevalier, 1219. (Titres de Saint-Germer.)

Jehan de Melcastel, écuyer, seigneur à Haussez. (Dénombrement de Gerberoy.)

Perceval de Melcastel, seigneur de Saint-Samson en partie. (Dénombrement de Gerberoy.)

Perceval de Melcastel, écuyer, seigneur de Héricourt-sur-Thérain, et Marguerite de Beauvais, sa femme, 1507.

Anthoine de Mercastel, seigneur dudit lieu, 1567. (Coutume d'Amiens.)

MELLO, voyez MERLO.

MEREL. — Pierre de Merel, écuyer, et demoiselle Jehanne de Bouconvillers, sa femme, 1278. (Titres de Saint-Germer.)

MERLO ou MELLO. — Renauld de Merlo, 1132. (Titres de Saint-Quentin-lès-Beauvais.)

Guillaume de Mello, Renauld, son frère, 1163, 1167. (Titres de Saint-Lucien.)

Guillaume de Mello, al. de Mellou, seigneur à Godchart, et Dreux de Merlo, prirent la croix, 1177. (Titres de Lannoy.)

Guillaume de Merlo eut pour gendre Guillaume de Gerberoy, vidame, 1183. (Titres de Saint-Lucien.) — Ce Guillaume eut pour femme Ermelinde, et pour fils Renauld, Pierre et Manassé. (Titres de Saint-Just et de Saint-Quentin.)

Regnauld de Mello et Guillaume, son cousin, 1201. (Titres de Saint-Germer.)

Manassé, seigneur de Mello, fit un don à l'abbaye de Ressons, 1206. (Lettres du comté de Beauvais.)

Guillaume de Merlo prit la croix et mourut à Chypre, 1248. (Guill. de Nangis.)

Micault. — Jehan de Micault, écuyer, seigneur de l'Espine et de Courcelles, 1539. (Coutume de Clermont.)

Milly. — *Brocardus de Miliaco* vivait au temps de Louis, empereur et roi des Francs. (Joh. de la Haie, ès mém. du Poictou.)

Robert de Milly, vassal de l'église de Beauvais, 1080. (Titres de l'église de Beauvais.)

Edmond de Milly, 1164. (Titres de Lannoy.)

Gui, frère de Sagalon, seigneur de Milly ; Robert, son fils, seigneur de Montreuil-sur-Bresche, 1170. (Titres de Beaupré.)

Sagalon, seigneur du château de Milly, 1184. (Titres de Saint-Lucien.)

Raoul de Milly, chevalier ; Eustache, son fils aîné, chevalier, seigneur des moulins d'Achy, 1212, 1220. (Titres de Penthémont.)

Pierre, seigneur de Milly, 1224. (Titres de Penthémont.)

Jean de Milly, templier, 1226. (Titres de Beaupré.)

Regnauld de Milly, 1255. (Titres de Beaupré.)

Eustache de Milly, et Helendis de Fontaines, sa femme, 1258. (Titres de l'église de Beauvais.)

Pierre de Milly, fils de Gervais, seigneur de Sarcus, 1264. (Titres de Beaupré.)

Pierre de Milly, seigneur de Noirmont, 1264. (Titres de Saint-Lucien.)

Eustace de Milly, escuyer, 1264. (Titres de Saint-Lucien.)

Dreux, chevalier et seigneur de Milly, 1264. (Titres de Beaupré.)

Philippe de Milly, Ourric et Dreux, ses fils, 1282. (Titres de Beaupré.)

Dreux de Milly, chevalier, seigneur d'Achy, fit une donation à l'abbaye de Beaupré, 1311. (Titres de Beaupré.)

Pierre de Milly, écuyer, seigneur de Noirmont, 1362. (Titres de Saint-Lucien.)

Guillaume de Milly, écuyer, pannetier du roy et échanson du

duc d'Orléans, fils de Dreux de Milly, 1393. (Titres de Beaupré.)

Jehan de Milly, chevalier, seigneur de Noirmont, 1410. (Dénombrement de Milly.)

Ancel de Milly, dit de Buloy, écuyer, tenant fief à la Neuville-sur-le-Vault, 1410. (Dénombrement de Milly.)

Enguerrand de Milly, tenant fief à Blacourt, 1454. (Dénombrement du comté de Beauvais.)

Estendart de Milly, chevalier, tenant fief à Oudeil, 1454. (Dénombrement du comté de Beauvais.)

Demoiselle Marguerite de Milly, dame d'un fief à Framicourt, 1454. (Dénombrement du comté de Beauvais.)

Jehan de Milly, écuyer, seigneur de Monceaux, 1539. (Coutume de Clermont.)

Hervé de Milly, écuyer, seigneur de Saint-Arnould, 1539. (Coutume de Clermont.)

MOILIENS. — Waldric de Moiliens, 1166. (Titres de Saint-Lucien.)

Honoré de Moiliens, chevalier, seigneur à Poissy, 1261. (Titres de Saint-Lucien.)

MOIMONT. — Raoul de Moimont (*de Medio-Monte*), 1243. (Titres de Saint-Lucien.)

MOLAGNIES. — Guérard, Raoul, Jehan, Colin de Molagnies, écuyers, 1382. (Titres de Saint-Germer.)

MOLAINES. — Pierre de Molaines, seigneur de Remangies, 1265. (Titres de Penthémont.)

Colard de Molaines, chevalier, 1287. (Titres de l'église de Beauvais.)

MONCHY-LA-VILLE. — Jehan de Monciau-La-Ville, chevalier, 1212. (Titres de Saint-Germer.)

MONCHY-LE-CHASTEL. — Dreux et Bernard de Moncy (*de Monciaco*), 1078. (Titres de l'église de Beauvais.)

Dreux de Monchy, fils de Dreux et de la sœur de Guillaume de Varennes, d'abord femme de Hugues de Gournay, puis de Dreux de Monchy, 1100. (Dumoulin, *Histoire de Normandie*.)

Dreux [1], chevalier de Monchy, 1130. (Titres de l'église de Beauvais.)

. Dreux de Monchy [2], chevalier, prit la croix, 1145. (Ammonius.)

Dreux de Monchy, connestable, 1201.

Raoul de Monchy, chevalier, défunt, 1272.

MONCHY. — François de Monchy, chevalier, seigneur de Moncaurel et de Broutelles, 1567. (Coutume d'Amiens.)

MONCEAUX-LES-MILLY. — Raoul de Monceaux, chevalier, 1157. (Titres de Lannoy.)

Evrard et Garin de Monceaux, 1231. (Titres de Beaupré.)

Jean de Monceaux, fils de feu Barthélemy de Monceaux, chevalier, 1232. (Titres de Saint-Lucien.)

Jean de Monceaux, seigneur à Bellicourt, chevalier, 1264.

MONCEAUX, près Hodenc-en-Bray. — Jehan de Monceaux, écuyer, seigneur de Hodenc, Blacourt et Glatigny.

Messire Jehan de Monceaux, chevalier, seigneur dudit lieu, Grandvilliers en partie, Hauvoiles, Hodenc, Blacourt, Glatigny et Martincourt ; Mme Geneviève, sa femme, fille de Messire Guillaume Dauvet, 1539. (Coutumes de Senlis et de Clermont.)

MONT (DU). — Jean du Mont, chevalier, 1254. (Titres de Saint-Germer.)

. Wilaume du Mont, écuyer, seigneur à Frocourt, 1282. (Titres de Saint-Quentin-lès-Beauvais.)

Pierre du Mont, écuyer, tenant fief au Mont. (Dénombrement de Gerberoy.)

Jehan du Mont, écuyer, devoit stage au vidame de Gerberoy, 1276.

MONTBLARU. — Guillaume de Montblaru, écuyer; 1539. (Coutume de Senlis.)

MONTCAVAL. — Robert de Montcaval, 1248. (Titres de Lannoy.)

MONTCHEVREUIL. — Guillaume de Montchevreuil (*de Monte-*

---

[1] *Hic Drogo, vir strenuus et bellicosus et fortissimus palestrita, nobilis gladiator.* (Suger, *In vita Ludovici grossi.*)

[2] *Drogo, miles de Monciaco, magni nominis miles, sanctam crucem ascumpsit, regemque sociavit Ludovicum.* (*Gesta Ludovici minoris.*)

Capriolo), chevalier, seigneur à Vaudampierre, 1251. (Titres de Saint-Paul-les-Beauvais.)

Gilles de Montchevreuil, seigneur dudit lieu, écuyer, 1286. (Titres de Saint-Paul-les-Beauvais.)

MONTAGU. — Conon de Montagu et Lambert, son fils, assistèrent à la prise de Jérusalem, 1099. (Dumoulin, *Histoire de Normandie.*)

Jehan de Montagu, chevalier, 1405.

MONTARGIS. — Renaud de Montargis (*Gesta Ludovici minoris*).

MONTEGNI. — Wales de Montegni, seigneur d'Ansovilliers, 1147. (Titres du prieuré de Wariville.)

Payen de Monteigni, chevalier du temps de Philippe Ier. (Belleforest.)

Matthieu de Montegni et Guillaume, son frère, 1185. (Titres de Saint-Germer.)

Gallon de Monteigni, chevalier très-brave, mais peu riche, portoit le sceau royal, 1213. (Rigord.)

Guillaume de Monteigni, chevalier ; Béatrix, sa femme, et Jean, son fils aîné, 1230. (Titres de Saint-Germer.)

Alerin de Montegni, écuyer, 1265. (Titres de Saint-Germer.)

Messire Jehan de Montaigni, 1329. (Froissart.)

Adèle de Montegni, dame de Moreuil et de Livillers en partie, 1454. (Dénombrement du comté de Beauvais.)

Messire Louis de Montegni, chevalier, 1472. (Histoire du siége de Beauvais.)

Léonore de Montegni, dame de Châtillon. (Titres de Gerberoy.)

MONTGENOULT. — Louis, chevalier de Montgenoult, fit un don à Saint-Germer. (Titres de Saint-Germer.)

MONTERAVAL. — Robert de Monteraval, 1150. (Titres de Lannoy.)

MONTGAIE. — Gaucher de Montgaie, rebelle sous Louis le Jeune. (Suger, *Gesta Ludovici minoris.*)

Payen de Montgaie, chevalier. (Suger, *Gesta Ludovici minoris.*)

MONTGOMERI. — Roger de Montgomeri, fils de Roger, mourut en 1035. (Dumoulin, *Histoire de Normandie.*)

MONTGREHART. — Pierre, dit de Montgrehart, écuyer, 1259. (Titres de Saint-Germer.)

MONTGRESSIN. — Messire Jehan de Montgressin, chevalier, 1454. (Dénombrement du comté de Beauvais.)

MONTIERS. — Jehan de Montiers, seigneur de Noiers, 1240. (Titres de Wariville.)

Jehan de Montiers, écuyer, seigneur à Haussez. (Dénombrement de Gerberoy.)

MONTLEHÉRY. — Milon de Montlehéry. (Suger, *Gesta Ludovici minoris.*)

Guy de Montlehéry, 1225. (Titres de Saint-Paul-les-Beauvais.)

MONTOILES. — Hue de Montoiles, fils de feu Jean de Montoiles, chevalier, et d'Isabelle, 1256. (Titres de Saint-Lucien.)

Hue de Montoiles, écuyer, 1364. (Titres de Saint-Germer.)

Jehan de Montoiles, seigneur d'un fief à Troussures, 1410. (Dénombrement de Milly.)

MORANGLES. — Renaud de Morangles, chevalier, fit une vente au chapitre de Beauvais, 1256. (Titres de l'église de Beauvais.)

MOREAUX. — Raoul Moreaux, chevalier, 1207. (Titres de l'église de Beauvais.)

MOREL. — Garnier et Pierre, fils de Jean Morel, chevalier, 1247. (Titres de Beaupré.)

Jean, dit Morel, écuyer, 1260. (Titres de Saint-Germer.)

MORES (DES). — Guy des Mores, chevalier, 1390. (Titres de Saint-Lucien.)

MOREUL ou MOREIL. — Messire Bernard de Moreil, chevalier, fondateur du prieuré de Moreil, 1509. (Titres de Breteuil.)

MORFONTAINE. — Étienne de Morfontaine, chevalier, 1218. (Titres de Saint-Germer.)

MORLENCOURT. — Hélinand de Morlencourt, chevalier, 1109. (Titres de l'église de Beauvais.)

MORTEMER. — Eudes de Mortemer, écuyer, 1066. (Dumoulin, *Histoire de Normandie.*)

Roger de Mortemer, chevalier, 1183. (Titres de Saint-Paul-lès-Beauvais.)

Guillaume de Mortemer, chevalier, 1314. (Rigord.)

MORVILLERS. — Azon de Morvillers, 1150. (Titres de Lannoy.)
Robert de Morvillers, 1153. (Titres de Lannoy.)
Hélion de Morvillers, 1160. (Titres de Lannoy.)
Herbert de Morvillers, 1189. (Titres de Lannoy.)
Messire Philippe de Morvillers, président à Paris, 1418.
(Monstrelet.)
Pierre de Morvillers, chancelier, 1461.

MOSON. — Louis de Moson, chevalier, présent à la prise de
Jérusalem, 1099. (Dumoulin, *Histoire de Normandie.*)

MOSSURES. — Jean de Mossures, 1190. (Titres de Lannoy.)
Hugues de Mosures, chevalier, Jean, son père, Pierre et Gui,
ses fils, 1209. (Titres de Lannoy.)
Pierre de Monssures, chevalier, 1234. (Titres de Beaupré.)
Pierre de Monsures, seigneur à Morvillers, 1263. (Titres de
Beaupré.)
Jehan de Mosures, chevalier, 1354. (Titres de Beaupré.)
Jehan de Monssures, écuyer, tenant fief à Hausselines.
(Titres de Saint-Germer.)

MOTHE (LA). — Jean de la Motte, chevalier, 1234, 1254.
(Titres de Saint-Lucien et de Saint-Germer.)
Charles de la Mothe, écuyer, seigneur de Motigny et du
Quesnoy, 1567. (Coutume d'Amiens.)

MOUY. — Gautier de Moy, Jean, Dreux, Pétronille, ses enfants,
1188. (Titres de Saint-Symphorien.)
Dreux de Mouy, 1213. (Titres de Saint-Germer.)
Jean de Mouy, 1226. (Titres de Saint-Germer.)
Charles de Mouy, 1418.
Messire Nicolas de Mouy, seigneur châtelain de Beauvais,
1539. (Coutume de Senlis.)

MOULIN. — Philippe du Moulin, écuyer, seigneur de Comont,
1567. (Coutume d'Amiens.)

N

NAIN (LE). — Guillaume, dit le Nain, écuyer, seigneur *apud
Odorium.* (Titres de Penthémont.)

NANTHEUIL. — Milon de Nantheuil, 1217.

Regnauld de Nantheuil, 1269.

Thibaud de Nantheuil, 1289.

NESLE. — Yve de Nesle (*de Nigella*), chevalier croisé, alla à Jérusalem (*Gesta Ludovici minoris*).

Jean de Nesle, chevalier, tué à Bouvines, 1214.

Guy de Nelle, seigneur d'Auffemont et de Mello, ayant un fief à Brocquel.

NEUVILLE (LA). — Arnoul.de la Neuville (*de Novavilla*), 1166. (Titres de Saint-Lucien.)

Robert de la Neuville, chevalier, 1267. (Titres de Saint-Quentin-lès-Beauvais.)

Renaud de la Neuville-le-Roy, Jehan, son fils, chevaliers, 1267. (Titres de Saint-Just-en-Chaussée.)

Messire Antoine de Neuville, chevalier, baron de Maignac et de Mortemer, prévosté de Montdidier, 1567. (Coutume de Montdidier.)

NOERAST (*Nouerard*). — Robert de Noerast allant à Jérusalem, fit une donation à Saint-Pierre de Beauvais, 1210. (Titres de l'église de Beauvais.)

Pierre de Nouerard, vivant au temps de Girard de Gerberoy. (Titres de Saint-Paul-lès-Beauvais.)

NOGERÉ. — Robert de Nogeré (*de Nogeria*), vivant sous Hugues Capet. (Mém. du Poitou.)

NOIENTEL. — Odard *de Nointillo*, chevalier, dit Colet, père de Jean Colet ou Cholet, cardinal, 1297. (Titres de Saint-Lucien.)

Jean de Noientel, prêtre-cardinal, 1283. (Titres de Saint-Lucien.)

Ansoult de Noientel, chevalier, 1283. (Titres de Saint-Germer.)

Renauld de Noientel, chevalier, 1304. (Titres de Saint-Lucien.)

NOIERS. — Gilles de Noiers, chevalier, 1270.

Pierre de Noiers, chevalier. (Titres de Saint-Lucien.)

Milon de Noiers, maréchal de France sous Philippe le Long.

NOIREMONT. — Renault de Noiremont, écuyer, ayant fief à Verderel, 1348. (Lettres du comté de Beauvais.)

Noue (La). — Jacques de la Noue, chevalier, 1332. (Titres de Saint-Lucien.)

Novion. — Guillaume de Novion, 1066. (Dumoulin, *Histoire de Normandie.*)

Jehan de Novion, écuyer, 1276. (Titres de Saint-Lucien.)

Jean de Novion, chevalier, fils de feu Henri de Novion, chevalier, 1295. (Titres de Saint-Lucien.)

Nuyli. — Renaud de Nuyli, chevalier, seigneur à Essuilles, 1239. (Titre de Saint-Paul-lès-Beauvais.)

O

Oncourt. — Jehan d'Oncourt, écuyer, 1281. (Titres de Saint-Germer.)

Orbec. — Messire Louis d'Orbec, chevalier, seigneur et baron dudit lieu ; dame Jacqueline de Soissons, sa femme. (Titres de Saint-Paul-lès-Beauvais.)

Orfebvre (L'). — Pierre l'Orfebvre, écuyer, seigneur châtelain de Pont-Sainte-Maxence, 1505.

Oroer. — Robert, chevalier d'Oroer ; son fils, Dreux, fit une donation à Saint-Germer, 1181. (Titres de Saint-Germer.)

Otmer (Saint-). — Gérard de Saint-Otmer ; sa femme, Vindria, et son fils Pierre, 1164. (Titres de Lannoy.)

Oudeil (*Odorium*). — Wicard d'Odor, seigneur à Morvillers, 1138. (Titres de Lannoy.)

Raoul, damoiseau d'Odor, fils de feu Pierre d'Odor, chevalier ; Jean d'Odor, oncle dudit Raoul, 1265. (Titres de Penthémont.)

Raoul, damoiseau de Oudeil, écuyer ; Isabelle de Morvillers, sa femme, 1263. (Titres de l'église de Beauvais.)

Henri d'Odor et Mathilde, sa sœur, enfants de feu Pierre damoiseau d'Odor, chevalier, 1271.

(La suite prochainement.)

LES ORDRES

HOSPITALIERS ET MILITAIRES

DE

Saint-Lazare et de Notre-Dame du Mont-Carmel.

(*Suite* *).

III

-Dissolution des Commanderies. — Réunion de leurs biens aux hôpitaux.

Nous avons vu que les commanderies de Saint-Lazare et de Notre-Dame du Mont-Carmel établies par l'édit de l'année 1672, étaient généralement composées de maladeries, léproseries, aumôneries et autres maisons charitables éparses çà et là dans toutes les provinces de France. Il avait fallu beaucoup de temps pour en rechercher et réunir les biens, et ce travail long et difficile n'était pas encore entièrement terminé en 1691, lorsque le marquis de Louvois, ministre du roi et vicaire général des Ordres, vint à mourir.

Plusieurs procès étaient alors pendants pour le recouvrement de biens restés en litige, et les poursuites allaient se continuer, quand Louis XIV ordonna de les suspendre et fit comprendre par là qu'il était décidé à abandonner l'œuvre si résolûment entreprise par son ministre.

En effet, le roi n'avait pas vu sans un grand déplaisir combien l'union des maladeries aux biens des Ordres de Saint-Lazare et

de Notre-Dame du Mont-Carmel avait soulevé de plaintes et
d'oppositions de la part de ceux qui les possédaient précédemment. C'étaient non-seulement les villes ou les communes,
mais encore les seigneurs, les abbayes, les curés de paroisses
qui avaient protesté et continuaient de protester contre l'édit de
1672 et les spoliations dont ils se prétendaient victimes.

D'un autre côté, les commanderies avaient été données à des
officiers pleins de savoir et de mérite sans doute, mais peu
capables d'en administrer les biens et d'en retirer un revenu
convenable. Beaucoup d'entr'eux encore retenus au service des
armées de terre ou de mer, ne pouvaient résider dans leurs
commanderies et en laissaient la direction à des tiers qui s'ac-
quittaient de leur mandat plus ou moins fidèlement.

Louis XIV voulant couper court à toutes ces difficultés, révo-
qua son édit de 1672 par un autre qu'il rendit en 1693 et où il
disait : « Nous avons reconnu que l'union portée par nostre
« édit de décembre 1672 des biens de plusieurs Ordres hospita-
« liers et militaires, n'apporte presque aucune utilité aux offi-
« ciers de nos troupes qui en jouissent à titre de commanderies
« et les engage à des procès inévitables ;

« Que l'union des maladeries, léproseries et hôpitaux leur est
« fort à chargè tant par le grand nombre de petites pièces
« éparses en divers endroits, fort éloignées les unes des autres,
« dont les grands prieurés et les commanderies sont composés,
« que par l'obligation d'y faire faire les réparations et d'en sou-
« tenir les droits souvent contestés par les redevables et par les
« possesseurs des héritages voisins et contigus, choses aux-
« quelles les officiers de mes troupes actuellement occupés au
« service qu'ils nous rendent dans nos armées, ne peuvent pas
« vacquer et dont néanmoins l'abandonnement causeroit par la
« suite la ruine desdits biens ;

« Qu'enfin il est plus convenable de leur donner d'autres biens
« et revenus d'une facile perception, qui ne les engagent à
« aucuns soins, diligence et embarras.... »

Toutefois par ce nouvel édit le roi maintenait les Ordres en
possession de tous les biens dont ils jouissaient avant 1672, et
pour les dédommager de la perte de ceux qu'il leur avait donnés
depuis cette époque il leur accorda des rentes ou pensions sur
les aides et gabelles de l'État.

Deux déclarations qui parurent après, en interprétation et comme complément de l'édit du mois de mars 1593, l'une datée du 15 avril et l'autre du 24 août de la même année, portent en substance que les maladeries, léproseries, aumôneries et autres établissements hospitaliers devaient faire retour à leurs anciens possesseurs;

Que ceux-ci avaient à justifier de leurs titres de propriété et en rentrant en possession de ces établissements, en faire l'emploi le plus conforme à leur première destination, dont l'objet ne subsistait plus par la cessation presqu'entière de la lèpre dans le pays ;

Que les titres de propriété ou de fondation devaient être présentés dans un délai de quatre mois à une commission nommée par le roi et que, passé ce délai, Sa Majesté disposerait des biens en faveur des pauvres malades des lieux de leur situation, sur l'avis des archevêques et évêques du royaume.

Un mémoire fut ensuite distribué aux membres de l'épiscopat, où ils avaient à examiner le revenu des hôpitaux, maladeries, léproseries, aumôneries et autres biens désunis des Ordres au profit des pauvres et voir si par leur situation il était plus convenable d'y établir l'hospitalité, sans avoir besoin de faire de nouvelles constructions dont la dépense absorberait tout le revenu, ou s'il n'était pas plus à propos d'unir ces divers établissements aux hôpitaux ou hôtels-Dieu des villes voisines, dans lesquels l'hospitalité était exercée ou serait à l'avenir rétablie.

C'est à ce dernier parti qu'on s'arrêta et les évêques, après avoir dressé un état des maladeries et des autres maisons charitables de leurs diocèses, désignèrent les hôpitaux auxquels ces biens devaient être unis.

Chaque union fut confirmée par un arrêt du conseil du roi et aussi parfois par des lettres patentes de Sa Majesté sous diverses clauses et conditions, et entr'autres souvent celle que l'hôpital qui recevait les biens d'une maladerie devait avoir constamment un ou plusieurs lits à la disposition des pauvres malades de la commune où cette maladerie était située.

Cette obligation, il est vrai, n'a pas toujours été exécutée; elle l'est encore moins aujourd'hui qu'autrefois, et pourtant elle est la condition essentielle de la plupart des actes d'union des maladeries aux hôpitaux, et on ne serait pas fondé à invoquer contre elle la prescription [1].

C'est pourquoi nous avons cru utile de rappeler ici la date des arrêts et des lettres patentes royales, afin de donner aux parties intéressées la facilité de les consulter et de prendre une connaissance exacte de leurs droits et devoirs respectifs.

. La liste que nous donnons ci-après des hôpitaux ou hôtels-Dieu ainsi que des biens qui leur ont été réunis, est dressée par diocèse et d'après les grands prieurés des Ordres dont ils avaient dépendu.

ANCIEN GRAND PRIEURÉ DE FLANDRE.

DIOCÈSE D'ARRAS.

Hôpital de Saint-Jean à Arras. Biens réunis : les maladeries de cette ville nommées Le Grand Val et Méaulens — la maladerie du Petit Val de Beaurain, près Arras, y compris les héritages appelés le Pain de la maison du Petit Val — les maladeries de Croisilles, de Bucquoy, de Guémappes, de Hénin-sur-Cogeul, de Chérisy, du Mont-Saint-Éloi, de Simencourt, de Montauban, d'Averdoing, de Vitry, de Neuville-Witasse, de Brebières et de Boiry-Becquerel. (Arrêt du conseil du 3 novembre 1698.)

Hôpital de Béthune. Union des maladeries de Béthune, de Hersin, de Beuvry, de Nœux. (Autre arrêt du conseil du même jour.)

Hôpital de La Bassée. Union des maladeries de La Bassée, de Douvrin, de Hulluch et de Vendin-le-Vieil. (Autre arrêt du même jour.)

Hôpital à établir à Aubigny auquel sera unie la maladerie dudit lieu. (Autre arrêt du même jour.)

---

[1] L'inexécution de cette condition a fait rentrer en 1835 le bureau de bienfaisance de la commune de Vendin-le-Vieil (Pas-de-Calais) dans la possession des biens de sa maladerie, qui avait été unie à l'hospice de La Bassée, et cela sur les poursuites et diligence de M. Blondel d'Aubers, alors maire de cette commune.

Hôpital à établir à Hénin-Liétard avec l'union de la maladerie de cette commune. (Autre arrêt dudit jour 3 novembre 1698.)

Hôpital de Vimy. Union de la maladerie dudit lieu. (Autre arrêt du même jour.)

Hôpital de Lens. Union de la maladerie de cette ville, de l'hôpital de la Chaussée audit Lens, et de la maladerie ou de l'hôpital d'Aix-en-Gohelle. (Autre arrêt du même jour.)

Hôpital de Bapaume. Union de la maladerie de cette ville avec la chapelle en dépendant, ainsi que des maladeries de Flers-lez-Bapaume, de Courcelles, de Beaulincourt et de Martinpuich. (Autre arrêt du même jour.)

Hôtel-Dieu à établir à Douai auquel seront unis les biens, revenus et chapelle de Notre-Dame de Lorette de ladite ville, les maladeries de Sin-lez-Douai et du Petit Saint-Jacques. (Arrêt du 3 juillet 1699.)

Hôpital à établir à Pas avec l'union des maladeries de Pas, Famechon et d'Avesnes-le-Comte. (Arrêt du 3 novembre 1698.)

DIOCÈSE DE SAINT-OMER.

Hôpital de Saint-Louis à Saint-Omer. Union de la maladerie de cette ville. (Arrêt du conseil du 16 décembre 1695.)

Hôpital de Lillers. Rétablissement de l'hospitalité et union des maladeries de Lillers et de Choques. (Arrêts du 16 décembre 1695 et du 10 février 1702.)

Hôpital de Saint-Venant. Rétablissement de l'hospitalité et union des maladeries de Saint-Venant et de Harveskerque. (Arrêt du 10 février 1702.)

DIOCÈSE DE BOULOGNE.

Hôpital de Boulogne. Union des maladeries de Fiennes, de Tingry, des hôpitaux et maladeries de Wissant et de Frencq. (Arrêt du conseil du 31 août 1696 et lettres patentes du roi registrées au Parlement de Paris le 4 mars 1697.)

Hôpital à établir à Ardres avec l'union de la maladerie de

Lotbarne, paroisse de Louches. (Autre arrêt et lettres patentes du même jour.)

Hôpital à établir à Beaurainville avec l'union des maladeries de Cavron et de Juniets, paroisse de Beaurainville. (Autre arrêt et lettres patentes du même jour.)

Hôpital à établir à Fauquembergue avec l'union des maladeries de Fauquembergue, de Coupelle, de Torcy et d'Auchy-les-Moines. (Autre arrêt et lettres patentes du même jour.)

Hôpital de Saint-Pol. Union de la maladerie de cette ville. (Autre arrêt et lettres patentes dudit lieu.)

Hôpital à établir à Pernes avec l'union des maladeries de Pernes, d'Anvin et d'Ergny-Saint-Julien. (Autre arrêt et lettres patentes du même jour.)

DIOCÈSE D'AMIENS.

Hôtel-Dieu d'Amiens. Union des maladeries de la Madeleine d'Amiens, de Villers-Bocage, de Behencourt, de Pons, de Bussy, de Flesselles, de Henbecourt, de Tronville, de Bonnay, de l'hôpital et maladerie de Boves. (Arrêts du conseil des 13 juillet 1695 et 22 juin 1697, lettres patentes registrées au Parlement de Paris le 3 mars 1696 et 6 mars 1698.)

Hôtel-Dieu de Doulens. Union des maladeries de Doulens, de Beauquesne, d'Ouvincourt, de Canaples, de Bonneville et Fieffes, de Campepie, de Naours et de Frevench. (Arrêt du 13 juillet 1695 et lettres patentes registrées au Parlement de Paris le 27 mars 1696.)

Hôtel-Dieu de Montreuil-sur-Mer. Union des maladeries de Montreuil, de Verton, de Montigny-lez-Nampont, de l'hôpital et maladerie de Waben. (Arrêts des 13 juillet 1695 et 22 juin 1697, lettres patentes registrées au Parlement de Paris le 23 février 1696.)

Hôtel-Dieu de Saint-Valery-sur-Somme. Union des maladeries de Saint-Valery, de Gamaches, de Boutencourt et de Besneline. (Arrêt du 13 juillet 1695, lettres patentes registrées au Parlement de Paris le 18 mai 1696.)

Hôtel-Dieu de Montdidier. Union des maladeries de Montdidier, de Guerbigny, du Paillart de Demuin, de La Motte, d'Herbonnières, de Dompierre, d'Avenescourt, de Maisières, de Fouilloy, du Quesnel, de l'hôpital et de la maladerie de Rouvroy en Santerre. (Arrêt du 12 juillet 1695, lettres patentes registrées au Parlement de Paris le 3 mars 1696.)

Hôtel-Dieu d'Abbeville auquel a été unie la maladerie du Val, près d'Abbeville. (Arrêt du 13 juillet 1695 et lettres patentes registrées au Parlement de Paris le 4 février 1696.)

Hôtel-Dieu de Saint-Riquier. Union de la maladerie du lieu. (Arrêt du 13 juillet 1695, lettres patentes registrées au Parlement de Paris le 7 mars 1697.)

Hôtel-Dieu à établir à Poix pour y unir l'ancien hôpital et maladerie du lieu ainsi que les maladeries de Sailly-le-Grand, de Blangy-sous-Poix, de Morlencourt, de Fricourt, de La Houssoye, de Rumigny et de Lœuilly. (Arrêts des 13 juillet 1695 et 22 juin 1697, lettres patentes registrées au Parlement de Paris le 20 mars 1697.)

Hôpital de Rue. Rétablissement de l'hospitalité avec l'union des maladeries de Lannoy-lez-Rue, de Cressy, de Fontaine-sur-Maye, de Villers-sous-Mareuil, de Ferté, près Cumont, de l'hôpital de Hiermont et sa maladerie. (Arrêt du 13 juillet 1695 et lettres patentes registrées au Parlement de Paris le 7 juin 1696.)

Hôtel-Dieu de Picquigny. Rétablissement de l'hospitalité avec l'union des maladeries de Picquigny, de Moliens-le-Vidame, de Flichecourt (Flixecourt), de Vignacourt, de Saint-Sauveur, de Fourdrinoy et du Quesnoy. (Arrêt du 13 juillet 1695.)

Hôpital d'Auxy-le-Château auquel par suite du rétablissement de l'hospitalité il sera uni les maladeries dudit Auxy, de La Broye, de Gennes, de Villeroy et de Caumont. (Arrêt du 13 juillet 1695.)

Hôpital à établir à Bray pour y unir les biens de l'ancien hôtel-Dieu dudit lieu et de la maladerie de Neuville-sous-Bray. (Arrêts des 13 juillet 1695 et 13 décembre 1697.)

Hôpital à établir à Domart pour y unir les biens de l'ancien hôpital de ce lieu et ceux de la maladerie de Bernaville, de l'hôpital et de la maladerie de Beauval. (Arrêts des 13 juillet 1695 et 22 juin 1697.)

Hôpital à établir à Moreuil auquel il sera uni les biens de l'ancien hôtel-Dieu et de la maladerie du lieu, ainsi que la maladerie d'Ailly-sur-Noye. (Arrêts des 13 juillet 1695 et 22 juin 1697.)

Hôtel-Dieu d'Oisemont où l'hospitalité sera rétablie en y unissant la maladerie du lieu. (Arrêt du 13 juillet 1695, lettres patentes registrées au Parlement de Paris le 18 mai 1696.)

Hôpital de Saint-Charles à Amiens. Union des maladeries de Pierrepont, autrement dit du Hamel, de Saint-Marc en Cauchie, de Coquempot, de Fontaines-sur-Somme, de Vers, de Warloy, de Chuignolles, de Carnoy, de Mamée (Mametz), de Méaute (Meaulte), de Puchevillers, d'Etinehem. (Arrêts des 22 juin 1697 et 20 juin 1698, lettres patentes registrées au Parlement de Paris le 6 mars 1698.)

Hôtel-Dieu d'Albert. Union des maladeries d'Albert et de Miraumont. (Arrêt du 13 décembre 1697.)

Hôtel-Dieu de Corbie auquel a été unie la maladerie de Corbie, située près de Neuville-sous-Corbie, avec la chapelle en dépendant. (Arrêt du 13 décembre 1697 et lettres patentes registrées au Parlement de Paris le 19 mars 1698.)

La maladerie de Foulloy unie d'abord à l'Hôtel-Dieu de Montdidier est accordée ensuite à celui de Corbie par arrêt du conseil du 20 novembre 1699.)

Hôtel-Dieu d'Airaines auquel par suite du rétablissement de l'hospitalité seront unies les maladeries d'Airaines, de Saint-Mauvis, d'Hornoy, de Longpré-les-Corps-Saints, d'Arguel, de Betencourt et du Quesne [1]. (Arrêt du 13 juillet 1695 et lettres patentes registrées au Parlement de Paris le 18 mai 1696.)

DIOCÈSE DE CAMBRAI.

Hôpital de Saint-Nicolas à Maubeuge. Rétablissement de l'hospitalité et union de la maladerie de Maubeuge et des hôpitaux de Saint-Macaire et de Blyard dans ladite ville. (Arrêt du conseil du 28 janvier 1701.)

---

[1] Airaines avait été précédemment le chef-lieu d'une commanderie dépendante du Grand-Prieuré de Normandie.

Ancien hôpital de Prisches. Rétablissement de l'hospitalité et union de la maladerie de cette commune. (Autre arrêt du même jour.)

Ancien hôpital de Landrecies. Rétablissement de l'hospitalité et union de la maladerie de cette ville. (Autre arrêt du même jour.)

Hôpital de Berlaimont. Union de la maladerie de Aulnoye. (Arrêt du 20 juillet 1703.)

Hôtel-Dieu à établir à Oisy en Artois en y unissant la maladerie de ce bourg. (Autre arrêt du même jour.)

DIOCÈSE DE TOURNAI.

Hôpital d'Orchies. Rétablissement de l'hospitalité et union de la maladerie de cette ville. (Arrêt du conseil du 30 mars 1696.)

Hôpital à établir à Tournai avec l'union des biens de la maladerie dite la Bonne Maison de Leval-lez-Tournai, de l'hôpital Saint-Jacques de ladite ville, de l'hôpital ou maladerie des Froids-Parois en la banlieue de Tournai, de l'hôpital de Saint-Julien d'Espain, de la maladerie et de l'hôpital de Saint-Jacques de Maulde. (Arrêt du 4 juillet 1698.)

Hôpital de Saint-Sauveur à Lille. Union de la maladerie dite la Bonne Maison, à Lille, de celle du Pont-à-Marcq, de la maladerie de Canteleu et de l'hôpital d'Anstaing. (Autre arrêt du même jour.)

Hôpital de Haubourdin où l'hospitalité est rétablie par arrêt du 22 novembre 1697.

DIOCÈSE D'YPRES.

Hôpital de Bergues-Sainte-Winoc. Union du quart des biens et revenus de l'hôpital de la Madeleine, près de cette ville. (Arrêt du conseil du 3 février 1696.)

Hôpital de Poperinghe. Union de la maladerie et chapelle de la Madeleine de la ville de Poperinghe. (Autre arrêt du même jour.)

Hôpital d'Ypres, dit de Notre-Dame. Union de l'hôtel-Dieu ou hôpital de Saint-Jean de la même ville, de la maladerie dite en Thiois, Hooghesiecken, près Ypres, et de la moitié des biens et revenus de l'ancien hôpital et chapelle de Bunderen, dans la paroisse de Moorslede. (Autre arrêt du même jour.)

Hôpital de Bailleul. Rétablissement de l'hospitalité et union de la maladerie de cette ville. (Arrêt du 30 mars 1696.)

ANCIEN GRAND PRIEURÉ DE NORMANDIE.

DIOCÈSE DE ROUEN.

Hôpital général de Rouen. Union de la maladerie de Saint-Gervais-lez-Rouen et de celle de Darnetal. (Arrêt du conseil du 22 décembre 1694 et lettres patentes registrées au Parlement de Rouen le 12 septembre 1695.)

Hôpital de Dieppe. Union des maladeries de Saint-Étienne d'Arques, de Saint-Julien dudit lieu, de Sainte-Foy de Longue-ville, dite de la Madeleine, du quart des biens de la chapelle ou léproserie de Saint-Georges de Clémencé, desservie par les religieux pénitents de Saint-Valery. (Arrêts des 22 décembre 1694 et 6 août 1700, lettres patentes registrées au Parlement de Rouen le 12 septembre 1695.)

Hôpital de Criel. Union de la maladerie dudit Criel, de celle de Guilmécourt et chapelle de Saint-Claude en dépendant, et de la maladerie de Saint-Catal, située à Saint-Martin-le-Gaillard. (Arrêts des 22 décembre 1694 et 15 février 1697, lettres patentes registrées au Parlement de Rouen le 13 août 1697.)

Hôtel-Dieu de la ville d'Eu. Union de la maladerie du Tréport. (Arrêt du 22 décembre 1694 et lettres patentes registrées au Parlement de Paris le 17 juin 1696.)

Hôpital de Neufchâtel-en-Bray. Union de la maladerie de Saint-Jean de la même ville avec sa chapelle, de la léproserie de Gaillefontaine et de la maladerie d'Auvilliers. (Arrêts des 22 décembre 1694 et 26 avril 1697, lettres patentes registrées au Parlement de Rouen le 11 février 1696.)

Hôpital de Blangy. Union des maladeries de Grandcourt et de Foucarmont. (Arrêts et lettres patentes du même jour.)

Hôpital de Caudebec. Union des maladeries de Saint-Amator, paroisse d'Auberville, de Saint-Léonard, près l'Islebonne, d'Ecrainville, de Saint-Julien de Lugan, paroisse du Mesnil-sous-l'Islebonne, de Sainte-Marguerite, paroisse de Saint-Jouin, et d'Alvimare. (Arrêts des 24 décembre 1694 et 15 février 1697, lettres patentes registrées au Parlement de Rouen les 12 septembre 1695 et 13 août 1697.)

Hôpital de Gisors auquel a été unie la maladerie de Saint-Lazare de cette ville. (Arrêt du 24 décembre 1694 et lettres patentes registrées au Parlement de Rouen le 12 septembre 1695.)

Par d'autres arrêts du conseil des 24 décembre 1694, 15 février 1697, 2 juillet 1700 et lettres patentes registrées audit Parlement le 13 août 1697, union est faite audit hôpital de Gisors de la maladerie ou hôpital de Néauphle, de la maladerie de Chaumont, du quart des revenus de l'Hôtel-Dieu de Saint-Antoine dudit Chaumont et de la maladerie de Villy.

Hôpital de Gournay auquel a été unie la maladerie de Neuf-Marché par arrêt du 24 décembre 1694 et lettres patentes registrées au Parlement de Rouen le 12 septembre 1695.

Hôpital à établir à Fécamp avec l'union des biens des maladeries de Fécamp, de Contremoulins, de Marolle à Mémoulins, de Saint-Nicolas d'Etretat, de Senneville, dite d'Hableville, de Gonneville, du Bec-de-Mortagne, de Froberville et de Venesville. (Arrêts des 24 décembre 1694 et 15 février 1697, lettres patentes registrées au Parlement de Rouen les 12 septembre 1695 et 13 août 1697.)

Hôpital à établir à Grainville-la-Teinturière. Union des maladeries de Grainville, de Saint-Thibault de Cany, de Paluel, de Notre-Dame du Val d'Envronville, de Fauville, de Banlecomte (des Baons-le-Comte), d'Ouville-la-Rivière, de Valmont et chapelle de Saint-Marc en dépendant, de Saint-Gilles, du Bourg-d'Un avec sa chapelle de Saint-Aubin, paroisse de Fontaine-le-Dun, de Angerville-la-Martel et de Canville. (Arrêts des

24 décembre 1694 et 15 février 1697, lettres patentes registrées au Parlement de Rouen le 16 août 1697.

Hôpital à établir à Saint-Romain de Colbosc auquel seront unies les maladeries de Sainte-Véronique audit Saint-Romain, de Saint-Vincent d'Aubermare, de Vierville, de Routot et de Vattetot-sur-Beaumont. (Autres arrêts et lettres patentes du même jour.)

Hôpital à établir à Pavilly avec l'union des maladeries de la Madeleine de Pavilly, de Saint-Marc d'Hécambe, paroisse de Monville, de Saint-Thibaut de Beautot, de Sainte-Marguerite ou Saint-Georges, paroisse de Saint-Martin de Bocherville, et de Saint-Clair, près Jumièges. (Autres arrêts des mêmes jours et lettres patentes registrées au Parlement de Rouen le 13 août 1697.)

Hôpital à établir à Bourgachard avec l'union de la maladerie et chapelle de la Madeleine de Brestot, et de la maladerie de Moulineaux. (Arrêt du 24 décembre 1694.)

Hôpital à établir à Brionne auquel seront unis l'ancien hôpital et la maladerie de Saint-Michel de Longsault de Brionne, les maladeries de Saint-Thomas de Cantorbéry-lez-Harcourt, de Malleville, dite de Bretteville, de Sainte-Marguerite-Lortier, paroisse d'Hennebaut, et d'Orival, près Elbeuf. (Arrêt du 24 décembre 1694 et lettres patentes registrées au Parlement de Rouen le 12 septembre 1695.)

Hôtel-Dieu du Petit-Andely. Union des maladeries des Andelys, de Pont-Saint-Pierre, de Gamaches et de Bray. (Arrêt du 24 décembre 1694, lettres patentes registrées au Parlement de Rouen le 13 août 1697.)

Hôpital à établir à Montivilliers avec l'union de la maladerie et chapelle de Saint-Gilles de Montivilliers, de la maladerie et chapelle de Saint-Eustache du Bec-Crespin, ainsi que de la maladerie de Gainneville. (Arrêt du 13 juillet 1695.)

Hôtel-Dieu de Pontoise. Union de la maladerie d'Ivry et du quart des revenus de la maladerie de Pontoise. (Arrêt du 24 février 1696.)

Hôtel-Dieu de Mantes. Union de la maladerie de Vetheuil par arrêt du 15 février 1697 et lettres patentes registrées au Parlement de Rouen le 13 août suivant.

Nota. Au diocèse de Chartres il a encore été fait union à l'Hôtel-Dieu de Mantes des biens et revenus de la maladerie et chapelle de Saint-Lazare de Mantes, et de la maladerie et ferme de Fontenay-Mauvoisin par arrêt du conseil du 2 mars 1696 et lettres patentes registrées au Parlement de Paris le 27 août suivant.

Hôpital d'Aumale. Union de la maladerie de cette ville par arrêt du 15 février 1697 et lettres patentes registrées au Parlement de Rouen le 13 août suivant.

Hôpital général du Havre auquel ont été unies les maladeries et léproseries situées dans l'étendue du gouvernement de ladite ville par arrêt du conseil du 7 mai 1700.

DIOCÈSE DE LISIEUX.

Hôpital d'Orbec. Union des maladeries de la Madeleine du Sap, de Saint-Laurent de Montreuil, du Bosc-Renoult, de Saint-Clair-des-Bois, paroisse de Saint-Paul de Courtonne, de Drocourt, de Saint-Herme dans la forêt des Moutiers-Hubert, de Sainte-Jeamme, en la paroisse de Petreville (Preteville), de Saint-Jacques, et de Saint-Thibault de Glos. (Arrêts du conseil des 13 juillet 1696, 19 avril 1697, 18 avril 1698, lettres patentes registrées au Parlement de Rouen les 13 novembre 1696, 20 juillet 1697 et 18 avril 1698.)

Hôpital de Chambrois. Union des maladeries de La Ferrière et de Saint-Simphorien, paroisse de Ferrières. (Arrêt et lettres patentes registrées au Parlement de Rouen des 13 juillet et 3 octobre 1696.)

Hôpital de Vimoutiers. Union des maladeries de Saint-Christophe de Gacey (Gacé), de Saint-Jean de la Rivière et de Saint-Marc ou Saint-Nicolas de Guerquesalles. (Arrêt du 13 juillet 1696 et lettres patentes registrées au Parlement de Rouen le 9 juillet 1697.)

Hôpital de Pont-Lévêque. Union des maladeries de Touques, de Cornica ou de Saint-Marc, de Hutrel et Hebertot. (Arrêt du

13 juillet 1696 et lettres patentes registrées au Parlement de Rouen le 3 octobre suivant.)

Hôpital de Honfleur. Union des maladeries de Saint-Antoine d'Honfleur, de la Madeleine de Grestain, de Saint-Siméon et de Gohagne. (Arrêt et lettres patentes du même jour.)

Hôpital de Pont-Audemer. Union des maladeries de Sainte-Catherine des Haistres, paroisse de Tourville, et de Saint-Antoine, paroisse de Condé-sur-Risle. (Arrêt et lettres patentes du même jour.)

Hôpital nouvellement établi à Bernay auquel ont été unies la maladerie de la Madeleine de Bernay avec sa chapelle, celle de Saint-Clair et Saint-Thomas de la Cananée, paroisse de Boissy, la maladerie de Saint-Brice, paroisse de Carsix ou de Fontaine-la-Soret, et la léproserie et chapelle de Saint-Michel de Saint-Évroult, autrement dite du Val-Boutry, paroisse de Notre-Dame-du-Bois. (Arrêt du 24 janvier 1698 et lettres patentes registrées au Parlement de Rouen le 16 avril suivant.)

Hôpital des malades de Lisieux. Union de la maladerie de Saint-Blaise et de Saint-Clair située dans le faubourg de cette ville, et des maladies de la Madeleine de Lieurey (Lieury), de la Madeleine du Pin, de Saint-Pierre, paroisse du Breuil, de Noiremare, paroisse du Mesnil-Germain, de Saint-Louis, paroisse du Boschellain, de la Roque-Baignard, de Saint-Laurent du Mont, de Saint-Barthélemy de Cormelles, de l'Hôtellerie, du Foulquet, paroisse de Saint-Philibert-des-Champs, du Mesnil-Simon, et de l'hôpital de Sainte-Marie-Madeleine des Saulx, vulgairement appelé de Saint-Samson. (Arrêts des 14 mars 1698, 6 février 1699 et lettres patentes.)

Hôpital général de Lisieux auquel a été unie la maladerie de Corbon par arrêt du conseil du 26 juin 1700.

Hôpital général de Bernay auquel il a été fait union de la maladerie de Saint-Symphorien de la paroisse de Ferrière, près de Bernay, par arrêt du 30 juillet 1700.

DIOCÈSE D'ÉVREUX.

Hôpital nouvellement établi à Harcourt auquel ont été unis les maladeries de Saint-Thomas d'Harcourt, de Saint-Laurent de Beaumontel, près de Beaumont-le-Roger, et l'Hôtel-Dieu ou hôpital de Saint-Antoine dudit Beaumont. (Arrêt du conseil du 13 janvier 1696.)

Hôpital de Verneuil. Union de la maladerie du Vieux-Verneuil avec la chapelle de Saint-Gilles et de Saint-Luc en dépendant. (Arrêt du 9 mars 1696 et lettres patentes registrées au Parlement de Paris en septembre 1697.)

Hôpital de Neubourg. Rétablissement de l'hospitalité et union de la maladerie de Sainte-Madeleine et de l'ancien Hôtel-Dieu de Neubourg. (Arrêt du 23 novembre 1696 et lettres patentes registrées au Parlement de Rouen le 9 mars 1697.)

Hôpital de Nonancourt. Rétablissement de l'hospitalité et union de la maladerie dudit Nonancourt et de celle d'Aurilly. (Arrêt du 4 mai 1667.)

Hôpital de Pacy. Rétablissement de l'hospitalité et union des biens de la maladerie et de l'ancien Hôtel-Dieu de Pacy. (Autre arrêt du même jour.)

Hôpital de Vernon auquel ont été unis la maladerie et l'hôpital du Pont-de-l'Arche. (Autre arrêt du même jour.)

Hôpital de l'Aigle. Union de la léproserie de l'Aigle et de la chapelle de la Madeleine en dépendant. (Arrêt du 11 mai 1697.)

Hôtel-Dieu de Conches-en-Ouche. Rétablissement de l'hospitalité et union de la maladerie dudit Conches avec la chapelle de Sainte-Marie-Madeleine en dépendant, et les biens et revenus du bureau de bienfaisance du même lieu. (Arrêt du 22 novembre 1697.)

Hôtel-Dieu à établir au Vaudreuil avec l'union des biens de la maladerie de Sainte-Marguerite dudit lieu. (Arrêt du 10 juillet 1699.)

Hôtel-Dieu de Breteuil-sur-Iton. Rétablissement de l'hospitalité et union de la maladerie dudit lieu. (Arrêt du 23 novembre 1696 et lettres patentes registrées au Parlement de Paris le 27 janvier 1698.)

DIOCÈSE DE BEAUVAIS.

Hôtel-Dieu de Beauvais. Union des maladeries de Milly, d'Ully-Saint-Georges et de Saint-Antoine de Marissel. (Arrêt du conseil du 15 juillet 1695 et lettres patentes registrées au Parlement de Paris le 21 mai 1696.)

Hôtel-Dieu de Mouchy-le-Châtel auquel a été unie la maladerie dudit lieu par arrêt du même jour.

Hôtel-Dieu de Beaumont-sur-Oise. Rétablissement de l'hospitalité et union de la maladerie du même lieu. (Arrêt du même jour et lettres patentes registrées au Parlement de Paris le 11 mai 1697.)

Maison de charité de Pont-Sainte-Maxence. Union des biens de l'hôpital et de la maladerie de Pont-Sainte-Maxence et des maladeries de Villiers-Saint-Paul et de Nogent-les-Vierges. (Arrêt du même jour et lettres patentes registrées au Parlement de Paris le 17 juillet 1696.)

Hôtel-Dieu de Coudun. Union des maladeries de Coudun et d'Élincourt. (Arrêt du 15 juillet 1695.)

Hôtel-Dieu et hôpital général de Clermont en Beauvaisis. Union des maladeries de Clermont, d'Angy et de La Neuville-le-Roi. (Autre arrêt du même jour.)

Hôpital de Breteuil-sur-Noye. Rétablissement de l'hospitalité et union de la maladerie dudit lieu. (Arrêt du 5 août 1695.)

DIOCÈSE DE CHARTRES.

Hôpital de Houdan. Rétablissement de l'hospitalité et union des maladeries de Houdan, de Montchauvet, d'Epone et de Saint-Fiacre, en la paroisse de Saint-Léger-en-Yvelines. (Arrêt du 16 décembre 1695.)

Hôtel-Dieu de Néauphle-le-Château. Rétablissement de l'hospitalité et union des maladeries de Néauphle-le-Château, de Garencières et de Trappes. (Autre arrêt du même jour et lettres patentes registrées au Parlement de Paris le 29 janvier 1697.)

Hôtel-Dieu de Montfort auquel a été unie la maladerie de Méray, près Montfort, par arrêt du 16 décembre 1695 et lettres patentes registrées au Parlement de Paris le 7 décembre 1697.

Hôtel-Dieu de Dreux auquel a été unie la maladerie de Saint-Gilles de cette ville par arrêt du 16 décembre 1695 et lettres patentes registrées au Parlement de Paris le 9 juillet 1696.

Hôtel-Dieu de Poissy. Rétablissement de l'hospitalité et union des biens de la maladerie de Poissy et de la chapelle en dépendant. (Autre arrêt du même jour.

Hôtel-Dieu du Fort de Meulan. Rétablissement de l'hospitalité et union de la maladerie de Comtesse-lez-Meulan. (Arrêt du 2 mars 1696 et lettres patentes registrées au Parlement de Paris le 24 avril 1697.)

Hôtel-Dieu de Mantes. Union de la maladerie et chapelle de Saint-Lazare de Mantes et de la maladerie et ferme de Fontenay-Mauvoisin. (Arrêt du 2 mars 1696 et lettres patentes registrées au Parlement de Paris le 27 août suivant.)

Nota. Il a encore été fait union à l'Hôtel-Dieu de Mantes de la maladerie de Vétheuil au diocèse de Rouen par arrêt du 15 février 1697 et lettres patentes registrées au Parlement de Rouen le 13 août suivant.

Hôtel-Dieu de Chartres. Union de la maladerie de Saint-Georges dans la banlieue de Chartres et de l'Hôtel-Dieu du Pont-Tranchefestu avec sa chapelle. (Arrêt du 9 mars 1696.)

Hôtel-Dieu de Gallardon auquel a été unie la maladerie de Saint-Mathieu dudit lieu. (Autre arrêt du même jour.)

Hôtel-Dieu d'Épernon. Rétablissement de l'hospitalité et union de la maladerie de Saint-Denis d'Épernon avec sa chapelle. (Autre arrêt du même jour et lettres patentes registrées au Parlement de Paris le 31 juillet 1697.)

Hôtel-Dieu de Saint-Arnould-en-Ivelines. Rétablissement de l'hospitalité et union de la maladerie de Saint-Fiacre dudit lieu. (Autre arrêt du même jour.)

Hôpital d'Ablis nouvellement établi avec l'union de la maladerie de la Madeleine dudit Ablis, de celle de Saint-Maur de Sainville et de l'Hôtel-Dieu d'Aulneau (?), avec la chapelle de Saint-Cosme et de Saint-Damien en dépendant. (Arrêt du 9 mars 1696 et lettres patentes registrées au Parlement de Paris le 31 juillet 1697.)

Hôtel-Dieu de Courville. Union de la maladerie de la Madeleine dudit Courville. (Autre arrêt du même jour et lettres patentes registrées au Parlement de Paris le 4 juin 1697.)

Hôtel-Dieu de Pontgouin. Rétablissement de l'hospitalité et union de la maladerie de Saint-Étienne dudit lieu. (Autre arrêt et lettres patentes du même jour.)

Hôpital à établir au bourg d'Illiers avec l'union de la maladerie et chapelle de Saint-Barthélemy dudit Illiers. (Autre arrêt dudit jour et lettres patentes registrées au Parlement de Paris le 4 septembre 1697.)

Hôtel-Dieu de Brou auquel a été unie la maladerie de Saint-Blaise dudit lieu. (Autre arrêt du même jour et lettres patentes registrées au Parlement de Paris le 9 juillet suivant.)

Hôtel-Dieu de Dangeau auquel il a été fait union de la maladerie et chapelle de Sainte-Anne de Dangeau. (Autre arrêt dudit jour.)

Hôtel-Dieu de Bonneval. Rétablissement de l'hospitalité et union de la maladerie de Saint-Gilles dudit Bonneval. (Arrêt du 9 mars 1696 et lettres patentes registrées au Parlement de Paris le 4 septembre 1697.)

Hôtel-Dieu nouvellement établi à Montmiral avec l'union de la maladerie et chapelle de la Madeleine de Montmiral. (Autre arrêt du même jour et lettres patentes registrées au Parlement de Paris le 7 décembre 1697.)

Hôtel-Dieu de Nogent-le-Roi. Rétablissement de l'hospitalité avec l'union de la maladerie de Saint-Éloi dudit Nogent. (Autre arrêt et lettres patentes dudit jour.)

Hôtel-Dieu de Nogent-le-Rotrou. Union de la maladerie et chapelle dudit lieu et de la maladerie de Saint-Gilles de Brunelles. (Arrêt du 13 juillet 1696 et lettres patentes registrées au Parlement de Paris le 7 août suivant.)

Hôpital établi à Châteauneuf-en-Thymerais auquel a été unie la maladerie de Saint-Laurent dudit lieu. (Arrêt du 20 juillet 1696 et lettres patentes registrées au Parlement de Paris le 3 octobre suivant.)

Hôtel-Dieu de Brezolles auquel ont été unies la maladerie de la Madeleine ou de Saint-Marc de Brézolles et celle de Saint-Blaise de Berou. (Autre arrêt et lettres patentes du même jour.)

Hôtel-Dieu de Dourdan. Union de la maladerie et chapelle de Saint-Laurent de la ville de Dourdan. (Arrêt du 3 août 1696 et lettres patentes registrées au Parlement de Paris le 28 novembre suivant.)

DIOCÈSE DE PARIS.

Hôtel-Dieu de la ville de Saint-Denis. Union de la maladerie et de l'hôpital Saint-Jacques de la même ville, de la maladerie de Pantin, d'une partie des biens de la maladerie de Fontenay-sous-le-Bois-Vincennes. (Arrêt du conseil du 31 août 1697.)

Hôtel-Dieu d'Enghien auquel a été unie la maladerie de Saint-Brice-sous-Forêt. (Autre arrêt du même jour.)

Hôpital de Gonnesse. Union de la maladerie de Gonnesse et du Tremblay et d'une partie des biens de la maladerie de Fontenay sous le bois de Vincennes. (Arrêt dudit jour 31 août 1697 et lettres patentes registrées au Parlement de Paris le 30 août 1698.)

Hôtel-Dieu de Châtres auquel a été unie la maladerie de Saint-Blaise dudit lieu. (Autre arrêt du même jour.)

Hôpital de Lagny. Union de la maladerie de Champs, près de Gournay, et de la ferme de Chelles donnée en échange de la maladerie de Pomponne par le seigneur du lieu. (Autre arrêt du même jour.)

Hôtel-Dieu de Champeaux. Rétablissement de l'hospitalité et union de la maladerie de cette commune. (Autre arrêt du même jour.)

Hôpital de Montlhéry auquel a été unie la maladerie de Linois (Linas). (Arrêt du 31 août 1697.)

Hôtel-Dieu de Chevreuse auquel il a été fait union de la maladerie et chapelle de Saint-Lubin dudit Chevreuse. (Autre arrêt du même jour.)

Hôpital à établir à Argenteuil en la maison de la confrérie ou charité des pauvres malades dudit lieu, auquel hôpital seront unis les biens de cette maison et des maladeries de Saint-Leu-Taverny et de Franconville, près Cormeilles. (Autre arrêt dudit jour.)

Hôpital de Longjumeau. Rétablissement de l'hospitalité et union de la maladerie dudit lieu. (Autre arrêt dudit jour.)

Hôpital de Massy. Rétablissement de l'hospitalité et union de la maladerie de cette commune. (Autre arrêt du même jour.)

Hôpital de Louvres-en-Parisis. Rétablissement de l'hospitalité et union de la maladerie dudit Louvres avec la chapelle de Notre-Dame en dépendant. (Arrêt du 16 novembre 1697.)

Hôpital à établir à Marly-la-Ville avec l'union de la maladerie de Saint-Lazare-lez-Survilliers, paroisse de Saint-Witz-sous-Montmélian. (Autre arrêt du même jour.)

Hôtel-Dieu de Brie-comte-Robert. Il jouira d'une rente de 200 livres due par les Jésuites du Collége de Paris aux pauvres de Brie, à cause de la maladerie de cette commune. (Autre arrêt du même jour.)

Hôtel-Dieu de Tournan. Rétablissement de l'hospitalité et union de la maladerie du lieu, ainsi que de la ferme de la Bretesche dépendante desdits hôtel-Dieu et maladerie. (Autre arrêt du même jour.)

Hôtel-Dieu de Saint-Cloud. Rétablissement de l'hospitalité et union des maladeries de Saint-Cloud et de la Chaussée-Chalvagne, paroisse de Bougival. (Autre arrêt du même jour.)

Hôtel-Dieu de Paris. Union des biens et revenus de la maladerie et chapelle de Sainte-Valère, située au faubourg Saint-Marcel de Paris. (Arrêt du 2 juillet 1700.)

Hôtel-Dieu de Corbeil. Union des maladeries de Corbeil et de Montgeron. (Autre arrêt du même jour.)

Hôpital à établir à Luzarches en la maison de la maladerie de cette ville, avec l'union des biens de cette maladerie et de l'hôpital de Saint-Jacques et de Saint-Claude dudit Luzarches. (Arrêt du 20 aout 1700.)

Hôpital rétabli à Juvisy avec l'union de la maladerie de cette commune. (Arrêt du 27 août 1700.)

DIOCÈSE DE MEAUX.

Hôtel-Dieu de Meaux. Union de la maladerie de Saint-Lazare de Meaux, des hôpitaux de Cornillon, Surgiboust et de La Ramée, des maladeries de Coupvray et de la Sablonnière, près Saint-Mesmes. (Arrêts du conseil des 7 février et 26 mars 1695.)

Hôtel-Dieu de Trilbardou auquel a été unie la maladerie dudit lieu par arrêt du 26 mars 1695 et lettres patentes registrées au Parlement de Paris le 20 juin 1696.)

Hôtel-Dieu de la Ferté-sous-Jouarre auquel il a été fait union de la maladerie de cette ville et de la chapelle de Saint-Guinefort en dépendant. (Arrêt dudit jour et lettres patentes registrées au Parlement de Paris le 27 mars 1697.)

Hôtel-Dieu de Coulommiers. Union de l'hôtel-Dieu de Chailly par autre arrêt dudit jour 26 mars 1695.

Hôtel-Dieu de Rebais. Union de la maladerie du lieu par autre arrêt du même jour.

Hôpital de Crécy. Union des maladeries de Crécy et de Couilly ainsi que de l'hôpital de Villeneuve-le-Comte. (Autre arrêt du même jour.)

Hôpital à établir à Mitry avec l'union de la maladerie de cette commune. (Arrêt du même jour et lettres patentes registrées au Parlement de Paris le 2 juin 1696.)

Hôpital à établir à Lizy avec l'union de l'hôpital de Vendrest et des maladeries de Lizy et de Muy. (Autre arrêt dudit jour 26 mars 1695.)

Hôpital à établir à Rosay-en-Brie avec l'union de la maladerie et de l'hôtel-Dieu dudit Rosay. (Arrêt dudit jour et lettres patentes registrées au Parlement de Paris le 5 mars 1696.)

Hôpital à établir à Dampmartin avec l'union de la maladerie dudit lieu et de la ferme d'Othis, au diocèse de Senlis. (Arrêt du même jour et lettres patentes registrées au Parlement de Paris le 18 juillet 1695.)

Hôpital à établir à Oissery avec l'union de la maladerie dudit lieu. (Arrêt dudit jour 26 mars 1695.)

Hôtel-Dieu d'Acy-en-Multien auquel ont été unies les maladeries dudit Acy et de Houillon, dans la paroisse de Mareuil-la-Ferté. (Autre arrêt du même jour.)

Hôtel-Dieu de Jouarre. Union de la maladerie de Rudeveroust, paroisse de Jouarre, et de la chapelle de Sainte-Marie-Madeleine en dépendant. (Arrêt du 16 mars 1696.)

ANCIEN GRAND PRIEURÉ DE BOURGOGNE.

DIOCÈSE DE LANGRES.

Hôpital de Dijon auquel a été unie la maladerie d'Orville par arrêt du conseil du 8 mai 1699.

Hôpital de Tonnerre. Union de la maladerie de cette ville. (Arrêt du 15 avril 1695.)

Hôtel-Dieu de Chablis auquel a été unie la maladerie dudit lieu par arrêt du même jour et lettres patentes registrés au Parlement de Paris le 20 mars 1698.)

Hôpital à établir à Laignes avec l'union des maladeries dudit Laignes, de Cruzy, de Molesme, de Sury, d'Ancy-le-Franc et de Chassignelles. (Arrêt du 15 avril 1695.)

Hôpital à établir à Maligny avec l'union de la maladerie et de la maison-Dieu de Maligny, ainsi que des maladeries de Dyé et de Ligny. (Autre arrêt du même jour.)

Hôpital de Chaumont. Union des maladeries de Chaumont et de Grand-Vau, des hôpitaux de Vignory, d'Andelot, de Fouvau, de l'hôpital et maison-Dieu de Clefmont, et du quart des revenus du prieuré ou hôpital de Notre-Dame de Tronchoy. (Arrêts des 30 septembre 1695 et 5 mars 1696, et lettres patentes registrées au Parlement de Paris le 11 mars 1697.)

Hôpital à établir à Bar-sur-Aube avec l'union des maladeries de Bar-sur-Aube, de Château-Vilain, d'Essoyes, de Vendeuvre, de Chaours, de Gyé-sur-Seine, de Lagesse, de Mussy-sur-Seine, de l'hôpital et de la maladerie de La Ferté-sur-Aube. (Arrêt du 30 septembre 1695.)

Hôpital général de Notre-Dame de la Charité de Dijon. Union de la maladerie située près de cette ville, des hôpitaux de la Chapelote de Dijon, de Notre-Dame de Dijon, de Beaumont, d'Ys-sur-Thil, d'Arceau et du Val-Suzon. (Arrêt du 13 janvier 1696.)

Hôpital de Châtillon-sur-Seine. Union de la maladerie et de la Maison-Dieu dudit Châtillon ainsi que des maladeries de Montbard et de Vieux-Château. (Arrêt du 11 mai 1697.)

Hôpital à établir à Arc-en-Barrois avec l'union des maladeries d'Arc-en-Barrois et de Bar-sur-Seine, ainsi que de la Maison-Dieu de Maisey-sur-Ource. (Autre arrêt du même jour.)

Hôpital de Langres auquel a été uni l'hôpital de Suxy (Seuchey?). (Autre arrêt du 13 septembre 1697 et lettres patentes registrées au Parlement de Paris le 18 décembre suivant.)

DIOCÈSE D'AUTUN.

Hôpital de Nuits auquel a été unie la maladerie et chapelle de la Madeleine de Nuits par arrêt du conseil du 10 septembre 1695 et par un autre arrêt du 3 mars 1702, nouvelle union audit hôpital, des chapelles hospitalières de Prémeaux, de la Madeleine d'Argilly et de Saint-Denis de Neuilly.

Hôpital de Vézelay. Union des maladeries de Vézelay, de Vauprevoir et d'Armes, ainsi que de l'hôpital et de la maladerie de Saint-Père. (Arrêt du 16 décembre 1695.)

Hôpital de Clamecy auquel a été unie la chapelle ou léproserie de Saint-Lazare de Vaumorin par arrêt du 13 juillet 1699.

Hôpital de l'Orme. Union de l'hôpital ou maladerie de l'Orme par arrêt du 16 décembre 1695.

Hôpital de Vitteaux. Union de la maladerie de Vitteaux, de la Maison-Dieu de Saffres et de l'hôpital ou maladerie de Villy. (Arrêt du 7 février 1696 et lettres patentes registrées au Parlement de Dijon le 5 août 1697.)

Hôpital de Sémur-en-Auxois auquel a été unie la maladerie ou léproserie de Saint-Lazare de cette ville par arrêt du 17 février 1696 et lettres patentes registrées au Parlement de Dijon le 11 février 1697.

Hôpital de Pouilly. Union de la maladerie par arrêt dudit jour 17 février 1696.

Hôpital de Beaune. Union de la maladerie de Beaune et chapelle en dépendant, de la maladerie ou hôpital de Pomart, et de l'hôpital ou maladerie de Nolay. (Arrêt du 17 février 1696 et lettres patentes registrées au Parlement de Dijon le 28 février 1697.)

Hôpital d'Avallon. Union des maladeries d'Avallon, de Saint-Barthélemy de Montréal et de Pont-Aubert. (Arrêt du 17 février 1696.)

Hôpital de Moulins auquel a été unie la maladerie de la ville par arrêt du 24 février 1696.

Hôpital de Luzy. Rétablissement de l'hospitalité et union de la maladerie dudit lieu. (Autre arrêt du même jour.)

DIOCÈSE DE BESANÇON.

Hôpital de Dôle. Union de la maladerie de cette ville et de l'hôpital de La Loye. (Arrêt du conseil du 24 février 1696 et lettres patentes registrées au Parlement de Dôle.)

Hôpital de Salins. Union des maladeries de Pontamoujard, d'Arc-sous-Montenot, du Breuil, paroisse de Saint-Michel de Marnoz, et des hôpitaux d'Ivrey et de Sainte-Agnès. (Autre arrêt du même jour et lettres patentes registrées au Parlement de Dôle.)

Hôpital à établir à Gray avec l'union de la maladerie de cette ville. (Autre arrêt du même jour et lettres patentes.)

Hôpital de Vesoul auquel ont été unis les biens de l'hôpital de Jussey. (Autre arrêt du même jour et lettres patentes.)

Hôpital de Faucogney. Rétablissement de l'hospitalité par arrêt du 24 février 1696.

Hôpital d'Arbois. Union de la maladerie et chapelle de Saint-

Nicolas d'Arbois, de la maladerie et de l'hôpital de Saint-Éloi de Grozon et de la maladerie de Bolango (Bolandoz), bailliage d'Ornans. (Arrêt du 24 février 1696 et lettres patentes registrées au Parlement de Dôle.)

Hôpital de Lons-le-Saulnier auquel ont été unis la maladerie de Montmorot et l'hôpital de Chilly. (Autre arrêt et lettres patentes du même jour.)

Hôpital de Besançon. Union de la maladerie de la Vèze, près Besançon, et de l'hôpital de Quingey avec sa maladerie. (Autre arrêt du même jour et lettres patentes.)

Hôpital de Poligny auquel a été uni l'hôpital de Passenans par arrêt du 10 mars 1702.

DIOCÈSE DE NEVERS.

Hôtel-Dieu de Nevers. Union de la maladerie de Saint-Lazare de la même ville, de l'hôpital de Saint-Éloi, près de Nevers, et des maladeries de Gaing, paroisse de Saincèze, de La Marche, près de La Charité, et de Saint-Père Aville (Saint-Péravy?). (Arrêt du conseil du 22 juin 1696 et lettres patentes registrées au Parlement de Paris le 20 mai 1697.)

Hôpital de Saint-Pierre-le-Moutier. Union des maladeries de Saint-Marc et Saint-Pantaléon, près de Saint-Pierre-le-Moutier, de la Servillaye, en la paroisse de Chantenay, de Châteaux, près le Veurdre, de Mars ou Châteauneuf, et des hôpitaux ou maisons-Dieu de Saint-Jacques de Chambon et de Villefranche, près La Villeneuve, paroisse de Lucenay-sur-Allier. (Arrêt du 22 juin 1696, lettres patentes registrées au Parlement de Paris le 21 février 1697.)

Hôpital de Decize. Union des maladeries de Saint-Thibaut de la même ville, de Vailly, près de Cercy-la-Tour et de Montrevillon. (Arrêt dudit jour 22 juin 1696.)

Hôpital de Saint-Saulge. Union des maladeries de Saint-Saulge, de Châtillon-en-Bazois, de Montenoison, de Ville-les-Anlezy, de Hubans, de Dirol, du Bois-Feuillet et du Bouchet. (Autre arrêt dudit jour.)

Hôpital de Moulins-Engilbert auquel a été unie la maladerie de cette commune par autre arrêt du 22 juin 1696.

DIOCÈSE D'AUXERRE.

Hôtel-Dieu de Toucy. Union des maladeries de Toucy, de Mezilles, de Saint-Sauveur et de Moutiers. (Arrêt du conseil du 10 septembre 1695.)

Hôtel-Dieu de Saint-Fargeau auquel a été unie la maladerie de cette ville. (Autre arrêt du même jour.)

Hôtel-Dieu de Bléneau. Union de la maladerie dudit lieu. (*Idem.*)

Hôtel-Dieu de Gien. Union de la maladerie de cette ville. (*Idem.*)

Hôtel-Dieu de Cosne. Union de la maladerie de ladite ville. (*Idem.*)

Hôtel-Dieu de Varzy. Rétablissement de l'hospitalité et union des maladeries de Varzy et d'Entrains. (*Idem.*)

Hôtel-Dieu de Clamecy. Union des maladeries de Clamecy, de Druyes et de Corvol-l'Orgueilleux. (*Idem.*)

Hôtel-Dieu d'Auxerre. Union de la maladerie d'Ouanne, de celle de Sainte-Marguerite-lez-Saint-Simon d'Auxerre, ainsi que de l'hôpital de Sainte-Catherine audit Auxerre. (Autre arrêt dudit jour 10 septembre 1695 et lettres patentes registrées au Parlement de Paris le 20 août 1697.)

Hôpital à établir à Appoigny avec l'union des biens de l'ancien Hôtel-Dieu et de la maladerie dudit Appoigny. (Arrêt du 29 mars 1697.)

Hôpital à établir à Coulanges-les-Vineuses avec l'union des biens de l'ancien hôpital de Coulanges, des maladeries de Saint-Cyr et de Cravant, de l'hôpital et de la maladerie de Mailly-le-Château et de la maison-Dieu ou hôpital de Mailly-la-Ville. (Arrêt du 4 mai 1697 et lettres patentes registrées au Parlement de Paris le 31 juillet suivant.)

DIOCÈSE DE SENS.

Hôtel-Dieu de Sens. Union de la maladerie de Veron et de celle du Popelin avec la ferme de Béon qui en dépend. (Arrêt du conseil du 15 avril 1695 et lettres patentes registrées au Parlement de Paris le 20 août 1697.

Hôtel-Dieu de Pont-sur-Yonne. Rétablissement de l'hospitalité et union des maladeries de Pont-sur-Yonne, de Villuis, de Cheroy et de Voux (Voulx). (Autre arrêt dudit jour et lettres patentes registrées au Parlement de Paris le 20 mars 1697.)

Hôtel-Dieu de Saint-Julien-du-Sault. Union de la maladerie dudit lieu et de celles de Senan et de Saint-Maurice-Thisouailles avec leurs chapelles. (Autre arrêt dudit jour et lettres patentes registrées au Parlement de Paris le 9 mai 1698.)

Maison de Charité de Joigny à laquelle ont été unis l'hôtel-Dieu dit des Porchers, l'hôpital de Saint-Antoine de la même ville et les maladeries de Saint-Denis de Lechères et Saint-Jacques dudit Joigny, et celles de Chassy, de Neuilly, de Villiers-Saint-Benoît et de Saint-Aubin. (Autre arrêt dudit jour.)

Hôtel-Dieu de Brienon-l'Archevêque. Union des maladeries dudit Brienon et de Venizy. (Autre arrêt du même jour et lettres patentes registrées au Parlement de Paris le 10 avril 1696.)

Hôtel-Dieu de Saint-Florentin. Union de la maladerie du lieu. (Arrêt du 15 avril 1695.)

Hôpital d'Ervy-le-Châtel. Union de la maladerie dudit Ervy. (Autre arrêt du même jour.)

Hôtel-Dieu de Courtenay. Union de la maladerie de Douchy. (*Idem.*)

Hôtel-Dieu de Château-Renard. Union des maladeries de Château-Renard et de Triguères. (*Idem.*)

Hôtel-Dieu de Châtillon-sur-Loing. Union des maladeries de Châtillon, de Saint-Germain-lez-Gy, de la Cour de Marigny et de Charny. (Arrêt du 15 avril 1695 et lettres patentes registrées au Parlement de Paris le 7 juillet 1696.)

Hôtel-Dieu de Tresnel auquel a été unie la maladerie dudit lieu avec sa chapelle. (Autre arrêt du même jour et lettres patentes registrées au Parlement de Paris le 3 décembre 1696.)

Hôtel-Dieu de Bray-sur-Seine. Union de la maladerie de Bray.

(Autre arrêt du même jour et lettres patentes registrées au Parlement de Paris le 7 mai 1697.)·

Hôtel-Dieu de Dannemarie-en-Montois auquel a été unie la maladerie de Montigny-Lencoup. (Autre arrêt dudit jour 15 avril 1695.)

Hôtel-Dieu de Nangis. Union de la maladerie du même lieu avec sa chapelle. (Autre arrêt dudit jour.)

Hôtel-Dieu de Montereau-Faut-Yonne. Union des maladeries de Courbeton, de Froussart et de Vernou. (Autre arrêt du 15 avril 1695.)

Hôtel-Dieu de Moret auquel a été unie la maladerie du lieu. (Autre arrêt du même jour.)

Hôtel-Dieu de Fontainebleau. Union des maladeries de Bournon et de Bailly, en la paroisse de Boisleroy. (*Idem.*)

Hôtel-Dieu de Saint-Jacques de Melun. Union des maladeries de Melun, de Samois et de Courbuisson, paroisse dudit Samois. (*Idem.*)

Maison de charité de Blandy auquel a été unie la maladerie de ce lieu. (*Idem.*)

Hôtel-Dieu de Milly-en-Gâtinais auquel ont été unies les maladeries de Milly et de Larchant. (*Idem.*)

Hôtel-Dieu de La Ferté-Aleps. Union des maladeries de La Ferté et de La Garde en la paroisse de Soisy-sur-École. (*Idem.*)

Hôtel-Dieu d'Étampes. Union de la maladerie de cette ville et de celle d'Étrechy, avec le quart des revenus de l'hôpital Saint-Jacques de l'Espée d'Étampes. (*Idem.*)

Hôtel-Dieu du Châtelet-en-Brie auquel a été unie la maladerie du même lieu. (*Idem.*)

Hôtel-Dieu de Cézy. Union des maladeries de Cézy et de Sépeaux. (*Idem.*)

Hôtel-Dieu de Montargis. Union des maladeries de Cepoy, de Saint-Lazare-lez-Montargis, de Monteresson et de Saint-Blaise de Saint-Maurice-sur-Fessard. (Arrêt du 19 août 1695.)

Hôtel-Dieu de Bellegarde. Union de la maladerie du même lieu. (Autre arrêt dudit jour.)

Hôtel-Dieu de Soisy-Bellegarde. Union de la maladerie de Soisy. (*Idem.*)

Hôtel-Dieu de Lorris. Union de la maladerie de cette ville. (Arrêt du 19 août 1695 et lettres patentes registrées au Parlement de Paris le 16 février 1697.)

Hôtel-Dieu de Boiscommun. Union des maladeries de Boiscommun et de Chemault. (Autre arrêt dudit jour 19 août 1695.)

Hôtel-Dieu de Puiseaux. Union de la maladerie de ce lieu. (Autre arrêt du même jour et lettres patentes registrées au Parlement de Paris le 19 août 1695.)

Hôtel-Dieu de Beaumont-en-Gâtinais. Union de la maladerie de Souville. (Autre arrêt dudit jour et lettres patentes registrées au Parlement de Paris le 5 mars 1696.)

Hôpital de Château-Landon. Rétablissement de l'hospitalité et union des maladeries du même lieu dites de Pont-Frault, de Chenou et de Sceaux. (Arrêts des 19 août et 2 décembre 1695.)

Hôtel-Dieu de Nemours. Union de la maladerie dudit Nemours. (Arrêt du 6 juillet 1696 et lettres patentes registrées au Parlement de Paris le 14 mars 1697.)

Hôtel-Dieu de Ferrières-en-Gâtinais. Union de la maladerie de ce lieu par arrêt du 31 août 1696 et lettres patentes registrées au Parlement de Paris le 31 décembre suivant.

DIOCÈSE DE TROYES.

Hôpital à établir à Arcis-sur-Aube avec l'union des biens de l'ancien hôpital et des maladeries de Ramerupt, d'Herbisse, de Trouan et de Lhuitre. (Arrêt du conseil du 14 janvier 1695 et lettres patentes registrées au Parlement de Paris le 18 mars 1697.)

Hôpital de Brienne. Union des maladeries de Brienne, de Rosnay-l'Hôpital, de Soulaines, de Beaufort et du quart des revenus de l'ancien hôpital de Brienne. (Autre arrêt dudit jour 14 janvier 1695.)

Hôpital de Sézanne. Union des maladeries de Sézanne et de Broyes. (Autre arrêt du même jour.)

Hôpital de Méry-sur-Seine auquel a été unie la maladerie de Plancy par arrêt du même jour et lettres patentes registrées au Parlement de Paris le 7 mai 1697.

Hôpital de Troyes. Union de la maladerie de Villemort. (Arrêt du 31 août 1696.)

DIOCÈSE DE CHALONS-SUR-MARNE.

Hôpital de Vitry-le-Français. Union de l'hôpital des malades de ladite ville, de la maladerie et de l'hôpital de Vitry-en-Perthois, des maladeries de Montmoret, de Possesse, de Coole, de Larsicourt et de Loisy-sur-Marne. (Arrêt du conseil du 30 décembre 1695.)

Hôpital de Wassy. Union des maladeries de Wassy et de Montierender. (Autre arrêt du même jour.)

Hôpital de Saint-Dizier. Union de la maladerie de la même ville. (*Idem.*)

Hôpital de Châlons-sur-Marne. Union de la maladerie de Sommevesle audit hôpital auquel la maladerie de Châlons avait été précédemment réunie. (Autre arrêt dudit jour et lettres patentes registrées au Parlement de Paris le 26 août 1697.)

Hôpital de Joinville-sur-Marne. Union de la maladerie de ladite ville et de l'hôpital de Boucheraumont. (Arrêt du 11 mai 1696.)

DIOCÈSE DE REIMS.

Hôtel-Dieu de Réthel. Union des maladeries de Balham, d'Avaux-le-Château, de Semuy, d'Avaux-la-Ville, de l'hôpital et chapelle d'Attigny et du quart du revenu des maladeries d'Omont et de Bourg. (Arrêt du conseil du 11 février 1695 et lettres patentes registrées au Parlement de Paris le 5 juillet 1696.)

Hôtel-Dieu de Mezières. Union des maladeries de Saint-Lazare de Mezières, de Maubert-Fontaine et de Monthermé. (Autre arrêt du même jour.)

Hôpital de Mouzon. Rétablissement de l'hospitalité et union des maladeries de Mouzon et de Beaumont-en-Argone, de la maladerie ou ferme de Varinvaux, en la paroisse de Dun, de la maladerie et chapelle de Sainte-Marguerite de Grandpré, de l'hôpital et de la maladerie de Montfauçon. (Arrêts des 11 février et 2 décembre 1695, lettres patentes registrées au Parlement de Paris le 29 avril 1697.)

Hôtel-Dieu de Fismes. Union des maladeries de Fismes, de Jonchery-sur-Vesle et de Ventelay. (Arrêt du 11 février 1695 et lettres patentes registrées au Parlement de Paris le 11 décembre 1696.)

Hôtel-Dieu de Reims. Union des maladeries de Sainte-Marie-à-Py, de Chouilly, d'Ay, de Tour-sur-Marne, du Grand Saint-Hilaire et des hôpitaux de Cernay-en-Dormois et de Suippe. (Arrêt du 2 décembre 1695.)

Hôpital général de Sedan. Union de l'hôpital du Chesne-le-Populeux audit hôpital établi sous le titre de l'Hôtel de la Miséricorde (Arrêt du 10 décembre 1700.)

DIOCÈSE DE LAON.

Hôpital général de Laon auquel a été unie la maladerie de La Neuville par arrêt du conseil du 10 juin 1695.

Hôtel-Dieu de Laon. Union des maladeries de Montaigu, de Bruyères, de Barenton, de Crépy, de La Ferté, de Basse, de Roucy et de Pierrepont. (Autre arrêt du même jour.)

Hôtel-Dieu de la Fère. Union des maladeries de La Fère, de Sinceny, de Ribemont et de Sery. (*Idem.*)

Hôtel-Dieu de Marle. Union des maladeries de Marle et de Rosoy. (Arrêt du 10 juin 1695 et lettres patentes registrées au Parlement de Paris le 5 avril 1696.)

Hôtel-Dieu de Vervins. Union des maladeries de Prisces, de Plomion, de Lappion, de Sainte-Croix, de Sissonne, de Neuchâtel et de Nisy-le-Comte. (Autre arrêt dudit jour et lettres patentes registrées au Parlement de Paris le 6 février 1697.)

Hôpital à établir à Crécy avec l'union des maladeries de Bronchamps et d'Étouvelles, de l'hôpital et de la maladerie d'Origny-Sainte-Benoîte et de la maladerie ou hôtel-Dieu de Pont-à-Bucy. (Autre arrêt dudit jour et lettres patentes registrées au Parlement de Paris le 5 avril 1696.)

DIOCÈSE DE SOISSONS.

Hôpital de Pierrefonds. Rétablissement de l'hospitalité et union des maladeries de Pierrefonds, de Couverlay, paroisse de Cuise, de Courtieux, de Viviers, de Chelles et de Bonneuil. (Arrêt du conseil du 21 janvier 1695 et lettres patentes registrées au Parlement de Paris le 18 mars 1697.)

Nota. Sur le désistement et avec le consentement des habitants de Pierrefonds, les biens ci-dessus ont été donnés à l'Hôtel-Dieu de La Ferté-Milon.

Hôpital général de Soissons. Union de la maladerie de Saint-Lazare de cette ville avec la ferme de Saint-Lazare et celle de Cravenson, située dans la paroisse de Chaudun. (Autre arrêt du même jour et lettres patentes registrées au Parlement de Paris le 26 juillet 1696.)

Hôtel-Dieu de Neuilly Saint-Front. Union des maladeries de Neuilly Saint-Front et d'Oulchy-le-Château. (Autre arrêt dudit jour et lettres patentes registrées au Parlement de Paris le 23 février 1696.)

Hôtel-Dieu de Château-Thierry. Union des maladeries de Chézy-en-Orxois, de Charly, de Blesmes et Chery, de Chézy-l'Abbaye, de Dormans, d'Étampes et Nogentel, de Verneuil-sur-Marne, d'Aulnois et Essommes, de Crézancy, de Condé-en-Brie, de Montlevon, d'Essise et Montfaucon, de Lhuis, de Cohan, de Houssé et du Mont-Notre-Dame. (Arrêts des 21 janvier 1695 et 2 mars 1696, et lettres patentes registrées au Parlement de Paris le 18 juin 1698.)

Hôtel-Dieu de Soissons. Union des maladeries de Vaydon, paroisse de Mercin, de Bucy-sur-Aisne, de Vailly, de Presle-la-Commune, d'Hartennes et Tigny, de Pontarchet, de Fontenay et Ollye, de Cauroy, de Condé-sur-Aisne, d'Acy, autrement dit Puy-d'Ambrière, de Berneuil à La Joie, de Vic-sur-Aisne, de Vezaponin et Tartiers, de Vassan-le-Mesnil, d'Autrèches, de

l'hôtel-Dieu et de la maladerie de Bazoches, et de l'hôtel-Dieu
du Mont-Notre-Dame. (Arrêts des 4 mai et 3 août 1696 et lettres
patentes registrées au Parlement de Paris les 4 juin 1697 et
19 février 1698.)

Hôpital général de Compiègne. Union des maladeries de Saint-
Lazare de la même ville avec sa chapelle, et de celles de
Tourotte et de Choisy-au-Bac. (Arrêt du 28 septembre 1695 et
lettres patentes registrées au Parlement de Paris le 8 janvier 1698.)

Hôpital établi à La Ferté-Milon en conséquence du désistement des habitants de Pierrefonds et union des maladeries de
Couverlay, paroisse de Cuise, de Viviers, de Chelles et de Bonneuil. (Arrêt du 3 juillet 1699.)

Hôpital établi à Verberie avec l'union des maladeries dudit
Verberie et de Brassoire, près de Morienval. (Arrêt du 20 juillet 1703.)

Hôpital à établir à Montmirail avec l'union de la maladerie
dudit lieu. (Arrêt du 15 mai 1704.)

DIOCÈSE DE NOYON.

Hôpital général de Noyon. Union des maladeries de Noyon, de
Tracy-Leval, de Chiry, de Varipont et d'Archeu. (Arrêt du conseil du 7 février 1695.)

Hôtel-Dieu de Chauny auquel a été unie la maladerie du même
lieu. (Autre arrêt du même jour.)

Hôtel-Dieu de Nesle. Union de la maladerie dudit Nesle.
(*Idem.*)

Hôtel-Dieu de Ham. Union de la maladerie du même lieu et de
celle de Fourchette. (Arrêts des 7 février 1695 et 18 avril 1698.)

Hôpital à établir à Vendeuil avec l'union des biens de la maladerie dudit Vendeuil. (Arrêt du 7 février 1695.)

Hôpital des malades de Noyon. Union de la maladerie de
Crapeau-Mesnil. (Arrêt du 18 avril 1698.)

Hôpital d'Athies. Rétablissement de l'hospitalité avec l'union
des biens de la maladerie et de l'ancien hôtel-Dieu dudit lieu,

ainsi que des maladeries de Saint-Christ, de Morchain, de Potte, de Pargny, de Pertain, de Cartigny, de Soyecourt, de l'hôtel-Dieu et de la maladerie de Mouchy-la-Gache. (Arrêt du 18 février 1698.)

Hôtel-Dieu de Péronne. Union des maladeries de Saint-Lazare de Péronne et de Ronsoy, et des hôpitaux ou maladeries d'Heudicourt et de Villers-Faucon. (Autre arrêt du même jour.)

DIOCÈSE DE TOUL.

Hôpital de Toul. Union des maladeries de Valcourt, de Void ou La Borde avec sa chapelle, de Greux, de Prey-sous-la-Fauche, et des hôpitaux de Blenod, de Void et de Gondreville. (Arrêts du conseil des 11 mai 1696 et 18 avril 1698.)

Hôpital de Commercy. Union des hôpitaux de Norey et de Vignot. (Arrêt du 11 mai 1696.)

Hôpital de Ligny. Union de la maladerie et chapelle de Saint-Jean de Froide-Entrée près Ligny. (Autre arrêt du même jour.)

Hôpital de Bar-le-Duc. Union des hôpitaux de Louppy-le-Château et de Longeville, d'un gagnage à Seigneulles et d'une rente sur la maladerie ou métairie dite Popey, près de Bar-le-Duc, due par le chapitre de l'église de Saint-Maxe de cette ville. (*Idem*.)

Hôpital de Saint-Nicolas-du-Port. Union des hôpitaux de Varangéville, près Saint-Nicolas, d'Einville, de Blamont, d'Ogevillers, d'Haraucourt, de la maison-Dieu de Lenoncourt et de l'hôpital ou maladerie de Flin, près d'Azerailles. (*Idem*.)

Hôpital de Nancy. Union des hôpitaux de Bouxières-aux-Dames et de Bouxières-la-Grande, de la maladerie de Laitre-sous-Amance et de l'hôpital ou maladerie de Lay-Saint-Christophe. (*Idem*.)

Hôpital d'Épinal auquel a été uni l'hôpital de Châtel-sur-Moselle. (Autre arrêt dudit jour 11 mai 1696.)

Hôpital de Mirecourt. Union de la maladerie de Marcy par autre arrêt du même jour.)

Hôpital de Remiremont. Union des hôpitaux de Plombières et d'Arches, de la maladerie de Bruyères et chapelle de la Madeleine de Lavau, dépendante de ladite maladerie. (Autre arrêt du même jour.)

Hôpital de Pont-à-Mousson. Union des maladeries de Poncel et de Lépine. (*Idem.*)

Hôpital de Vézelise auquel a été uni l'hôpital de Pulligny par autre arrêt du 11 mai 1696.

DIOCÈSE DE VERDUN.

Hôpital de Verdun. Union des maladeries de Saint-Jean et de Saint-Privé par arrêt du conseil du 15 avril 1695.

DIOCÈSE DE METZ.

Hôpital de Sarbourg auquel a été unie la maladerie de la même ville par arrêt du conseil du 2 septembre 1698.

DIOCÈSE DE STRASBOURG.

Hôpital de Strasbourg. Union de la maladerie de Rotkirch et des hôpitaux des Passans et de Sainte-Barbe de ladite ville. (Arrêt du conseil du 11 février 1701.)

Hôpital de Wissembourg auquel a été unie la maladerie de cette ville par arrêt du même jour.

Hôpital de Rouffach. Union des maladeries de Turkeim, de Sully et de Guebwillier. (*Idem.*)

Hôpital de Landau. Union des maladeries de Landau et d'Ingenheim. (*Idem.*)

Hôpital de Haguenau. Union de la maladerie de cette ville et de celle de Brunipt. (*Idem.*)

Hôpital de Molsheim. Union des maladeries de Molsheim, de Odertzen et de Grewiller. (*Idem.*)

Hôpital de Saverne. Union des maladeries de Saverne et de Marmoutier. (*Idem.*)

Hôpital d'Ensisheim. Union des maladeries d'Ensisheim, d'Agenbach, en haute-Alsace, de Saltekesse, de Moissevaux, de Thann et de Cernay. (Arrêt dudit jour 11 février 1701.)

Hôpital de Schlestadt. Union des maladeries de Aschbach, de Ribauviller, de Retschwiller, Balheim et Amercheim. (Arrêt du 15 avril 1701.)

Hôpital d'Obernheim (Obernai ?) Union des maladeries de Matzenheim et de Rosheim (Autre arrêt du même jour.)

Hôpital de Benfeld. Rétablissement de l'hospitalité avec l'union des biens de l'hôpital des Pauvres Pèlerins de ladite ville. (Arrêt du 18 mai 1702.)

ANCIEN GRAND PRIEURÉ DE BRETAGNE.

DIOCÈSE D'ANGERS.

Hôpital de Doué. Union de l'aumônerie d'Ambillou. (Arrêt du conseil du 6 juillet 1696.)

Hôpital de Châteauneuf. Rétablissement de l'hospitalité et union de la maladerie de Saint-Jean-Baptiste sur les pavés de Châteauneuf et de la maladerie de Sœurdres. (Autre arrêt dudit jour.)

Hôpital de Candé. Union de la maladerie de Champtocé et de sa chapelle. (Autre arrêt du même jour et lettres patentes registrées au Parlement de Paris le 14 août 1697.)

Hôpital des Ponts-de-Cé. Rétablissement de l'hospitalité et union de l'aumônerie de Brissac. (Autre arrêt du même jour.)

Hôpital à établir à Chemillé avec l'union de l'aumônerie de Saint-Pierre de Chemillé et de la maladerie de Saint-Jean de la Gobette, paroisse de Notre-Dame de Chemillé. (Arrêt dudit jour et lettres patentes registrées au Parlement de Paris le 11 février 1697.)

Hôpital de Beaufort. Union des hôpitaux de Longué et des Rosiers, et de l'aumônerie de Saint-Mathurin-sur-la-Levée. (Arrêt du 6 juillet 1696.)

Hôpital à établir à Morannes avec l'union de l'aumônerie de Saint-Julien dudit lieu. (Autre arrêt dudit jour.)

Hôpital à établir à Montlimard avec l'union de la maladerie de Montjean et de l'hôpital du Petit-Montreveau. (*Idem.*)

Hôtel-Dieu de Saumur. Union de la maladerie du Pont-Fouchard de la ville de Saumur, de l'aumônerie de Montsoreau et des hôpitaux de Saint-Hilaire-l'Abbaye et de Saint-Lambert, près de Saumur. (*Idem.*)

Hôpital de Bourgueil. Union des aumôneries de Bourgueil, de Restigny, de Chouzé-sur-Loire, de Villebernier, et des maladeries d'Allonnes, de Brain-sur-Allonnes et de Vernay-Vernantes. (Arrêt du 6 juillet 1696 et lettres patentes registrées au Parlement de Paris le 7 septembre suivant.)

Hôpital de Craon. Union de l'hôpital de Saint-Julien de Livré. (Autre arrêt du même jour.)

Hôpital de Lublé. Union de l'aumônerie de Château-Lavallière. (*Idem.*)

Hôtel-Dieu d'Angers. Union de la maladerie de la Madeleine de cette ville, de l'aumônerie de Foudon et de l'hôpital du bourg du Lion-d'Angers. (*Idem.*)

DIOCÈSE DE NANTES.

Hôpital de Clisson. Union des biens de l'hôpital de Saint-Antoine, près Clisson. (Arrêt du conseil du 2 décembre 1695.)

Hôpital de Savenay. Union d'un autre hôpital de la même ville dont a joui l'Ordre de Saint-Lazare. (Autre arrêt du même jour.)

Hôtel-Dieu de Nantes. Union de la maladerie de Saint-Lazare de la même ville (*Idem.*)

Hôpital à établir à Paimbeuf avec l'union de la maladerie et de l'hôpital de Pihiriac (Piriac), des aumôneries de Machecoul et de Rozet, et des hôpitaux de Montfaucon et de Fougeray. (*Idem.*)

DIOCÈSE DE LA ROCHELLE.

Hôpital de Fontenay-le-Comte. Union de la maladerie de Fontenay et des aumôneries de Vouvant, de Saint-Pompain, de Saint-Hilaire-sur l'Autize et de Villiers-en-Plaine. (Arrêt du conseil du 21 janvier 1695 et lettres patentes registrées au Parlement de Paris le 4 juin 1697.)

Hôpital d'Argenton. Rétablissement de l'hospitalité et union de la maladerie de Saint-Clémentin et de l'aumônerie de Mortagne. (Arrêts des 18 décembre 1693, 21 janvier 1695 et 28 juin 1697, et lettres patentes registrées au Parlement de Paris le 14 février 1698.)

Hôpital de La Rochelle. Union de l'aumônerie de Saint-Martin de Nuaillé, de l'aumônerie de la paroisse de Saint-Étienne d'Aytré, de l'aumônerie située en la paroisse de Saint-Pierre de Mauzé, et de l'aumônerie de Saint-Julien, située dans les paroisses d'Angoulins, Aytré, Bourgneuf et Montroy. (Arrêt du 29 mars 1697 et lettres patentes registrées au Parlement de Paris le 14 février 1698.)

Hôpital à établir à Bressuire avec l'union de la maladerie de la même ville et l'aumônerie de Cermesson. (Arrêts des 4 juillet 1698 et 7 avril 1702.

DIOCÈSE DE VANNES.

Hôpital de Vannes. Union des hôpitaux de la Gassilie et de Muzillac. (Arrêt du conseil du 25 mai 1696 et lettres patentes registrées au Parlement de Rennes le 2 janvier 1697.)

DIOCÈSE DE QUIMPER.

Hôpital de Pont-Croix Union des biens de la chapelle de Lochrist située dans la paroisse de Buzet (Beuzec). (Arrêt du conseil du 30 mars 1703.)

DIOCÈSE D'AVRANCHES.

Hôtel-Dieu d'Avranches. Union des maladeries de Ponts, près d'Avranches, de Bacilly, de Champeaux et de l'hôtel-Dieu de Sainte-Anne de Genets. (Arrêt du conseil du 25 mai 1696 et lettres patentes registrées au Parlement de Rouen le 9 janvier 1697.)

DIOCÈSE DE COUTANCES.

Hôtel-Dieu de Valognes. Union des maladeries de Valognes, Montfarville et La Folie, ainsi que de l'hôtel-Dieu de Barfleur. (Arrêt du conseil du 6 juillet 1696 et lettres patentes registrées au Parlement de Rouen le 3 octobre suivant.)

Hôtel-Dieu de Saint-Lô auquel a été uni le quart des revenus de la chapelle et maladerie de la Madeleine de cette ville. (Autre arrêt et lettres patentes du même jour.)

Hôtel-Dieu de Coutances. Union de la maladerie de cette ville par autre arrêt du conseil du 6 juillet 1696.

DIOCÈSE DE BAYEUX.

Hôpital à établir à Bois-Halbout avec l'union de la maladerie et chapelle de Bois-Halbout, paroisse de Cesny, et de la maladerie de la Vrilette, située dans la paroisse d'Urville. (Arrêt du conseil du 31 janvier 1695.)

Hôtel-Dieu de Bayeux. Union des maladeries de Sainte-Catherine de Bayeux, de la Madeleine de Vaucelles, de Saint-Clair de Pierre-Jollain et chapelle en dépendant, de la Madeleine d'Isigny avec sa chapelle. (Arrêt du 16 décembre 1695 et lettres patentes registrées au Parlement de Rouen le 9 janvier 1697.)

Hôtel-Dieu de Caen. Union des maladeries de Notre-Dame de Beaulieu, de Cagny, de Larbre-Martin, de Notre-Dame de Laize, de Saint-Jean de Mathieu, de Courseulles, de Creully, de l'hôpital et de la maladerie d'Argences. (Arrêt du 16 décembre 1695 et lettres patentes registrées au Parlement de Rouen le 9 janvier 1697.)

Hôpital de Vire. Union des maladeries de Vire, de La Graverie et du Mesnil-Auzouf. (Autre arrêt et lettres patentes du même jour.)

Hôpital de Torigny-sur-Vire. Union des maladeries de Torigny, de Condé-sur-Vire, de Sept-Vents et La Ferrière-Hareng, de l'hôpital ou maladerie de Tessy. (Arrêt du 24 février 1696.)

DIOCÈSE DE SÉES.

Hôpital de Sées. Union de la maladerie de cette ville avec sa chapelle. (Arrêt du conseil du 14 janvier 1695.)

Hôpital d'Essai. Union de la léproserie de Saint-Marc d'Essai. (Autre arrêt du même jour et lettres patentes registrées au Parlement de Rouen le 9 janvier 1697.)

Hôpital de Bellême. Union des maladeries dudit Bellême et de Suré. (Arrêt et lettres patentes des mêmes jours.)

Hôpital de Trun. Union de la léproserie d'Exmes. (Autre arrêt du 14 janvier 1695.)

Hôpital de Falaise. Union de la maladerie de cette ville. (*Idem.*)

Hôpital d'Écouché. Union de la léproserie de Sevrai. (*Idem.*)

Hôpital d'Argentan. Union des léproseries d'Argentan, de la paroisse de Saint-Martin-des-Champs, et de Sainte-Anne, en la paroisse de Moulins, près Argentan. (Arrêt du 14 janvier 1695.)

Hôpital à établir à Moulins-la-Marche avec l'union de la maladerie dudit Moulins et des léproseries de Saint-Gilles de Bons-Moulins et de Soligni. (Autre arrêt du même jour et lettres patentes registrées au Parlement de Rouen le 9 janvier 1697.)

Hôpital de Mortagne. Union des léproseries de Chartrage et de Mauves. (Arrêt du 14 janvier 1695 et lettres patentes registrées au Parlement de Paris le 7 septembre 1696.)

DIOCÈSE DU MANS.

Hôtel-Dieu de Saint-Calais. Union de la maladerie de cette ville par arrêt du conseil du 21 janvier 1695.

Hôtel-Dieu de Château-du-Loir. Union dès maladeries de Rahay, de Mayet, de Tréhet, de l'hôtel-Dieu et maladerie de La Chartre, de la maladerie et aumônerie de Dissay, et de l'aumônerie du Gué de La Fougère. (Arrêts des 20 janvier et 6 juillet 1696 et 22 février 1697, et lettres patentes registrées au Parlement de Paris le 30 mars 1696.)

Hôpital de Mamers. Rétablissement de l'hospitalité avec l'union des biens de l'ancien hôpital de cette ville et de sa maladerie. (Arrêt du 20 janvier 1696 et lettres patentes registrées au Parlement de Paris le 22 août suivant.)

Hôpital général du Mans. Union des maladeries de Saint-Lazare du Mans et de Courceval. (Arrêt du 19 juin 1699.)

Hôpital de La Ferté-Bernard. Union de la léproserie de Saint-Laurent. (Autre arrêt du même jour.)

Hôpital de Montfort. Union des maladeries de Montfort et du Pont de Gesnes. (Autre arrêt dudit jour.)

Hôtel-Dieu de Montoire à établir en cette ville avec les biens de son ancien hôpital et de sa maladerie et ceux de l'hôtel-Dieu de Troo, de l'hôtel-Dieu de la paroisse de Roche-Lévêque, de la maladerie et de l'hôtel-Dieu de Lavardin. (Arrêt du 3 juillet 1699.)

Hôtel-Dieu à établir à La Châtre avec l'union de la maladerie dudit lieu. (Arrêt du 18 décembre 1699.)

Hôpital de Sillé-le-Guillaume. Union de la maladerie dudit Sillé. (Arrêt du 18 mai 1701.)

Hôpital de Sablé. Union de la maladerie de cette ville. (Arrêt du 6 juillet 1696.)

Hôpital de Fresnay-le-Vicomte. Union de la maladerie du même lieu. (Arrêt du 20 juillet 1696.)

Hôtel-Dieu de Ballon. Union de la maladerie dudit Ballon. (Arrêt du 29 mars 1697.)

DIOCÈSE DE TOURS.

Hôtel-Dieu d'Amboise. Union de la maladerie de cette ville, des aumôneries de Nazelles, de Négron et de Chanceaux, des maladeries de Limeray et de Saint-Martin-le-Beau. (Arrêt du conseil du 11 juillet 1698.)

Hôtel-Dieu de Tours. Union de la maladerie de Saint-Lazare, près Tours, des aumôneries de Mont-Louis, de Sainte-Barbe d'Azay-le-Rideau, de Saint-Épain, de Sainte-Catherine de Fierbois, de Louestault, de Neuvy, de Charentilly, de Sainte-Anne et Sainte-Catherine en la paroisse de Saint-Georges de la Haye, de Rochecorbon, de Tauxigny, de Bernezay, en la paroisse de Saint-Quentin, de Saint-Branch, de Vernou, de Doé, de Montbazon, de Sorigny, de Neuilly, de Pont-Pierre, des maladeries de Saint-Lazare de Crouzilles, d'Auzouer, de Notre-Dame de La Haye, de Sainte-Maure, du Boulay, des aumôneries et maladeries de Sonzay, de Vouvray, d'Esceville, de Saint-Gilles de Truyes, d'Esvres, de Saint-Christophe, de Chançay, de l'hôpital ou maladerie de Villegelu, en la paroisse de Saint-Michel du Bois. (Arrêt du 11 juillet 1698.)

Hôtel-Dieu de Luynes. Union des aumôneries de Condettes, de Saint-Michel-sur-Loire, de Saint-Patrice, de Cinq-Mars-la-Pille, de l'hôpital ou maladerie de Langeais, et de l'hôtel-Dieu de Saint-Jacques de La Haye. (Autre arrêt du même jour.)

Hôtel-Dieu de Loches. Union des maladeries de Saint-Jacques et Beaulieu de Loches, de Nouans, de Saint-Germain, de la Madeleine de Perrusson, du Fau, de l'aumônerie du Ligueil, des hôpitaux de Beaumont, de Saint-Nicolas de Tolentin, paroisse de Villeloin, et de Notre-Dame de Richebourg, paroisse de Saint-Laurent de Beaulieu. (Autre arrêt dudit jour.)

Hôpital à établir à Bléré avec l'union de la maladerie et de l'aumônerie de Bléré, de l'hôpital et de la maladerie de Montrichard, de l'aumônerie et de la maladerie de La Croix, près Bléré, et de la maladerie d'Orbigny. (*Idem.*)

Hôtel-Dieu de Chinon. Union des aumôneries de Neuilly et de Candes et de la maladerie de Parilly, près Chinon. (*Idem.*)

Hôtel-Dieu à établir à La Châtre avec l'union de la maladerie du lieu. (Arrêt du 18 décembre 1699.)

Hôpital de l'Isle-Bouchard. La maladerie de Crouzilles, près de l'Isle-Bouchard, unie ci-devant à l'hôtel-Dieu de Tours, a été dévolue à l'hôpital de l'Isle-Bouchard par arrêt du 13 mars 1705.

DIOCÈSE DE BLOIS.

Hôpital général de Blois. Union des biens de l'ancien hôpital de Saint-Jacques de cette ville, de la maison-Dieu et de la maladerie de Chaumont-sur-Loir, des deux maladeries de Cangy et de Lécuelle, des deux tiers des biens de la maladerie de

Saint-Lazare-lez-Blois, et de la moitié du revenu de la maison-Dieu ou aumônerie des Montils. (Arrêt du conseil du 29 mars 1697 et lettres patentes registrées au Parlement de Paris le 6 mars 1698.)

Hôpital de Vendôme. Union de l'hôpital de l'Isle, près Vendôme, et de la maladerie de la Madeleine de cette ville, à l'exception des métairies de La Bruière et de La Gardette, dépendantes de ladite maladerie et unies ci-après à l'hôpital de Champigny. (Arrêt du 4 mai 1697.)

Hôpital à établir à Champigny avec l'union des métairies de La Bruière et de La Gardette, dépendantes de la maladerie de Vendôme. (Autre arrêt du même jour.)

Hôpital de Morée. Union des maladeries de Fréteval et de Vieuvy (Vievy). (Autre arrêt dudit jour.)

Hôtel-Dieu de Mondoubleau. Union de la maladerie de cette ville. (*Idem.*)

Hôtel-Dieu à établir à Romilly avec l'union des biens de l'hôtel-Dieu et de la maladerie de La Ferté-Villeneuil, ainsi que de l'hôpital et de la maladerie de Cloyc. (Arrêt du 4 mai 1697 et lettres patentes registrées au Parlement de Paris le 14 août suivant.)

DIOCÈSE D'ORLÉANS.

Hôpital de Meung-sur-Loire. Union de la maladerie et chapelle de Saint-Denis de ladite ville, des maladeries de Péruse, en la paroisse d'Epieds, du Haut-Midi, en la paroisse de Cléry, de la métairie de Veillard et des prés de la Salle, proche Cléry. (Arrêts du conseil des 11 mars 1695 et 20 juin 1698.)

Hôpital de Saint-Aignan. Union de la maladerie de Noyers et de l'aumônerie du même lieu, appelée vulgairement le Porche de Noyers. (Arrêt du 15 avril 1695 et lettres patentes registrées au Parlement de Paris le 17 décembre 1696.)

Nota. L'hôpital de Saint-Aignan qui est du diocèse de Bourges a reçu en outre les biens et revenus de l'hôpital de Luçay par arrêt du conseil du 10 septembre 1695 et lettres patentes registrées au Parlement de Paris le 31 juillet 1695.

Hôtel-Dieu de Toury. Union de la maladerie de Toury. (Arrêt du 22 avril 1695.)

Hôtel-Dieu d'Yenville. Union de la maladerie dudit Yenville et du Puiset. (Arrêt du 2 décembre 1695 et lettres patentes registrées au Parlement de Paris le 1er février 1698.)

Hôtel-Dieu de Jargeau. Union de la maladerie de Saint-Nicolas de la Nouë, située dans la paroisse de Saint-Denis-lez-Jargeau, de l'hôpital du Pont-aux-Moines, et de la maladerie de Vitry-aux-Loges. (Arrêts du conseil des 13 janvier 1696 et 20 juin 1698.)

Hôtel-Dieu de Sully. Union de la maladerie de Saint-Thibault située dans la paroisse de Saint-Père-lez-Sully. (Autre arrêt dudit jour 13 janvier 1696.)

Nota. Au diocèse de Bourges il a encore été fait union à l'hôtel-Dieu de Sully des biens de la maladerie de Saint-Gondon par arrêt du conseil du 10 septembre 1695.

Hôtel-Dieu de Pithiviers. Union de la maladerie de Saint-Lazare de Pithiviers, de l'hôpital d'Yèvre-le-Châtel, et des maladeries d'Ascoux, de Guigneville, d'Aschères et de La Borde-Martin, en la paroisse d'Array. (Arrêts des 25 mai 1696 et 20 juin 1698.)

Hôtel-Dieu de Saint-Benoît de Fleury-sur-Loire. Rétablissement de l'hospitalité et d'union des biens et revenus de la maladerie de Narbonne, située audit lieu de Saint-Benoît de Fleury. (Autre arrêt du 20 juin 1698.)

Hôtel-Dieu de Beaugency. Union de la maladerie de cette ville et de l'hôpital de Tavers. (Autre arrêt du même jour.)

Hôtel-Dieu d'Orléans. Union de la maladerie de Saint-Mesmin-lez-Orléans et de celle de La Ferté-Senneterre avec la chapelle en dépendant. (Autre arrêt du même jour.)

Hôtel-Dieu de Romorantin. Union de la maladerie de La Ferté-Aurain. (Autre arrêt dudit jour 20 juin 1698.)

E. MANNIER.

(La suite prochainement.)

LA COLLECTION

DE

DÉCORATIONS MILITAIRES FRANÇAISES

DU MUSÉE D'ARTILLERIE

(Suite *).

XVIII.

ORDRE DE SAINT-JEAN DE JÉRUSALEM OU DE MALTE.

Fondé, en partie, par des chevaliers d'origine française, possédant en France de grands biens et y jouissant d'une organisation spéciale, l'Ordre de Saint-Jean de Jérusalem mérite une place dans ces notes à cause du grand nombre de ses membres qui ont versé leur sang dans les rangs des armées françaises et y ont occupé les positions les plus élevées.

Il n'était certainement pas de meilleure école de guerre que ces luttes constantes contre les infidèles, soutenues sur terre et sur mer par ces vaillants défenseurs de la religion, et c'est là que se formèrent pendant plusieurs siècles des guerriers, qui se sont illustrés sur tous les champs de bataille, depuis Bouvines jusqu'à la guerre de l'Indépendance de l'Amérique.

Que l'on ouvre le *Martyrologe* du Père de Goussencourt, l'*Histoire de Malte* de Vertot, les ouvrages de Saint-Allais et de Montagnac, et l'on trouvera à chaque page, écrite en lettres de sang, la trace des efforts faits par les chevaliers de Saint-Jean de Jérusalem pour le triomphe de la monarchie française.

Liés par le serment de fidélité qu'ils prêtaient au grand-

* Voir Novembre et Décembre 1878, page 550.

maître, les chevaliers de Malte ne purent pendant longtemps recevoir la croix de Saint-Louis. Ce fut seulement sous Louis XVI que cette incompatibilité cessa. Plusieurs chevaliers de Malte furent alors décorés de l'Ordre de Saint-Louis, mais ce ne fut toutefois qu'après avoir sollicité et obtenu l'autorisation du grand-maître et sous la condition de renoncer aux grâces ou bénéfices, auxquels ils auraient pu prétendre dans cet Ordre [1].

L'Ordre du Saint-Esprit pouvait être donné aux chevaliers de Malte et le bailli de Suffren fut honoré de cette distinction, malgré le rang élevé qu'il occupait dans l'Ordre.

Le *Codice del Sacro Militare Ordine Gerosolimitano*, publié par ordre d'Emmanuel de Rohan, renferme au titre XVIII, § 1, une ordonnance de ce grand-maître relative à la conduite à tenir envers les chevaliers de l'Ordre qui étaient au service militaire d'un souverain et qui l'auraient quitté. Le grand-maître charge les baillis, chapitres et assemblées provinciales, de faire une enquête pour rechercher les motifs qui ont pu amener le renvoi de ces chevaliers, déclarant que les délits ou manquements au service envers ces princes, devaient être assimilés aux faits analogues dont ils se seraient rendus coupables envers la *Religion* et seraient passibles des mêmes peines. (P. 397, *Malte*, 1782, in-fol.)

En dehors des chevaliers profès, il y avait aussi en France un petit nombre de personnes qui avaient obtenu héréditairement la grand'croix de Malte en raison des services rendus par des membres de leur famille à l'Ordre, et quelques chevaliers qui, ayant quitté l'Ordre pour se marier, obtinrent dans les dernières années du xviiie siècle, la permission du grand-maître de continuer à porter la croix de l'Ordre [2].

---

[1] V. Mazas, *op. cit.*, t. II, à propos du chevalier de Lostanges (p. 259 et 342), du chevalier de Sambucy (p. 268), tous deux officiers de marine, et du chevalier de la Luzerne, maréchal de camp (*id.*, p. 377). Voir aussi à ce sujet l'article que nous avons publié dans cette *Revue* en 1874 sur l'*Ordre de Malte dans la Marine en 1790*.

[2] C'est ainsi qu'on lit par exemple dans la *Gazette de France* du 6 février 1787, sous la rubrique de Marseille, que « le duc de Fortia de Pilles, gouverneur de cette ville, ayant obtenu du grand-maître de Malte la permission de porter la croix de l'Ordre, a reçu de Sa Majesté l'agrément de joindre cette marque de distinction à celle de l'Ordre de Saint-Louis, dont il est déjà décoré. »

Sous la Restauration, l'Ordre de Malte fut porté de nouveau en France par un grand nombre d'officiers, et comme cette décoration n'avait plus à cette époque qu'un caractère purement honorifique, elle fut constamment portée à côté de l'Ordre de Saint-Louis et de celui de la Légion d'honneur.

Jusqu'en 1830, l'Ordre de Saint-Jean de Jérusalem fut autorisé en France par la grande chancellerie, mais sous certaines conditions : « L'Ordre de Malte, dit l'instruction de 1824 que nous avons déjà citée souvent, est, parmi les Ordres étrangers, celui dont on a le plus abusé. Beaucoup d'individus l'ont pris en vertu, disent-ils, d'un droit héréditaire dans leur famille, d'autres comme cadets de maison ; ceux-là l'ont reçu d'une commission, ceux-ci le tiennent d'un Lieutenant du Magister (*sic*) non encore reconnu par le Gouvernement du Roi. D'après les termes de l'ordonnance, des titres de cette nature ne peuvent être accueillis.

« Cet Ordre étant rangé dans la classe des Ordres étrangers, nul ne peut l'accepter ni le porter sans l'autorisation de Sa Majesté, obtenue par l'intermédiaire du grand chancelier de la Légion d'honneur.

« Tous les sujets du Roi qui ont reçu l'Ordre de Malte des grands-maîtres pendant leur règne, *et le très-petit nombre de familles qui l'ont obtenu héréditairement par la même voie,* pourront être admis à présenter des demandes en autorisation [1]. Ils se pourvoiront devant le grand chancelier pour lui justifier de leurs titres. S'ils sont reconnus valables et authentiques, ils seront inscrits sur les registres-matricules des Ordres étrangers et les titulaires recevront alors une autorisation de Sa Majesté de continuer à porter cet Ordre. »

Le rapport du grand chancelier du 13 juin 1853, approuvé par l'Empereur et transformé ainsi en décret, reproduit à peu près les mêmes dispositions :

« L'Ordre de Malte étant un Ordre étranger, ne peut être accepté ou porté par un Français, qu'autant que, conféré par un souverain, l'autorisation en a été accordée par nous ou nos prédécesseurs. »

---

[1] Actuellement le seul grand-croix héréditaire en France est le duc de Mouchy, prince de Poix.

Le nombre des autorisations données dans ces conditions a été, on le comprend facilement, très-restreint. L'Ordre de Malte n'est plus conféré aujourd'hui par une puissance souveraine qu'en Espagne, où la grande maîtrise a été réunie à la couronne depuis 1802, à la suite de la suppression de l'Ordre par le traité d'Amiens.

Les chevaliers nommés par les rois d'Espagne doivent être espagnols, et de rares exceptions ont été faites seulement pour des Français appartenant à des familles originaires de provinces qui, comme la Flandre et la Franche-Comté, avaient autrefois été soumises à la domination espagnole.

L'Ordre de Malte n'a plus, du reste, aujourd'hui, d'organisation régulière qu'en Italie et en Autriche-Hongrie, où existent encore des langues et des grands prieurés, ainsi qu'en Allemagne, où ont été fondées les deux associations des chevaliers Silésiens et Rhéno-Westphaliens [1]. La seule légation conservée par l'Ordre est celle qui est instituée auprès de la cour Austro-Hongroise [2].

Pendant longtemps, les chevaliers de Saint-Jean de Jérusalem portèrent le costume religieux, avec une croix pattée sur le côté gauche de la poitrine, ou sur l'épaule. C'est ainsi que sont figurés plusieurs chevaliers sur des monuments funéraires existant autrefois à la commanderie de Saint-Jean-en-l'Ile, près Corbeil [3], et sur d'autres qui sont conservés de nos jours au musée de Douai. Plus tard, cette croix pattée prit la forme de croix à huit pointes qu'elle a conservée et qui est connue sous le nom de croix de Malte. D'après les statuts, ces huit pointes rappellent les huit béatitudes.

Pendant leurs expéditions militaires, les chevaliers revêtaient par-dessus leurs habits une soubreveste, ou sorte de dalmatique,

[1] V. *Ruolo generale del Sov. S. M. Ordine Gerosolimitano, Roma, 1872*, in-8°, et Elizé de Montagnac, *Chevaliers de Malte, Organisation contemporaine*, in-12, 1874. Les *Malteser* ont pris à côté des *Johanniter* (chevaliers protestants) une large part à l'organisation des ambulances allemandes dans la dernière guerre.

[2] L'Ordre de Malte eut une ambassade en France, jusque sous la Restauration. Sous le Consulat, le bailli de Férette se considérait comme représentant de l'Ordre auprès de Napoléon. (V. *Mémoires d'une femme de qualité sur le Consulat et l'Empire*, t. I, p. 420.) Nous aurons l'occasion de parler, à propos de l'Ordre Royal de Naples, des intentions de Napoléon Ier au sujet de l'Ordre de Malte.

[3] Millin, *Antiquités nationales*, t. III, 1700.

rouge à croix blanche, analogue à celle que portaient les mousquetaires. Hélyot, dans les planches qui accompagnent son *Histoire des Ordres religieux*, nous donne le dessin d'un chevalier en costume Louis XIV, portant la soubreveste. (Pl. XXX.)

Une bulle du pape Alexandre IV rapportée dans le *Codice Diplomatico* de Paoli, avait réglé ce costume, afin de distinguer les chevaliers des autres frères de l'Ordre. « In bellis autem, sive in præliis, utantur jupellis et aliis super insignibus militaribus quæ sint coloris rubei, et in quibus etiam Crux albi coloris sit, in vestri vexilli modum assuta, ut in hujusmodi uniformitate signorum, animorum identitas evidenter appareat, et ex hoc per consequens salus proveniat personarum. » (1259, *op. cit.*, t. I, p. 278.)

Nous trouvons de nombreuses représentations de ce genre dans les fresques du palais magistral de Malte, reproduites dans les *Monuments des Grands-Maîtres*, du vicomte de Villeneuve-Bargemont [1], ainsi que dans les peintures de la chapelle de Saint-Jean-Baptiste, à la cathédrale de Sienne [2].

C'est au xvie siècle seulement, croyons-nous, que les chevaliers de Saint-Jean commencèrent à porter sur leurs vêtements ordinaires la croix de l'Ordre, d'abord en toile blanche, cousue sur le côté gauche ou le milieu de la poitrine, et peu après, en métal émaillé de blanc.

Cette croix fut longtemps pendue à une chaîne, et on dit généralement que ce ne fut en France qu'à la mort de Louis XIV que les chevaliers remplacèrent leur chaîne par le ruban noir, qu'ils portent actuellement [3].

---

[1] V. aussi une fresque de Rhodes figurée dans le même ouvrage, t. I, p. 130. Mais on sait que ce n'est qu'avec réserve que l'on doit admettre ces reproductions publiées par Villeneuve-Bargemont, qui, dans son premier volume, n'a guère donné que des dessins de fantaisie. Le musée de Cluny s'est enrichi dernièrement de plusieurs tombes de grands-maîtres et de chevaliers découverts à Rhodes par M. Gustave Schlumberger ; on y trouve notamment le couvercle du tombeau du grand-maître Jacques de Milly (1461), le tombeau de Robert de Juilly (1376), des fragments de ceux de Pierre de Corneillan (1355), de Déodat de Gozon (1353), et enfin, celui de J.-B. Orsini (1476).

[2] Voir dans cette *Revue*, 1870, *Quelques souvenirs de l'Ordre de Saint-Jean de Jérusalem en Italie*.

[3] Voir à ce sujet ce que nous avons dit en parlant de l'Ordre de Saint-Michel.

La plus ancienne croix de ce genre que je connaisse est conservée au *British Museum*; je ne pense pas qu'elle soit antérieure au xviie siècle [1].

Alof de Wignacourt, sur le beau portrait de Michel-Ange de Caravage, qui est au Louvre dans le grand salon, ne porte sur son armure aucune marque rappelant sa dignité de grand-maître, mais le page qui l'accompagne et porte son casque a sur le côté gauche de la poitrine une croix émaillée à huit pointes [2].

D'après Saint-Allais, la croix d'or émaillée de blanc aurait été réservée « aux chevaliers nobles qui avaient reçu l'Ordre de chevalerie » et ne pouvait être portée par les chevaliers profès, que par permission spéciale du grand-maître [3].

C'est en vain que nous avons cherché dans les différents statuts quelque chose qui nous éclaire d'une façon précise. Voici ce que nous trouvons en dernier lieu (1783) :

« La croix d'or est le propre des chevaliers profès, mais elle peut être portée par les chevaliers de minorité lorsque leurs preuves ont été reçues pour bonnes et valides. (*Ord.* 18, *Ricev.*) Elle peut être portée également par les chevaliers novices, les chapelains, les frères servants et les donats, avec la permission du grand-maître et depuis la révocation de l'édit d'Urbain VIII, qui depuis la mort du grand-maître de Paule avait interdit aux chapelains et aux frères servants la croix d'or. » (*Bull. ann.*, 1636 [4].)

Dans le très-rare volume des *Statuts* publié par Veltronius, à Rome, en 1588, et orné de curieuses gravures, on voit des chevaliers de Saint-Jean de Jérusalem dans leurs différents costumes. Je laisse de côté ceux qui portent le grand costume d'assemblée, la robe, le manteau et le cordon chargé des mystères, ainsi que le bonnet ; mais je remarque un chevalier, avec une croix posée sur un médaillon ovale, suspendue au chapelet

---

[1] Sous le magistère de Villiers de l'Isle-Adam, les commandeurs qui étaient grand-croix n'eurent plus l'autorisation, dit Saint-Allais, de porter hors de l'île de Malte, la marque de leur dignité. (*L'Ordre de Malte*, p. 194.)

[2] Ce portrait a été gravé à diverses reprises ; on le trouve reproduit dans le *Magasin pittoresque, 1851*, p. 369.

[3] *Op. cit.*, p. 202.

[4] *Compendio delle materie contenute nel Codice del Sacro Militare Ordine Gerosolimitano*, Malta, 1783, in-fol. V° Abito.

à huit dizaines (p. 40), et d'autres portant la croix pendue à un simple ruban (p. 168-174).

A la même époque aussi, nous trouvons chez les chevaliers de Malte l'usage que nous avons déjà signalé des croix figurées sur les armures [1].

Certains chevaliers portaient cependant à la fin du siècle dernier, la croix de toile blanche à huit pointes, du côté du cœur, sur l'habit de ville [2].

M. Steenackers dit que Louis XVIII, étant en exil, fit, comme chef suprême et protecteur des Ordres hospitaliers et militaires du royaume, délivrer en son nom des brevets de l'Ordre de Malte et que, depuis cette époque, les chevaliers français ajoutèrent des fleurs de lys aux angles de leur décoration. Il considère cette modification et cette distribution faite par Louis XVIII comme une protestation contre le titre de grand-maître de l'Ordre qu'avait pris l'empereur de Russie, Paul Ier [3].

Il y a là, croyons-nous, plusieurs erreurs.

Louis XVIII avait parfaitement reconnu Paul Ier comme grand-maître, et il avait même fait plus, car il avait consenti à figurer, ainsi que le comte d'Artois et les autres princes du sang, sur la liste des grands-croix du grand prieuré russe catholique, à la tête duquel l'empereur avait placé le prince de Condé [4], prieuré qui comprenait à la fois les émigrés français et les russes et polonais catholiques [5].

Quant à la forme de la croix de Malte, avec les fleurs de lys dans les angles, elle est beaucoup plus ancienne que M. Steenackers ne semble le croire ; je possède un bijou de Malte enrichi de pierreries, portant la croix fleurdelysée en émail, qui

---

[1] Voir notamment sur un plastron du Musée d'artillerie (G. 177).

[2] Millin, *op. cit.*, pl. II, n° 2.

[3] *Op. cit.*, p. 87.

[4] Saint-Allais, *L'Ordre de Malte*, 1839, p. 179. — Une lettre de la princesse Louise de Bourbon (sœur Marie-Joseph) à son père, le prince de Condé, renferme à ce sujet le passage suivant : « Au surplus, cette protection de l'empereur de Russie accordée à l'Ordre de Malte m'a paru un hommage rendu à la religion catholique qui m'a fait plaisir. » Vienne, 6 juin 1798. (Crétineau-Joly, *Histoire des trois derniers princes de Condé*, t. I, p. 222.)

[5] Il y avait à la dernière Exposition, dans la salle polonaise, au Trocadéro, une croix de Malte inscrite dans un médaillon, qui était probablement un bijou appartenant à l'un de ces chevaliers.

remonte au règne de Louis XV ; un portrait de la galerie La Caze de la même époque [1], et un autre que j'ai acquis dernièrement, portent le même bijou que je reproduis ici.

Ce type, qui date, croyons-nous, du commencement du XVIIIᵉ siècle, se répandit plus tard en Espagne et dans le royaume de Naples, tandis qu'à Rome les chevaliers continuèrent à porter la croix simple et que les chevaliers allemands appartenant soit à la langue d'Allemagne ou aux associations des chevaliers Silésiens et Rhéno-Westphaliens [2], soit au bailliage protestant de Brandebourg [3], placèrent des aigles dans les angles de leur décoration.

---

[1] Nº 231, par Nattier.

[2] Les chevaliers autrichiens surmontent leur croix de la couronne impériale et la cantonnent d'*aigles à deux têtes dorés*. (V. Gourdon de Genouillac, p. 100.)

[3] « Les insignes de l'Ordre (protestant de Saint-Jean de Prusse), dit l'article 11 du décret du 23 mai 1812, se composeront d'une croix en or, émaillée à huit pointes, avec l'*aigle noire de Prusse*, couronnée d'or, dans chaque angle. La grande couronne qui surmontait l'ancienne croix sera supprimée. Les chevaliers porteront la croix au cou, suspendue par un ruban noir ; ils porteront en outre une croix blanche sur le côté gauche de l'habit. » (E. de Montagnac, *Histoire des chevaliers de Malte*, p. 123.)

A cette époque aussi (xviii° siècle) la croix en France porte généralement la couronne royale, que l'on aurait tort de confondre avec la couronne princière que portaient les grands-maîtres, comme souverains de Malte. (Voir *Numismatique de Malte*, de Furse, *Catalogue Rousseau*, par B. Fillon, etc.) Toutefois, dans le même temps, certains dignitaires de Malte portent la croix fleurdelysée sans couronne, et peut-être faut-il faire dès lors la distinction des chevaliers ayant fait leurs preuves, distinction que l'Ordre fait actuellement.

Les chevaliers de Saint-Jean de Jérusalem décoraient leurs écussons de marques distinctives de deux genres différents. Ils faisaient entrer dans l'écusson les armes de la *Religion*, de gueules à la croix d'argent, les plaçant en chef; et une tradition, qui n'était que rarement observée, voulait qu'en signe d'humilité on abaissât les animaux qui étaient figurés au-dessous. De plus, ils entouraient l'écusson d'un chapelet, dont le nombre de dizaines n'est pas déterminé, mais que le Père de Goussencourt et le Magistère actuel fixent à huit, chapelet au bas duquel la croix de l'Ordre est attachée par trois grains. Ce collier est entrelacé dans les pointes d'une grande croix sur laquelle est posée l'écu. Wlson de la Colombière dit que ce chapelet est d'or ou de corail, mais on le figure plus généralement en argent. Ces écussons sont le plus souvent sommés d'une couronne, qui varie suivant la famille du chevalier.

D'après La Colombière, les commandeurs avaient le droit de mettre une épée haute derrière l'écu, la pointe en haut et la poignée paraissant au-dessous [1]; je n'en ai jamais rencontré d'exemple, soit sur des monuments, soit sur des gravures.

. Je donne ici, malgré son incorrection, un écusson des La Mothe Houdencourt, entouré des insignes de l'Ordre, qui servait, d'après ce que je suppose, à Jacques de La Mothe Houdencourt, commandeur de Troyes et du Déluge et capitaine des galères du Roi († 1707), pour placer en tête de ses actes officiels [2].

Enfin, les grands-maîtres écartelaient aux 1 et 4 des armes

---

[1] *Science héroïque*, p. 439.

[2] Voir *Houdencourt*, par M. l'abbé Morel, dans le *Bulletin de la Société historique de Compiègne*, t. III.

de la *Religion*, ainsi que nous en trouvons de nombreux exemples sur les écussons relevés à Rhodes par Eug. Flandin [1]. Mais tous les écussons qui remontent à cette période n'ont ni chapelet ni cimier, à l'exception de celui de Pierre d'Aubusson que surmonte son chapeau cardinalice, et de celui de Jean de Lastic, posé sur un aigle couronné (p. 295 et 297).

D'après La Colombière, et ainsi que nous le voyons sur un grand nombre de monuments, les grands-maîtres ont, depuis la fin du XVIe siècle (1581), sommé leur écu de la couronne princière. Avant cette date, ils n'avaient, ajoute l'auteur de la *Science héroïque*, que le chapelet et deux mains, sortant d'un nuage, tenant chacune une épée flamboyante, avec les mots : Pour la Foi [2].

Comte de Marsy.

(La suite prochainement.)

---

[1] *Histoire des chevaliers de Rhodes*, Tours, 1864, avec nombreux écussons gravés.

[2] Je suis heureux de pouvoir annoncer en terminant cet article que M. le colonel Le Clerc vient d'obtenir du Garde-Meuble le dépôt au Musée d'artillerie des manteaux de l'Ordre du Saint-Esprit qui avaient autrefois fait partie du Musée des Souverains, et que dans notre article sur l'Ordre du Saint-Esprit nous avions exprimé le regret de ne plus voir exposés aux regards du public.

HISTOIRE

DE LA MAISON

DES BOUTEILLERS DE SENLIS

(Suite et fin).*

LIVRE CINQUIÈME

Contenant les Seigneurs de Coye, de Noisy, près Beaumont, de La Grange-le-Roy en Beausse et d'Orville en Gastinois;

Les Seigneurs de Brasseuse et de Lateinville;

Les Seigneurs de Villepeinte et de Charenton;

Les Comtes d'Huntingdon et de Northampton en Angleterre.

———

* Voir Novembre et Décembre 1878, page 481.

Les seigneurs de Coye, de Noisy près Beaumont
De la Grange-le-Roy en Beausse, et d'Orville en Gâtinois.

TABLE GÉNÉALOGIQUE

RAOUL LE BOUTEILLER de Senlis, IIe du nom, seigneur d'Ermenonville.

GUILLAUME LE BOU-TEILLER, seigneur d'Ermenonville.	ADAM LE BOUTEILLER, Ier du nom, seigneur de Montespillouer, de Coye, Noisy, près Beaumont, et la Grange-le-Roy, en Beausse, 1309-1328.

GUY LE BOUTEIL-LER, espousa Guillemette de Ruilly et mourut sans enfans, avant son père.	AMAURY LE BOUTEIL-LER, seigneur de Coye et de Noisy, sans lignée.	ADAM LE BOUTEIL-LER, IIe du nom, sgr de Noisy et de la Grange-le-Roy, 1331-1349.—Espousa Jeanne du Chastel.	ANSEAU LE BOUTEILLER, Ier du nom, sgr d'Orville, en Gastinois, 1346.	JEAN LE BOU-TEIL-LER.	JACQUELINE et JEANNE.

JEAN LE BOUTEILLER, escuyer, 1353-1395, sgr de la Grange-le-Roy.	YSABEAU LE BOUTEIL-LER, dame de Malicorne.	ANSEAU LE BOUTEILLER, IIe du nom, seigneur d'Orville, 1384-1411. — Espousa Nicole de l'Hospital.

JEAN LE BOUTEILLER, seigneur d'Orville, capitaine de Briare, 1445.	N... LE BOUTEILLER, femme de Philippe Ridel.

CHAPITRE Ier.

ADAM LE BOUTEILLER, Ier du nom, chevalier, chambellan du roy Philippe-le-Bel, seigneur de Montespillouer, de Coye, de Noisy près Beaumont-sur-Oise, de la Grange-le-Roy en Beausse, et Esgarneuil en Brie.

Entre les enfants de RAOUL LE BOUTEILLER de Senlis, IIe du nom, seigneur d'Ermenonville, et de *Marguerite*, sa femme, il y en eut deux qui laissèrent postérité, à sçavoir : GUILLAUME LE BOUTEILLER et ADAM, son frère. De GUILLAUME sont sorties les branches des seigneurs d'Ermenonville, de Levroux, de Sainct-Chartier et de Moncy, lesquelles ont esté descriptes cy-devant. ADAM LE BOUTEILLER donna commencement à quelques autres, qui se présentent maintenant à desduire. Il y a plusieurs tiltres où il est nommé après ses frères GUY LE BOUTEILLER et GUILLAUME. Mais particulièrement on en voit un dans les archives de l'église de Sainct-Martin des Champs, passé au mois de may l'an mille trois cents neuf, par lequel il se dit avec eux nepveu et hoir d'ANSEAU LE BOUTEILLER, sire de Lusarches, et en l'escusson du scel qu'il y apposa, les armes de Senlis paroissent brisées d'une merlette au premier quartier, pour marque de puisné.

Le mesme ADAM LE BOUTEILLER obtient de la succession du mesme ANSEAU, son oncle, la terre et seigneurie de Coye, avec quelques héritages situés à Dravel, au lieu desquelz le roy Philippe-le-Bel luy assigna quatre vingt dix-huict livres, dix solz, sept deniers par. de rente. Il devint aussy seigneur de Montespillouer par la mort de GUY LE BOUTEILLER, son frère aisné, et, soit par mariage ou autrement, il posséda encore la seigneurie de Noisy, près de Beaumont-sur-Oise. Mais depuis il céda au roy Philippe la rente qu'il luy avoit assignée, avec tout ce que luy, RAOUL et JEAN LES BOUTEILLERS, ses autres frères, avoient à Dravel ; en eschange dé quoy le Roy luy transporta la grange dismeresse d'Yenville, en Beausse, appellée la Grange-le-Roy, avec toutes ses dépendances, ainsi que contiennent les lettres qui en furent faictes à Paris au mois de juin, l'an mille trois cents quatorze.

Quelque temps après, Charles le Bel luy permit d'acquérir en ses censives jusques à cent livres de terre et les transporter ou à des églises ou à telles personnes que bon luy sembleroit. Les lettres en furent expédiées à Courcy-au-Loge l'an mille trois cents vingt-quatre, ensuite desquelles il vendit à l'abbé et au convent de Nostre-Dame du Val, de l'Ordre de Cisteaux, cinq muids de vin, mesure de Beaumont, qu'il prenoit chacun an en leurs vignes, avec trois quartiers d'avoine sur la masure de la Bergerie, assise au dessoubz de l'église de Noisy. Et par le contract de la vendition qui fut passé le lundy après la Sainct-Nicolas d'hyver, l'an mille trois cents vingt-sept, il se qualifie ADAM LE BOUTEILLER, chevalier, sire de Montespillouer, de Coye et de Noisy, de lès Beaumont-sur-Oise. Bref, en l'année mille trois cents vingt-huict, il transporta à l'abbé et au convent de Nostre-Dame de Hérivaux vingt-quatre septiers de bled froment, de cinq muids, qu'il prenoit à Ermenonville sur la grange de GUILLAUME LE BOUTEILLER, son frère ; au lieu desquels ceux de Hérivaux luy cédèrent vingt septiers de bled et dix-sept d'avoine, qui leur avoient esté donnez par ses prédécesseurs, à prendre annuellement sur les dismes et sur la grange de Montespillouer.

L'on ne sçait point le nom de la femme qu'il espousa, mais les actes du temps enseignent qu'il en eut les enfants représentez cy dessoubz.

Enfants d'Adam le Bouteiller, seigneur de Montespillouer, de Coye et de Noisy.

GUY LE BOUTEILLER, escuyer, fut marié avec *Guillemette de Ruilly* [1], fille d'Oudard de Ruilly, chevalier, lequel estoit fils d'Estienne de Ruilly, aussy chevalier, et d'Agnès, sa femme. Mais il mourut devant son père, au mois de may l'an mille trois cents dix-neuf, et fut enterré en l'abbaye de Hérivaux. Son espouse, *Guillemette de Ruilly*, décéda ensuite le premier jour de novembre l'an mille trois cents vingt-cinq, et receut la sépulture auprès de luy.

AMAURY LE BOUTEILLER, chevalier, succéda à son père aux

---

[1] Ruilly porte : *de gueules à treize haches d'argent.*

seigneuries de Coye et de Noisy, près Beaumont, mais il mourut aussy sans lignée l'an mille trois cents quarante-six.

ADAM LE BOUTEILLER, II° du nom, chevalier, seigneur de la Grange-au-Roy, sera mentionné plus amplement cy-après.

ANSEL LE BOUTEILLER, escuyer, seigneur d'Orville, en Gastinois, laissa lignée qui se verra après celle d'Adam, son frère.

JEAN LE BOUTEILLER, escuyer, espousa *Marguerite de Machau* [1] qui, en l'année mille trois cents quarante-quatre, estoit veufve de luy et tutrice de leurs enfants ; mais les noms d'iceux ne sont point exprimez en l'acte qui en faict mention.

JACQUELINE LA BOUTEILLERE eut deux maris, dont le premier fut *Jean du Chastel* [2], chevalier, sire de Vienne, en Brie, qui procréa d'elle Jean du Chastel, sire de Vienne, avec lequel elle vivoit l'an mille trois cents dix-sept ; le deuxiesme appellé *Pierre de Beaumont* [3], chevalier, vivoit avec elle l'an mille trois cents quarante-quatre, y ayant des lettres de cette année-là, par lesquelles on voit qu'ils vendirent conjoinctement à Robin l'Escrivain, et à Colin Odde, bourgeois de Paris, non nobles, le manoir et la tour d'Esgarneuil-en-Brie, en la paroisse de Cens-la-Ville, avec les terres, bois, prés et vignes qui en dépendoient, tenus en fief de Jean Le Brun, chevalier ; lesquelz manoir et tour estoient de l'héritage de JACQUELINE LA BOUTEILLERE, et ayant esté acquis ensuite par Robert de Lorris, clerc et secrétaire du roy Philippe de Valois ; le vicomte de Melun voulut les avoir et faire retraire par aucuns du lignage d'icelle, nommément par AMAURY LE BOUTEILLER, son frère, et par *Marguerite de Machau*, au nom des enfants d'elle et de feu JEAN LE BOUTEILLER, aussy son frère. D'ailleurs Louis de Machau, à cause de sa femme, et Jean du Chastel, escuyer, sire de Vienne, fils de la mesme JACQUELINE, contendirent pareillement de les avoir par retrait. Mais le Roy voulut qu'ilz demeurassent à Robert de Lorris, son secrétaire.

JEANNE LA BOUTEILLERE fut premièrement conjoincte avec *Pierre de Machau* [4], escuyer du roy Charles-le-Bel, duquel elle

---

[1] Machau porte : *d'argent, à trois testes de coq arrachées de sable.*
[2] Du Chastel porte : *d'or, à la croix engrêlée de gueules.*
[3] Beaumont porte : *d'azur, au lyon d'or.*
[4] Voyez les armes décrites plus haut.

estoit veufve l'an mille trois cents trente-neuf, puis en secondes nopces elle espousa *Louis de Beaumont* [1], seigneur de Saincte-Geneviève, chambellan du roy Philippe de Valois, comme l'enseigne un acte de l'an mille trois cents quarante-sept, contenant l'eschange de certaines terres faict entre eux, d'une part, et Jean de Monsoult, chevalier, seigneur de Gouais, et Jeanne de Cousances, sa femme, d'autre part.

CHAPITRE II.

ADAM LE BOUTEILLER, IIe du nom, chevalier, seigneur de Noisy et de la Grange-le-Roy.

Le troisiesme fils d'ADAM LE BOUTEILLER, seigneur de Montespillouer, de Coye et de Noye, fut ADAM LE BOUTEILLER, IIe du nom, que quelques actes nomment *Adenet*, à la distinction de son père. Il eut pour partage entr'autres biens la grange dismeresse de la ville d'Yenville, en Beausse, appellée la Grange-le-Roy, tenue et mouvante en fief du duc d'Orléans, à cause de son chasteau et chastellenie d'Yenville. Ensuite de quoy son frère aisné, AMAURY LE BOUTEILLER, estant décédé sans enfants, il luy succéda avec ANSEAU LE BOUTEILLER, son frère puisné, comme l'on apprend des registres du Parlement, et pour sa part de la succession il obtint la terre et seigneurie de Noisy, près Beaumont.

Son espouse fut *Jeanne du Chastel* [2], dame du Couldray, laquelle il laissa veufve l'an mille trois cents quarante-neuf et mère des enfants nommez cy-après, desquelz elle eut le bail et administration. Mais quelque temps après, elle se remaria à Jacques Lavache, chevalier, conseiller du Roy, qui dans un arrest de l'an mil trois cents cinquante-trois est mal nommé Jean, et depuis elle espousa encore en tierces nopces Jean de Tournebu, chevalier, seigneur de Marbeuf, avec lequel elle vivoit l'an mille trois cents soixante-douze.

[1] Voyez les armes décrites plus haut.
[2] Voyez les armes décrites plus haut.

Enfants d'Adam le Bouteiller, II⁰ du nom, seigneur de Noisy, et de Jeanne du Chastel, sa femme.

JEAN LE BOUTEILLER, escuyer, muet de naissance, fut mis en tutelle de *Jeanne du Chastel*, sa mère, par arrest de la cour de Parlement donné l'an mille trois cents soixante-douze, à la requeste de Robert d'Anglure, chevalier, de GUILLAUME LE BOUTEILLER, et de Gaucher du Chastel, seigneur de Malicorne, ses parens et alliez. Il vivoit encore l'an mille trois cents quatre-vingt-quinze, possédant avec YSABEAU LE BOUTEILLER, sa sœur, la grange dismeresse d'Yenville, dicte la Grange-au-Roy.

YSABEAU LA BOUTEILLERE s'allia en premières nopces avec *Gaucher du Chastel* [1], seigneur de Malicorne, pour raison de laquelle alliance elle s'intitula toujours ou depuis *dame de Malicorne*. Secondement elle se remaria avec *Pierre de Villaines* [2], chevalier, fils aisné de Pierre de Villaines, dict le Bègue, comte de Rivedieu, chevalier et chambellan du Roy, avec lequel elle vendit pour elle et pour JEAN LE BOUTEILLER, son frère, comme enfants et héritiers de feu ADAM LE BOUTEILLER, la somme de cent vingt livres parisis de rente annuelle aux bourgeois et habitants de la ville de Chasteauraoul, ce que le roy Charles VI leur confirma, et les affranchit de finances par lettres du mois de may l'an mille trois cents quatre-vingt-trois. De son premier mary elle eut une fille entr'autres, qui fut conjoincte avec Raoul de Fescamp, eschanson du roy Charles VI, comme l'on apprend d'un acte de l'an mille trois cents quatre-vingt dix-neuf, où elle est dicte dame de Malicorne, femme alors de Pierre de Villaines, conseiller et chambellan de Sa Majesté ; du deuxiesme sortit Charles de Villaines, chevalier, qui du consentement de Catherine d'Amboise, sa femme, vendit à l'abbé et au convent de Sainct-Denis, par contract du jeudy vingt-huictiesme may mille quatre cents unze, cinquante livres parisis de rente sur le péage ou travers de Thorote, en la prévosté de Compiègne, lesquelles Jacques Lavache, chevalier et conseiller du roy, et *Jeanne du Chastel*, dame du Couldray, sa femme, mère d'YSABEAU

---

[1] Les armes des du Chastel sont décrites plus haut.
[2] Villaines porte : *d'or, à un lion d'azur, et un chef de gueules.*

LA BOUTEILLÈRE, avoient acquises, dès l'an mille trois cents cinquante-six, de Mathieu de Roye, dict Pepin, fils de Raoul de Roye, et de Mathieu, seigneur de Roye et de Germigny.

CHAPITRE III.

ANSEAU LE BOUTEILLER, Ier du nom, escuyer, seigneur d'Orville, en Gastinois.

Cet ANSEAU LE BOUTEILLER tient le quatriesme rang entre les enfants d'ADAM LE BOUTEILLER, Ier du nom, seigneur de Montes-pillouer, de Coye et de Noisy. Il fut seigneur d'Orville en Gastinois, et valet tranchant du roy Philippe de Valois qui, par lettres du quatorziesme jour d'octobre l'an mille trois cents quarante-deux, luy fit don de ce qu'il avoit sur la maison d'un nommé Hugues Aubert, défunt. Il recueillit pareillement avec ADAM LE BOUTEILLER, son frère, la succession d'AMAURY LE BOUTEILLER, seigneur de Coye et de Noisy, leur aisné, qui mourut sans lignée l'an mille trois cents quarante-six, et de son espouse qui n'est pas cognue, il laissa un fils entr'autres, dont le nom suit.

Fils d'Anseau le Bouteiller, Ier du nom, seigneur d'Orville.

ANSEAU LE BOUTEILLER, IIe du nom, seigneur d'Orville, escuyer d'escurie de Charles, duc d'Orléans, aura son chapitre cy-après.

CHAPITRE IV.

ANSEAU LE BOUTEILLER, IIe du nom, seigneur d'Orville, escuyer d'escurye de Charles, duc d'Orléans.

Dans une plaidoyerie faicte au Parlement l'an mille trois cents quatre-vingt-quatre, se trouvent nommez Jean de l'Hospital, seigneur de Choisy, en Gastinois, et ANSEL LE BOUTEILLER ; ce qui joint à la distance du temps faict conjecturer que cet ANSEL eut pour père ANSEL LE BOUTEILLER, seigneur d'Orville, mentionné au chapitre précédent, et que ce fut luy qui espousa *Nicole de l'Hospital* [1], fille de Jean de l'Hospital susdict. Il y a des lettres du roy Charles VI dattées de l'an mille quatre cents unze, qui portent qu'alors il faisoit sa demeure à Orville et estoit escuyer d'escurye de Charles, duc d'Orléans. Les enfants qu'il procréa furent deux entr'autres, mentionnez cy-dessoubs.

Enfants d'Anseau le Bouteiller, IIe du nom, seigneur d'Orville,
et de Nicole de l'Hospital, sa femme.

JEAN LE BOUTEILLER, seigneur d'Orville, capitaine de la forteresse de Briare, vivoit l'an mille quatre cents cinquante-cinq, comme tesmoignent des lettres de rémission octroyées lors à un autre JEAN LE BOUTEILLER, son cousin, natif de la paroisse de Sainct-Aignan des Guetz, près de Suilly-le-Chastel, demeurant en la paroisse de Briare, au diocèse de Sens.

N... LA BOUTEILLÈRE fut mariée l'an mille quatre cents unze à *Philippe Ridel*, escuyer, aagé de dix-sept ans seulement, ainsy que portent les lettres d'une rémission que le roy Charles VI luy octroya lors.

---

[1] L'Hospital porte : *de gueules, au coq d'argent, becqué, membré et cresté d'or.*

Les seigneurs de Brasseuse et de Lateinville.

TABLE GÉNÉALOGIQUE

GUY DE SENLIS, IIᵉ du nom, seigneur de Chantilly et de Brasseuse, bouteiller de France, espousa *Marguerite de Clermont*.

GUY DE SENLIS, IIIᵉ du nom, seigneur de Chantilly, bouteiller de France.	NÉVELON DE SENLIS, dict le *Bouteiller*, seigneur de Brasseuse, 1197-1213. — *Alix*, sa femme.
GUILLAUME LE BOUTEILLER, Iᵉʳ du nom, seigneur de Brasseuse, 1221-1248. — Espousa *Béatrix*, puis *Ysabeau de Braibant*.	AGNÈS LA BOUTEILLÈRE, dame de Francorville.
GUILLAUME LE BOUTEILLER, IIᵉ du nom, seigneur de Brasseuse, 1248.	JEAN DE BRASSEUSE, mareschal du royaume de Sicile, 1267, espousa *Jeanne de Chaumont*, héritière de Lateinville.
N... LA BOUTEILLÈRE, héritière de Brasseuse, femme de *Guy de Néry*, seigneur de Sainctines.	GILLES DE BRASSEUSE, seigneur de Lateinville, 1296.

JEANNE DE NÉRY, dame de Brasseuse et de Sainctines, femme de *Pierre*, seigneur de *Cugnières*.

JEAN DE CUGNIÈRES, sᵍʳ de Sainctines et de Brasseuse, mort sans enfants.	MARGUERITE DE CUGNIÈRES, femme de Pierre de Sermoises, sieur de Moncy-le-Neuf en partie.

MARIE DE SERMOISES, dame de Sainctines, de Brasseuse et de Moncy-le-Neuf, femme de Guillaume le Bouteiller, IIᵉ du nom, seigneur de Sainct-Chartier.

CHAPITRE V.

NÉVELON DE SENLIS, dict le *Bouteiller*, seigneur de Brasseuse.

Il a esté remarqué au livre Iᵉʳ que GUY DE SENLIS, IIᵉ du nom, seigneur de Chantilly et Bouteiller de France, et *Marguerite de Clermont*, son espouse, eurent plusieurs enfants. L'aisné fut GUY DE SENLIS, IIIᵉ du nom, aussi Bouteiller de France, seigneur de Chantilly et d'Ermenonville, les descendants duquel ont conduit le cours de cette Histoire jusques icy. Le plus jeune, appellé NÉVELON DE SENLIS, autrement LE BOUTEILLER, obtint pour partage la terre et seigneurie de Brasseuse, à la tenir en foy et hommage de son aisné, et donna origine à une autre branche. Il se trouve une charte de luy au cartulaire de l'abbaye de Montmartre datée de l'an mille cent quatre-vingts-dix-sept, où il se qualifie frère du Bouteiller et fait mention de sa femme, nommée *Alix*. Dans une autre de l'an mille deux cents trois, Guy, Bouteiller du roy, l'appelle aussy son frère ; et par une troisiesme passée dix ans après, il octroya à l'église de Montes-pillouer un arpent de terre en sa seigneurie de Brasseuse, avec le consentement de son mesme frère, qu'il nomme Guy de Senlis, Bouteiller. Finalement, il donna encore à l'église de Nostre-Dame de Senlis un muid de froment de rente à prendre dans sa grange de Brasseuse, ainsi que porte le Martyrologe de ladite église, où le jour de son trespas est marqué au vingt-uniesme du mois d'avril. Ses enfans furent ceux qui suivent.

Enfants de Névelon de Senlis, dit le Bouteiller, seigneur
de Brasseuse, et d'Alix, sa femme.

Guillaume le Bouteiller, Ier du nom, chevalier, seigneur de Brasseuse, continua la postérité.

Agnès la Bouteillère fut conjointe par mariage avec *Raoul*, seigneur de *Francorville*, chevalier, qui, du consentement d'elle et de Raoul de Francorville, son fils aisné, vendit à l'église de Sainct-Denys trente arpens et trois quartiers de bois, situez dans le bois de Boiei, par contract de l'an mille deux cents quarante-six.

CHAPITRE VI.

Guillaume le Bouteiller, Ier du nom, chevalier, seigneur de Brasseuse.

Il y a un tiltre au cartulaire de l'abbaye de Chaaliz, daté de l'an mille deux cents vingt et un, où ce Guillaume est surnommé *de Brasseuse* et dit fils de *Névelon*. En premières nopces, il espousa une dame appellée *Béatrix*, vivante avec luy l'an mille deux cents vingt-trois. Il en procréa deux fils nommez cy-des-soubz, du consentement desquelz il octroya aux chanoines réguliers de Montespillouer huit arpens de terre assis entre Raray et la haye de Brasseuse, en eschange de deux muids de bled qu'ilz prenoient chacun an dans sa grange de Brasseuse, suivant le don qui leur en avoit esté fait par Guillaume, surnommé *Le Loup*, son oncle. Ce que Guillaume de Senlis, seigneur de Chantilly, confirma par ses lettres expédiées au mois de mars l'an mille deux cents trente.

Depuis, le mesme Guillaume, seigneur de Brasseuse, ayant perdu sa femme *Béatrix*, il reprit alliance de mariage avec *Ysabeau de Braibant*, fille de Milon de Braibant, chevalier, seigneur du Plessis-Braibant, du consentement de laquelle il quitta, l'an mille deux cents trente-neuf, à Thibaut, roy de Navarre, cent vingt-six arpens de bois assis au bois de Braibant en la forest de Sourdueil, pour le droit de gruerie que le roy avoit en cent cinquante-six arpens dudit bois de Braibant. Deux ans après, il déclara que toute la terre qu'il tenoit en foy et hommage, tant du costé de son père que de *Guillaume* le Loup, son oncle, devoit estre tenue ligement par ses enfans des héritiers de la terre de Chantilly ; sçavoir est, des enfans de Guillaume de Chantilly, son cousin, jadis fils de Guy le Bouteiller. Il confirma aussi et promist avec ses mesmes enfans de garentir à l'église de Saint-Martin d'Acy les dismes des novales du bois assis autour de Brasseuse. Bref, en l'année mille deux cents quarante-huit, luy et *Ysabeau de Braibant*, sa femme, vendirent encore au roy de Navarre trente-deux arpens de bois en la forest de Sourdueil.

Enfans de Guillaume le Bouteiller, Ier du nom, s^{gr} de Brasseuse,
et de Béatrix, sa première femme.

Guillaume le Bouteiller, IIe du nom, seigneur de Brasseuse, laissa pour héritier une fille mariée avec *Guy de Néry*, chevalier, seigneur de Saintines. Duquel mariage sortit Jeanne de Néry, dame de Saintines et de Brasseuse, qui porta ces deux terres en dot à Pierre, seigneur de Cugnières, et d'eux issirent Jean de Cugnières, chevalier, mort sans lignée, et Marguerite de Cugnières, conjointe avec Pierre de Sermoises, chevalier, d'où sortit Marie de Sermoises, qui reporta Brasseuse avec Saintines dans la maison des BOUTEILLERS, espousant GUILLAUME LE BOUTEILLER, IIᵉ du nom, seigneur de Saint-Chartier, ainsi qu'il a esté desja dit au livre III.

JEAN LE BOUTEILLER, dit *de Brasseuse*, chevalier, suivit Charles de France, comte d'Anjou, au royaume de Sicile, duquel il fut créé par luy grand-mareschal. Et en cette qualité, il assista à la confédération faite entre Philippe, empereur de Constantinople, et le mesme Charles, roy de Sicile, le vingt-septiesme jour de may l'an mille deux cents soixante-sept. Son espouse fut *Jeanne de Chaumont*, fille et héritière de Gilles de Chaumont, chevalier, seigneur de Lateinville, de laquelle il eut Gilles de Brasseuse, héritier de Lateinville, nommé avec sa mère en des lettres de l'an mille deux cents quatre-vingt-seize; mais le reste de leurs descendants est incogneu.

Les seigneurs de Villepeinte et de Charenton.

TABLE GÉNÉALOGIQUE

<table>
<tr><td colspan="4">GUILLAUME DE SENLIS, dit Le Loup, seigneur de Chantilly, Bouteiller de France, et Adeluie, sa femme.</td></tr>
<tr><td colspan="2">GUY DE SENLIS, IIᵉ du nom, seigneur de Chantilly, Bouteiller de France.</td><td colspan="2">HUGUES DE SENLIS, dit Le Loup, seigneur de Villepeinte et de Charenton, 1170. espousa Adeline.</td></tr>
<tr><td colspan="3">HUGUES LE LOUP, IIᵉ du nom, seigneur de Villepeinte et de Charenton, 1207-1248, espousa Jeanne dite la Pie, puis Marie.</td><td>RENÉE LE LOUP.</td></tr>
<tr><td>GUY LE LOUP, seigneur de Villepeinte, 1253-1274, espousa Ysabeau de Pompone.</td><td>GUILLAUME LE LOUP.</td><td>EUSTACHE LE LOUP, dame de Noémy.</td><td>ADELINE, dᵐᵉ de Thieux.</td></tr>
<tr><td>HUGUES LE LOUP, IIIᵉ du nom, sgr de Villepeinte, 1281, espousa Perrenelle dite Comtesse.</td><td colspan="2">MARGUERITE LE LOUP, dame en partie de Villepeinte, femme de René de Pompone.</td><td>AVELINE LE LOUP, religieuse en l'abbaye d'Yerre.</td></tr>
</table>

CHAPITRE VII.

Hugues de Senlis, dit *le Loup*, Ier du nom, chevalier, seigneur de Villepeinte et de Charenton.

L'un des enfans de Guillaume de Senlis, dit *le Loup*, seigneur de Chantilly, Bouteiller des roys Louys le Gros et Louys le Jeune, et d'*Adeluie,* son espouse, fut Hugues de Senlis, chevalier, qui retint le surnom de *Loup* et le laissa à sa postérité, au lieu de *Senlis* et de *Bouteiller* que portèrent les descendants de Guy de Senlis, IIe du nom, Bouteiller de France, son frère aïsné. Il eut pour partage les terres et seigneuries de Villepeinte, auprès du Tremblay, et de Charenton, près Paris, lesquelles son frère Guy luy bailla avec quelques autres biens, à la charge de les tenir en fief de luy et de ses hoirs, seigneurs de la Tour de Senlis et d'Ermenonville. L'on trouve diverses chartes aux archives des églises de Sainct-Denys et de Montmartre, qui le qualifient frère de ce Guy de Senlis, et font mention de sa femme nommée Adeline, de laquelle il procréa un fils et une fille. Puis sur la fin de ses jours il prist l'habit de religieux, auquel il mourut, après avoir donné à la maison de Sainct-Denys de Montmartre un estau en la Grande-Boucherie de Paris, qui luy estoit escheu de la succession de Guillaume dit le Loup, son père. Il quitta aussi à l'abbé et au convent de Sainct-Denys certaines exactions que ses prédécesseurs et luy prenoient d'ancienneté sur leurs dismes de Villepeinte. Quant à *Adeline,* sa femme, elle se remaria avec un autre chevalier appellé Roger La Pie, duquel elle estoit veuve l'an mille deux cents vingt-deux.

Enfans de Hugues de Senlis, dit le Loup, Ier du nom, seigneur de Villepeinte, et d'Adeline, sa femme.

Hugues le Loup, IIe du nom, chevalier, seigneur de Villepeinte et de Charenton, continua la postérité.

Renée le Loup est mentionnée en une charte de Guy le Bou-

TEILLER, son oncle, contenant qu'elle jouyroit pendant sa vie des revenus de l'estau de la Grande-Boucherie de Paris, que son père Hugues avoit donné à Sainct-Denys de Montmartre.

CHAPITRE VIII.

HUGUES LE LOUP, II° du nom, chevalier, seigneur de Ville-peinte et de Charenton.

Cet HUGUES LE LOUP, II° du nom, seigneur de Villepeinte et de Charenton, fut marié deux fois. Car en premières nopces il espousa *Jeanne La Pie,* fille de Roger La Pie, chevalier, et de sa première femme, suivant le conseil que luy en donna un autre chevalier nommé Renaud Musavène. Elle luy apporta en mariage un certain fief entr'autres, mouvant de l'abbaye de Sainct-Denys, duquel il fist la foy et hommage à l'abbé Henry, au mois d'avril l'an mille deux cents sept, en présence de Hugues, chantre de Sainct-Denys, de Raoul, prieur de l'Estrée, de Guillaume l'Her-mite et de Guy de Chevreuse, religieux de Sainct-Denys, de Guillaume Le Petit de Tremblay, d'Eudes Brunaut, de Henry de Montfermeil, chevaliers, et de quelques autres. Puis, sa mère *Adeline* et luy ayant transporté à Jean Prevost de Montjay cer-taines terres assises au territoire de Tremblay, tenues de la mesme abbaye de Sainct-Denys, ils prièrent l'abbé Pierre, successeur de Henry, de l'en mettre en saisine et possession par les lettres qu'ils luy en escrivirent au mois de février l'an mille deux cents vingt-deux.

En second lit, HUGUES LE LOUP se remaria à une autre dame appellée *Marie,* devant laquelle il mourut environ l'an mille deux cents quarante-huit et la laissa mère de quelques enfans qui, conjointement avec elle, s'accordèrent d'un différend qu'elle avoit contre l'abbé et le convent de Sainct-Denys, touchant les fossez du bois de Tremblay, par un acte passé au mois de sep-tembre l'an mille deux cents cinquante-trois.

Fille de Hugues le Loup, II *du nom, seigneur de Villepeinte,*
et de Jeanne La Pie, sa première femme.

Eustache le Loup fut mariée avec un chevalier nommé *Philippe de Noémy*, qui en l'année mille deux cents quarante-huit eut procès au nom d'elle contre ses frères paternels.

Enfants de Hugues le Loup, II *du nom, seigneur de Villepeinte,*
et de Marie, sa seconde femme.

Guy le Loup, chevalier, seigneur de Villepeinte et de Charenton, aura son chapitre cy-après.

Guillaume le Loup, chevalier, s'allia avec une dame appellée *Agnès*, d'après un tiltre de l'an mille deux cents cinquante-trois. Il fut exécuteur des testaments de *Marie*, sa mère, de *Guy*, son frère, et d'*Adelaise* ou *Adeline*, sa sœur, dame de Thieux. Il vivoit encore l'an mille deux cents soixante et dix-neuf.

Adeline le Loup, autrement dite Adelaise ou Alix, fut conjointe par mariage avec le seigneur de Thieux et mourut devant l'an mille deux cents soixante dix-neuf.

CHAPITRE IX.

Guy le Loup, chevalier, seigneur de Villepeinte et de Charenton.

Les tiltres de l'abbaye de Sainct-Denys enseignent que Hugues le Loup, II* du nom, seigneur de Villepeinte, et *Marie*, sa deuxiesme femme, eurent pour fils aisné Guy le Loup. Celuy-cy succéda à son père aux seigneuries de Villepeinte et de Charenton et fut un des chevaliers qui, au nom du Roy, portèrent Renaud, évesque de Paris, à la nouvelle entrée qu'il fist dans son église l'an mille deux cents cinquante, le dimanche après la translation de saint Martin. Il prist en mariage *Ysabeau de Pompone* qui se trouve nommée avec luy en un acte de l'an mille deux cents cinquante-trois, mais il trespassa devant elle, ayant pour exécuteur de son testament GUILLAUME LE LOUP, son frère, Ferry Paté et Jean du Coudray, chevaliers. Ensuite de quoy, *Ysabeau* se remaria à Gilles, seigneur d'Acy, chevalier, et avec luy vendit l'an mille deux cents soixante-quatorze à l'abbé et au convent de Sainct-Denys tout le fief qu'elle tenoist de RAOUL LE BOUTEILLER dans le territoire de Villepeinte. Elle vivoit encore, veuve de ce deuxiesme mary, l'an mille deux cents quatre-vingt-un.

Enfans de Guy le Loup, seigneur de Villepeinte, et d'Ysabeau
de Pompone, sa femme.

HUGUES LE LOUP, III° du nom, chevalier, seigneur de Villepeinte, espousa *Peronnelle*, dite *Comtesse*, avec laquelle il vendit à l'abbé et au convent de Sainct-Denys tous les bois, cens, champarts, fiefz et autres revenus qu'il possédoit à Villepeinte, et tous les droits mouvans du fief de GUY LE BOUTEILLER, seigneur d'Ermenonville, pour le prix et somme de quatre mille livres tournois. Le contract en fut passé le lundy après la feste de Saint-Martin d'esté, l'an mille deux cents quatre-vingts-un, et le lundy suivant ratifié tant par *Ysabeau de Pompone*, mère de HUGUES, laquelle y avoit son douaire, que par GUY LE BOUTEILLER, qui en eut mille cinq cents livres pour ses droits seigneuriaux. Il y a apparence que cet HUGUES mourut sans lignée.

MARGUERITE LE LOUP eut pour mary *Renaut de Pompone*, chevalier, qui vendit aussi avec elle tout ce qui luy apartenoit en la terre et seigneurie de Villepeinte à l'abbé et au convent de Sainct-Denys, pour le prix de mille cinq cents quinze livres tournois. Ce que GUY LE BOUTEILLER, seigneur d'Ermenonville, aprouva semblablement par acte expédié le dimanche après la Nostre-Dame de mars l'an mille deux cens quatre-vingt-deux, et en eut six cents livres pour le quint denier.

AVELINE LE LOUP fut religieux en l'abbaye d'Yerre fondée par ESTIENNE DE SENLIS, évesque de Paris, oncle de HUGUES, dit LE LOUP, I°ʳ du nom, seigneur de Villepeinte, son bisayeul.

Les comtes de Huntingdon et de Northampton en Angleterre.

TABLE GÉNÉALOGIQUE

LANDRY DE SENLIS, seigneur de Chantilly et d'Ermenonville, espousa *Ermengarde*.

GUY DE SENLIS, dit *de la Tour*, Ier du nom, s^{gr} de Chantilly.	SIMON DE SENLIS, comte de Huntingdon et de Northampton, en Angleterre, 1103, — espousa *Mahaut*, petite niepce de Guillaume le Conquérant, roy d'Angleterre.

SIMON DE SENLIS, IIe du nom, comte de Huntingdon, 1151, espousa N. de Leicestre.	WALDÈVE DE SENLIS.	MAHAUT DE SENLIS.

SIMON DE SENLIS, IIIe du nom, comte de Huntingdon et de Lincoln, trespassa sans enfans, 1185.

CHAPITRE X.

SIMON DE SENLIS, Ier du nom, comte de Huntingdon et de Northampton, en Angleterre.

De toute la postérité de LANDRY DE SENLIS, chevalier, seigneur de Chantilly, et d'*Ermengarde*, sa femme, il ne reste plus à déduire que celle de SIMON DE SENLIS, leur fils puisné. Ce SIMON alla chercher sa fortune en Angleterre auprès du roy Guillaume le Conquérant, qui le recueillit et luy donna en mariage *Mahaut de Huntingdon*, sa petite niepce, héritière des comtez de Huntingdon et de Northampton, qui est une singulière marque de la noblesse et grandeur de la maison de Senlis, d'où il tiroit son surnom et sa naissance. Et y a lieu de croire que ce prince l'avança de la sorte, à cause qu'il luy attouchoit aucunement de parenté, comme estant luy-mesme descendu de Sprote, sœur de BERNARD, comte de Senlis.

Au commencement, le roy Guillaume voulut luy faire espouser Judith, sa sœur utérine, laquelle estoit fille de la comtesse d'Aumale, veuve d'un puissant seigneur anglois nommé Wallève ou Waldève, à qui il l'avoit baillée pour femme avec le comté de Northampton. Mais Judith le refusa, dit Ingulfe, abbé de Croiland [1], pour ce qu'il estoit boiteux d'une jambe. Ce qui irrita tellement le roy, son oncle, contre elle, qu'il la priva des comtez de Northampton et de Huntingdon, lesquels il donna dès lors à Simon de Senlis. Puis il luy fit espouser *Mahaut de Huntingdon*, fille aisnée d'elle et du comte Wallève, laquelle avoit deux sœurs puisnées : l'une appellée Adelize ou Alix, fut mariée l'an mille trois cents par le mesme Simon [2] à Raoul de Toeny, chevalier, seigneur de Toeny et de Conches, en Normandie, auquel elle porta la terre et seigneurie de Wilchamstowe, en Angleterre, qui venoit de la succession du comte Wallève, son père. L'autre, dite Judith, du nom de sa mère, espousa Robert, comte de Penbroc, en Angleterre, fille du comte Richard de Clère et de Rohais, sœur de Gautier Giffart, comte de Boucquingham.

Quant au comte Simon de Senlis, l'abbé Ingulfe remarque qu'il fist construire le chasteau de Northampton et le monastère de Saint-André, proche d'iceluy. Puis estant trespassé devant *Mahaut de Huntingdon*, sa femme, elle reprist alliance avec David d'Escoce, frère de Mahaut, royne d'Angleterre, lequel David succéda l'an mille cent vingt-cinq au royaume d'Escoce, par la mort du roy Alexandre, son frère, et de *Mahaut*, son espouse, il procréa un fils et deux filles [3], sçavoir est : Henry, qui fut père de Melchome, roy d'Escoce, Clarice et Hodierne d'Escoce.

Les enfans que Simon de Senlis eust de la mesme *Mahaut* furent aussi trois, nommez cy-dessoubs.

Enfans de Simon de Senlis, Ier du nom, comte de Huntingdon,
et de Mahaut, sa femme.

Simon de Senlis, IIe du nom, comte de Huntingdon et de Northampton, aura son chapitre ensuite.

---

[1] Ingulfe, abbé de Croiland, en l'*Histoire de son monastère*. — Orderic Vital, *Hist. ecclés.*, l. III.

[2] Ordéric Vital, l. XI. — Guillaume de Jumièges, l. VIII, c. XXXVII.

[3] *Chronique de Normandie,* latine.

WALLÈVE DE SENLIS fut ainsi appellé en mémoire de Wallève, comte de Huntingdon, son ayeul maternel. Mais on ne sçait point ce qu'il devint [1].

MAHAUT DE SENLIS se voit nommée avec ses frères en l'histoire de l'abbaye de Croiland, escrite par l'abbé Ingulfe, qui vivoit en ce temps-là.

CHAPITRE XI.

SIMON DE SENLIS, II° du nom, comte de Huntingdon et de Northampton.

Après la mort de SIMON DE SENLIS, les comtés de Huntingdon et de Northampton furent possédez par David, prince d'Escoce, qui espousa la comtesse *Mahaut*, sa veuve. Mais depuis, SIMON DE SENLIS, II° du nom, fils aisné de la mesme *Mahaut* et de son premier mary, les luy querella. Il suivit le party d'Estienne, roy d'Angleterre contre la royne Mahaut et le roy Henry II, son fils, et espousa la fille de Robert de Leicestre, de laquelle il procréa un seul enfant et trespassa l'an mille cent cinquante et un avec le tiltre de comte de Huntingdon, qu'une ancienne chronique latine luy attribue [2].

Fils de Simon de Senlis, II° du nom, comte de Huntingdon,
et de N. de Leicestre, sa femme.

SIMON DE SENLIS, III° du nom, succéda à son père SIMON II aux droits des comtez de Huntingdon et de Northampton, pour le recouvrement desquelz il fist de grandes despenses, et enfin la comté de Huntingdon luy ayant esté restituée, il en déchassa tous les Escossois. Il fut aussy comte de Lincoln par le mariage qu'il contracta l'an mille cent cinquante cinq avec la fille unique

---

[1] Ingulfe, *ibid.*
[2] *Chronique de Normandie,* en latin.

du comte Gislebert de Gand, laquelle Henry II, roy d'Angleterre, luy fist espouser. Mais finalement il décéda sans lignée
l'an mille cent quatre vingts-cinq, et après son décès le roy
Henry vendit la comté de Huntingdon avec ses dépendances à
Guillaume, roy d'Escosse, ainsi que Raoul de Dicey remarque
en sa Chronique [1].

L'impression de l'histoire de la *Maison des Bouteillers de
Senlis*, par A. Du Chesne, étant terminée, nous annonçons à
nos lecteurs la publication successive, par règne, d'un très-
curieux travail inédit, intéressant les maisons nobles. C'est le
Recueil historique des chevaliers de l'Ordre de Saint-Michel, par
d'Hozier de Serigny. Cet ouvrage se compose de notices rédi-
gées sur titres et monuments authentiques touchant les divers
personnages qui ont été décorés de cet Ordre. On sait que, s'il
a perdu dans la suite des temps quelque chose de son premier
lustre, il était, à son origine, et pendant plus d'un siècle, réservé
aux membres de la noblesse qui s'étaient le plus distingués par
leurs services. Nos lecteurs nous sauront donc gré, nous l'espé-
rons du moins, de leur remettre sous les yeux des notices
historiques sur l'élite de la noblesse depuis le règne de
Louis XI.

[1] Raoul de Dicey, *Chronique.*

RÉPERTOIRE

GÉNÉALOGIQUE ET HÉRALDIQUE

MANUSCRITS DE LA BIBLIOTHÈQUE NATIONALE

Collection de Camps.

Nobiliaire historique, T. VII. — Règne de Philippe-Auguste.

NOBLES OU SEIGNEURS NON TITRÉS (*Suite*).

BRAUNE (Jofrei de). Témoin d'une donation en faveur de la Chartreuse de Scillon, 1202.

BRAVORIO (V. de). Hommage du comte de Rouergue à Simon de Montfort, 1214.

BRÉALTÉ (Guillaume de). Témoin d'une donation à Saint-Amand de Rouen, 1205.

BRÉBIÈRES (Jean de). Synode de Cambray, 1184.

BRÉDERODE (Thierri de), chevalier. Témoin d'une donation faite au couvent de Saint-Paul à Utrecht, 1190.

BREISSE (W. de). Accord avec les vassaux de l'abbaye de Cluny, 1220.

BREKEN (Bordin de), chanoine de Béthune, 1215.

BREMECOURT (Arnaud, seigneur de). Enquête sur les droits d'usage dans la forêt de Breteuil, 1204.

— (Roger de). *Idem.*

BREMIUS (Adam), chevalier. Fiefs de la châtellenie de Gien.

Bremville (Jédoin et Tancrède de). chevaliers. Fiefs du bailliage de Jenville.

Brène ou Braine (Gilles de). Présent à un accord entre l'église de Nivelle et Jean de Trive, 1198.

Breocour (Eudes de), chevalier. Témoin d'une enquête sur les usages de la forêt de Méry.

Bréon (Arnould), chevalier. Fiefs du bailliage de Lorris.

Bret (Robert le). Témoin d'un acte en faveur de l'abbaye de Choques.

— (Thibault le), chevalier. Fiefs du bailliage de Cressy.

Bretel (Baudouin). Chevaliers bannerets du Vexin, 1216.

— (Milon), chevalier. Fiefs de la châtellenie de Melun.

Breteuil (Renaud de), chevalier. Fiefs du comté de Clermont-en Beauvaisis, 1218.

— (Enguerrand de). Témoin d'une donation faite à Saint-Amand de Rouen, 1220.

Breti (Hamelin et Guillaume de), chevaliers. Serment de fidélité prêté au roi en 1213.

Bretigny (Jean et Guillaume de), chevaliers. Dénombrement de la seigneurie de Montlhéri.

Breton (Simon le). Donation à l'abbaye de Cluny, 1187.

— (Thomas le). Terres à Amfreville, 1215.

— (Richard le). Fief d'Epinay-en-Bessin.

— (Eudes le). Fief de haubert dans le bailliage de Caen.

— (Hugues le), chevalier. Fiefs du bailliage de Gien, 1220.

Brette (W.), chevalier. Fiefs du bailliage d'Evre.

Breuil (Gautier du). Témoin d'une donation à Saint-Aubert de Cambray, 1184.

— (Jean du). Synode de Cambray, 1184.

— (Adam du). Vente de prés à Saint-Maur-des-Fossés, 1189.

— (Guillaume du), chevalier. Garant d'une donation faite à l'abbaye d'Anchin, 1212-1219.

Breuns (Simon de). Témoin de diverses donations faites à des abbayes de Bourgogne, 1189-1197.

Brevent (Milon de). Commissaire nommé par le Pape pour recevoir des deniers pour la Terre-Sainte, 1198.

Bri (Dreux de). Témoin d'une donation à Saint-Maur-des-Fossés, 1194.

— (Simon de), chevalier. Fiefs de Dammartin.

Briamson (Gui de). Garant du traité entre André, dauphin de Viennois et Guillaume, comte de Forcalquier, 1202.

Briard (Jean de). Fief de haubert dans le Vexin normand.

Briastre (Hugues de). Synode de Cambray, 1184.

Bribais (Thierry de), chevalier. Prisonnier à Bouvines, 1214.

Brice (Humbert de Saint-). Présent à la translation des reliques de Saint-Laumer de Blois, 1186.

— (Guillaume de Saint-), chevalier. Fiefs du comté de Mortain, 1213.

Bridaine (Anseau de). Pleige d'un accord entre le roi et Hervé comte de Nevers, 1215.

Brie (Gilbert de). Témoin d'une donation à l'abbaye de Sainte-Geneviève, 1196.

— (Jean de), chevalier. Fiefs de la Châtellenie de Montlhéry.

Briençon (Thomas de). Fiefs du Vexin.

Brienne (Erard et Gautier III, comtes de).

— (Erard de), seigneur de Rameru, épousa Philippe, fille du roi de Jérusalem, comte de Champagne, contre le gré du roi, 1212.

Brifeuil (Herbert de). Assemblée de Valenciennes, 1201.

Brigni (Foucaud et Jean de), chevaliers. Croisés contre les Albigeois, et massacrés par ceux-ci, 1219.

Brion (Gui de), chevalier. Croisé en 1189.

Brione (Gautier de). Présent à plusieurs donations en faveur de l'abbaye de Jumièges, 1183.

BRIORD (Boson de). Témoin de donations faites au prieuré d'Inimont en Dauphiné, 1202.

BRIOSSEVILLE (Guillaume de). Fief de haubert dans le bailliage de Caen.

BRIQUEVILLE (Robert de). Fief dans le Cotentin.

BRISAI (Pierre de). Chevaliers bannerets de l'Anjou.

BRISETÊTE (Geoffroi). Prisonnier à Bouvines, 1314.

BRISI (Lebert de), chevalier. Fiefs du bailliage d'Orléans.

BRISSEEL (dame de). Fiefs de la châtellenie de Ribemont.

BRITAUD (Henri). Fiefs dans le comté de Bar-sur-Seine, 1223.
— (Henri), chevalier. Fiefs du bailliage de Melun.

BRITEVILLE (Guillaume de). Donations à l'abbaye de Lessay, 1187.

BRITO (Guillaume de). Présent à la fondation de l'abbaye de Barberi, 1181.

BRITOT (Jacques). Fief de haubert dans le Cotentin.

BRIWÈRE (Guillaume de). Traités de paix entre le roi de France et celui d'Angleterre, 1194-1206.

BRIXEIO (Pierre de). Croisé, mort au siége d'Acre.

BROC (Henri de), chevalier. Témoin de donations faites à Saint-Vincent de Chartres, 1185.

BROCE (Robert de la), chevalier. Fiefs du bailliage de Lorris.
— (Etienne de la). *Idem*, 1220.
— (Thibaud de la). Enquête de Jenville sur les droits des chanoines de Saint-Aignan d'Orléans, 1216.

BROCES (Hervé de), chevalier. Fiefs du bailliage d'Orléans.

BROCHEANCEL (Robert de). Fiefs de la châtellenie de Nogent-l'Erembert.

BROCHET (Eustache). Synode de Cambray, 1184.

BROMONS (Pierre de). Croisé en 1201.

BRONAI (Ferri de). Chevaliers bannerets de Vexin.

— (Anseau de), chevalier. Fiefs de la châtellenie de Melun.

— (Raoul de), chevalier. Fiefs de la châtellenie de Corbeil.

Brotonne (Guillaume de). Témoin de donations faites à l'abbaye de Jumièges, 1183.

Brotessus (Raoul). Fiefs du bailliage de Nogent-l'Erembert.

Broutin (Payen). Fiefs du Vexin normand.

Broyes (Hugues III de). Général de l'armée du roi envoyée contre le duc de Bourgogne, 1183. Mort en 1199.

— (Simon II de). Chevaliers bannerets du comté de Champagne.

— (Hugues IV de). Transaction avec Thibaut, comte de Champagne, 1221.

Brozet (G. de), chevalier. Présent à un accord entre le seigneur de Montpellier et l'évêque de Maguelonne, 1199.

— (Raimond de). Accord entre l'abbé de Cluny et le comte de Toulouse, 1202.

Bruac (Jean de), bailli de Béthune en 1215.

Bruecourt (Gilbert de). Fiefs dans le comté de Mortain.

— (Jean de). Chevaliers bannerets de Normandie.

— (Henri de). Fiefs de la châtellenie de Montfort-sur-Risle.

Bruel (Galervin de). Fief-lige mouvant de la seigneurie de Paci.

Bruelet (Arnoul de), chevalier. Fiefs du bailliage de Château-Landon.

Bruerre (Villome de), veuve d'un chevalier, 1220.

Bruers (Étienne de), chevalier. Fiefs du bailliage d'Orléans.

Bruet (Pierre de), chevalier banneret du comté de Flandres.

Bruges (Jean, châtelain de). Témoin de plusieurs donations des comtes de Flandres, 1187-1196.

Bruile (Guillaume de). Témoin de la concession de priviléges à la ville de Béthune, 1215.

L. Sandret.

TABLETTES CONTEMPORAINES

Année 1878.

MARIAGES :

DÉCEMBRE. — M. le vicomte Christian de Malherbe, sous-lieutenant au 2ᵉ de chasseurs, a épousé Mˡˡᵉ Zoé d'Espinay-Saint-Luc.

M. le vicomte Louis de Barrey, — Mˡˡᵉ Armande Prou.

M. le duc de Guiche, lieutenant au 1ᵉʳ hussards, — Mˡˡᵉ Marguerite de Rothschild.

Supplément.

FÉVRIER. — M. le vicomte Guillaume de Lupel, — Mˡˡᵉ Alix de Montalembert.

MARS. — M. le vicomte Paul de Chastenier, — Mᵐᵉ Richard de Barnewall.

AVRIL. — M. le marquis Rodolphe de Pérussis, adjoint à l'Intendance militaire, — Mˡˡᵉ Marie de Fabry-Fabrègues.

JUILLET. — M. Christian Perez, capitaine au 6ᵉ hussards, — Mˡˡᵉ Anne-Marie de Cornulier-Lucinière.

SEPTEMBRE. — M. le vicomte Ogier d'Yvry, capitaine au 9ᵉ hussards, — Mˡˡᵉ Inès de Moynier-Chamborant.

M. le comte Joseph de Gontaut-Biron, lieutenant au 14ᵉ dragons, — Mˡˡᵉ Emma de Polignac.

M. Maurice-Amé de Saint-Didier, capitaine au 11ᵉ hussards, — Mˡˡᵉ Thérèse Donon.

OCTOBRE. — M. le comte d'Oilliamson, lieutenant au 14ᵉ chasseurs à cheval, — Mˡˡᵉ Marie de Mac-Mahon.

DÉCÈS :

DÉCEMBRE. — *Amys du Ponceau* (vicomte), décédé à Paris, le 3, à l'âge de 75 ans.

Mornay (comte de), ancien pair de France, grand officier de la Légion d'honneur, décédé à Paris, le 5, à l'âge de 76 ans.

Nicolay (comte de), marquis de Bercy, décédé à Paris, le 12, à l'âge de 70 ans.

Nogle (baron de), ancien officier de la garde royale, ancien député, décédé à la Rochelle le 17, à l'âge de 79 ans.

Maupeou (Mme la marquise de), née Goulet d'Olizy, décédée au château de Hombourg, le 19, à l'âge de 86 ans.

Cambacérès (comte de), ancien député, décédé à Paris, le 20, à l'âge de 75 ans.

Jouy (Mme la vicomtesse de), née de Vouguy de Roquestant, décédée à Paris, le 25, à l'âge de 77 ans.

Corbel de Vaulserre (Mme la marquise de), née de la Roche-Lambert, décédée au château de Vaulserre (Isère), le 31, à l'âge de 90 ans.

Supplément.

JANVIER. — *Monier de la Sizeranne* (comte), ancien sénateur, décédé à Nice, le 6, à l'âge de 81 ans.

FÉVRIER. — *Chinot* (Théobald de), comte de Fromessent, décédé à Boulogne-sur-Mer, le 12, à l'âge de 70 ans.

Humières (Mme la comtesse Paul d'), née Martin de Boudard, décédée au château de Marcolès, le 15, à l'âge de 52 ans.

Buisseret (Mlle Marie de), décédée à Versailles, le 17.

Rivière (Mme veuve de), décédée à Saint-Germain-en-Laye, à l'âge de 93 ans.

MARS. — *Gaalore* (comte Octave de), décédé à Caen, le 10, à l'âge de 76 ans.

AVRIL. — *Elloy* (Mme la vicomtesse d'), née de Richemont, décédée à Verneuil (Eure), le 8, à l'âge de 70 ans.

His de la Salle (Charles), ancien officier de la garde royale, décédé à Paris, le 28, à l'âge de 83 ans.

Couëtus (Mme la comtesse de), née de La Roche-Saint-André, décédée à Nantes, le 28.

Joly de Banneville (Mme Aimée), décédée à Paris, le 30, à l'âge de 89 ans.

Mai. — *Vathaire* (Mme Léon de), née de Vathaire de Guerchy, décédée à Orléans, le 7, à l'âge de 76 ans.

Guillaume de Sermizelles (Jacques), décédé au château de Quincèze (Nièvre), le 14, à l'âge de 60 ans.

Lemercier de Neuville (Mlle Marie), décédée à Clermont (Oise), le 29, à l'âge de 15 ans.

Juin. — *Moy de Sons* (Mme la marquise de), née de Cambourg, décédée à Paris, le 26, à l'âge de 29 ans.

Latimier du Clésieux (Mme), née Beslay, décédée à Saint-Brieuc, le 29, à l'âge de 50 ans.

Breda (Mme la baronne douairière de), née de la Martelière, décédée à Paris, le 29, à l'âge de 87 ans.

Juillet. — *Baillou de la Brosse* (Joseph), décédé au château de Rigny (Deux-Sèvres), le 19, à l'âge de 75 ans.

Fleming (Mme la baronne), née de Houdetot, décédée à Paris, le 25, à l'âge de 82 ans.

Aout. — *Albon* (Mme la comtesse d'), née Imbert de Balorre, décédée à Paris, le 7, à l'âge de 64 ans.

Andigné de Resteau (Mme la comtesse d'), née de Caillau, décédée au château de Resteau (Sarthe), à l'âge de 53 ans.

Guyon (Jacques), comte de Montlivault, ancien officier de cavalerie, décédé à la Chévrière (Indre-et-Loire), le 22, à l'âge de 38 ans.

Harouard de Suarez (Marie-Louis), marquis d'Aulan, décédé à Paris, le 26, à l'âge de 75 ans.

Septembre. — *Mentque* (Pierre-Paul de), ancien sénateur, ancien préfet, grand officier de la Légion d'honneur, décédé à Saint-Germain-en-Laye, le 2, à l'âge de 70 ans.

Pontevès-Bargême (Marc-Edouard de), duc de Sabran, décédé au château du Lac (Aude), à l'âge de 78 ans.

Messey (Mlle Geneviève de), décédée au château de Loncherais (Maine-et-Loire), le 10, à l'âge de 27 ans.

La Croix-Chévrières de Sayve (Mme de), chanoinesse de Sainte-Anne de Bavière, décédée à Paris, le 11.

Romain (Marie-Philippe), comte de Diesbach, décédé au château de Remaugies (Somme), le 18, à l'âge de 37 ans.

Bourcier de Villars (Mme la comtesse de), née de Raguet de Brancion, décédée au château de Girecourt (Vosges), le 20, à l'âge de 64 ans.

OCTOBRE. — *Butel de Sainte-Ville* (Marie-Jules) décédé au château des Arpentis (Indre-et-Loire), le 23, à l'âge de 67 ans.

NOVEMBRE. — *Villeneuve-Bargemont* (vicomte de), colonel du 13e régiment de dragons, décédé au château de Davenescourt (Somme), le 21, à l'âge de 50 ans.

Albon (marquis d'), décédé au château d'Avauges (Rhône), le 26, à l'âge de 75 ans.

Crussol d'Uzès (Emmanuel de), duc d'Uzès, ancien député, décédé à Paris, le 28, à l'âge de 39 ans.

DÉCEMBRE. *Montsaulnin* (comte de), baron de Fontenay, marquis du Montal, décédé au château de Doys, le 12, à l'âge de 74 ans.

Gravier de Vergennes (comte Léopold), décédé le 18, à Paris, à l'âge de 63 ans.

Nous invitons les familles à nous adresser les *Lettres de faire part* des Mariages et des Décès, afin de rendre plus complètes et plus exactes nos *Tablettes contemporaines.*

ANGERS, IMPRIMERIE LACHÈSE ET DOLBEAU. — 1879.

ÉPIGRAPHIE HÉRALDIQUE

DU DÉPARTEMENT DE LA NIÈVRE

(*Suite* [*]).

CANTON DE CLAMECY.

Dornecy. — L'une des cloches de l'église paroissiale, datée de 1580, porte une inscription, en partie en lettres gothiques en partie en lettres romaines, dans laquelle sont mentionnés *nobles hommes Jacqves et Philiber de Loron ecviers.*

Bien que le nom de Loron se trouve très-fréquemment dans les archives de la Nièvre et dans l'*Inventaire des titres de Nevers*, il nous a été impossible de dresser la généalogie complète de cette famille, originaire de Vézelay où vivait, en 1403, Jacques Loron, échanson du roi [1], le même qu'un Jacques Loron, conseiller et maître-d'hôtel de la duchesse de Bourgogne en 1423, mentionné par M. d'Arbaumont [2]. En 1512, noble homme Jacques de Loron, écuyer, seigneur d'Argoulois, était capitaine de Vézelay [3] ; il fut sans doute le père de Pierre, qui, marié à Hippolyte de Gamaches, en eut plusieurs fils : Jacques, Philippe, Adrien, et peut-être Jean [4].

Jacques, seigneur d'Argoulois, fief de la châtellenie de

(*) Voir Mai et Juin 1876, page 191.

[1] Archives de la Nièvre.
[2] *La Noblesse aux États de Bourgogne.*
[3] Archives de la Nièvre.
[4] *Inventaire des titres de Nevers.*

Monceaux-le-Comte, archer du duc de Nevers, transmit la seigneurie d'Argoulois à son fils Philibert, mari de Charlotte
de Blanchefort, père de Jean, sur lequel nous n'avons pas
de documents. Ces deux seigneurs d'Argoulois sont les personnages mentionnés sur la cloche de Dornecy.

Philippe, tonsuré en 1534 [1], mourut jeune.

Adrien, marié en 1547 à Claudine de La Rivière, puis, en
1559, à Marie Chevalier, fut seigneur des Courtils. Il eut une
fille, Judith, qui épousa Philibert de Lanvaulx, puis Henry de
Longueville ; et un fils nommé Jacques, seigneur des Courtils
et de la Maison-Blanche en Auxerrois, appartenant à la religion
réformée qui, en 1567, à la tête d'une bande de huguenots, vint
piller les églises d'Auxerre et fit transporter à son château de la
Maison-Blanche la meilleure partie des trésors ainsi enlevés.
« On vit entrer chez lui, dit l'abbé Le Beuf [2], dix ou onze char-
« rettes chargées de coffres où étoit renfermée l'argenterie des
« Églises. La châsse de saint Germain remplissoit l'un de ces
« coffres. Quand elle fut arrivée, sur les dix heures du soir,
« quatre hommes la portèrent dans une chambre haute. Le
« capitaine et l'orfèvre qui étoit venu d'Auxerre, épuisèrent
« inutilement toute leur force et leur adresse pour la rompre en
« morceaux à grands coups de marteau, ils ne purent jamais
« l'entamer. Voyant tous leurs efforts inutiles, ils résolurent de
« la laisser telle qu'elle étoit, en attendant qu'ils pussent en dis-
« poser autrement ; et l'orfèvre s'occupa le lendemain à fondre
« en lingots des Croix et des Calices tant d'or que d'argent au
« nombre de plus de quarante. Quinze jours après, le sieur de
« la Maison-Blanche fit faire une fosse très-profonde dans un
« endroit de son château pour y cacher la châsse de saint Ger-
« main. Comme c'étoit durant la nuit, on entendit une voix
« extraordinaire qui s'y opposoit, et l'on sentit la résistance
« d'une main qui fut apperçue de ceux qui étoient presens. Tous
« ces prodiges ne le firent point rentrer en lui-même ; il persista
« dans son aveuglement. La châsse fut descendue jusqu'au fond
« de la fosse et fut ensuite couverte de terre ; afin que la chose
« ne pût pas être découverte, il fit tuer une demi-heure après

---

[1] *Inventaire des titres de Nevers.*
[2] *Histoire de la prise d'Auxerre par les Huguenots,* p. 145.

« le maçon dont il s'étoit servi, renferma la jeune servante qui
« les avoit éclairez, et lui râcla la langue avec un couteau, afin
« de lui ôter l'usage de la parole. »

La servante reprit cependant l'usage de la parole et, après
plus de quarante ans, elle raconta ce qui s'était passé ; sa déposi-
tion et celle de son mari, faites en 1610 devant le lieutenant
particulier au bailliage de Donziois, et rapportées dans les
pièces justificatives de l'*Histoire de la prise d'Auxerre*[1], sont fort
curieuses.

Le pillage des trésors ecclésiastiques d'Auxerre ne porta pas
bonheur à la postérité de Jacques : l'un de ses deux fils « fut
exécuté par justice en la ville d'Auxerre, » dit Le Beuf[2].

L'autre mourut jeune, et sa fille épousa un de ses cousins de
Loron, seigneur de Dornecy.

Jean de Loron, quatrième fils de Pierre, marié en 1538 à
Marchionne ou Melchionne de La Tournelle, fut l'auteur des
seigneurs de Domecy-sur-Cure, barons de Limanton, près de
Moulins-Engilbert, dont le dernier représentant fut Charles,
baron de Limanton, seigneur de Sozay, Mont, Marquereau,
Bernay, etc., fils de François et de Marie-Élizabeth de Courtenay,
marié lui-même, en 1605, à Claude de Courtenay, et père de
Marie qui, épousant en 1643 Pierre de Bar, d'une noble famille
du Berry, lui apporta en dot la baronnie de Limanton[3].

Une autre branche de la famille de Loron habitait, au
xvᵉ siècle, les environs de Moulins-Engilbert. En 1443, Étienne
de Loron, marié à Catherine de Maumigny, non mentionnée
dans la généalogie de cette noble famille[4], avait des biens à
Moulins-Engilbert, ainsi que Jacques de Loron, écuyer, seigneur
de La Forest, en 1454, qui était peut-être le même qu'un Jac-
quot de Loron, homme d'armes du comte de Nevers en 1469[5].

Nous pensons que la famille de Loron s'éteignit au xviiᵉ siècle ;
elle eut pour dernier rejeton David, seigneur de Châtenay, de
la branche de Tharot, près d'Avallon, qui fit partie de l'As-

---

[1] Pages xii et xviii.
[2] *Prise d'Auxerre*, pièces justificatives, xiii.
[3] *Histoire généalogique de la maison royale de Courtenay*, par du Bouchet,
p. 253 et 254.
[4] *Archives de la noblesse de France*, t. VI.
[5] *Inventaire des titres de Nevers*.

semblée de la noblesse de Bourgogne en 1682 [1]. Il était sans doute fils de René, seigneur de Tharot marié, selon La Chesnaye des Bois, en 1642, à Clorinde de Jaucourt, puis à une seconde femme dont le nom est inconnu.

Les Loron portaient : *De sable, à la fasce d'argent* [2] *alias d'or* [3], ou, selon Chevillard : *De sable, à trois fasces d'or.*

M. d'Arbaumont cite le sceau de Jacques Loron, pendu à une charte de 1422, qui porte un écu à *une fasce.*

La tombe de Gabrielle de Loron, fille de Philibert, seigneur d'Argoulois, et femme de François Rochery, morte en 1624, qui se voyait dans l'église de Dornecy, offrait également un écu à *une fasce* [4] ; enfin, c'est toujours avec une *fasce d'argent* que sont figurées les armoiries des Loron décrites dans l'*Inventaire des titres de Nevers.*

Oisy. — Il nous est impossible d'attribuer un écu ogival à *un sautoir, accompagné en chef d'une rose, à dextre d'un E, à senestre d'un B et en pointe, d'une coquille,* qui figure à la clef de voûte, à une retombée de nervure et sur une console, dans une petite chapelle, de la fin du xvie siècle, de l'église paroissiale.

Surgy. — L'église de cette commune, l'une des plus élégantes du département de la Nièvre, date des premières années du xvie siècle ; elle offre un seul monument héraldique dont nous ne pouvons déterminer l'origine, c'est un écusson *parti, au 1 écartelé d'un lion et d'une croix cantonnée de quatre croisettes,* et *au 2 d'une bande,* sculpté à l'une des clefs de voûte de la nef.

Trucy-L'Orgueilleux. — La seigneurie de Trucy était entrée dans la maison de Chabannes par suite du mariage de Valentine d'Armes avec François de Chabannes, comte de Saignes, tige de la branche nivernaise de son illustre famille, comme nous l'avons dit ci-dessus [5]. Valentine et sa belle-fille, Serène de Crevant, reposaient dans le caveau sépulcral des seigneurs de

---

[1] *La noblesse aux États de Bourgogne.*

[2] Paillot, *Inventaire des titres de Nevers.* — Dêy, *Armorial historique de l'Yonne.*

[3] D'Arbaumont.

[4] Collection Gaignières, à la Bibliothèque nationale, Recueil d'épitaphes de Bourgogne.

[5] Article de Sainte-Colombe (canton de Donzy).

Trucy, sous une chapelle au sud de l'église. Ce caveau ne renferme plus maintenant que la statue tumulaire de la première de ces deux dames.

Valentine, en riche costume de la fin du xvie siècle, est agenouillée, les mains jointes, devant un prie-Dieu décoré d'un écu ovale *parti*, *au 1 écartelé* de Chabannes et de La Tour d'Auvergne, et *au 2 d'Armes*.

Valentine d'Armes appartenait à une noble famille dont il a été souvent question dans le cours de notre travail; elle était fille unique de François d'Armes, seigneur du Verger, de Sainte-Colombe et de Trucy, et de Diane-Jeanne Bernault; elle épousa, le 18 septembre 1570, François de Chabannes, dont elle eut cinq enfants, et elle mourut vers 1600.

Le souvenir de la belle-fille de Valentine est conservé par l'épitaphe suivante, gravée en lettres romaines sur une dalle de la nef :

† CY . GIST . HAVLTE . ET . PVISSAT

E . DAME . SERENE . DE . CREVANT .

DAME . DV .....S . DVTOVR . BAV

REGAR . ET . SARNAY . FEMME . DE

FRANCOYS . DE CHABANE . BARO

DE . CHARLVS . LAQUELLE . APRES

AVOIR . VESCV . AVEC . LVY . 8 . ANS

ET . X . MOYS . EN . LA . CRAINTE . DE

DIEV . MOVRVT . EN . LAGE . DE

26 . ANS . ET . 2 . MOYS . LE . 8 . DECE

MBRE . 1600 . ET . AVSSY . LEVR .

FILLE . VNIQVE . VALENTINE

DE . CHABANNE . LAQVELLE . M

OVRVT . AGEE . DE . 17 IOVRS . 2

IOVRS . APRES . SA . MERE . PRIEZ

DIEV . POVR . ELLE . REQ

VIESCAT . IN . PACE

Au-dessus de l'inscription, une croix haussée sur des degrés et un écusson : *parti écartelé* de Chabannes et de La Tour d'Auvergne, et au 2e d'un *écartelé*.

Deux autres inscriptions aussi en capitales romaines, l'une

en latin l'autre en français, se lisent incomplétement sur la bordure de la dalle ; voici ce qu'on peut encore en lire :

SON . ESPERANCE . SEST . NORRIE EN VERTVEUSE . ATTENTE.... et

† LECTOR . MORS . TVA . MORS . CH...

Serène, fille de François de Crevant, deuxième du nom, seigneur de Bauché, et de Claude de La Marthonie, épousa François II de Chabannes, comte de Saignes, baron de Charlus, seigneur de Trucy-L'Orgueilleux, etc., dont elle n'eut qu'une fille, mentionnée dans son épitaphe. Les généalogies des maisons de Chabannes et de Crevant fixent la date de ce mariage au 7 février 1595, et, comme Serène mourut à la fin de l'année 1600, la durée de l'union n'aurait été que six ans à peine ; or, selon l'inscription, la vie commune des deux époux aurait été de huit ans et dix mois ; nous ne savons qui est dans le vrai de l'épitaphe ou des généalogies.

La famille de Crevant appartenait à la haute noblesse de la Touraine ; l'*Histoire des grands officiers de la couronne* [1] et La Chesnaye-des-Bois donnent sa filiation suivie depuis Archambault de Cravant, deuxième du nom, seigneur de Bauché, marié en 1302 à Isabeau de La Fauconnière ; mais ces deux ouvrages s'accordent pour attribuer à cette famille une origine beaucoup plus ancienne et nomment un René de Cravant, fils d'Albert, vivant à la fin du xi° siècle, et des chevaliers croisés.

Jean de Crevant, descendant au quatrième degré d'Archambault, mort en 1485, eut de Catherine Brachet plusieurs enfants, dont deux fils, Jean et Jacques ; le premier, auteur de la branche aînée, à laquelle appartenait Serène, qui continua à posséder la seigneurie de Bauché et s'allia aux familles de La Jaille, de Hallwin, de La Grange, d'Archiac, de La Marthonie, Olivier de Leuville et de Villoutreys, et qui s'éteignit en la personne de Louis Archambault, marquis de Bauché, mort en 1681, ne laissant qu'une fille de Catherine de Fleury.

La branche cadette, issue de Jacques, se subdivisa en deux rameaux : celui des barons, puis marquis de Cingé, qui paraît s'être éteint au xviii° siècle ; et celui, beaucoup plus illustre,

____
[1] T. V, p. 762.

des marquis, puis ducs d'Humières, qui avait pris ce nom à la suite du mariage de l'héritière de la maison d'Humières, contracté en 1595, avec Louis de Crevant, vicomte de Brigneuil ; l'histoire des descendants de Louis est trop connue pour qu'il soit nécessaire de la rappeler ici [1].

La famille de Crevant portait : *écartelé d'argent et d'azur ;* la branche d'Humières écartela d'*argent fretté de sable.*

CANTON DE TANNAY.

Asnois. — La seigneurie ou mieux la Poté d'Asnois, car ce titre lui est donné dans les documents anciens [2], appartint, dès l'origine de la féodalité, aux puissants barons de Saint-Verain [3]. Elle passa, en 1405, aux Beaujeu, par suite du mariage d'Isabelle de Saint-Verain avec Jean de Beaujeu, dont le petit-fils, Blein ou Blennet, la vendit aux Digoine, se réservant seulement le château et la cinquième partie de la terre. Le nouvel acquéreur fit bâtir un autre manoir dans le bourg, et dès lors Asnois devint le siége de deux seigneuries : Asnois-le-Château et Asnois-le-Bourg.

Le château des Beaujeu, presqu'entièrement reconstruit au XVII° siècle sans caractère, offre encore quelques détails d'architecture de la dernière période ogivale, entr'autres la porte d'une tourelle décorée d'un écusson très-fruste sur lequel nous avons pu distinguer un *parti de..... et d'une fleur de lys surmontée d'une fasce ondée.*

Cet écusson est celui des Beaujeu de Franche-Comté dont il a été parlé ci-dessus [4], parti de Montcoquier. En effet, la branche nivernaise des Beaujeu joignit souvent à son nom ceux de Montcoquier et du Colombier, nous n'avons pu trouver pour quelle raison, mais sans doute par suite d'une alliance avec une

---

[1] *Histoire des grands officiers de la couronne. — Dictionnaire de la noblesse. — Histoire de la noblesse de Touraine,* etc.

[2] Poté (Poste, *Potestas*). Voir Ducange, au mot *Potestas.* Voir aussi Née de La Rochelle, *Mémoires pour servir à l'histoire du Nivernois et Donziois.*

[3] Manuscrits de D. Viole, à la Bibliothèque d'Auxerre.

[4] Article de la commune de Bitry.

famille de Montcoquier dont les armes étaient, suivant Paillot [1] :
De sable, à trois fleurs de lys d'or, au chef abaissé, ondé de même.
Paillot ne dit point de quelle province était cette famille ; peut-
être pourrait-on la rattacher au Bourbonnais : on voit encore,
près de Verneuil, ancienne châtellenie des ducs de Bourbon,
les ruines d'un château de Montcoquier ou de Montquoquier,
dont une partie semble dater au moins des premières années du
xiii⁰ siècle.

Lys. — Nous trouvons dans la jolie église de cette paroisse
des monuments héraldiques des trois principales familles qui
ont possédé la seigneurie de Lys du xiv⁰ siècle au xviii⁰. C'est
d'abord une fort curieuse pierre tombale, qui devait être dans
l'église primitive et qui a été reléguée sous le porche de l'église
actuelle. Cette tombe, en dos-d'âne, forme très-rare, porte, gravées sous des arcades tréflées garnies de crochets, les représentations de Jean de Monts, sire de Lys, mort en 1328, et de
Marguerite d'Angeliers, sa femme, morte sans doute peu de
temps après son époux. Le chevalier porte le harnois de guerre
du xiv⁰ siècle : sa cotte d'armes flottante, découpée dans le bas,
laisse voir la cotte de mailles frangée à sa partie inférieure ; les
jambes sont couvertes de mailles, ainsi que les pieds qui
reposent sur un chien ; les éperons sont sans molettes ; la tête
est nue et garnie de longs cheveux ; les mains nues sont jointes
et les gantelets attenants aux manches ; l'épée est soutenue par
un baudrier garni de clous.

La dame a la tête couverte d'un voile court ; elle est vêtue de
la cotte dont on voit seulement les manches justes à nombreux
boutons, et du surcot plissé, fourré à sa partie supérieure ; les
mains sont jointes, et les pieds ont aussi un chien pour
support.

Quatre écussons se voient à la hauteur des épaules des personnages : deux aux armes du mari, portent *un lion brochant
sur un semé de billettes ;* un autre, *à trois tiercefeuilles,* reproduit
sans doute le blason des Thianges, avec lesquels Jean de Monts
avait des rapports de parenté ; le quatrième, *à une bande, accompagnée en chef d'une molette,* est celui de la famille d'Angeliers.

[1] *Vraie et parfaite science des armoiries.*

L'inscription double, en partie détruite, est formée de lettres capitales gothiques. L'épitaphe du mari commence à la tête de la dalle, continue sur le côté inférieur de la moulure carrée à gauche, puis aux pieds, pour venir se terminer sur une autre face de cette même moulure. Celle de la femme occupe les deux côtés de la moulure du côté droit.

Voici ce qu'il est possible de lire de ces épitaphes :

CI . GIT . MES . SIRES . IEHANS . DE . MONZ . SIRE . DE . LIE .
Q . TRESPASSA . LAN . DE . GRACE . M . CCC . XXVIII . LEV .
IEVDI . AMPRES . LA . SAINT . MARTIN . DATE . DEX ....

CI . GIT . NOBLE . DAME . MARGVERITE . DANGELIERS . DAME ....
                              (*femme de mes*) SIRE :
IEHAN : DE : MONZ : CHLR (*chevalier*) : SIRE : DE : LIE : LAQVELLE :
TRESPASSA : LAN .....

La famille de Jean de Monts prenait son nom d'un fief situé dans la paroisse de Ruages. Elle paraît avoir eu pour auteur Bodo de Monts qui, selon les historiens du Nivernais [1], fit don, à la fin du xe siècle, de certaines terres situées près de son fief, à son parent Landri, de qui sont descendus les premiers comtes de Nevers, dont les seigneurs de Monts auraient été une branche. Il est à remarquer que le blason des de Monts est le même que celui de la première maison de Nevers.

Nous savons peu de chose sur cette famille de Monts ; le premier qui nous soit connu par des documents originaux est Raoul de Monts, damoiseau (*Radulphus de Montibus, domicellus*), qui était en procès, en 1239, avec la prieure de La Fermeté-sur-l'Ixeurre, au sujet de l'exécution du testament de Raoul de Monts, son oncle.

En 1262, nous trouvons Alba de Monz, veuve de Guillaume de Monz, chevalier ; qui fait une donation à l'abbaye de Belle-vaux ; puis, en 1292, Gauthier de Monts et Aalide de Montjou, sa femme (*Nobilis vir Galterius de Montibus, miles, et Aaladiis filia nobilis viri Guidonis de Montejocoso, militis*), qui font aussi

---

[1] *Mémoires pour servir à l'histoire du Nivernois et Donziois.*

une donation à Bellevaux. Ce même personnage figure dans une charte de 1311 [1] ; il eut sans doute deux fils : Étienne qui hérita de Monts, dont il était seigneur en 1327 [2], et Jean, devenu possesseur de Lys probablement par son mariage avec Marguerite d'Angeliers, qui fit hommage pour cette terre un an avant sa mort [3], hommage renouvelé par sa veuve en 1329 [4]. En 1336, Jean de Monts et sa femme (*Johannes de Montibus super Arronum alias de Mon Jaoul, domicellus, et Margareta de Mondum, ejus uxor*) font une vente à l'abbaye de Bellevaux [5]. Ce Jean, qui ajoutait à son nom celui de Monjou, devait être petit-fils de Gauthier et d'Aalidis, et fils d'Étienne, de qui il tenait le fief de Monts.

Nous connaissons enfin, par un hommage de 1406 [6], Hugues de Monts, mort avant cette époque, qui fut bien probablement le dernier mâle de sa famille. Sa femme se nommait Marie de Donjon ou du Donjon, et sa fille, Marguerite, avait pour mari Vincent de Rosiers, écuyer, possesseur d'une partie de la seigneurie d'Aulnay, près de Decize.

Rien ne prouve que le fief de Lys ait passé, par suite de ce mariage, dans la famille d'Aulnay dont nous allons parler, mais cette transmission est possible vu les liens de parenté qui unissaient Vincent de Rosiers aux d'Aulnay, que nous trouvons seigneurs de Lys dans la première moitié du xve siècle [7].

La famille d'Angeliers ou d'Angilliers, à laquelle appartenait la femme de Jean de Monts, prenait son nom d'un fief de la châtellenie de Saint-Verain [8] ; elle était de bonne noblesse au xive siècle. En 1385, Jean d'Angeliers, écuyer, sans doute neveu de Marguerite, est mentionné avec Jehan de Saint-Verain, Jehan de Saint-Aubin, Guillaume de La Tournelle et Jehan de Bazoches, représentants des principales familles du pays, parmi

---

[1] Charte de la collection des titres originaux de M. Cannat de Chizy.

[2] *Inventaire des titres de Nevers,* col. 168.

[3] *Ibib.,* col. 163.

[4] *Ibid.*

[5] Charte originale de la collection de M. Cannat de Chizy.

[6] *Inventaire des titres de Nevers,* col. 226.

[7] *Ibid.,* col. 164.

[8] Angeliers est actuellement un château moderne de la commune de Dampierre-sur-Bouy.

les *parents charnels de père et de mère* de Geoffroy du Bouchet [1],
et cependant la dame de Monts et ce Jean sont les seuls personnages connus de cette famille avant le xv⁰ siècle. Nous trouvons
ensuite : Guillaume d'Angeliers, seigneur de Chappes qui,
marié à Aalips de Cambray en 1453, rendit hommage pour sa
maison de Taurfoul en 1459 [2]; Antoine et Jean, brigandinier
et archer du comte de Nevers, en 1467 et 1469; Edme, seigneur
de Fondelin et de Chappes soixante ans plus tard, père d'une
fille mariée en 1540 à Jean des Réaux, écuyer, seigneur des
Réaux, dans la châtellenie de Cuffy [3].

A la fin du xvi⁰ siècle, vivaient deux d'Angeliers, frères ou
cousins-germains, tous deux nommés Jean; l'un, seigneur de
Chappes, marié à Jeanne de La Rivière; l'autre, dit le jeune,
seigneur de Besse ou Bèze, dans la châtellenie de Châtel-
Censoir. Le premier, mourut avant 1575, laissant un fils, Pierre,
qui fut seigneur de Besse et de Chappes, et trois filles; l'autre
eut sans doute un fils, aussi nommé Jean, qui rendit hommage
pour Besse en 1599, et qui fut probablement le dernier de sa
famille [4].

Les d'Angeliers portaient primitivement pour armes une
bande, surmontée d'une rose, comme sur la tombe de Lys; ils
ajoutèrent ensuite à leur blason, au-dessous de la *bande,* un
animal qui est nommé dans l'*Inventaire* de Marolles, tantôt
un chat, tantôt une hermine; les émaux de ces armoiries
varient également : le champ en est de *sable* ou d'*azur,* et les
pièces d'*or* ou d'*argent* [5].

L'écu des d'Aulnay, à *un lion,* figure au-dessus du portail et
à deux clefs de voûte de l'église de Lys, monument de la dernière période ogivale.

Les d'Aulnay étaient de la châtellenie de Ganay-sur-Loire où
ils possédaient de toute ancienneté le fief d'Aulnay (*Aulenayum*),
relevant de cette châtellenie, situé sur les confins du Nivernais,
du Bourbonnais et du Charolais.

---

[1] *Inventaire des titres de Nevers,* col. 707.
[2] *Ibid.,* col. 248.
[3] *Ibid.,* col. 395, 68 et 567.
[4] *Ibid.,* col. 133, 185, 404.
[5] *Ibid.,* col. 120, 133, 163.

L'*Inventaire des titres de Nevers* nous a conservé les noms de plusieurs membres de cette famille du xiii⁰ siècle.

De 1266 à 1296, Pierre ou Perrin d'Aulnay, qualifié damoiseau ou écuyer, rendait hommage au comte de Névers pour sa maison d'Aulnay et pour divers autres biens situés dans la châtellenie de Ganay [1]. A peu près à la même époque, vivait en Charolais un Simon d'Aulnay, dont le fils est qualifié chevalier et est dit originaire du Nivernais dans une charte de 1335 [2]; puis Philibert d'Aulnay, écuyer, seigneur de Fougères, frère de Perrin (?), habitait Avril-sur-Loire en 1297 avec sa femme, Margüerite d'Agnon [3], dont il avait trois fils : Jean, Raoulin et Odelin ; l'aîné posséda Aulnay dont il fit hommage au comte en 1347 [4].

Pendant le xv⁰ siècle, les d'Aulnay possédèrent, outre Aulnay, les fiefs d'Agnon, de Fougères, de Crapelles, de Vacheresse, du Bois du Tremblays, du Grateis et de Laleuf. Ils s'allièrent aux familles de Château-Uchon, du Donjon, de Ternant, de Soncin, du Chastel, de la meilleure noblesse du pays, et ils habitèrent les uns aux environs de Decize et de Saint-Pierre-le-Moutier ; les autres près de Tannay [5].

En 1439, Jean d'Aulnay, écuyer, mari d'Alixand du Chastel, fit hommage au comte pour la *maison-fort* de Lys [6]; il possédait aussi les anciennes seigneuries de sa famille ; il mourut avant 1463, laissant Lye ou Lys à son fils Claude, homme d'armes du comte de Nevers en 1469 [7].

A la fin du xv⁰ siècle vivait aussi Jean d'Aulnay, cousin de Claude, qui faisait hommage, en 1488-1489, pour l'hôtel, forteresse et haute-justice d'Agnon et pour les fiefs du Grateis et de Laleuf, et laissait un fils, Gilbert, possesseur des mêmes biens, en 1503 et 1505 [8].

De Claude d'Aulnay, qui construisit sans doute l'église de

---

[1] *Inventaire des titres de Nevers*, col. 494, 497, 511, 521.
[2] *La noblesse aux États de Bourgogne.*
[3] Archives de Decize.
[4] *Inventaire des titres de Nevers*, col. 165.
[5] *Ibid.*, col. 226, 229, 413.
[6] *Ibid.*, col. 164.
[7] *Ibid.*, col. 161, 169.
[8] *Noms féodaux* et *Inventaire des titres de Nevers.*

Lys, naquit un fils, nommé Jean, maréchal-des-logis de la compagnie du duc de Nevers, dont faisait partie, comme homme d'armes en 1555, un autre Jean, seigneur de Touteuille.

Jean d'Aulnay eut deux fils : Claude et Guillaume, mentionnés dans l'*Inventaire* de Marolles [1] comme ayant fait hommage au duc de Nevers, en 1575, des fiefs de Lys et d'Étrechy et du tiers de celui du Meix-Richard. L'aîné des deux frères fut aussi seigneur d'Arcy-sur-Cure, de Tannay, de Loze, de Vermanton, de Joux et de Courtenay, dans le comté d'Auxerre ; il mourut avant 1608. Nous trouvons, à cette date, Marie de Thianges, sa veuve, tutrice de son fils René, seigneur de Merrey et de Champien, qui fut le père, ou le grand-père, de Charles d'Aulnay, maintenu comme noble, dans la généralité de Moulins, en 1696.

M. d'Arbaumont mentionne encore Hector-François d'Aunay, qualifié comte d'Arcy en 1669 [3].

Ces deux gentilshommes furent sans doute les derniers rejetons de leur famille.

Les armes des d'Aulnay sont décrites plusieurs fois dans l'*Inventaire des titres de Nevers* [4] ; le *lion*, toujours *de sable* sur *champ d'argent*, est souvent *armé* et *lampassé de gueules*.

Une plaque de marbre noir, placée contre la paroi nord de l'une des chapelles de notre église, porte l'inscription suivante gravée en lettres capitales romaines, sauf les quatre derniers mots qui sont en cursive :

D . O . M .

Mre . JACQUES-VINCENT DE BEZE
DE LYS CONer . EN LA COUR DES AIDES,
SEIGNEUR DE CETTE PAROISSE, DÉCÉDÉ
LE 12 JUIN 1745 . A FONDÉ A PERPÉTUI-
TÉ 2 . SERVICES ET 12 . MESSES ; SAVOIR
LE 1er SERVICE LE 12 . JUIN ET LE 2e . EN
DÉCEMBRE, JUSQU'AU DÉCÈS DE DAME
MARIE-SUZANNE CHAMBAULT SON EPOUSE

----

[1] Col. 170, 173, 402. Voir aussi *La noblesse aux États de Bourgogne.*

[2] *La noblesse aux États de Bourgogne*, col. 151.

[3] *Ibid.*

[4] Col. 151, 170, 173.

POUR LAQUELLE SERA DIT LED. 2°. SERVI-
CE, ET LES 12 MESSES PAR MOITIÉ. A DONNÉ
A LA FABRIQUE LE PRÉ NOMME GODART,
DONT LE REVENU S'EMPLOIRA A LA SUS-
DITE FONDATION ; LE SURPLUS SERA
DONNÉ AUX PAUVRES ET POUR L'ENTRE-
TIEN DE L'EGLISE . PRIEZ DIEU POUR EUX

Au-dessus de cette inscription sont gravés deux écussons
ovales accolés, timbrés d'une couronne de marquis et supportés
par deux lions ; celui de dextre : *D'azur, à une fasce chargée de
trois roses, accompagnée en pointe d'une clef en pal*, qui est de
Bèze; celui de senestre : *D'azur, au chevron, accompagné en chef
de deux étoiles, et, en pointe, d'un agneau pascal*, qui est de
Chambault.

Jacques-Vincent de Bèze, né en 1689, était fils de Jacques de
Bèze, troisième seigneur de Lys de sa famille, et de Marie
Bogne.

La famille de Bèze, qui tirait peut-être son nom du fief de
Bèze ou Besse, situé dans la paroisse de Lucy-sur-Yonne, nous
est connue depuis Guillaume, qui fut, suivant le tableau généalogique de sa famille, conseiller au Parlement de Paris en 1404,
ce qui n'est pas parfaitement prouvé, mais bien authenti-
quement, depuis Guyot de Bèze, habitant de Cosne en 1462,
qui, cette même année, rendit aveu et dénombrement pour des
maisons à Nanvignes et à Châteauneuf-au-Val-de-Bargis [1], et
pour d'autres biens situés à Corvol et à Cosne [2]. Guyot était aussi
seigneur de La Celle-sur-Loire [3] ; il mourut vers 1487, laissant
de Marie Pilory cinq enfants, dont deux fils : l'un, Jacques,
bailli de Vézelay ; l'autre, Jean, seigneur de La Celle-sur-Loire.
Ce dernier fut marié deux fois : 1° à Jacquette Le Vaillant ; 2° à
Marguerite Piget. De ces deux unions naquirent huit enfants,
parmi lesquels : Nicole, archidiacre d'Étampes, abbé de Cervon
en Nivernais, prieur de Saint-Éloi de Lonjumeau et conseiller
au Parlement de Paris, qui mourut en 1532 et fut enterré dans

---

[1] Archives de Decize.
[2] *Inventaire des titres de Nevers*, col. 33 et 248.
[3] *Ibid.*, col. 266.

l'église de Saint-Côme, à Paris, où se voyaient ses armoiries et
où se lisaient trois épitaphes, l'une en latin, une autre en grec,
la troisième en vers français, toutes les trois fort médiocres,
œuvres de son neveu Théodore de Bèze [1] ; Claude, abbé de
Froidmont, au diocèse de Beauvais ; enfin Pierre, seigneur de
La Celle-sur-Loire, né à Tonnerre en 1485, bailli de Vézelay,
qui, comme son père, contracta deux unions ; de sa première
femme Marie Bourdelot, naquit à Vézelay, le 24 juin 1519, le
fameux Théodore, dont la vie se trouve partout ; du second lit
vinrent : Nicolas de Bèze, seigneur de Chaillenoy, qui était
resté bon catholique et dont les biens furent ravagés par les
huguenots ; Jacques, trésorier de l'extraordinaire des guerres,
qui eut une fille mariée à Philippe de Coulanges, conseiller du
roi, grand-père de Mme de Sévigné, et plusieurs autres enfants.

Le petit-fils de Nicolas, nommé Claude, élu à Clamecy,
acheta la seigneurie de Lys de René d'Aulnay, en 1612 ; il eut,
de Marie de La Porte, deux fils, auteurs des branches de Lys et
de Vesvres. La première, qui posséda les seigneuries de Lys,
de Pignolle, de Talon, de Montlourin et du Chesnay, et qui
s'allia aux familles Bogne, Chambaut, Dezallier d'Argenville,
de Vaulx, Roslin de Fourolles, des Champs, du Quesne de Valcourt, Poitereau de Velard, Sallonnier de Chaligny, d'Avigneau,
de La Maisonneuve et de Fontenay, s'est éteinte récemment en
la personne de François-Marie-Théodore de Bèze de Lys,
officier de cuirassiers démissionnaire, mort sans avoir eu d'enfants de son union avec Mlle de La Maisoneuve. Cette branche
a donné plusieurs magistrats à la Cour des aides et au Parlement de Paris, entr'autres le personnage mentionné dans
l'inscription relatée ci-dessus, son frère et son fils.

La branche de Vesvres et de La Belouze, issue de Jean de
Bèze, seigneur de Vesvres, et de Marie Gascoing, fournit aussi
deux conseillers au Parlement de Paris ; ses membres furent
seigneurs de Vesvres, de La Belouze et de Tannay, et se
marièrent dans les familles Bouzitat, Anjorrant, Girard de
Vannes, de Vaux, Vyau de La Garde, Sallonnier, de Hiéronimy,
du Bois et des Colons.

---

[1] Voir Millin, *Antiquités nationales*, t. III, église de Côme, p. 19, et le *Mena-
giana*.

Jacques-Claude de Bèze, écuyer, seigneur de Tannay, et André-Jean-Jacques-Népomucène, son frère, sont nommés dans la liste des gentilshommes du Nivernais qui votèrent pour les États Généraux en 1789 ; le premier des deux mourut sans enfants, et le second n'eut qu'un fils mort enfant, dernier de sa branche, et trois filles, dont deux épousèrent : Léonard Ravisy, en 1816, et Ignace-Henri des Colons, officier de dragons, en 1822.

Les derniers membres de la famille de Bèze portaient : *De gueules, à la fasce d'or, chargée de trois roses d'azur et accompagnée, en pointe, d'une clef d'argent en pal.* Mais les armes de cette famille se trouvent reproduites de diverses manières. Elles étaient figurées avec *trois étoiles* au lieu de *trois roses* sur le sceau de Théodore de Bèze, appliqué à un aveu et dénombrement de la seigneurie de Chaillenoy, de 1584. Il est dit dans une généalogie de la famille, conservée à la Bibliothèque nationale (Cabinet des titres), que Jean de Bèze, frère de Théodore, remplaça la *clef* de son blason par un *cœur chargé d'une croix*, comme preuve de sa foi, mais qu'il reprit plus tard l'écu paternel. Sur une plaque de cheminée du xviiie siècle, au château de Chazelles, près de Pougues, la *clef* occupe l'écusson et les *roses* garnissent un *chef ;* enfin, les *roses* sont placées sur une *bande* dans les armes de Jacques de Bèze, seigneur de Vesvres, enregistrées à l'Armorial général.

La branche de Lys et du Chollet porta le plus souvent les pièces de son blason sur champ d'*azur*, comme on le trouve dans Chevillard et dans le *Dictionnaire de la noblesse*, et aussi sur un jeton frappé pour Jean de Bèze de Lys et pour Claude, son frère, publié par M. de Soultrait dans son *Essai sur la numismatique nivernaise* (p. 177) ; nous connaissons enfin un cachet de Jean-Joseph de Bèze de La Belouse, de la branche de Vesvres, conseiller au Parlement de Paris, en 1740, qui offre également le champ d'*azur* [1].

Marie-Suzanne Chambault, mariée en 1707 à Jacques-Vincent de Bèze, était fille de François Chambault, secrétaire du roi, et de Marie Dondeau. Nous n'avons rien trouvé sur cette famille, qui était sans doute de Paris.

---

[1] *Dictionnaire de la noblesse.* — Chevillard. — Armorial de la généralité de Moulins. — Dossier au cabinet des titres. — Épitaphiers de Paris,

Metz-le-Comte. — Au milieu du chœur de l'église paroissiale, se voit une pierre tombale gravée offrant, sous une arcade ogivale trilobée, inscrite dans un fronton aigu garni de crosses, la représentation d'une femme en costume des premières années du xv⁰ siècle, la tête couverte d'un voile et les mains jointes. Cette figure est en partie effacée, de même que les deux grands écussons qui accostent le fronton, et les six petits, placés sur les pieds droits, supports de l'arcade ; nous avons vu toutefois, sur l'un de ces derniers écussons, l'*écu en abîme, surmonté de trois merlettes* des armoiries de la famille de Saint-Aubin, et l'un des grands écussons nous a paru être aux mêmes armes, partie d'une *barre.* C'est à grand'peine que nous avons lu une portion de l'inscription, en lettres minuscules gothiques, qui entoure la dalle, dont la ligne inférieure manque entièrement ; voici ce que nous avons déchiffré :

CY GIST NOBLE DAME MA DAME AGLANTINE DU BOICHET

JADIS FAME DE NOBLE HOME MOS (*monseigneur*) GUILLAUME

DE SAINCT AUBIN CHEUALLIER SEIGNEUR DE CHALAUX

LAQUELLE TRESPASSA LE Xme JOUR DU MOYS DE IUILLET

. . . .

HOME MOSEIGNEUR GUY DU BOSCHET CHEUALLIER

ET MADAME YSABIAUL DE ROISSELLON SA FEME

PE (*pere*) ET ME (*mere*) DE LA DCE (*dicte*) DAME

AGLINE (*Aglantine*) P^{ri}E P^{or} (*priez pour*) EUX.

Cette tombe, des premières années du xv⁰ siècle, recouvrait la sépulture d'Aglantine du Bouchet et de ses parents, Guy du Bouchet et Ysabeau de Roussillon, dont elle était la fille unique. Elle avait épousé, avant 1357, Guillaume de Saint-Aubin, étant veuve d'Étienne de La Tournelle ; en 1394, elle était veuve une seconde fois, ayant eu deux fils de chacune de ses unions.

Bien que l'*Inventaire des titres de Nevers* et surtout les *Extraits des titres de Bourgogne et de Nivernais,* publiés par M. de Soultrait à la suite de l'*Inventaire,* donnent l'analyse d'un assez grand nombre d'actes concernant la famille du Bouchet, du Boschet, ou du Boichet, il nous a été impossible de dresser la généalogie de cette famille, dont les membres, connus pendant les xiii⁰, xiv⁰ et xv⁰ siècles, portèrent presque tous les mêmes prénoms, ce qui établit une grande confusion entre eux. Disons seulement que, depuis Guillaume du Bouchet, sans doute ayeul d'Églantine, qui vivait dans la seconde moitié du xiii° siècle, jusqu'à Jean, seigneur de Nuars, maître-d'hôtel de la duchesse de Bourgogne, écuyer d'écurie du comte de Nevers, mort avant 1438, qui paraît n'avoir pas laissé de postérité de Jeanne de Nanteuil, les du Bouchet s'allièrent aux familles de Marmaux, de Mezerat (?), de Saint-Verain, de La Vadrette, du Tartre, de Merry, etc., et possédèrent les seigneuries du Bouchet, de Domecy, de Brèves, du Petit-Island et de Champagne-sous-Mehers, situées dans les châtellenies de Metz-le-Comte et de Monceaux-le-Comte, dont Jean, que nous croyons le dernier de la famille, avait été nommé capitaine châtelain en 1424 [1].

Nous n'avons pu retrouver les armes des du Bouchet.

Il nous reste à parler des familles de Saint-Aubin et de Roussillon mentionnées dans l'épitaphe d'Églantine.

Guillaume de Saint-Aubin, chevalier, seigneur de Chalaux et de Mazignen, était fils de Jean, premier du nom, et d'Agnès Besors, d'une ancienne famille féodale du pays, qui avait apporté à son mari le fief de Chalaux, de la châtellenie de Monceaux-le-Comte. Guillaume avait deux frères : Guyot, avec lequel il fit un partage en 1316 [2], et Hugues, moine à Cluny, et une sœur, Marguerite, femme de Hugues de Deffens.

De Guillaume et d'Églantine naquirent quatre enfants : Hugues, seigneur de Saint-Moré, de Culestre, de Domecy et des Bordes, qui, d'Urbine de Merry, n'eut qu'une fille morte religieuse ; Jean, dont nous allons parler, Lorette et N., femme de Jean de Michangues, puis de Pierre de Cussigny [4].

Jean de Saint-Aubin, chevalier, chambellan du duc de Bourgogne, était fort riche : aux seigneuries de Chalaux, du Bouchet, de Bouvesson, de Chitry-sous-Montsabot, de Neuffontaines et de Nuars, qu'il avait eues par héritage, il joignit celles de Montmarzelin, de Chaichy et de Saint-Gervais, acquises en 1344 de son frère Hugues [5].

---

[1] *Inventaire des titres de Nevers.* — *Le Morvand.*
[2] *Ibid.*, col. 159 et 497.
[3] *Ibid.*, col. 725.
[4] *Ibid.*, col. 717 et 724.
[5] *Ibid.*, col. 717, 724, 727.

Il contracta alliance avec Jeanne de Saint-Verain, dont trois filles mariées à Girard de Châteauneuf, à Philibert de Dangeul et à Huguenin du Bled, qui furent sans doute les dernières de leur famille, du moins en Nivernais, car on ne retrouve plus ce nom dans les documents historiques sur notre province à partir des premières années du xv⁰ siècle [1].

M. l'abbé Baudiau, dans son intéressant ouvrage sur le Morvand [2], dit que la famille de Saint-Aubin tirait son origine d'un fief situé près de Quarrée-les-Tombes, sur les limites de la Bourgogne et du Nivernais, cela est possible. Toutefois, il y eut en Bourbonnais, du xiii⁰ au xviii⁰ siècle, une famille de chevalerie du même nom, dont le berceau était bien certainement la seigneurie de Saint-Aubin, près de Bourbon-L'Archambault.

Ces deux familles pouvaient et sembleraient même, vu l'éloignement de leurs lieux d'origine et de leurs possessions, être parfaitement étrangères l'une à l'autre ; mais nous avons retrouvé, sur la tombe de Metz-le-Comte, le blason bien connu des Saint-Aubin du Bourbonnais : *D'argent, à l'écu de sable, surmonté de trois merlettes de même, rangées en fasce* [3] ; il nous paraît donc presque certain que ces familles venaient de la même souche, d'autant que les mêmes prénoms se retrouvent dans les deux branches aux xiii⁰ et xiv⁰ siècles. Jean, peut-être frère de Hugues de Saint-Aubin, auteur connu de la branche Bourbonnaise, aurait quitté sa province pour épouser l'héritière de la famille Besors.

La branche Bourbonnaise posséda les terres de Sarragosse, de Beauvoir, du Pleix, de Perassat, de Belleperche, de Bagneux, de Varennes, de Longueville, de Civray, d'Ouroux, de Ripantin, de l'Espine, du Vernay, de Champroissant, de La Motte-des-Noyers, situées dans les châtellenies de Bourbon, de Chantelle, de Billy, de Montluçon et de Murat ; quelques-uns de ses membres habitèrent Le Forez. Elle s'allia aux familles d'Avenières, de Moulins, de Beaurain, Jamet, de Chantalot, etc.

---

[1] *Inventaire des titres de Nevers*, col. 723.

[2] T. III, p. 184.

[3] Guillaume Revel. — Preuves des comtes de Lyon aux archives du Rhône. — Preuves de Malte. — Segoing. — Paillot. — *Armorial du Bourbonnais.*

Elle fournit des chevaliers de Malte et des chanoines-comtes de
Lyon ; elle fut maintenue comme noble de race dans la généralité de Moulins à la fin du xviie siècle, et elle paraît s'être éteinte
dans le courant du siècle suivant.

Nous avons décrit les armes de Saint-Aubin ; quelques
membres de la famille portèrent ces armoiries avec certaines
modifications, sans doute comme brisures : ainsi, dans Guillaume
Revel, l'*écu de sable en abîme* paraît, ou seulement avec les *merlettes*, ou accompagné en pointe d'une *étoile d'azur*, ou *chargé
d'une étoile d'argent,* ou d'un *croissant d'or ;* cette dernière brisure est donnée par Paillot[1] comme étant propre aux Saint-
Aubin du Nivernais, mais il est probable que le savant héraldiste
entendait parler, non des seigneurs de Chalaux du xive siècle,
mais bien d'un rameau de la famille qui a habité le Nivernais à
la fin du xvie siècle et au xviie.

Ysabiaul de Roissellon, c'est-à-dire Isabelle de Roussillon,
mère d'Églantine du Boichet, appartenait à une famille qui,
selon M. le comte de Chastellux[2], était une branche de la
maison de Châtillon-en-Bazois, portait : *Losangé d'or et d'azur,*
et tirait son nom d'une terre voisine d'Autun, qui passa dans la
maison de Chaugy par le mariage d'Isabelle de Roussillon avec
Jean de Chaugy. Une branche des Roussillon, dit encore le
savant auteur de l'*Histoire de la maison de Chastellux,* subsista
dans le bailliage d'Arnay-le-Duc, où l'on trouve Girard, seigneur de Clomot, chambellan du duc en 1468 ; Antoine,
seigneur de Savigny et de Rochetaillée, en 1493 ; Pierre, fils
naturel de ce dernier, seigneur de Saint-Désert, en 1558, et
Catherine, sa fille légitime, mariée à Philibert de Rochebaron,
étant veuve de Jean, seigneur de Lugny, qu'elle avait épousé
en 1515[3] ; enfin Louise, femme de Jean de Jaucourt, seigneur
de Marrault, morte à Paris en 1517. Catherine et Louise furent
les dernières de leur famille.

Monceaux-le-Comte. — Au pied des ruines du château des
comtes de Nevers, se voient les restes d'une église en partie

---

[1] *Vraie et parfaite science des armoiries.*

[2] *Histoire généalogique de la maison de Chastellux,* p. 64, note 1. — V. aussi
le Morvand, par l'abbé Baudiau, t. III, p. 499.

[3] *Les mazures de l'Isle-Barbe,* t. II, p. 511.

romane, en partie du xvi° siècle, qui était sans doute la chapelle castrale, dont le chœur, l'abside et une chapelle sont seuls debout. On remarque, dans cette chapelle, deux consoles du xvi° siècle portant des écussons sculptés ; sur l'une, surmontée d'une statue de saint Antoine, l'écu est écartelé de *trois bandes et de...* et posé sur une crosse en pal ; sur l'autre, l'écusson est *à un chevron, accompagné* de deux objets effacés, difficiles à déterminer, et, *en pointe, d'un arbre arraché.* Nous n'avons pu attribuer ces deux blasons, dont l'un est celui d'un évêque ou d'un abbé.

Neuffontaines. — L'église de Montsabot, de la commune de Neuffontaines, est désignée sur la carte de Cassini comme étant une succursale de la paroisse dont elle fut peut-être l'église primitive. C'est un monument assez important de l'époque romane, remanié aux xv° et xvi° siècles, et enfin de nos jours. Plusieurs blasons sont sculptés dans cette église : c'est d'abord un écusson *à une croix engrêlée, chargée d'une coquille en abîme,* tenu par deux anges, à l'une des retombées des croisées d'ogive du bras nord de la croisée, qui servait de chapelle seigneuriale. Ce blason est celui de la famille de Vésigneux, ou mieux Barbier de Vésigneux, qui possédait, vers 1500, le fief de Vignes situé près de Montsabot, et qui portait : *D'azur, à la croix engrêlée d'argent* [1]. La coquille était une brisure. Il est fort possible que les autres écussons des retombées du transsept, maintenant entièrement effacés, aient porté les armes pleines des Barbier.

Les Barbier, d'origine assez modeste, étaient fort riches à la fin du xv° siècle ; nous trouvons, en 1467, Guillaume Barbier de Vignes qui rend hommage au comte de Nevers pour le meix de Brassy [2]. Guillaume eut deux fils : Pierre, avocat, dont nous connaissons seulement le nom, et Lucas, seigneur de Vignes après son père, marié vers 1500 à Guillemette de Cussigny, d'une bonne noblesse du pays, qui paraît lui avoir apporté en dot l'important fief de Vésigneux, situé près de Lormes. A la suite de cette alliance, Lucas abandonna son nom patronymique pour prendre celui de Vésigneux, sous lequel furent connus ses descendants.

---

[1] Dossier de Montmorillon, au cabinet des titres de la Bibliothèque nationale.
[2] *Inventaire des titres de Nevers,* col. 467. — *Le Morvand,* t. II, p. 244.

Le nouveau seigneur de Vésigneux, qualifié écuyer dans les actes, acheta, de 1502 à 1539, les seigneuries de Razout, de Mallerin, de Boussegré, de Laubépin, de Chaux, de Gouloux, de Ruère, de Villette, de Breuil, de Vieil-Fou, de Cerée, etc. Il eut deux fils : Sébastien et Aubert. Le premier mourut au milieu du XVI⁰ siècle, sans avoir eu d'enfants de Claude de La Porte. Le second, sur lequel nous avons peu de documents, paraît n'avoir eu qu'une fille nommée Jacqueline qui, dernière de son nom, en porta tous les biens d'abord à Philibert d'Igny, seigneur de Rizaucourt, son premier mari, puis à Saladin de Montmorillon, qu'elle avait épousé en 1526 [1].

Avant de passer à la famille Barbier de Vignes, le fief de Vésigneux avait été possédé par des seigneurs de ce nom sur lesquels les documents nous font défaut; nous connaissons toutefois Huguenin, qui mourut avant 1311, laissant de sa femme Jeanne de Monts deux fils, Jean et Aubert, et deux filles mariées à Jean d'Arcy et à Pierre de Cuysel (?). Au XIV⁰ siècle, une branche de la famille possédait, aux environs de Decize, le fief de Montmartange ; à partir de la fin de ce siècle, nous ne trouvons plus ce nom dans les documents nivernais [2]. Nous proposons d'attribuer aux premiers seigneurs de Vésigneux un écu à *trois bandes*, reproduit à Montsabot sur une dalle du XV⁰ siècle, et sur un chapiteau ; la dalle, dont l'inscription est tout à fait effacée, porte aussi un écu à *une fasce* parti des *trois bandes*, et un troisième blason à *une croix* qui est peut-être celui des Barbier. Nous verrons plus loin ce même écusson à *trois bandes* reproduit au château de Vésigneux.

Nous ne saurions rattacher aux Barbier de Vignes *messire Jacques Barbier de La Brosse, écuyer, contrôleur ordinaire des guerres, seigneur de Tressoles, Vignes-le-Bas et autres lieux*, mort à Vignes en 1782, dont l'épitaphe se lit dans le cimetière de Montsabot sur une dalle portant également un écusson ovale *d'azur au chevron de.....* accompagné de trois objets qu'il nous a été impossible de déterminer. Nous ne savons de quel pays était

---

[1] *Inventaire des titres de Nevers*, col. 467, 367 et 696. — *Le Morvand*, t. II, p. 51, 244, 329, etc., et t. III, p. 483. — Archives du château de Vésigneux et de M. Lory, de Moulins-Engilbert.

[2] *Inventaire des titres de Nevers*. — *Le Morvand*. — Archives de la ville de Decize.

ce Barbier de La Brosse ni comment il était devenu possesseur du fief de Vignes, dont nous allons parler.

Vignes-le-Bas, situé au sud de Montsabot, a conservé un petit château à tourelles du xvi° siècle, avec une chapelle dont l'autel est surmonté d'un tableau, peint sur bois, représentant le Christ en croix accosté des figures agenouillées du donateur et de sa femme, accompagnées de saint Jean-Baptiste et de saint Jacques-le-Majeur, leurs patrons, et de leurs enfants : deux jeunes garçons derrière le père, deux filles, un peu plus âgées, derrière la mère. Le donateur est en costume militaire du xvi° siècle ; il porte une cotte d'armes semée d'aigles, ses mains sont jointes, près de lui se trouvent son casque et ses gantelets, son prie-Dieu, supportant un livre, offre un blason effacé. La dame, en costume du temps de François Ier, est dans la même position que son mari, une tête de mort près d'elle ; sur le prie-Dieu un écu en losange aussi effacé.

Ces personnages sont Saladin de Montmorillon et Jacqueline Barbier de Vésigneux, sa femme, dont nous venons de parler. Cette attribution est certaine : Montmorillon porte sur sa cotte d'armes l'aigle de son blason, et la dame de Vignes est assistée de son patron saint Jacques.

Comme plusieurs races de très-ancienne noblesse, les Montmorillon ont une légende que voici : un chevalier croisé de cette famille aurait été pris par le sultan Saladin qui, plein d'admiration pour la brillante valeur de son prisonnier, l'aurait autorisé à aller dans son pays chercher le prix de sa rançon, lui faisant jurer, sur sa foi de chevalier et de chrétien, qu'il reviendrait dans le cas où il n'aurait pu trouver la somme demandée pour sa liberté. Le sire de Montmorillon n'ayant pas réussi, revint, fidèle à la foi donnée, se remettre entre les mains de son vainqueur. Le sultan, touché de cette loyauté, rendit au chevalier sa liberté et le combla de présents, lui demandant en retour la promesse que les aînés de sa race porteraient le prénom de Saladin.

La légende des Montmorillon est à peu près la même que celle des d'Anglure, de Champagne, dont M. Vallet de Viriville a démontré l'impossibilité historique [1] ; les arguments produits

---

[1] *Armorial de France, Angleterre, Écosse, Allemagne, etc., composé vers 1540, par Gilles Le Bouvier, dit Berry*, publié par M. Vallet de Viriville, pages 199, 200 et suivantes.

par le savant archiviste doivent être invoqués contre l'authenticité de la première de ces histoires. M. Vallet de Viriville pense, et nous sommes tout à fait de son avis, que les d'Anglure et ensuite les Montmorillon et quelques autres familles ont attribué à l'un de leurs membres, dont on ne peut même donner le nom, la donnée d'un poëme du xiiie siècle intitulé l'*Orden de chevalerie*. Hâtons-nous de dire que l'ancienneté chevaleresque de la maison de Montmorillon et sa haute position féodale dès le xiiie siècle dans le Bourbonnais et dans le Forez, rendent fort possible, probable même, sa présence aux croisades.

Contrairement à l'opinion de La Chesnaye des Bois et de M. d'Arbaumont [1], nous ne croyons pas que les Montmorillon soient issus de la maison poitevine de Quatrebarbes, dont certains personnages ont porté le nom de Montmorillon à une époque fort reculée [2]. Nous pensons qu'ils eurent pour berceau le château de Montmorillon [3] dont les ruines imposantes, en partie du xiiie siècle, se voient encore dans la commune d'Arfeuilles (Allier), sur les limites des anciennes provinces du Bourbonnais et du Forez ; ils possédaient aussi, au xiiie siècle, l'importante seigneurie de Châtel-Montagne, située dans le même pays, et divers fiefs en Forez. Nous n'avons pu dresser la généalogie de ces seigneurs, mais voici ceux dont les documents historiques nous ont conservé les noms : Étienne de Montmorillon, seigneur de Châtel-Montagne (*Dominus Castelli de Montana*), s'avoue, en 1215, homme lige du sire de Bourbon, à raison du village de Liseroles [4], et oblige ses successeurs en la possession du *Chastel de Montagne*, sauf la foi due au roi de France ; en 1245, Guillaume, seigneur de Châtel-Montagne, tient de Guy de Dampierre, seigneur de Saint-Just, un fief à Paluel, vers Saint-Pourçain (Allier), se terminant à la rivière de Sioule ; le même possède, en 1256, dans le Forez, le village de Baignoles et les forêts de l'Estrat et d'Orival ; en 1300, Hugues, peut-être fils de Guillaume, rend hommage pour

---

[1] *La noblesse aux États de Bourgogne.*
[2] *Dictionnaire des familles de l'Ancien Poitou.*
[3] Fief de la châtellenie de Billy en Bourbonnais.
[4] Sans doute Nizerolles, paroisse aux environs de Châtel-Montagne.

Montmorillon ; en 1322, hommage de Jean pour la maison de
Monestay, au nom d'Agnès de Vendat, sa femme ; en 1334,
Guillaume de Montmorlhon (*sic*) fait hommage pour toute la
justice que ses prédécesseurs avaient à Saint-Clément et à
Saint-Nicolas d'Albis, près de Montmorillon ; en 1342, Jean
fait hommage pour des cens et rentes en Forez, hommage que
renouvelle, six ans plus tard, noble homme messire Guillaume
de Châtel-ès-Montagnes (*de Castro in Montanis*) ; le même, ou
un autre Guillaume, a des dîmes en la paroisse de Breuil,
près de La Palisse, en 1365 et 1374 ; les archives de l'Allier
possèdent une charte, de cette même année, de Guy, seigneur
de Châtel-Montagne, à laquelle est fixé un sceau de cire rouge
dont l'écu porte une *aigle éployée ;* à la fin du xive siècle, nous
trouvons Catherine de Bressolles, veuve de Guillaume ou de
Guy, qualifiée dame de Montmorillon ; l'Armorial de Guillaume Revel reproduit, à la page de Montgilbert, un écusson
d'*or, à l'aigle éployée de gueules,* avec une aigle pour cimier,
entouré d'un ruban sur lequel on lit : *Loys de Montmorilhon
crie chasteau de Montaigne ;* ce même Louis est seigneur des
hôtels forts, terres et seigneuries de Creuzier-le-Vieux et de
Vareilles, dans les châtellenies de Billy et de Vichy, en 1452 ;
Joseph et Hippolyte sont seigneurs des mêmes terres en 1461
et 1488 [1].

La filiation suivie donnée par le *Dictionnaire de la noblesse*
commence à Antoine de Montmorillon, écuyer, probablement
fils du seigneur de Creuzier-le-Vieux, qui vint s'établir en
Bourgogne à la suite de son mariage, contracté avant 1439, avec
Louise d'Essanlay, héritière de la baronnie de ce nom, située
aux environs de Gueugnon.

Les descendants d'Antoine continuèrent à posséder Essanlay
jusqu'à la fin du xviiie siècle ; ils s'allièrent aux familles Choux,
de Busseuil, de La Verne, de Montsarin, de Fougères, de Saint-
Trivier, Bouton, de Fay, Camus d'Arginy, d'Apchon, des
Gentils, de Franc d'Anglure, Pelapussin, Mynard de Lessart,
Maulbon d'Arbaumont, Gillet de Valbreuze et de Boutiny. Ils
fournirent un grand prieur de la Langue d'Auvergne (ordre de

---

[1] Archives de l'Allier. — *Noms féodaux.* — Inventaire des hommages de Forez,
Bibliothèque nationale (fonds Gaignières, 642). — La Chesnaye-des-Bois.

Malte) en 1595, des chanoines-comtés de Lyon et de Brioude, des chanoines d'Épinal, des officiers distingués, etc. [1].

Cette branche, la seule existante, est représentée par le marquis Saladin de Montmorillon, marié à Mlle de Boutiny, dont il n'a point d'enfants ; par le comte Hector, marié à Mlle Gillet de Valbreuze, dont trois fils ; enfin par Mme la comtesse d'Alligny, leur sœur, dont la fille unique a épousé M. le comte Raoul de Pillot de Coligny, qui s'occupe d'une histoire de la famille de sa belle-mère.

Nous ferons remarquer que le nom de Saladin ne paraît pas dans la suite des barons d'Essanlay avant le commencement du xviie siècle. Il avait toutefois été porté, au xvie, dans la branche nivernaise, qui était sans doute l'aînée, et dont nous allons essayer de trouver l'origine.

Nous avons nommé Joseph et Hippolyte, seigneurs de Creuzier-le-Vieux dans la seconde moitié du xve siècle ; Joseph, probablement frère aîné de l'auteur de la branche d'Essanlay, resté dans sa province, où la position de sa famille était diminuée, car elle ne possédait plus alors les importantes seigneuries de Montmorillon et de Châtel-Montagne, Joseph, disons-nous, aurait été le père d'Hippolyte et le grand-père de Saladin, premier qui, comme son cousin, abandonna le Bourbonnais pour faire un riche mariage. Rien ne prouve du reste cette descendance que nous proposons comme offrant certaine probabilité ; il se pourrait encore que Saladin appartînt aussi à la branche d'Essanlay et fut issu de l'un des fils d'Antoine ; mais notre première hypothèse nous semble la meilleure.

Quoiqu'il en ait été, Saladin épousa en premières noces Charlotte de Chastelleux, dont une fille, mariée à Gabriel de La Perrière ; puis Jacqueline de Vésigneux, qui le rendit père des quatre enfants figurés sur le tableau de Vignes, dont un seul, nommé Saladin comme son père, vécut et fut le dernier de sa branche ; Saladin II n'eut de Anne de l'Hôpital qu'une fille nommée Louise, mariée à César de Bourbon-Busset, comte de Busset, baron de Châlus, veuf de Marguerite de Pontac, à qui elle apporta les nombreuses possessions de sa famille.

---

[1] *Dictionnaire de la noblesse.* — Preuves au cabinet des titres de la Bibliothèque nationale.

La maison de Montmorillon porte : *D'or, à l'aigle de gueules*, avec deux maures pour tenants. La branche nivernaise écartelait : *D'azur, à la croix engrêlée d'argent*, qui est de Barbier de Vésigneux.

Nuars. — C'est dans cette commune que se trouvent les belles ruines du château du Bouchet, berceau de l'une des familles dont nous venons de parler ; au milieu de ces ruines se voit un grand écusson du xvii° siècle sculpté en pierre, supporté par deux lions, timbré d'une couronne de comte et d'un casque avec lambrequins, et accompagné de divers attributs militaires ; sur l'écusson, les armes des La Perrière : *Une fasce, surmontée de trois têtes de léopard rangées en chef.*

Nous avons consacré un article à la famille de La Perrière [1] ; disons seulement que Paul de La Perrière, chevalier, seigneur de Bouvesson, de Billy, du Bouquin, du Bouchet, dont nous venons de signaler l'écusson, était fils de Gilbert, chevalier de l'ordre du roi, et de Charlotte de Montmorillon.

Paul de La Perrière n'eut pas d'enfants d'Urbanne de Fromentière [2].

Tannay. — La porte de la sacristie de la belle église paroissiale, ancienne collégiale, de cette petite ville, est décorée de guirlandes de chêne sculptées en pierre, et surmontée de l'inscription suivante gravée en lettres minuscules gothiques :

M ⫶ P ⫶ DELAPORTE HUIUS ECCLESIE
CURATUS ET CANONICUS HOC VESTIBULUM
CEPTUM FUNTUM QZ (*que*) DEDIT ANNO SALUT (*is*)
MILLESIMO QUINGENTESIMO SECUNDO PRIA (*prima die*) OCTOBRIS

Il y eut en Nivernais trois familles de La Porte : deux, appartenaient à la noblesse militaire, possessionnés, l'une aux environs de Nevers, l'autre près de Donzy, éteintes toutes les deux avant la première moitié du xvi° siècle ; et une troisième, d'extraction moins marquante, dont le plus ancien personnage connu est Pierre de La Porte, curé de Tannay, mentionné dans

---

[1] Article de la commune de Frasnay-de-Ravier.
[2] *Inventaire des titres de Nevers*, col. 470. — Terrier de Bazoches.

l'inscription ci-dessus. A la même époque que Pierre, vivait Charles de La Porte, peut-être frère de notre curé, seigneur de Passelière, dans la châtellenie d'Estais, et officier du comte de Nevers. Puis nous trouvons, en 1533, Avoye, femme de Jean Portailler ; Jean, l'un des notables de Clamecy, en 1537 ; Guillaume, seigneur de Chevannes, près de Tannay, conseiller au bailliage d'Auxerre, mort en 1588 sans avoir eu postérité de Bénigne Audebert, qui fit diverses fondations pieuses et charitables à Tannay et à Clamecy [1] ; enfin Claude, dont la maison, l'une des plus intéressantes de Tannay, porte l'inscription suivante :

CLAVDE DE . LA PORTE

1582

LA . CRAINTE . DE . DIEV

EST . LE . COMMENCEMENT . DE

SAPIENCE . *Psal. III.*

SI . LE . SEIGNEVR . NE . DIFIE . LA

MAISON . CEVLX . QVI . LEDIFIENT

TRAVAILLENT . EN . VAIN

1588

Les armoiries de la famille de La Porte sont ainsi décrites dans l'Armorial de la généralité d'Orléans : *De gueules, au château d'or*, mais il est probable que cette famille portait, non un *château*, mais une *porte de ville* dans son écusson.

L'église de Tannay possède plusieurs tableaux du xvii° siècle plus intéressants à cause des noms et des portraits des donateurs que par leur valeur artistique. L'un, représentant la légende de saint Thomas, porte la date 1616 et deux écussons que nous ne pouvons attribuer ; celui de gauche : *D'azur, à trois cœurs d'or surmontés d'une étoile d'argent ;* celui de droite, entouré d'une cordelière, parti des mêmes armes et d'*azur, à trois fleurs tigées d'or.*

Un autre tableau de grande dimension figure la Cène ; le donateur, homme jeune encore, portant le costume et la barbe

---

[1] *Inventaire des titres de Nevers*, col. 586, 567, 605, 692. — *Mémoires pour servir à l'histoire du Nivernois et du Donziois.* — *Statistique monumentale de la Nièvre*, par le comte de Soultrait.

du temps de Louis XIII, est agenouillé, les mains jointes, dans un coin du tableau ; un ange semble lui désigner Notre-Seigneur et ses apôtres ; au-dessous de lui, son écu, à bords contournés portant : *D'azur, au lion d'or tenant une plante de sinople ;* au-dessous, l'inscription suivante nous fait connaître le nom de ce donateur :

IACOBVS TISSIEL TANENSIS ECCLESIÆ . S . LEODEGARII

MVNVS OFFERT ORAS VT QVI SVOS APOSTOLOS CIBAVIT IN TERRIS

EIVSDEM SVI CORPORIS PNNTIA SE SATIARE DIGNETVR

Puis c'est une conversion de saint Paul, du xviie siècle, don d'un prévôt de l'église nommé Claude Moreau, ce que nous apprennent ces mots peints sur le cadre :

EX . DONO . CLAUDII . MOREAU .

HUJUSCE ECCLESIÆ . PRÆPOSITI .

Le blason de Claude Moreau : *D'azur, au chevron d'or, accompagné de trois étoiles de même* figure au coin du tableau ; nous ne savons rien sur la famille Moreau, qui était sans doute de l'Auxerrois.

Voici l'inscription de la grosse cloche de la paroisse :

† FRANCISCA IOANNA ANTONIA LE 10 IVIN 1754. LAN 39 DV REGNE .
DE LOVIS QVINZE LE BIEN AIME ROY DE FRANCE ET DE NAVARRE A ESTE
FONDVE CETTE CLOCHE QVI A EV POVR PARREIN ILLVSTRISSIME ET REVEREN-
                                                                    DISSIME
SEIGNEVR MONSEIGNEVR IEAN ANTOINE TINSEAV EVEQVE DE NEVERS COMTE
DE PREMERY CONSEILLER DV ROY EN TOVS SES CONSEILS ET POUR MAREINE
                                                                NOBLE DAME
MADAME FRANCOISE DE BEZE'DE LA BLOVZE EPOVSE DE MESSIRE PIRRE IACQVE
DE GIRARD CHEVALIER SEIGNEVR DE VANNE BOISE PVLLY CHEMIGNY BVSSON LES
CHAMONS CHEMINEAVX VAVX VAVCLOIX S[t] PARIZE LE CHASTEL ET DEPENDANCES
LIEVTENANT DE NOS SGRS LES MARECHAVX DE FRANCE LEUR SVBDELEGVE DANS CETTE
PROVINCE ET GRAND BAILLY DU NIVERNOIS ET LA CEREMONIE DE LA BENEDICTION
FAITTE PAR MESSIRE IACQVE CLAVDE DE BEZE PRESTRE DOCTEVR EN THEOLOGIE
SEIGNEVR DE VAIVRE ET EN FIEF DE TANNAY CHANOINE VETERAND
DE LEGLISE DE NEVERS PREVOT DU CHAPITRE DE CE LIEV
Me N. MORIE FAB.

On voit au-dessous de l'inscription diverses figures de saints et les noms suivants :

L . S . COVRCERON . N . S . I . B . BAVDOVIN
I . B . VINCENT ALEXIS COCHOIS FONDEVR

Nous avons parlé de l'évêque Tinseau [1] et de la famille Girard de Vannes [2], et nous venons d'entretenir nos lecteurs des de Bèze.

Teigny. — Nous avons remarqué dans l'église de cette paroisse, monument du xvi⁰ siècle, deux écussons que nous ne pouvons attribuer : l'un *fascé de huit pièces ;* l'autre parti du même blason et d'une *croix de Lorraine.*

Dans l'inscription de la cloche, de 1774, figurent les noms de *Étienne-Marain-Martin Vassal,* fils du subdélégué de Vézelay, et de *Dame Marianne de Crafft,* veuve de *M. Le Franc de Vau- martin, ancien capitaine de grenadiers royaux, chevalier de l'ordre militaire de Saint-Louis.*

Comte DE SORNAY.

(*La suite prochainement.*)

[1] Article de la commune de Garchizy.
[2] Article de la commune de Sermoise.

LES ORDRES
HOSPITALIERS ET MILITAIRES

DE

Saint-Lazare et de Notre-Dame du Mont-Carmel.

*(Suite et fin *).*

ANCIEN GRAND PRIEURÉ DE LANGUEDOC.

DIOCÈSE DE MONTPELLIER.

Hôpital général de Montpellier. Union des hôpitaux de Lattes, de Castelnau, de Siméon, de Sâlason (Salasc ?), du Crès, et des maladeries de Baillargues, de Fabrègues et de Mauguis (Mauguio). (Arrêt du conseil du 10 juin 1695.)

Hôpital de Lunel. Union de la maladerie et de l'hôpital de Saint-Jacques dudit Lunel. (Autre arrêt du même jour.)

Hôpital de Frontignan. Union de la maladerie dudit lieu. (Autre arrêt du même jour.)

DIOCÈSE D'ARLES.

Hôpital des malades d'Arles. Union de la maladerie ou de l'hôpital de Saint-Lazare dudit Arles et de la maladerie de Fourques. (Arrêt du conseil du 30 août 1696.)

Hôpital de Salon. Union de la maladerie dudit lieu. (Autre arrêt du même jour.)

* Voir Janvier et Février 1879, page 13.

Hôpital de Beaucaire. Union de la maladerie dudit Beaucaire. (Autre arrêt du même jour.)

Hôpital de Martigues. Union de la maladerie dudit Martigues. (Autre arrêt du même jour 31 août 1696.)

DIOCÈSE DE NIMES.

Hôpital de Sommières. Union des maladeries de Sommières et de Montpézat et des hôpitaux de Saint-Laurent d'Aygouze, d'Aimargues de Langlade, de Milhaud, de Clarensac, d'Aubais, de Générac, du Grand-Gallargues, du Cayla, de la maladerie et de l'hôpital d'Uchaud. (Arrêts du conseil des 15 février 1697 et 13 juin 1698, et lettres patentes registrées au Parlement de Toulouse.)

Hôpital de Saragnac. Rétablissement de l'hospitalité et union des hôpitaux de Redessan, de Ledenon, de Bellegarde, de Saint-Gervasy, de Marguerittes, de Manduel, et de l'aumônerie de Bessousse (Besouce). (Autre arrêt dudit jour 15 février 1697 et lettres patentes registrées au Parlement de Toulouse.)

Hôpital de Nîmes. Union du quart du revenu des biens de la maladerie de cette ville, possédés par les religieuses Ursulines dudit Nîmes. (Autre arrêt du 15 février 1697 et lettres patentes registrées au Parlement de Toulouse.)

DIOCÈSE D'UZÈS.

Hôpital d'Uzès. Union de la maladerie de cette ville et des hôpitaux de Saint-Quentin, de Montarem, de la Calmette, de Boucoiran, de Rémoulins, de Saint-Hilaire d'Ozilhan et de Collias. (Arrêt du conseil du 22 avril 1695 et lettres patentes registrées au Parlement de Toulouse.)

Hôpital de Bagnols. Union des maladeries de Bagnols et de Valbonne, ainsi que des hôpitaux de Laudun, de Saint-Victor La Coste, de Pouzilhac, de Valliguières et de Tresques. (Autre arrêt du même jour et lettres patentes.)

Hôpital d'Aramon. Union des hôpitaux de Théziers et de Vallabrègues. (Autre arrêt du même jour et lettres patentes.)

Hôpital de Villefort. Union de l'hôpital de Genouillac (Genolhac?). (Autre arrêt dudit jour et lettres patentes.)

DIOCÈSE D'ALAIS.

Hôpital d'Alais. Union des maladeries de Vézénobres et d'Anduze. (Arrêt du 17 février 1696 et lettres patentes registrées au Parlement de Toulouse.)

DIOCÈSE DE LODÈVE.

Hôpital de Lodève. Union de la maladerie de Lodève et de l'hôpital d'Ausseran. (Arrêts du conseil des 11 janvier 1695 et 20 juillet 1696 et lettres patentes registrées au Parlement de Toulouse.)

Hôpital de Clermont-l'Hérault. Union de la maladerie de cette ville. (Autre arrêt dudit jour 11 janvier 1695 et lettres patentes registrées au Parlement de Toulouse.)

Hôpital de Montpeyroux. Union de la maladerie de Saint-Guilhem-le-Désert. (Autre arrêt du conseil du 11 janvier 1695 et lettres patentes registrées au Parlement de Toulouse.)

DIOCÈSE DE BÉZIERS.

Hôpital de Béziers. Union des biens de la maladerie de Béziers et des hôpitaux de Thézan, de Saint-Genies, de Montblanc, de Puissalicon, de Murviel, de Magalas, de Cazouls-lez-Béziers, de Saint-Nazaire, de Pouzolles, de Maraussan, de Boujan, de Villemagne, de Boussagues, d'Alignan-du-Vent, de Gabian, de Roquebrun, de Colombiers, de Nisas, de Corneilhan, de Roujan et de Gignac. (Arrêt du conseil du 10 juin 1695 et lettres patentes registrées au Parlement de Toulouse.)

DIOCÈSE D'AGDE.

Hôpital de Nézignan-l'Évêque. Rétablissement de l'hospitalité pour les pauvres malades du lieu. (Arrêt du conseil du 11 janvier 1695 et lettres patentes registrées au Parlement de Toulouse.)

Hôpital de Loupian. Union de la maladerie dudit Loupian. (Autre arrêt du même jour et lettres patentes.)

Hôpital de Mèze. Union de la maladerie de cette ville. (Autre arrêt du même jour et lettres patentes.)

Hôpital de Pézénas. Union des maladeries de Saint-Thibery et de Montagnac. (Arrêt du conseil du 11 mars 1695 et lettres patentes registrées au Parlement de Toulouse.)

DIOCÈSE DE NARBONNE.

Hôpital général de Narbonne. Union de la maladerie et de l'hôpital de Saint-Jacques de cette ville. (Arrêt du conseil du 7 janvier 1695 et lettres patentes registrées au Parlement de Toulouse.)

Hôpital de Coursan. Union des biens de l'hôpital de Pérignan. (Autre arrêt du même jour et lettres patentes.)

Hôpital de Capestan. Union des biens de l'hôpital d'Ouveillan. (*Idem.*)

Hôpital de Lézignan. Union de la maladerie de Lézignan et des hôpitaux de Canet et de Fabrezan. (Autre arrêt dudit jour 7 janvier 1695 et lettres patentes registrées au Parlement de Toulouse.)

Hôpital de Limoux. Union de la maladerie dudit Limoux. (Autre arrêt du même jour et lettres patentes.)

Hôpital de Ginestas. Rétablissement de l'hospitalité et union des hôpitaux de Bizan (Bizanet?), de Pouzols et de Salleles. (Autre arrêt dudit jour et lettres patentes.)

Hôpital de La Palme. Rétablissement de l'hospitalité et union de l'hôpital de Leucate. (Arrêt du 15 avril 1695 et lettres patentes registrées au Parlement de Toulouse.)

Hôpital de Puisserguier. Rétablissement de l'hospitalité. (Autre arrêt du même jour.)

Hôpital de Laurens. Rétablissement de l'hospitalité. (Autre arrêt du même jour.)

Hôpital de Caunes. Rétablissement de l'hospitalité. (Autre arrêt dudit jour 15 avril 1695.)

DIOCÈSE DE CARCASSONNE.

Hôtel-Dieu de Carcassonne. Union des biens de la maladerie de la Madeleine et de l'hôpital Sainte-Croix de Carcassonne et des hôpitaux de Pemautier, d'Alzonne, de Trèbes, de Capendu et de Barbaira. (Arrêt du conseil du 11 janvier 1695 et lettres patentes registrées au Parlement de Toulouse.)

Hôpital de Montréal. Continuation de l'hospitalité et union des biens qui avaient été donnés à l'ordre de Saint-Lazare. (Autre arrêt du même jour et lettres patentes.)

DIOCÈSE DE PERPIGNAN.

Hôpital de Perpignan. Union de la maladerie et des biens ayant appartenu à l'ordre de Saint-Lazare dans ladite ville ainsi que de ceux des hôpitaux de Villelongue, de la Salanque, de Torreilles, de Sainte-Marie-la-Mer, de Saint-Laurent de la Salanque, de Sainte-Hyppolite, de Claira, de Trouillas, d'Argelès, de Saint-Jean de Pages, de Bagnols des Aspres, de Palau del Vidre, d'Elne, de Saint-Cyprien, de Saint-Felin d'Aval, du Boulou, des Bains d'Arles, de l'hôtel-Dieu d'Arles, des maladeries de Pia, de Baixas, de La Perche, de l'hôpital et de l'aumônerie de Millas. (Arrêt du conseil du 20 juillet 1696 et lettres patentes.)

Hôpital de Céret. Continuation de l'hospitalité et emploi des revenus dudit hôpital à l'entretien des pauvres malades, avec la décharge d'une rente de trente livres qu'on payait annuellement à l'ordre de Saint-Lazare. (Autre arrêt du même jour.)

Hôpital de Collioure. Rétablissement de l'hospitalité avec union de la maladerie de cette ville, moyennant la décharge de trente livres de rente que l'hôpital payait chaque année audit ordre de Saint-Lazare. (Autre arrêt du même jour.)

Hôpital de Touy (Thuir ?). Continuation de l'hospitalité et emploi des revenus à l'entretien des pauvres malades avec la décharge des soixante livres de rente que l'hôpital payait annuellement à l'ordre de Saint-Lazare. (Autre arrêt du même jour.)

Hôpital de Vinça. Maintien de l'hospitalité avec union des biens de la maladerie et chapelle de Marcevol. (Autre arrêt du même jour.)

Hôpital d'Ille-sur-la-Tet. Union de l'aumônerie de cette ville. (Autre arrêt du même jour.)

DIOCÈSE DE MIREPOIX.

Hôpital de Mirepoix. Union de la maladerie de cette ville. (Arrêt du conseil du 11 janvier 1695.)

Hôpital de Fanjeaux. Union de la maladerie dudit Fanjeaux. (Autre arrêt dudit jour.)

Hôpital de La Roque d'Olmez. Union de la maladerie dudit lieu. (*Idem.*)

DIOCÈSE DE SAINT-PAPOUL.

Hôpital de Castelnaudary. Union de la maladerie de la même ville et des hôpitaux de Saint-Martin-la-Lande, de Brain (Bram) et de Lasbordes. (Arrêt du conseil du 11 janvier 1695 et lettres patentes registrées au Parlement de Toulouse.)

Hôpital de Villasavary. Rétablissement de l'hospitalité par autre arrêt du même jour et lettres patentes.

DIOCÈSE DE TOULOUSE.

Hôpital de Verfeil. Établissement de l'hospitalité et union des biens des hôpitaux de Saint-Sulpice de La Pointe, de Bessières et de Monstastruc. (Arrêt du conseil du 22 avril 1695 et lettres patentes.)

Hôpital du Bourg Saint-Bernard. Établissement de l'hospitalité et union de l'hôpital d'Auriac. (Autre arrêt du même jour et lettres patentes.)

Hôpital de Castelnau-d'Estretefonds. Rétablissement de l'hospitalité et union des biens des hôpitaux de Bouloc, de Saint-Auban, de Castelginest, de Garges et de Vacquiers. (Autre arrêt du même jour et lettres patentes.)

Hôpital de Muret. Rétablissement de l'hospitalité et union des biens des hôpitaux de Miremont et du Vernet. (*Idem.*)

Hôpital de Lévignac. Rétablissement de l'hospitalité et union des biens de l'hôpital de Léguevin. (*Idem.*)

Hôpital de Villefranche de Lauragais. Union de la maladerie du même lieu. (*Idem.*)

Hôpital de Baziège. Union des biens d'un autre hôpital dudit lieu dont jouissait l'ordre de Saint-Lazare (*Idem.*)

Hôpital de Castanet. Union des maladeries de Castanet et de Portet, des hôpitaux de Pibrac et d'Escalquens. (*Idem.*)

Hôpital des Incurables de Toulouse. Union de l'hôpital de Sainte-Radegonde et des maladeries d'Arnau-Bernard, de Saint-Cyprien et de Saint-Michel de la même ville. (Arrêt du 10 septembre 1695.)

DIOCÈSE DE RIEUX.

Hôtel-Dieu de Rieux. Union des maladeries de Palamini et de Noé. (Arrêt du conseil du 7 janvier 1695.)

Hôpital de Saint-Sulpice-Lezadois. Rétablissement de l'hospitalité. (Autre arrêt du même jour.)

DIOCÈSE DE COUSERANS.

Hôpital de Saint-Girons. Rétablissement de l'hospitalité et union de la maladerie de Saint-Girons. (Arrêt du conseil du 31 août 1696 et lettres patentes registrées au Parlement de Toulouse.)

Hôpital de la Bastide de Seron. Rétablissement de l'hospitalité. (Autre arrêt du même jour et lettres patentes.)

DIOCÈSE DE CASTRES.

Hôpital de Castres. Union de la maladerie de Saint-Barthélemy et des hôpitaux de Roquecourbe et Burlats, de Lautrec, de Mondragon, de Saint-Amans, de Vabre, de Fiac et de Castelnau de Brassac. (Arrêt du conseil du 11 janvier 1695 et lettres patentes registrées au Parlement de Toulouse.)

DIOCÈSE DE LAVAUR.

Hôpital de Lavaur. Union de la maladerie de cette ville. (Arrêt du conseil du 10 juin 1695.)

Hôpital à établir à Rével avec l'union des biens de la maladerie du lieu. (Autre arrêt du même jour.)

Hôpital de Puy-Laurens. Rétablissement de l'hospitalité et union des biens de l'hôpital de Saint-Paul-Cap-de-Joux. (Autre arrêt du même jour.)

Hôpital de La Brugnière. Rétablissement de l'hospitalité en faveur des pauvres malades dudit lieu. (*Idem.*)

DIOCÈSE D'ALBI.

Hôpital d'Albi. Union de la maladerie de Castebriel (?). (Arrêt du conseil du 26 mars 1695.)

Hôpital de Gaillac. Union de la maladerie et de l'hôpital de Saint-Jacques de la même ville. (Autre arrêt dudit jour.)

Hôpital de Rabastens. Union des maladeries de Rabastens, de l'Isle-d'Albigeois (Isle d'Albi) et de Castelnau de Montmirail. (Autre arrêt dudit jour 26 mars 1695 et lettres patentes registrées au Parlement de Toulouse.)

Hôpital de Cordes. Union de la maladerie de Cordes, de l'hôpital et de la maladerie de Cahusac, et de la maladerie de Tonnac. (Autre arrêt du même jour et lettres patentes.)

DIOCÈSE DE MONTAUBAN.

Hôpital de Montauban. Union de la maladerie située près de cette ville. (Arrêt du conseil du 3 février 1696.)

DIOCÈSE DE VABRES.

Hôpital de Saint-Affrique. Union des biens d'un autre hôpital ou maladerie dudit Saint-Affrique ci-devant appartenant à l'ordre de Saint-Lazare. (Arrêt du conseil du 30 mars 1696 et lettres patentes registrées au Parlement de Toulouse.)

Hôpital de Saint-Sernin. Union des biens d'un autre hôpital de cette ville, appelé Saint-Jacques, ayant appartenu audit ordre de Saint-Lazare. (Arrêt du même jour et lettres patentes.)

DIOCÈSE DE RODEZ.

Hôpital de Saint-Jacques de Rodez. Union des maladeries de Crombecrose et du faubourg Saint-Cirice de ladité ville de Rodez. (Arrêt du conseil du 30 mars 1696 et lettres patentes registrées au Parlement de Toulouse.)

Hôpital de Marcillac. Union de la maladerie dudit lieu (Autre arrêt du même jour.)

Hôpital de Milhau. Union de la maladerie de cette ville. (*Idem.*)

Hôpital de Villefranche de Rouergue. Union de la maladerie de la même ville. (*Idem.*)

Hôpital de Saint-Antonin. Union des maladeries de Saint-Antonin et de Verfeil-sur-Seye. (Autre arrêt dudit jour 30 mars 1696 et lettres patentes registrées au Parlement de Toulouse.)

Hôpital de Villeneuve-d'Aveyron. Union de la maladerie dudit Villeneuve. (Autre arrêt du même jour.)

Hôpital de Peyrusse. Union de la maladerie de cette ville. (*Idem.*)

Hôpital de Najac. Union de la maladerie dudit Najac. (*Idem.*)

DIOCÈSE DE MENDE.

Hôpital de Mende. Union de la maladerie de cette ville. (Arrêt du conseil du 15 avril 1695 et lettres patentes registrées au Parlement de Toulouse.)

Hôpital de Marvejols. Union de la maladerie dudit Marvejols. (Autre arrêt du même jour et lettres patentes, etc.)

Hôpital d'Ispagnac. Rétablissement de l'hospitalité. (Autre arrêt dudit jour.)

Hôpital de Saugues. Rétablissement de l'hospitalité. (*Idem.*)

Hôpital de Serverettes. Rétablissement de l'hospitalité et union de la maladerie de Saint-Auban. (Autre arrêt du 15 avril 1695 et lettres patentes registrées au Parlement de Toulouse.)

Hôpital de Florac. Rétablissement de l'hospitalité. (*Idem.*)

DIOCÈSE DE CAHORS.

Hôpital de Cahors. Union des biens des hôpitaux de Saint-Michel et Notre-Dame de la Barre de Cahors, de Catus, de Salviac, de Rudelle, de Cardaillac, de Puy la Roque, de Montalzat, de Mirabel, de Saint-Cirq-la-Popie, et des maladeries de Cahors, de Souillac et de Castelnau de Montratier. (Arrêt du conseil du 24 février 1696 et lettres patentes registrées au Parlement de Toulouse.)

Hôpital de Gourdon. Union de la maladerie de cette ville. (Autre arrêt du même jour et lettres patentes.)

Hôpital de Figeac. Union de la maladerie de Saint-Sauveur et de la maladerie de Figeac, ainsi que de l'hôpital et de la maladerie de Camboulit. (Autre arrêt du même jour et lettres patentes.)

Hôpital de Caussade. Union de la maladerie du lieu et des hôpitaux de Septfons et de Bruniquel. (Autre arrêt dudit jour et lettres patentes.)

Hôpital de Lauzerte. Union de la maladerie du même lieu. (*Idem.*)

Hôpital de Moissac. Union de la maladerie de cette ville. (*Idem.*)

Hôpital de Montech. Rétablissement de l'hospitalité et union de la maladerie dudit Montech. (*Idem.*)

DIOCÈSE D'AGEN.

Hôpital d'Agen. Union de la maladerie de cette ville. (Arrêt du conseil du 20 juillet 1696 et lettres patentes registrées au Parlement de Bordeaux le 14 février 1697.)

Hôpital de Villeneuve d'Agen. Union des maladeries dudit Villeneuve, de Pujols et de Monflanquin. (Autre arrêt et lettres patentes des mêmes jours.)

Hôpital de Montclar. Union de la maladerie dudit lieu. (Autre arrêt et lettres patentes desdits jours.)

DIOCÈSE DE LECTOURE.

Hôpital de Lectoure. Union de la maladerie de cette ville. (Arrêt du conseil du 31 août 1696 et lettres patentes registrées au Parlement de Toulouse.)

Hôpital de Montfort du Gers. Rétablissement de l'hospitalité. (Autre arrêt et lettres patentes des mêmes jours.)

DIOCÈSE DE CONDOM.

Hôpital de Condom. Union de la maladerie de Nérac. (Arrêt du 2 mars 1696 et lettres patentes registrées au Parlement de Bordeaux le 14 février 1697.)

DIOCÈSE D'AUCH.

Hôpital d'Auch. Union de l'hôpital de Sentes et chapelle de Sainte-Quitterie en dépendant, ainsi que des hôpitaux de Pavie, de Castelnau-Magnoac, de Castelnau-Barbarens, de Masseube et de Montaut. (Arrêt du conseil du 30 septembre 1695 et lettres patentes registrées au Parlement de Toulouse.)

Hôpital de Saint-Jacques de Fleurance. Rétablissement de l'hospitalité et union des biens de l'hôpital Saint-Pierre dudit lieu. (Autre arrêt du même jour et lettres patentes.)

Hôpital de Riscle. Rétablissement de l'hospitalité et union des biens de l'hôpital de Lupiac. (Autre arrêt du même jour et lettres patentes registrées au Parlement de Toulouse.)

Hôpital de Vic-Fézensac. Rétablissement de l'hospitalité. (*Idem.*)

Hôpital de Marciac. Rétablissement de l'hospitalité. (*Idem.*)

DIOCÈSE DE LESCAR.

Hôpital de Pau. Union des biens des hôpitaux d'Orion et de Saint-Loup de Départ. (Arrêt du conseil du 20 juin 1698.)

Hôpital de Lescar. Union de la maladerie de cette ville. (Autre arrêt du même jour.)

DIOCÈSE D'AIRE.

Hôpital à établir à Mont-de-Marsan auquel seront unis les biens de l'hôpital ou commanderie de Bessault. (Arrêt du conseil du 19 août 1695.)

DIOCÈSE DE BAZAS.

Hôpital de Bazas. Union de la commanderie et hôpital de Baulac. (Arrêt du conseil du 16 décembre 1695 et lettres patentes registrées au Parlement de Bordeaux.)

DIOCÈSE DE BORDEAUX.

Hôpital de Libourne. Rétablissement de l'hospitalité. (Arrêt du conseil du 18 novembre 1695 et lettres patentes registrées au Parlement de Bordeaux le 8 janvier 1697.)

Hôpital de Saint-André de Bordeaux. Union des biens de l'hôpital de Saint-Julien de Bordeaux, du tiers des revenus de l'hôpital de Saint-Seurin de ladite ville, autrement dit d'Andernos. (Autre arrêt du même jour et lettres patentes.)

DIOCÈSE DE SARLAT.

Hôpital de Sarlat. Union de la maladerie de Beaumont. (Arrêt du conseil du 24 février 1696 et lettres patentes registrées au Parlement de Bordeaux le 14 février 1697.)

DIOCÈSE DE LUÇON.

Hôpital de Luçon. Union des aumôneries de Mareuil, de La Chaize et de Sainte-Hermine. (Arrêt du conseil du 21 janvier 1695.)

Hôpital de Montaigu à établir en cette ville avec l'union de l'aumônerie. (Autre arrêt du même jour et lettres patentes registrées au Parlement de Paris le 14 mai 1696.)

DIOCÈSE DE PÉRIGUEUX.

Hôpital de Périgueux. Union des maladeries de Périgueux, de Bruzac (Bussac?), de La Roche-Beaucourt et de Milhac de Nontron. (Arrêt du conseil du 20 juillet 1696 et lettres patentes registrées au Parlement de Bordeaux le 17 novembre suivant.)

Hôpital de Bergerac. Union de la maladerie de cette ville. (Autre arrêt et lettres patentes des mêmes jours.)

DIOCÈSE D'ANGOULÊME.

Hôpital d'Angoulême. Union des aumôneries de Saint-Augustin et de Saint-Jacques de Lhommeau, près d'Angoulême, ainsi que des maladeries de l'Isle-d'Espagnac, autrement dit des Mérigots, près d'Angoulême, de Châteauneuf, de Montignac et de l'hôpital de Montbron. (Arrêt du conseil du 2 septembre 1695 et lettres patentes.)

Hôpital de La Rochefoucauld. Union de l'aumônerie de cette ville. (Autre arrêt du même jour.)

DIOCÈSE DE SAINTES.

Hôpital de Saintes. Union de la maladerie et de l'aumônerie de Saint-Eutrope de Saintes, ainsi que des maladeries de Jonzac et de Pons. (Arrêt du conseil du 30 septembre 1695 et lettres patentes registrées au Parlement de Bordeaux le 15 décembre 1696.)

Hôpital à établir à Saint-Jean-d'Angély avec l'union des biens de l'aumônerie de Saint-Jean de Lussau, située dans ladite ville, des maladeries de Saint-Jean-d'Angély, de Mathá et de la Tour-Blanche, ainsi que des aumôneries de Frontenay-Labatu et de Saint-Hilaire de Loulay. (Arrêt du 2 septembre 1695 et lettres patentes registrées au Parlement de Bordeaux le 15 décembre 1696.)

Hôpital de Cognac. Union de la maladerie de cette ville. (Autre arrêt du 30 septembre 1695.)

DIOCÈSE DE LIMOGES.

Hôpital de Confolens. Union de la maladerie dudit lieu. (Arrêt du conseil du 2 septembre 1695 et lettres patentes registrées au Parlement de Bordeaux le 15 décembre 1696.)

Hôpital d'Aixe. Union de la maladerie d'Aixe. (Autre arrêt du même jour et lettres patentes.)

Hôpital de Saint-Junien. Union de la maladerie dudit Saint-Junien. (Autre arrêt du même jour.)

Hôpital de Saint-Léonard. Union de la maladerie dudit lieu. (*Idem.*)

Hôpital de Magnac. Union d'un autre hôpital du même lieu dont jouissait l'ordre de Saint-Lazare. (Autre arrêt du 2 septembre 1695 et lettres patentes registrées au Parlement de Bordeaux le 15 décembre 1696.)

Hôpital de Chalus. Union de la maladerie de Chalus et d'un autre hôpital du même lieu ayant appartenu à l'ordre de Saint-Lazare. (Autre arrêt du même jour et lettres patentes registrées au Parlement de Bordeaux le 8 janvier 1697.)

Hôpital de Limoges. Jouissance d'une rente annuelle de 150 livres dont sera chargée l'abbesse de l'abbaye de La Règle au lieu des pensions et rentes qui se payaient anciennement aux lépreux par ladite abbesse. (Autre arrêt du même jour et lettres patentes registrées au Parlement de Bordeaux le 15 décembre 1696.)

DIOCÈSE DE POITIERS.

Hôpital de Saint-Maixent. Union de la maladerie de la même ville, de l'aumônerie et chapelle de la Villedieu du Pont-de-Vaux, paroisse de Breloux, ainsi que des aumôneries de Saint-Léger de Melle, du Puyherbaut, d'Exoudun et de Saint-Christophe-sur-Roc. (Arrêt du conseil du 14 janvier 1695 et lettres patentes registrées au Parlement de Paris le 19 juillet 1696.)

Hôpital général de Niort. Union des maladeries de Niort et de Chef-Boutonne. (Autre arrêt et lettres patentes des mêmes jours.)

Hôtel-Dieu de Parthenay. Union de la maladerie et chapelle de Sainte-Catherine de Parthenay et de l'aumônerie de Gougé. (Autre arrêt du même jour et lettres patentes registrées au Parlement de Paris le 10 juillet 1696.)

Hôpital du prieuré de Saint-Michel de Thouars. Union de la maladerie dudit Thouars. (*Idem.*)

Hôpital à établir à Chauvigny avec l'union de la maladerie et de l'aumônerie dudit lieu, de l'aumônerie de Cellevescaut (Celle-Levécault) et de la maladerie de Morthemer avec l'huillerie sise audit Morthemer dépendant de l'aumônerie de Lusignan. (Arrêt du 21 janvier 1695 et lettres patentes registrées au Parlement de Paris le 10 juillet 1696.)

Hôpital à établir à Lusignan avec l'union d'une partie des biens de la maladerie de cette ville, ainsi que des aumôneries de la Ville-Dieu du Perron, de Couhé, de Vivonne, de Chenay, de Chey, de l'aumônerie et chapelle de Saint-Christophe de Civray, et des aumôneries de Saint-Sauvent et de Saint-Jacques de Coulombiers. (Arrêts des 21 janvier 1695 et 12 décembre 1698 et lettres patentes registrées au Parlement de Paris le 10 juillet 1696.)

Hôpital à établir à Châteaubourdin avec l'union des aumôneries de Châteaubourdin et d'Aslonnes, et de la maladerie de Chandeniers (Champniers?). (Autre arrêt du même jour et lettres patentes registrées au Parlement de Paris le 10 juillet 1696.)

Hôpital général de Poitiers. Union de la maladerie de Saint-Lazare de la même ville, des aumôneries de Saint-Mathurin, de Saint-Jacques de La Vergne et de Sainte-Marthe dans ladite ville, ainsi que de celles de Chasseneuil et de Vendeuvre. (Arrêts des 31 janvier 1695 et 7 février 1698 et lettres patentes registrées au Parlement de Paris le 9 juillet 1696.)

Hôpital à établir à Chizé avec l'union des aumôneries de Saint-Jacques de Coulon, de Chizé, d'Availle, d'Aulnay, de Saint-Léonard de Brioux, de Prahec, et chapelle de Sainte-Catherine en dépendant. (Autre arrêt du 11 février 1695 et lettres patentes registrées au Parlement de Paris le 9 juillet 1696.)

Hôpital de Ruffec. Union de la maladerie et de l'aumônerie de cette ville. (Arrêt du 2 septembre 1695 et lettres patentes registrées au Parlement de Paris le 5 mars 1697.)

Hôpital de Châtellerault. Union de la maladerie de cette ville et de l'aumônerie de Saint-Jacques de Longèves. (Arrêt du 14 septembre 1696 et lettres patentes registrées au Parlement de Paris le 20 mars 1697.)

Hôtel-Dieu de Saint-Jean de Montreuil-Bellay. Rétablissement de l'hospitalité et union de l'aumônerie et de la maladerie de Saint-Éloi, près de ladite ville, et des aumôneries de Passavant et de Cursay. (Arrêt du 20 juin 1698.)

Hôpital de Loudun. Union des maladeries et léproseries de Saint-Marsol et de Curçay, des Trois-Moutiers, de Saint-Vincent de Bretegon (Berthégon) et de la ville et faubourg de Loudun. (Arrêt du 6 août 1700.)

Hôpital de Fors. Par arrêt du conseil du 30 mars 1703 les biens de l'aumônerie et chapelle de Prahec ont été unis à cet hôpital.

DIOCÈSE DE BOURGES.

Hôtel-Dieu de Bourges. Union des hôpitaux de Saint-Julien de Bourges, de Saint-Palais, de Saint-Just, de Satur et Blet, des maladeries de Villequiers, de Châteauneuf-sur-Cher, de Méhun-sur-Yèvre, de Menetou-Salon, de Sancerre, de Dun-le-Roi, de l'hôtel-Dieu et de la maladerie de la chapelle d'Angillon et du quart des revenus de la maladerie de Saint-Lazare de Bourges. (Arrêt du conseil du 10 septembre 1695 et lettres patentes.)

Hôtel-Dieu d'Aubigny. Union des maladeries d'Aubigny, de Saint-Brisson, de Leray et de l'hôpital de Clermont. (Autre arrêt du 10 séptembre 1695.)

Hôtel-Dieu de Sully. Union de la maladerie de Saint-Gondon. (Autre arrêt dudit jour.)

Nota. Au diocèse d'Orléans il a encore été fait union à l'hôtel-Dieu de Sully, des biens de la maladerie de Saint-Thibaut, située à Saint-Père-lez-Sully, par arrêt du conseil du 13 janvier 1696.

Hôtel-Dieu d'Issoudun. Union des maladeries de Saint-Lazare d'Issoudun, de Charost, de La Ferté-Gilbert, de Gracay et de l'hôpital de Genouilly. (Arrêt du 10 septembre 1695 et lettres patentes registrées au Parlement de Paris le 2 avril 1696.)

Hôpital de Vierzon. Union des biens de l'hôpital et de la mala-derie de La Ferté-Imbault et de ceux des maladeries de Meriou, de Gournay et de Menetou-sur-Cher. (Autre arrêt du 10 sep-tembre 1695 et lettres patentes registrées au Parlement de Paris le 31 décembre 1696.)

Hôtel-Dieu de Buzançais. Union de la maladerie de cette ville, de l'hôpital et de la maladerie de Saint-Genou et de l'hôpital de Châtillon-sur-Indre. (Autre arrêt du même jour.)

Hôpital de Bourbon, appelé La Charité. Union de la maladerie de Serilly. (Autres arrêts dudit jour 10 septembre 1695 et du 20 juin 1698.)

Hôpital de Saint-Amand. Union des hôpitaux d'Aynay-le-Château, de Culant, du Châtelet, de la maladerie de Saint-Pierre des Étieux, et des hôpitaux ou maladeries de Charenton et du Pontdix. (Autre arrêt du 10 septembre 1695.)

Hôpital de La Châtre. Union des maladeries de Liniers et de Saint-Sévère, ainsi que de l'hôpital de Mongivray. (Autre arrêt du même jour.)

Hôtel-Dieu de Saint-Aignan. Union des biens de l'hôpital de Luçay. (Arrêt dudit jour et lettres patentes registrées au Parlement de Paris le 31 juillet 1696.)

Nota. Au diocèse d'Orléans il a encore a été fait union à l'hôpital de Saint-Aignan des biens de la maladerie de Noyers et de l'aumônerie dudit Noyers appelée le Porche de Noyers, par arrêt du conseil du 15 avril 1695 et lettres patentes registrées au Parlement de Paris le 17 décembre 1696.)

Hôtel-Dieu de Selle. Union de la maladerie de Villefranche. (Autre arrêt du 10 septembre 1695 et lettres patentes registrées au Parlement de Paris le 3 décembre 1696.)

Hôtel-Dieu de Montluçon. Union de l'hôpital de La Givrette. (Arrêt dudit jour 10 septembre 1695.)

Hôtel-Dieu de Vatan. Union de la maladerie de Saint-Jean de la Marzan, paroisse de Reboursin, près Vatan. (Autre arrrêt du 10 septembre 1695 et lettres patentes registrées au Parlement de Paris le 24 février 1696.)

DIOCÈSE DE CLERMONT-FERRAND.

Hôpital d'Issoire. Union des maladeries d'Urbize, de Crosliau, de Charnat, dite Paredon, et de l'hôpital de Saint-Bonnet-le-Chastel. (Arrêt du conseil du 4 mai 1696 et lettres patentes registrées au Parlement de Paris le 11 mai 1697.)

Hôtel-Dieu de Clermont. Union des maladeries de Durtol et d'Enval, près Vic-le-Comte, et des hôpitaux de Vertaizon et de Saint-Barthélemy de Rochefort. (Autre arrêt du 4 mai 1696 et lettres patentes registrées au Parlement de Paris le 31 août 1697.)

Hôtel-Dieu de Montferrand. Union de la maladerie d'Herbet, près Montferrand. (Autre arrêt du même jour.)

Hôpital d'Aigueperse. Union des biens de l'ancien hôpital Saint-James de ladite ville et de la maladerie de Montpensier, près Aigueperse. (Arrêt du 20 juillet 1696 et lettres patentes registrées au Parlement de Paris le 14 février 1698.)

Hôtel-Dieu de Gannat. Union de la maladerie de Rossignol,

près Menat, et de l'hôpital ou maladerie d'École. (Arrêt du 20 juillet 1696.)

Hôpital de Cusset. Union des biens de la maladerie d'entre Cusset et Vichy. (Arrêt du 11 mai 1697.)

DIOCÈSE DE SAINT-FLOUR.

Hôtel-Dieu de Brioude. Union de la maladerie de La Bajasse. (Arrêt du conseil du 4 mai 1696 et lettres patentes registrées au Parlement de Paris le 5 mars 1697.)

DIOCÈSE DE LYON.

Hôpital de Lyon. Union des maladeries de Vaise et de La Guillotière, des hôpitaux de Brignais, de Talluys (Taluyers?), de Plambeau, et de l'hôpital ou maladerie de la Bresle. (Arrêt du conseil du 13 juillet 1696.)

Hôtel-Dieu de Saint-Étienne. Union de la maladerie de Saint-Julien en Jarret et des hôpitaux de Saint-Héand et de Saint-Sauveur. (Autre arrêt du même jour et lettres patentes registrées au Parlement de Paris le 20 mars 1698.)

Hôpital de Montbrison. Union des biens des hôpitaux de Grezieu, de Sury-le-Comtal, de Saint-Bonnet des Correaux et de la maladerie de Moingt. (Autre arrêt et lettres patentes des mêmes jours.)

Hôpital de Villefranche en Beaujolais. Union de la maladerie de Belleville. (Autre arrêt dudit jour 13 juillet 1696 et lettres patentes.)

Hôtel-Dieu de Beaujeu. Union de la maladerie de la même ville. (Autre arrêt du même jour.)

Hôtel-Dieu de Roanne. Union de la maladerie de Pouilly-sous-Charlieu et des hôpitaux de Villerais et de Saint-Haon. (*Idem.*)

Hôtel-Dieu de Saint-Symphorien-le-Châtel. Union de la maladerie dudit lieu. (Autre arrêt dudit jour 13 juillet 1696 et lettres patentes registrées au Parlement de Grenoble.)

Hôtel-Dieu de Bourgoin. Union de la maladerie de Morestel. (*Idem.*)

Nota. Au diocèse de Vienne il a encore été fait union des biens des hôpitaux de la Verpilière et de Dolomieu, ainsi que des maladeries de Saint-Chef et de Maubec, par arrêt du conseil du 3 août 1696 et lettres patentes registrées au Parlement de Grenoble.

Hôtel-Dieu de Cremieu. Union des biens de l'hôpital de Cherni (?) (Autre arrêt du 13 juillet 1696 et lettres patentes registrées au Parlement de Grenoble.)

Nota. Au diocèse de Vienne il a encore été fait union à l'hôtel-Dieu de Cremieu des maladeries dudit Cremieu et de Quirieu par arrêt du conseil du 3 août 1696 et lettres patentes registrées au Parlement de Grenoble.

Hôtel-Dieu du bourg de Saint-Saphorin. Union de la maladerie d'Heyrieux, de l'hôpital de Solaise et des maladeries ou aumôneries de Sérezin et de Saint-Priest. (Autre arrêt du 13 juillet 1696 et lettres patentes registrées au Parlement de Grenoble.)

DIOCÈSE DE CHALON-SUR-SAONE.

Hôpital de Tournus. Union des hôpitaux de Cuisery, de Bauge, de Mervant et des maladeries de Plantequitte et de Santilly. (Arrêt du conseil du 25 mai 1696 et lettres patentes registrées au Parlement de Dijon le 6 septembre 1697.)

Hôpital de Châlon-sur-Saône. Union de l'hôpital de Saint-Éloi et de Sainte-Madeleine de Rully et de la maison-Dieu de Givry. (Autre arrêt dudit jour et lettres patentes registrées au Parlement de Dijon le 27 avril 1697.)

DIOCÈSE DE BELLEY.

Hôtel-Dieu du Pont-de-Beauvoisin. Union de la maladerie ou aumônerie de Saint-Michel de Crolard, située dans le lieu de Vaulserre, et des aumôneries ou hôpitaux de Presssins, de Thuellin et de Corbelin. (Arrêt du conseil du 6 juillet 1696 et lettres patentes registrées au Parlement de Grenoble.)

DIOCÈSE DE VIENNE.

Hôpital de Vienne. Union des biens des hôpitaux de Saint-Martin, du Pont du Rhône, paroisse de Ferréol, et de Sainte-Catherine, paroisse de Saint-Georges, tous situés dans la ville de Vienne, ainsi que des aumôneries de Chomons (Chaumont), d'Essin (Eyzin), de Villette, des hôpitaux de Saint-Georges d'Esperanche, d'Auberrives, des hôpitaux ou aumôneries de Salaise, de Cours, de Cucy au mandement de Seyssuel, et de Meissies au mandement de Pinet. (Arrêt du conseil du 3 août 1696 et lettres patentes registrées au Parlement de Grenoble.)

Hôpital de Beaurepaire. Rétablissement de l'hospitalité et union des maladeries de Beaurepaire, de Bellegarde, de Saint-Sorlin au mandement de Moras, du Petit-Lemps, des hôpitaux d'Anjou, de Monseveroux, des hôpitaux ou aumôneries de Moissieux, de Pommiers, de l'hôpital et de la maladerie de Moras. (Autre arrêt du même jour et lettres patentes registrées au Parlement de Grenoble.)

Hôtel-Dieu de Bourgoin. Union des hôpitaux de la Verpillière et de Dolomieu, ainsi que des maladeries de Saint-Chef et de Maubec. (Autre arrêt dudit jour.)

Nota. Au diocèse de Lyon il a encore été fait union à l'hôpital de Bourgoin des biens de la maladerie de Moristel par arrêt du 13 juillet 1696.

Hôpital de la Côte-Saint-André. Union de la maladerie du lieu de La Frette, de la maladerie d'Ornacieux, et de l'aumônerie du lieu de Lemps. (Autre arrêt du même jour 3 août 1696 et lettres patentes registrées au Parlement de Grenoble.)

Hôpital de Saint-Vallier. Union des hôpitaux de Serves et de Saint-Romans d'Albon, et de la maladerie de Champagne. (*Idem.*)

Hôpital de Sainte-Foy de Romans. Union des maladeries de Saint-Donat et de Beaumont, paroisse de Clerieu, et des biens dont a joui l'ordre de Saint-Lazare dépendants de la maladerie de Romans et du péage de Pisançon. (*Idem.*)

Hôpital de Saint-Marcellin. Union des biens de l'hôpital de

Saint-Lattier, de la maladerie de Saint-Vérand, des hôpitaux ou aumôneries de Saint-Michel et de Saint-Christophe de Montmiral, et des hôpitaux de Chastre (Chatte) et de la Sone. (*Idem.*)

Hôpital de la Tour du Pin. Continuation de l'hospitalité et réintégration dans la possession et jouissance des biens en dépendants et dont a joui l'ordre de Saint-Lazare; union en outre à cet hôpital de la maladerie de cette ville. (*Idem.*)

Confrérie du Saint-Esprit à Vienne. Réintégration de cette confrérie de l'église de Saint-Féréol de Vienne dans la possession des biens dont elle avait été dépossédée par l'ordre de Saint-Lazare. (Autre arrêt dudit jour 3 août 1696.)

Confrérie du Saint-Esprit à Luzinay. Réintégration de cette confrérie de l'église paroissiale dudit lieu dans la possession des biens dont l'ordre de Saint-Lazare l'avait dépossédée. (Autre arrêt du même jour.)

Confrérie du Saint-Esprit à Puisieux. Réintégration de cette confrérie de l'église paroissiale du lieu dans la jouissance des biens dont elle avait été dépossédée par l'ordre de Saint-Lazare. (*Idem.*)

Confrérie du Saint-Esprit à Saint-Rambert. Remise en possession des biens dont l'ordre de Saint-Lazare avait joui en son lieu et place. (*Idem.*)

Confrérie du Saint-Esprit à Tourdan et Revel. Rétablissement en la possession des biens dont l'ordre de Saint-Lazare l'avait dépossédé. (*Idem.*)

Confrérie du Saint-Esprit à Serres. Réintégration de cette confrérie dans la jouissance des biens qui lui avaient appartenu et dont l'ordre de Saint-Lazare avait eu la jouissance. (*Idem.*)

Confrérie du Saint-Esprit à Saint-Hilaire. Remise en possession des biens dont l'ordre de Saint-Lazare l'avait dépossédée. (*Idem.*)

Confrérie du Saint-Esprit à Brézins. Réintégration en possession des biens dont l'ordre de Saint-Lazare jouissait en son lieu et place. (*Idem.*)

DIOCÈSE DE GRENOBLE.

Hôpital de Grenoble. Union de la maladerie de Gièvres et des hôpitaux de Domène et de Vif. (Arrêt du conseil du 13 juillet 1696 et lettres patentes registrées au Parlement de Grenoble.)

Hôpital d'Allevard. Rétablissement de l'hospitalité et union de la maladerie du lieu. (Autre arrêt du même jour et lettres patentes.)

Hôpital de Goncelin. Union de l'hôpital et de la maladerie de Touvet, des hôpitaux de la Terrasse et de Theys, de la maladerie de Moretel et des hôpitaux ou maladeries de la Buissière et de Corbonne, paroisse de Saint-Ismier. (*Idem.*)

Hôpital de la Mure. Union de la maladerie du lieu. (*Idem.*)

Hôpital de la Grave. Union de la maladerie de Mont-de-Lans. (*Idem.*)

Hôpital de Voreppe. Union de la maladerie de cette ville et des hôpitaux et maladeries de Moirans et de Sainte-Madeleine de Voiron. (*Idem.*)

Hôpital de Tullins. Union des maladeries de Fure, paroisse de Tullins, de la Gresse, de Chantesse, et des hôpitaux de Vinay et de Poliénas. (*Idem.*)

DIOCÈSE DE VALENCE.

Hôtel-Dieu de Valence. Union des hôpitaux de Mirmande, d'Allex, d'Alixan, de Chabeuil, de Livron, de Chabrillan, et des maladeries ou hôpitaux de Marsanne, de Granne, de Loriol, de Montelier, de Beaumont et La Baume d'Autun (d'Hostun), autrement dit de Saint-Nazaire. (Arrêt du conseil du 13 juillet 1696 et lettres patentes registrées au Parlement de Grenoble.)

Hôtel-Dieu de Montélimart. Union de la maladerie de cette ville et des hôpitaux de Savasse, de Saint-Marcel-lez-Sauzet et de Poët-Laval. (Autre arrêt du même jour et lettres patentes.)

Hôtel-Dieu d'Étoile. Union de la maladerie du lieu et de l'hôpital de la Vache. (Autre arrêt du même jour et lettres patentes.)

DIOCÈSE DE VIVIERS.

Hôpital ou commanderie de Largentière. Rétablissement de l'hospitalité. (Arrêt du conseil du 17 février 1696 et lettres patentes registrées au Parlement de Toulouse.)

Hôpital de la Voulte. Union des maladeries de la Voulte et de Beauchastel. (Autre arrêt du même jour et lettres patentes.)

Hôpital du Pouzin. Union de la maladerie dudit lieu. (*Idem.*)

Hôpital de Privas. Union des maladeries de Privas et de Tournon, près Privas. (*Idem.*)

Hôpital du Bourg Saint-Andéol. Union de la maladerie dudit Bourg. (*Idem.*)

Confrérie de Donzère. Elle a été maintenue en la possession de ses biens et déchargée d'une rente annuelle de dix livres qu'elle payait à l'ordre de Saint-Lazare. (Autre arrêt dudit jour 17 février 1696 et lettres patentes registrées au Parlement de Toulouse.)

DIOCÈSE DE SAINT-PAUL-TROIS-CHATEAUX.

Hôpital de Saint-Paul-Trois-Châteaux. Union de la maladerie de cette ville. (Arrêt du conseil du 20 juillet 1696 et lettres patentes registrées au Parlement de Grenoble.

Hôtel-Dieu de Donzère. Maintien et continuation de l'hospitalité avec décharge des vingt livres de rente ou de pension que cet hôpital devait à l'ordre de Saint-Lazaze. (Autre arrêt du même jour et lettres patentes.)

DIOCÈSE DE DIÉ.

Hôtel-Dieu de Crest. Union de la maladerie de cette ville. (Arrêt du conseil du 20 juillet 1696 et lettres patentes registrées au Parlement de Grenoble.)

Hôtel-Dieu de Dié. Union des biens de la maladerie et de l'hôpital ou confrérie hospitalière de Saint-Vincent de Dié, de la maladerie et de l'hôpital de Saillans et de la maison hospitalière de Clesles. (Autre arrêt du même jour et lettres patentes.)

DIOCÈSE D'EMBRUN.

Hôpital de Saint-Jacques du Monêtier de Briançon. Continuation de jouissance des biens en dépendants, ci-devant unis à l'ordre de Saint-Lazare. (Arrêt du conseil du 7 décembre 1696 et lettres patentes.)

Hôpital de la Madeleine du Monêtier de Briançon. Continuation de l'hospitalité et jouissance des biens en dépendants, ci-devant unis à l'ordre de Saint-Lazare. (Autre arrêt du même jour et lettres patentes.)

Hôpital de Briançon. Union des biens de l'hôpital de Queyrières (?). (Autre arrêt du même jour.)

Hôtel-Dieu d'Embrun. Union des hôpitaux de Châteauroux et de la paroisse de Saint-Clément. (Autre arrêt du même jour.)

DIOCÈSE DE GAP.

Hôpital de Volonne. Rétablissement de l'hospitalité et union de la maladerie dudit Volonne. (Arrêt du conseil du 31 août 1696 et lettres patentes registrées au Parlement d'Aix.)

Hôpital de Gap. Union de la maladerie de cette ville et des hôpitaux de Mansale au territoire de Saint-Julien en Champsaur et de Saint-Laurent du Cros. (Autre arrêt du même jour et lettres patentes registrées au Parlement de Grenoble.)

Hôpital de Saint-Bonnet. Continuation de l'hospitalité. (Autre arrêt du même jour.)

Hôpital de Corps. Rétablissement de l'hospitalité et union de la maladerie du lieu. (*Idem.*)

DIOCÈSE DE SISTERON.

Hôpital de Sisteron. Union de la maladerie de cette ville et de l'hôpital de Peyruis. (Arrêt du conseil du 31 août 1696 et lettres patentes.)

Hôpital de Forcalquier. Union de la maladerie de Saint-Lazare de Forcalquier et de l'hôpital de Pierrerue (Perrerue). (Autre arrêt du même jour et lettres patentes registrées au Parlement d'Aix.)

Hôpital de Manosque. Union de la maladerie de Manosque et de l'hôpital de Pierravet (Pierrevert). (Autre arrêt du même jour et lettres patentes.)

DIOCÈSE DE RIEZ.

Hôpital de Riez. Union des biens de la maladerie de cette ville et de l'hôpital de Montmejan (?). (Arrêt du conseil du 31 août 1696 et lettres patentes registrées au Parlement d'Aix.)

Hôpital de Moustiers. Union de la maladerie de ce lieu. (Autre arrêt du même jour et lettres patentes.)

Hôpital de Valensolle. Union des biens de l'hôpital d'Oraison et décharge d'une redevance de 24 livres qu'il payait chaque année à l'ordre de Saint-Lazare. (Autre arrêt du même jour et lettres patentes registrées au Parlement d'Aix.)

Confrérie du Saint-Esprit de Tavernes. Maintien en possession de ses biens et décharge de la rente de 24 livres qu'elle devait chaque année à l'ordre de Saint-Lazare. (Autre arrêt dudit jour 31 août 1696.)

DIOCÈSE DE VAISON.

Hôpital de Nyons. Rétablissement de l'hospitalité. (Arrêt du 6 juillet 1696 et lettres patentes registrées au Parlement de Toulouse.)

DIOCÈSE D'AVIGNON.

Hôpital de Tarascon. Union des biens de la maladerie de Tarascon et des hôpitaux de Graveson, de Noves, de Senas et de Bourbon (Boulbon ?). (Arrêt du conseil du 31 août 1696 et lettres patentes.)

DIOCÈSE D'APT.

Hôpital d'Apt. Union de la maladerie d'Apt, de l'hôpital ou maladerie de Sereste (Cereste), et de l'hôpital de Vachères.

(Arrêt du conseil du 31 août 1696 et lettres patentes registrées au Parlement d'Aix.)

DIOCÈSE D'AIX.

Hôpital d'Aix. Union de la maladerie d'Aix avec sa chapelle. (Arrêt du conseil du 20 juillet 1696 et lettres patentes registrées au Parlement d'Aix.)

Hôpital de Tourves. Union de la maladerie du lieu. (Autre arrêt du même jour et lettres patentes.)

Hôpital de Cabriès. Union de la maladerie et d'un autre hôpital dudit lieu. (*Idem.*)

Hôpital de Trets. Continuation de l'hospitalité et décharge d'une rente de 18 livres que ledit hôpital devait à l'ordre de Saint-Lazare. (*Idem.*)

Hôpital de Saint-Martin de Castillon. Continuation de l'hospitalité et décharge d'une redevance de 36 livres que l'hôpital devait chaque année à l'ordre de Saint-Lazare. (*Idem.*)

Hôpital de Vitrolles. Maintien de l'hospitalité et décharge de cent sols de redevance due annuellement à l'ordre de Saint-Lazare. (*Idem.*)

Hôpital de Besse. Continuation de l'hospitalité et décharge de 33 livres de rente dues chaque année à l'ordre de Saint-Lazare. (*Idem.*)

Hôpital de Brignoles. Réintégration en la possession de ses biens et décharge de 33 livres de loyer qu'il payait à l'ordre de Saint-Lazare. (*Idem.*)

Hôpital de la Tour-d'Aigues. Rétablissement de l'hospitalité. (*Idem.*)

Hôpital ou confrérie du Saint-Esprit de Peyrolles. Maintien en possession de ses biens et revenus et décharge de 10 livres de redevance ou pension annuelle due à l'ordre de Saint-Lazare. (*Idem.*)

Hôpital ou confrérie du Saint-Esprit de Pourcieux. Maintien en possession de ses biens et décharge de 34 livres de rente due audit ordre de Saint-Lazare. (*Idem.*)

Hôpital ou confrérie du Saint-Esprit de Jouques. Continuation de la jouissance de ses biens et revenus et décharge de 30 livres de redevance annuelle due à l'ordre de Saint-Lazare. (*Idem.*)

Hôpital ou confrérie du Saint-Esprit de Grandbois (Grambois?). Maintien en la jouissance de ses propriétés et décharge de la rente annuelle de 175 livres qu'on payait à l'ordre de Saint-Lazare. (*Idem.*).

Aumônerie ou confrérie du Saint-Esprit d'Ansouis. Continuation de jouissance des biens qui lui appartiennent et décharge de la rente de 54 livres qu'elle payait à l'ordre de Saint-Lazare. (*Idem.*)

Hôpital ou confrérie du Saint-Esprit de Pertuis. Maintien en possession des biens dont il jouissait et décharge de la pension annuelle de 50 livres qu'il devait à l'ordre de Saint-Lazare. (*Idem.*)

Hôpital ou confrérie du Saint-Esprit de Rians. Continuation de la jouissance des biens qu'il possédait et exemption de payer la rente de 60 livres qu'il devait chaque année à l'ordre de Saint-Lazare. (*Idem.*)

Hôpital ou confrérie du Saint-Esprit de Rougiers. Réintégration dans la possession de ses biens et d'une redevance de quatre charges de blé à remettre chaque année par la communauté dudit Rougiers. (*Idem.*)

Hôpital de Correns. Remise en jouissance des biens et revenus qui lui appartenaient et décharge de 10 livres de loyer qu'il payait pour lesdits biens chaque année à l'ordre de Saint-Lazare. (*Idem.*)

DIOCÈSE DE MARSEILLE.

Hôtel-Dieu de Marseille. Union de la maladerie et de l'hôpital de Saint-Jacques de cette ville. (Arrêt du conseil du 3 août 1696 et lettres patentes.)

Hôpital de la Penne. Rétablissement de l'hospitalité. (Autre arrêt du même jour et lettres patentes.

Hôpital de La Ciotat. Union de la maladerie de cette ville. (Autre arrêt du même jour et lettres patentes.)

Hôpital de Roquevaire. Rétablissement de l'hospitalité. (*Idem.*)

Hôpital ou confrérie du Saint-Esprit de Signes. Maintien en la jouissance des biens qui en dépendaient et décharge d'une rente de 100 livres payée chaque année à l'ordre de Saint-Lazare. (*Idem.*)

Confrérie du Saint-Esprit de Cuges. Réintégration en la jouissance des biens qui lui appartenaient pour en jouir comme avant le délaissement qui en avait été fait à l'ordre de Saint-Lazare. (*Idem.*)

Hôpital ou confrérie du Saint-Esprit de Cassis. Continuation en la possession et jouissance des biens en dépendants et décharge de 100 livres de redevance ou pension annuelle qu'il payait à l'ordre de Saint-Lazare. (*Idem.*)

Hôpital ou confrérie du Saint-Esprit de la Cadière. Maintien en la jouissance des biens qui en dépendaient et décharge d'une rente de 60 livres payée annuellement à l'ordre de Saint-Lazare. (*Idem.*)

Hôpital ou confrérie du Saint-Esprit du Castellet. Maintien en la possession des biens en dépendants et décharge de 50 livres de rente due à l'ordre de Saint-Lazare. (*Idem.*)

Hôpital ou confrérie du Saint-Esprit du Beausset. Maintien en la possession de ses biens et décharge de 15 livres de rente annuelle due à l'ordre de Saint-Lazare. (*Idem.*)

Hôpital ou confrérie du Saint-Esprit d'Auriol. Réintégration en la possession de ses biens pour en jouir comme avant le délaissement qui en avait été fait à l'ordre de Saint-Lazare. (*Idem.*)

DIOCÈSE DE TOULON.

Hôpital de Solliès. Union de la maladerie dudit lieu. (Arrêt du conseil du 20 juillet 1696 et lettres patentes.)

Hôpital de Toulon. Union du quart des revenus de la maison et hôpital de Saint-Lazare de cette ville. (Autre arrêt du même jour.)

Hôpital d'Hières. Union des biens ci-devant possédés par

l'ordre de Saint-Lazare, d'un autre hôpital et de la maladerie dudit Hières. (*Idem.*)

Hôpital de Cuers. Continuation de l'hospitalité et union de la maladerie de Cuers avec sa chapelle et des autres biens et revenus que possédait au même lieu l'ordre de Saint-Lazare. (*Idem.*)

Hôpital d'Ollioules. Union de la maladerie dudit lieu. (*Idem.*)

DIOCÈSE DE FRÉJUS.

Hôpital de Draguignan. Union de la maladerie de cette ville. (Arrêt du 3 août 1696 et lettres patentes registrées au Parlement d'Aix.)

Hôpital d'Aups. Union de la maladerie dudit lieu. (Autre arrêt du même jour et lettres patentes.)

Hôpital de Lorgnes. Maintien de l'hospitalité, union de la maladerie de Lorgnes et décharge de 41 livres 10 sols de redevance annuelle qu'il payait à l'ordre de Saint-Lazare. (*Idem.*)

Hôpital de Châteaudouble. Continuation de l'hospitalité et décharge d'une rente annuelle de 30 livres au profit de l'ordre de Saint-Lazare. (*Idem.*)

Hôpital de Saint-Raphaël. Continuation de l'hospitalité et décharge d'une redevance de 30 livres chaque année à l'ordre de Saint-Lazare. (*Idem.*)

Hôpital de Flayosc. Continuation de l'hospitalité et décharge d'une rente annuelle de 18 livres qu'il payait à l'ordre de Saint-Lazare. (*Idem.*)

Hôpital de Vidauban. Réintégration en possession des biens qui lui appartenaient et qui avaient été abandonnés à l'ordre de Saint-Lazare. (*Idem.*)

Hôpital de Fréjus. Union des biens de la maladerie de cette ville. (*Idem.*)

Confrérie du Saint-Esprit de Bagnols. Réintégration en jouissance de ses biens qui avaient été donnés à l'ordre de Saint-Lazare. (*Idem.*)

Confrérie du Saint-Esprit des Arcs. Maintien en la possession et jouissance de ses biens et revenus et décharge de 120 livres de redevance annuelle au profit de l'ordre de Saint-Lazare. (*Idem.*)

Confrérie du Saint-Esprit de Callas. Remise en possession de ses biens et revenus et décharge d'un loyer de 90 livres qu'elle payait à l'ordre de Saint-Lazare chaque année. (*Idem.*)

Hôpital et confrérie du Saint-Esprit de Salernes. Réintégration en la possession de ses biens et décharge d'une rente annuelle de 18 livres payée à l'ordre de Saint-Lazare. (*Idem.*)

Hôpital et confrérie du Saint-Esprit de Cabasse. Maintien en la possession de ses biens et décharge de 15 livres de redevance annuelle au profit de l'ordre de Saint-Lazare. (*Idem.*)

Confrérie du Saint-Esprit de Bargemont. Remise en possession de ses biens pour en jouir comme avant le délaissement qui en avait été fait à l'ordre de Saint-Lazare. (*Idem.*)

Confrérie du Saint-Esprit de La Gardefreinet. Remise en possession de ses biens et revenus pour en jouir comme avant l'abandon qui en avait été fait à l'ordre de Saint-Lazare. (*Idem.*)

Confrérie du Saint-Esprit du Muy. Remise également en la possession de ses biens qui avaient été donnés à l'ordre de Saint-Lazare. (*Idem.*)

DIOCÈSE DE GRASSE.

Hôpital de Grasse. Union de la maladerie de cette ville. (Arrêt du conseil du 31 août 1696 et lettres patentes registrées au Parlement d'Aix.)

Hôpital de Cannes. Union de la maladerie de ladite ville. (Autre arrêt du même jour.)

Confrérie du Saint-Esprit de Saint-Vallier. Remise en possession de ses biens pour en jouir comme avant le délaissement qui en avait été fait à l'ordre de Saint-Lazare. (*Idem.*)

Confrérie du Saint-Esprit d'Antibes. Continuation d'hospitalité et exemption de payer annuellement une rente de 100 livres à l'ordre de Saint-Lazare. (*Idem.*)

Nous venons de donner l'état général des biens des ordres de Saint-Lazare et de Notre-Dame du Mont-Carmel qui furent réunis aux hôpitaux, hôtels-Dieu ou autres institutions charitables ; nous le compléterons en y ajoutant plusieurs changements ou annexions nouvelles qui eurent lieu au commencement du xviii° siècle. Les voici :

Diocèse de Beauvais. Union à l'hôtel-Dieu de Saint-Just des biens de la maladerie de La Neuville-le-Roi précédemment unis à l'hôpital général de Clermont en Beauvaisis. (Arrêt du conseil du 19 juin 1705.)

Diocèse de Bourges. Union de la chapelle de Saint-Lazare située en la paroisse de Bourbon-l'Archambault à l'hôpital des Bains dudit Bourbon. (Arrêt du 12 juin 1705.)

Diocèse de Cambrai. Union de la maladerie de Valenciennes à l'aumône générale de cette ville. (Arrêt du 19 juin 1705.)

Diocèse de Lyon. Rétablissement d'hospitalité dans la ville de Cuiseaux en Bourgogne, en la maison destinée à cet effet par le sieur Jeannin, laquelle demeurera réunie à l'ancien hôpital de ladite ville. (Arrêt du 12 juin 1705.)

Diocèse de Rouen. Union à l'hôpital de Vetheuil des biens de la maladerie dudit lieu, ci-devant réunis à l'hôpital des religieuses hospitalières de la ville de Mantes. (Arrêt du 19 juin 1705.)

Diocèse de Tours. Union à l'hôtel-Dieu de Tours de la maladerie et chapelle de Saint-Lazare de Crouzilles, près l'Isle-Bouchard, précédemment réunie à l'hôpital de ladite Isle-Bouchard. (Arrêt du 13 mars 1705.)

E. MANNIER.

ANCIENNES REMARQUES

DE LA

NOBLESSE BEAUVAISINE

PAR

P. LOUVET

(*Suite* *).

P.

PAILLART. — Renard de Paillart, 1207. (Titres de Wariville.)

Bernard de Paillart, chevalier ; Bernard et Jean, ses fils, seigneurs à Marseilles, 1240. (Titres de Saint-Lucien.)

Waultier de Paillart, chevalier, 1217. (Titres de Saint-Lucien.)

Pierre de Paillart, chevalier, 1220. (Titres de Wariville.)

Josse Paillart, seigneur de Soqueuse-les-Bernards. (Dénombrement de Gerberoy.)

Charles de Paillart, écuyer, seigneur de Chocqueuses et de Cent-Puits, 1539. (Coutume de Clermont.)

Messire Jehan de Paillart, chevalier, seigneur de Soqueuses et de Fay, capitaine de Beauvais, 1567. (Coutume d'Amiens.)

PARCEN. — Hugues de Parcen, chevalier, 1200. (Titres de Lannoy.)

PARENT. — Pierre Parent, seigneur de Chastillon (Catillon), 1539. (Coutume de Clermont-sur-Oise.)

* Voir Janvier et Février 1879, page 1.

PARIS. — Bauldoin de Paris, chevalier, seigneur à Clamart, 1203. (Titres de Saint-Paul-les-Beauvais.)

Cristofle de Paris, écuyer, seigneur de Boissy-le-Chasteau, 1539. (Coutume de Senlis.)

PASTURES. — Gérard de Pastures (*de Pascuis*), chevalier, seigneur de Villaines, 1206. (Titres de Lannoy.)

PATAIE. — Guillaume Pataie, seigneur de La Lande, 1066.

PAUL (SAINT-). — Jean de Saint-Paul, 1153.

PAURES OU PRAURES. — Jean de Praures, chevalier ; Girard et Michel, ses frères, 1222. (Dénombrement du comté de Beauvais.)

PAUVRE (LE). — Névelon Le Pauvre, seigneur à Thoiri. — Simon Le Pauvre, chevalier, seigneur à Thoiri, 1190. (Titres de Lannoy.)

PAYEN. — Guillaume de Payen, chevalier, seigneur de *Vicenoba*, 1305. (Lettres du comté de Beauvais.)

Hugues de Payen et Godefroid de Saint-Omer instituèrent l'ordre des chevaliers du Temple de Jérusalem, 1127.

PELLEVÉ. — Charles Pellevé, seigneur de Jouy, 1539. (Coutume de Senlis.)

PERCHAY. — Jehan de Perchay, chevalier de messire Philippe de Courcelles, 1282. (Titres de Saint-Germer.)

PERRIN. — Jacques Perrin, écuyer, seigneur de Druveuil-sous-Moliens.

PEVRELLE. — Raoul Pevrelle, chevalier. (Titres de l'église de Beauvais.)

PICCARD. — Pierre, dit Piccard, écuyer, seigneur à La Lande, 1263. (Titres de Saint-Germer.)

PIERRE-ÈS-CHAMPS (SAINT-). — Raoul de Saint-Pierre-ès-Champs, chevalier, 1244. (Titres de Saint-Germer.)

Gautier de Saint-Pierre-ès-Champs, écuyer, 1263. (Titres de Saint-Germer.)

PIERREFITE. — Messire Philippe de Pierréfite, mort au siége de Poitiers.

PIERREFONDS. — Nivelon de Pierrefonds (*de Petroforte*), 1080. (Titres de Saint-Quentin-lès-Beauvais.)

PILLAVOINE. — Guillaume de Pillavoine, écuyer, vicomte d'Aumale, 1480. (Titres de Saint-Germer.)

PILLOIS. — Messire Nicolas Pillois, chevalier, seigneur d'Ableiges, 1539. (Coutume de Senlis.)

PIMONT. — Charles et Christophle de Pimont, écuyers, seigneurs du Mont, 1550. (Titres de Saint-Paul-lès-Beauvais.)

PINCHONE. — *Hugo Pencœna*, 1130. (Titres de l'église de Beauvais.)

Mathieu de Pinchones, de Bugles, écuyer, 1200. (Titres de Beaupré.)

PIQUEGNY. — Gui de Picquegny (*de Piconio*), chevalier.

Henry de Pikegny, chevalier, seigneur de Wardon, 1297. (Titres de Saint-Lucien.)

Jehan de Pikegny, ayant la garde de Jehan de Milly, 1363.

Regnault de Picquegny, chevalier, seigneur du tiers de Milly, 1410. (Dénombrement de Milly.)

Robert de Piquegny, écuyer, seigneur d'Achy, 1454. (Dénombrement du comté de Beauvais.)

Robinet de Pikegny, écuyer, tenoit fief à Caigny.

Marie de Piquegny, dame de Hangest. (Dénombrement de Gerberoy.)

PISSELEU. — Nicolas de Pisseleu, Denys, son frère, Alelimas de Pisseleu vendirent xx sols de rente annuelle à l'église de Gerberoy, 1215.

Jean de Pisseleu, chevalier, seigneur temporel du lieu, village et territoire de Pisseleu-au-Bois, diocèse de Beauvais, poursuit l'érection de l'église de Pisseleu, 1487.

PLACE (LA). — Pierre *de Placeto*, chevalier, 1190. (Titres de Saint-Quentin-lès-Beauvais.)

Gautier de La Place, 1108. (Titres de l'église de Beauvais.)

Antoine de La Place, écuyer, seigneur d'Euri et Fresnoy. (Dénombrement de Gerberoy.)

PLAINVAL. — Baudouin, damoiseau de Plainval, 1250. (Titres de Saint-Just-en-Chaussée.)

Gautier et Jacques, fils, de Plainval, chevaliers, 1233. (Titres de Saint-Just-en-Chaussée.)

PLANCHE (LA). — Messire Renault de La Planche, chevalier, 1295. (Titres de Saint-Lucien.)

PLESSYS (Du). — Grimoult du Plessys, extrait du lignage de Gannelon. (*Hist. de Normandie.*)

Jean du Plessis, chevalier, 1223. (Titres de Saint-Paul-les-Beauvais.)

Jean du Plessis, chevalier, Ancel, son fils, seigneurs des dîmes de Hargicourt, 1223. (Titres de Penthémont.)

Jean du Plessis, écuyer, seigneur de Soines ; Jeanne de Corbie, sa femme.

Guillaume du Plessis, seigneur de Liancourt, 1539. (Coutume de Clermont.)

PLOUIS. — Mathieu de Pleiz, Girard et Arnoul, ses fils, 1164. (Titres de Lannoy.)

Hugues et Girard de Pleiz, 1164. (Titres de Lannoy.)

Girard et Arnoul, fils de Mathieu de Ploeis, 1165. (Titres de Lannoy.)

Pierre du Plouis, seigneur du lieu, chevalier, 1260. (Titres de Beaupré.)

POLHOY. — Arnoul de Polhoy, chevalier, 1223. (Titres de Beaupré.)

Thomas de Polhoy, seigneur à Feuquières, chevalier, 1358. (Titres de Beaupré.)

POILVERT. — Jehan Poilvert, écuyer. (Dénombrement de Gerberoy.)

POIX. — Burgade de Poix, sa femme Hélisende, 1146. (Titres de Lannoy.)

Wernon de Poix ; Robert, vicomte de Poix, fils de Wernon, 1146. (Titres de Lannoy.)

Vermond de Poix ; sa femme Sibille ; Hugues, Marguerite, Cécile, Richelde, ses enfants, 1174. (Titres de Lannoy.)

Waultier de Poix ; Étienne, son fils, 1150. (Titres de Lannoy.)

Jehan de Poix, écuyer, avait fief à Frestoy, 1338. (Titres de l'église de Beauvais.)

Messire Jehan de Poix, chevalier, 1417. (Monstrelet.)

Messire Jehan de Poix, chevalier, seigneur de Sechelles, Cuilli et Paielles-les-Courcelles, prévôté de Montdidier, 1567. (Coutume de Mondidier.)

Poli. — Renault Poli, chevalier, 1367. (Titres de Saint-Lucien.)

Messire Jehan Poli tient fief à Lihus, 1454. (Dénombrement du comté de Beauvais.)

Pommereux. — Jean de Pommereux, chevalier, seigneur du lieu, 1240. (Titres de Saint-Paul-les-Beauvais.)

Ponceaux. — Messire Louis de Ponceaux, seigneur de Montreuil, 1410.

Ponhiers. — Jean Ponhiers, chevalier ; Gaultier, son oncle, chevalier ; Hugues et Pierre, ses fils, 1210. (Titres de l'église de Beauvais.)

Pontalier. — Louis de Pontalier, écuyer, seigneur de Balagni, 1539. (Coutume de Senlis.)

Pontieu. — Gui, comte de Pontieu, prit la croix, 1165. (Aimoin.)

Portier. — Jugeran Portier, seigneur de Maregny, 1235. (Titres de Saint-Germer.)

Pothier. — Renault Pothier, écuyer, avait un fief à Verderel, 1348. (Lettres du comté de Beauvais.)
René Pothier, évêque de Beauvais, 1594.

Poulain. — Jehan Poulain, écuyer, seigneur de Sally, 1539. (Coutume de Senlis.)
Jacques Poulain, écuyer, seigneur de Groslay, 1539. (Coutume de Senlis.)

Prat. — Arnoul du Prat, chevalier, 1229. (Titres de Saint-Lucien.)
Eustache du Prat, Mathilde de Sonjons, sa femme, 1242.
Messire Antoine du Prat, chevalier, seigneur de Nantouillet, 1539. (Coutume de Senlis.)
Messire Antoine du Prat, seigneur et baron de Triel et de Formerie, 1567. (Coutume d'Amiens.)

PRÉAUX. — Ursion de Préaux, 1080. (Titres de l'église de Beauvais.)

Guillaume et Pierre de Préaux, écuyers, 1200. (Dumoulin, *Histoire de Normandie*.)

Raoul de Préaux ; Béatrix, sa mère ; Jean, Guillaume, Pierre et Drogon, ses frères, 1204. (Titres de Lannoy.)

Raoul de Préaux, seigneur de Raineval, chevalier, 1278. (Titres de Saint-Quentin-lès-Beauvais.)

PRÉCI. — Guillaume de Préci, chevalier, 1361. (Titres de Saint-Germer.)

PROMMEROY. — Roque de Prommeroy, chevalier, 1277. (Titres de Saint-Germer.)

PROUVILLE. — Louis, François et Maximilien de Prouville, écuyers, seigneurs de Harponlieu, Berlières, Cateraine, 1567. (Coutume d'Amiens.)

PUIS. — Eude du Puis, Manassès, son fils aîné, Renauld, son frère, 1187. (Titres de Wariville.)

Pierre du Puis, écuyer, seigneur du Lis, 1300. (Titres de Wariville.)

Q

QUENTIN (SAINT-). — Gilbert, dit comte de Saint-Quentin ; Pierre, dit comte de Saint-Quentin, son frère, 1253. (Titres de l'église de Beauvais.)

Messire Barthelmi de Saint-Quentin, chevalier, 1263. (Titres de Saint-Lucien.)

QUESNES (DES). — Robert de Kesnes, Pierre et Gervais, ses fils, vendit à l'église de Gerberoy quatre parts de la dîme de Brucourt, 1211.

Guillaume des Quennes, vicomte de Poix.

Messire Robert des Quennes, vicomte de Poix, 1360.

Robert des Quennes, abbé de Saint-Lucien, 1400.

R

RAMBURES. — Messire Philippe de Rambures, chevalier, seigneur de Dompierre, Villeroi et Camberon, 1567. (Coutume d'Amiens.)

RAVENEL. — Jean, fils de Gosson de Ravenel, chevalier, 1250. (Titres de Saint-Germer.)

Anthoine de Ravenel, seigneur de Rantigni, Fouilleuze et Buri, 1539. (Coutume de Clermont.)

Messire Claude de Ravenel, chevalier, seigneur de Rantigny, 1567. (Coutume de Montdidier.)

REMLÉ. — Guy de Remlé, ses fils Segallon et Hugues, 1180. (Titres de Lannoy.)

Jean de Remlé, chevalier, seigneur du lieu, 1233. (Titres de l'église de Beauvais.)

Jehan de Remlé, chevalier en 1258.

REILLY. — Gaultier de Resli (*Reslii*), 1172. (Titres de Saint-Germer.)

Jehan de Reilly, écuyer, 1305. (Titres de Saint-Germer.)

Pierre de Reilly, écuyer, demeurant à Hardeville, 1328. (Titres de Saint-Germer.)

Messire Morel de Reilly, chevalier, 1391. (Froissard.)

REMI (SAINT-). — Robert de Saint-Remi, chevalier, obtint de Robert, duc de Normandie, pour sa vertu, les seigneuries de Colombières, de Longueville, du Val-sur-Epte et de La Carbonnière.

Raoul de Saint-Remi, seigneur du lieu et de Quinquempoix, 1279. (Titres de Saint-Just-en-Chaussée.)

Adrian de Saint-Remi, écuyer, seigneur de Courcelles-la-Ranson. (Dénombrement de Gerberoy.)

RENEL. — Geoffroi Renel, chevalier, défunt, 1269. (Titres de Saint-Germer.)

RICARVILLE. — Guillaume de Ricarville, écuyer, tenait fief à Canni. (Dénombrement de Gerberoy.)

RIENCOURT. — Ursion de Riencourt, chevalier, 1220. (Titres de Saint-Germer.)

Hugues de Riencourt, écuyer, seigneur de Saint-Léger et de Franqueville, 1567. (Coutume d'Amiens.)

RIMAU (SAINT-). — Pierre de Saint-Rimau (*de Sancto-Rimoldo*), 1193. (Titres de Saint-Quentin-les-Beauvais.)

RIVERY. — Pierre de Rivery, 1140. (Titres de Lannoy.)

Jehan de Riveri, écuyer, seigneur de Monstreuil, fils aisné de Philippe Riveri, écuyer, et de Agnès Le Goix, sa femme, 1505. (Titres de Saint-Paul-les-Beauvais.)

Messire Jehan de Riveri, chevalier, seigneur du lieu et de Villers-Brethonneux.

Jacques de Riveri, écuyer, tenoit fief à Mont-sous-Saint-Paul. (Dénombrement de Gerberoy.)

Philippe de Rivery, écuyer. (Dénombrement de Gerberoy.)

RIVIÈRE (LA). — Adrian de La Rivière, seigneur de Chepy, 1567. (Coutume d'Amiens.)

ROBBES. — Messire Gaspard de Robbes, chevalier du roy d'Espagne, seigneur de Folie-Guérard, prévôté de Montdidier, 1567. (Coutume de Montdidier.)

ROCHE (LA). — Gui de La Roche, chevalier, 1106. (Dumoulin, *Histoire de Normandie.*)

ROCHECHOUARD. — Rachide de Rochechouard, du temps de Louis, empereur, roi des Francs.

Ebard de Rochechouard, du temps de Pépin.

ROCHEFORT. — Guy de Rochefort, oncle de Gui Tousel, se croisa sous Philippe Ier. (Suger.)

Pierre de Rochefort, fils de Claude, connestable, fut fait mareschal de France en 1430.

Guillaume de Rochefort, chancelier de France, 1496.

Guy de Rochefort, chevalier, 1498.

ROHAULT. — Joachim Rohault, seigneur de Gamaches, chevalier de l'Ordre du Roi, mareschal de France, donna secours à la ville de Beauvais assiégée par le duc de Bourgogne, le 28 juin 1472.

Messire Nicolas Rouhault, chevalier, sire de Gamaches, Bauchen, Acheux, Espinay, 1567. (Coutume d'Amiens.)

Messire Nicolas Rouhault, chevalier de l'Ordre du Roi, seigneur de Gamaches, 1571. (Titres de Saint-Paul-les-Beauvais.)

Rollaincourt. — Marie de Rollaincourt, femme de Jehan de Chastillon, chevalier, sire de Dampierre et de Malaincourt, 1339. (Titres de Saint-Lucien.)

Rolli. — Messire Guy de Rolli, chevalier, tenait fief à Balagny, 1454. (Dénombrement du comté de Beauvais.)

Romain. — Philippe Romain, écuyer, seigneur de Santère et de Fontaines, 1505.

Ronchroi. — Ansold de Ronchroi, chevalier, seigneur du lieu, 1210.

Roncherolles. — Eude de Roncherolles, Lancelin, son frère, Bernier, son oncle, Ansold, son père, seigneur à Briostel, 1164. (Titres de Lannoy.)

Jehan de Roncherolles, frère d'Ansold, seigneur à Moineville, croisé en 1190. (Titres de Lannoy.)

Ansold de Roncherolles, Hersendis, sa femme, 1272. (Titres de l'évêché de Beauvais.)

Eude de Ronquerolles, chevalier ; Jean, Marie, Mathilde, ses enfants, seigneur décimateur des Trois-Estocs, 1209. (Titres de Lannoy.)

Eude de Ronquerolles, Clémence de Crèvecœur, sa femme, seigneur d'Ailly, 1212. (Titres de Beaupré.)

Ansold de Ronquerolles, chevalier, inhumé aux Jacobins de Beauvais, en 1271.

Jean de Ronquerolles, écuyer, 1282. (Titres de Saint-Germer.)

Jehan de Ronquerolles, fils de Clémence, dame de Crèvecœur, 1298. (Titres de Beaupré.)

Noble homme Jehan de Roncherolles, seigneur d'Auneil, 1539. (Coutume de Senlis.)

Messire Philippe de Roncherolles, seigneur châtelain de La Ferté-lez-Saint-Riquier, Caumont, Gneuville et Fontaines, 1560. (Coutume d'Amiens.)

Rosoy. — Arnoul de Rosoy, 1165. (Titres de Saint-Quentin-les-Beauvais.)

Girard et Jean de Rosoy, frères, chevaliers et seigneurs à Honnecourt, 1181. (Titres de Saint-Lucien.)

Raoul de Rosoy, chevalier, 1224. (Titres de Wariville.)

Rotoires. — Hildebert de Rotoires, 1080. (Titres de l'église de Beauvais.)

Ibert de Rotoires, chevalier, 1150. (Titres de Lannoy.)

Jean de Rotoires, chevalier, 1165. (Titres de Lannoy.)

Roussy. — Alain de Roussy, chevalier, 1189. (*Histoire de Normandie.*)

Rouveray, Rouverel, Rouveroy. — Jean de Rouveray, à Bouvines, 1214.

Osbert de Rouvrei, écuyer, 1220. (Titres de Saint-Germer.)

Eustache de Rouverel, seigneur de Malpertuis, écuyer, 1296. (Titres de Saint-Germer.)

Louis de Rouveroy, seigneur de Oisemont, enterré à Compiègne, 1233.

Jehan de Rouveroy, sire de Granville, chevalier, 1304. (Titres de Saint-Lucien.)

Messire Jehan de Rouveroy, chevalier, seigneur à Sandricourt. (Coutume d'Amiens.)

Damoiselle Claude de Rouvroy, dame de Buissy-les-Dours et de La Houssaye. (Coutume d'Amiens.)

René de Rouvroy, écuyer, seigneur de Wavignies, tuteur des enfants de Jehan de Courcelles, écuyer. (Coutume d'Amiens.)

Robert de Rouveroy, écuyer, seigneur du Puis, Wavignies, Ansovillers et La Vallée.

Breton de Rouveroy, son frère, grand hospitalier, commandeur de Fontaines ; Claude, son autre frère, commandeur de Chanteraine, 1523.

Rouviller. — Manassès de Rouviller, écuyer, 1367. (Titres de Saint-Germer.)

Roux (Le). — Messire Robert Le Roux, chevalier, 1417. (Monstrelet.)

Roy. — Gervais de Roy ou Rei (*de Reyo*), 1145. (Titres de Lannoy.)

Beuzon de Rei ; Judith, sa femme ; Gervais et Roger, ses fils, 1160. (Titres de Lannoy.)

Gervais, fils de Beuzion de Rei, 1174. (Titres de Lannoy.)

Regnauld de Roy, chevalier, 1240 (Titres de Saint-Lucien),

donna la terre de Roy au chapitre de Beauvais, 1256. (Titres de l'église de Beauvais.)

Damoiselle Mahaut de Roy, femme de Philippe Coipeaux de Sayons, écuyer, 1290. (Titres de Saint-Lucien.)

Andrieu de Roy, écuyer, seigneur de Huville, 1567. (Coutume d'Amiens.)

Roye. — Barthélemy de Roye, 1214. (Rigord.)

Mathieu de Roye, mareschal de France, 1287.

Messire Jehan de Roye, baron du lieu, 1373. (Froissard.)

Messire Renault de Roye, chevalier et chambellan du roi ; Élisabeth de Ferrières, sa femme ; Jehan de Roye, leur fils mineur, affranchit les habitants de Milly, 1400.

Gilles de Roye, mareschal, 1448.

Messire Charles de Roye, chevalier, comte de Roussy, seigneur de Roye, Breteuil, Maret et Conti, 1539. (Coutume de Clermont.)

Messire Guy de Roye, seigneur du fief des cuirs de Beauvais. (Dénombrement du comté de Beauvais.)

Rue (La). — Jehan de La Rue, écuyer, seigneur de Bernapré. (Coutume d'Amiens.)

Rueil. — Pierre de Rueil, 1164. (Titres de Lannoy.)

Waultier, chevalier de Rueil, 1197. (Titres de l'église de Beauvais.)

Baudouin, fils de Hugues de Rueil, chevalier, 1217.

S

Sailly. — Simon, chevalier de Sailly (de Salio), 1157. (Titres de Saint-Lucien.)

Messire Jehan de Sailly, seigneur dudit lieu et de Riencourt, prévosté de Péronne, 1567. (Coutume de Montdidier.)

Sains. — Raoul, seigneur de Sains (de Sanctis), chevalier, 1200. (Titres de Saint-Germer.)

Damoiselle Marie de Sains, 1266. (Titres de Beaupré.)

Gérald de Sains, chevalier. (Titres de Saint-Lucien.)

Messire Gérard de Sains, chevalier, devoit un mois d'estage au vidame de Gerberoy, 1276. (Titres de l'évêché de Beauvais.)

Raoul de Sains, chevalier, 1295. (Titres de Saint-Germer.)

Gairard de Sains, chevalier, 1319. (Titres de Saint-Germer.)

Jehan de Sains, seigneur de Caigny, chevalier, 1367. (Titres de Saint-Lucien.)

Messire Jehan de Sains, chevalier, avoit fief à Caigny, 1410. (Dénombrement de Milly.)

Dame Jehanne de Sains, 1454. (Dénombrement du comté de Beauvais.)

Messire Jehan de Sains, chevalier, seigneur de Marregny, bailli et capitaine de Senlis, échanson du roy, 1539. (Coutume de Senlis.)

Salezard. — Dame Jehanne de Salezart, veuve de messire Florimond de Biencourt, mère de Jacques de Biencort, seigneur de Potrincourt. (Coutume d'Amiens.)

Samson (Saint-). — Eude de Saint-Samson, 1103. (Titres de l'évêché de Beauvais.)

Hugues de Saint-Samson, 1153, 1177. (Titres de Lannoy.)

Simon de Saint-Samson, 1155. (Titres de Saint-Lucien.)

Wibert de Saint-Samson, chevalier, parti à la croisade; Waultier, son frère, 1219. (Titres de Saint-Germer et de Beaupré.)

Gaultier de Saint-Samson, chevalier, seigneur suzerain du lieu et d'Oudeauville, 1244. (Titres de Beaupré et de Saint-Paul-les-Beauvais.)

Pétronille de Saint-Samson, femme de Regnauld de Crèvecœur, chevalier, 1253. (Titres de Beaupré.)

Rimbert de Saint-Samson, écuyer, 1268. (Titres de Saint-Germer.)

Jehan de Saint-Samson, écuyer, 1276. (Titres de l'évêché de Beauvais.

Mons. Jacques de Saint-Samson, 1318. (Titres de Saint-Germer.)

Jehan de Saint-Samson, son fils, écuyer, et damoiselle Marguerite, sa femme, 1318. (Titres de Saint-Paul-les-Beauvais.)

Sandeniscourt. — Hugues de Sandeniscourt (*de Sancti Dionysii curte*), Hœra, sa femme; Pierre, son fils, seigneur à Héromesnil, 1153. (Titres de Lannoy.)

Ursion de Sandeniscourt, chevalier, 1236. (Titres de Beaupré.)

Philippe, seigneur de Sandeniscourt ; Ursion et Girard, ses. fils, 1220. (Titres de Lannoy.)

Sarcus. — Pierre, seigneur de Sarcus, 1213. (Titres de Beaupré.)

Pierre, seigneur de Sarqueis, se rendit dans l'Albigeois, 1213. (Titres de Beaupré.)

Regnauld de Sarcus, chevalier, 1245. (Titres de Saint-Germer.)

Regnauld de Sarcus, écuyer, 1274. (Titres de l'évêché de Beauvais.)

Regnault de Sarcus, chevalier, seigneur dudit lieu, 1411. (Titres de Saint-Paul-les-Beauvais.)

Messire Renault de Sarcus, seigneur de Villenbray, 1454. (Dénombrement du comté de Beauvais.)

Ambroise de Sarcus, écuyer, seigneur de Courcelles. (Coutume d'Amiens.)

Sarnois. — Jehan de Sarnoi, 1320. (Titres de Saint-Lucien.)

Thibauld de Sarnoi, seigneur d'Hémévillers. (Coutume de Clermont.)

Saulieu (Saint-). — Jehan de Saint-Saulieu (*de Sancto Salvo-loco*) ; Marie, Émeline, ses sœurs ; Jehanne La Crespine, sa mère, 1383.

Noble et puissant seigneur messire Jehan de Saint-Sauflieu, chevalier, chambellan du roy et son bailli de Caux, demeurant à Beauvais, 1419. (Titres de mariage.)

Louis de Saint-Sauflieu, et damoiselle Marie Wettin, sa femme, dont est sorti Jehan de Saint-Sauflieu, écuyer, seigneur dudit lieu, lequel épousa Mette, fille aînée de Philippe, bâtard de Namur, seigneur du Puis ou Nuis, 1445. (Titres de mariage.)

Messire Jehan de Saint-Sauflieu, chevalier, seigneur d'Er-queri, 1466. (Titres de Saint-Germer.)

Monseigneur Jehan de Saint-Sauflieu, seigneur de Wave-gnies, chevalier ; Anne de Brunelle, sa femme, 1478. (Contrat de mariage.)

(*La fin prochainement.*)

UNE COMPAGNIE

D'HOMMES D'ARMES POITEVINS

AU XVIᵉ SIÈCLE

Le document que nous publions ici d'après un texte contemporain (Bibl. nat., Mss. Fr., 26,296, fol. 70) offre un intérêt tout particulier pour l'histoire de la noblesse du Poitou à la fin du XVIᵉ siècle. Le rôle de cette compagnie d'hommes d'armes de Claude de La Trémoille, duc de Thouars, est en effet composé, à peu d'exceptions près, de gentilshommes poitevins, dont les noms, les titres, les demeures sont indiqués avec soin. Or, la plupart ne sont pas cités dans les livres des deux principaux généalogistes de la province, Filleau et Gouget [1]. Nous croyons donc servir la noblesse poitevine en publiant une liste qui lui restitue une quarantaine de ses membres oubliés ou inconnus. Nous publions ce document sans modification ni commentaire, nous contentant d'indiquer à la suite de quelques rares articles les armes des gentilshommes que nous avons pu retrouver.

Le rôle n'est pas daté ; mais l'attestation qui le suit, signée du capitaine de la compagnie, Claude de La Trémoille, porte la date du 4 juin 1590.

Nous trouvons dans le recueil de documents publié par M. le duc de La Trémoille sur sa maison, recueil analysé dans cette *Revue* en 1878, deux lettres adressées le 3 et le 29 mai 1585 par le roi Henri III à Claude de La Trémoille : dans la première, il lui donne commission de lever une compagnie de

---

[1] *Dictionnaire des familles de l'ancien Poitou*, par Henri Filleau, 2 vol. iu-8º. — *Armorial du Poitou*, par A. Gouget, 1 vol. iu-8º.

chevau-légers, de la mettre « dans le meilleur équippage, faisant à ceste fin eslection de gentilshommes qualiffiez, congneuz et expérimentez au faict des armes. »

Dans la seconde, il lui donne l'ordre d'aller avec sa compagnie de gens d'armes auprès du duc de Montpensier, alors occupé à guerroyer contre les protestants.

Quelques années plus tard (30 mai 1590), Henri IV appelle à lui le duc de Thouars avec sa compagnie, puis (14 juin) lui mande de garder le Poitou où il est plus nécessaire. Enfin les 11 septembre, 29 décembre 1591 et 19 janvier 1592, il le presse vivement de venir à son aide « avec vostre compaignie et le meilleur nombre de vos amis que vous pourrez. »

C'est donc à l'appel du roi Henri IV, de mai 1590, que répondait Claude de La Trémoille en mettant sur pied cette compagnie.

L. SANDRET.

Roolle de la compagnie d'hommes d'armes des ordonnances du Roy de Monsieur de La Trimouille, duc de Thouars, composée de soixante-neuf gentilzhommes portant cuirasses, y compris les membres, chefs et officiers.

PREMIÈREMENT.

1. Claude de La Trimouille, duc de Thouars, capitaine.
D'or, au chevron de gueules, accompagné de trois aiglettes d'azur.

2. Gilles de Machecou, sieur de Sainct-Estienne, demourant à la Grange, parroisse de Circons en Poictou, lieutenant.
Non cité dans Filleau.

3. Jehan Durmans, escuier, sieur de Doissac et du Bosq, demourant audit lieu du Bosq, parroisse de Tournon en Agénais, enseigne.

4. Jehan Dumont, escuier, sieur dudit lieu, demourant à la Girauldière, parroisse de Coussay en Mirballais, guydon.

5. Tanneguy Duchesneau, escuier, sieur de la Doussinière, demourant en Berry, mareschal des logis.

D'azur, semé de besans d'argent, au chevron d'or sur le tout.

GENTILZHOMMES.

6. Pierre de Villatte, escuier, sieur dudit lieu, y demourant, parroisse de Chantaulnay, en Poictou.

Non cité dans Filleau.

7. Jehan Maistre, escuier, sieur de la Papinière, y demourant, parroisse de Verray au bas Poictou.

Non cité dans Filleau. — *D'or, au sautoir de gueules, dentelé de sable, cantonné de quatre croissants de même.* (Gouget.)

8. Pierre Maistre, escuier, sieur de la Milotière, demourant à la Papinière, parroisse de Verray, au bas Poictou.

Non cité dans Filleau. — Mêmes armes.

9. Paul Gourdeau, escuier, sieur du Fief-Gourdeau et de Bonnefondz, demourant audit lieu de Bonnefondz en bas Poictou.

Non cité dans Filleau. — Gouget cite ce nom sans donner les armes.

10. N... [1] Salligne, escuier, sieur de Sainct-Ferrande et de la Lardière, demourant audit lieu de la Lardière, parroisse de la Roche-sur-Yon, en Poictou.

Non cité dans Filleau. — Gouget écrit Saligny et donne pour armes : *de gueules, à trois pals au pied fiché d'or, à la bordure dentelée de même.*

11. Isaac Chabot, escuier, sieur de Beaulieu, demourant au Chaignault, parroisse du Bourg-sur-la-Roche en Poictou.

Isaac était fils de Christophe Chabot et de Claude Gourdeau, de la branche du Chaigneau. Il mourut entre 1623 et 1654. — *D'or, à trois chabots de gueules posés en pal, 2 et 1.*

12. Charles Maingreneau, escuier, sieur de la Grenouillère, demourant en la parroisse de Curzon, en Poictou.

Non cité dans Filleau.

----

[1] Le prénom est lacéré.

13. Hélye Beisson, escuier, sieur de la Jayrie, y demourant, parroisse de la Limozinière, en Poictou.

Non cité dans Filleau.

14. David de Boize, sieur de Saincte-Foy, natif de Loudun.

Non cité dans Filleau.

15. Enoch de Goullennes, escuier, sieur de la Brouillardière, demourant à Laudovynière, parroisse de Villevigne, en Bretaigne.

Goulaines, sieur de Laudonnière, paroisse de Vieillevigne. — *Mi-parti de France et d'Angleterre.* (Potier de Courcy, *Nobil. de Bretagne.*)

16. David de Ramberge, escuier, sieur du Retail, y demourant en la parroisse de Sainct-André de Tryanois, en Bretaigne.

17. Balthazard de Garnier, escuier, sieur de Sainct-Georges, y demourant, en Touraine.

18. Martin de Perthuy, escuier, sieur de Campuy, demourant à Chambly, en Picardye.

19. Claude de Torigny, escuier, sieur de Montorgueil, y demourant en la parroisse du Champ-Sainct-Père, en bas-Poictou.

Non cité dans Filleau. — *D'argent, à sept merlettes de gueules, posées, 2, 3 et 2, au franc-canton du second.* (Gouget.)

20. Benjamain Allart, escuier, sieur de Launay, demourant au Bois-Imbert, parroisse de la Ferrière, en Poictou.

Est-ce le capitaine Allard qui se distingua dans les guerres sous Charles IX et Henri III?
D'or, à un demi-vol d'aigle de sable.

21. Philippe Chabot, escuier, sieur des Pieus-Raveaux, y demourant, parroisse de la Boissière, au bas-Poictou.

Ce Philippe Chabot était probablement fils de Léon, seigneur du Chasteau et de Puiraveau, lieutenant de la Roche-sur-Yon en 1585, de la branche du Chaigneau. Voyez les armes du n° 11.

22. Jehan de Lescores, escuier, sieur de la Cunetière, demourant au Parc, parroisse de Bouyne au Marche.

Non cité dans Filleau.

23. Hélye de Goullennes, escuier, sieur de Laudoyynière, y demourant, parroisse de Villevigne, en Bretaigne.

Voy. art. 15 ci-dessus.

24. Pierre Le Tourneur, escuier, sieur de Biart, demourant à Burbuce, parroisse de la Flosselière, en Poictou.

Non cité dans Filleau.

25. Pierre Agne, sieur de la Mothe-le-Roux, y demourant en la parroisse de Brelin, près de Niort, en Poictou.

D'une ancienne famille originaire d'Écosse. — *De gueules, chevronné d'argent de trois pièces.* (Gouget et Filleau.)

26. Mathurin Guillet, sieur du Boissorin, demourant à Talmond, au bas-Poictou.

Non cité dans Filleau.

27. François Chabot, escuier, sieur de Maisonneufve, parroisse de Vandenères, en Mirballais.

Fils de François Chabot, deuxième fils de l'amiral de Brion. Il entra d'abord dans l'ordre de Malte. — Armes du n° 11.

28. Jonas Berthin, sieur de la Treille, parroisse de Sainct-Pierre-du-Marché de Loudun.

Non cité dans Filleau.

29. Jehan Sanse, escuier, sieur de La Salle, demourant en la parroisse de Vandenères, en Poictou.

Non cité dans Filleau.

30. Josias Texier, sieur des Rameaux, parroisse de Brageach (Brageux), en Touraine.

31. Phelix Predhumeau, sieur des Creneaux, de Sainct-Jehan.

Non cité dans Filleau.

32. Jacob Clergeault, sieur de Fredille, de Loudun.

Non cité dans Filleau.

33. Anthoine Martinon, sieur de la Grange, parroisse d'Aulnay.

Non cité dans Filleau.

34. Charles Clément, sieur de Champgirault, de Loudun.

Non cité dans Filleau.

35. François Mesmin, sieur de la Chesnaye, de Loudun.

Non cité dans Filleau.

36. Jacques Pelletier, sieur de Moian, de Loudun.

Non cité dans Filleau. — *D'argent, à une peau étendue en pal de sable.* (Gouget.)

37. René Bizonnet, sieur des Sangles, de Loudun.

Non cité dans Filleau.

38. Abel Croze, sieur de la Varenne, de Loudun.

Abel Croze, écuyer, d'une famille originaire du Dauphiné, fut garde du corps de Marie de Médicis, en 1619. — *D'azur, à deux chevrons d'argent, à deux étoiles de même en chef, et un croissant en pointe.*

39. Benjamain Texier, cadet des Rameaux, de Loudun.

Non cité dans Filleau.

40. Jacques Pelletier, sieur de Chesnevert, parroisse de Sainct-Vernau, en Touraine.

41. Jacques Gaultier, sieur de la Lande, parroisse d'Anges, en Chastelleraudais.

Non cité dans Filleau.

42. Nicollas de Monceau, sieur dudit lieu, y demourant, en Beausse.

43. Estienne de Mosson, escuier, sieur du bois de Chillou, y demourant, en Loudunois.

Non cité dans Filleau. — *De gueules, à la fasce d'argent, accompagnée de six merlettes de même, quatre en chef et deux en pointe.*

44. Pierre de la Ville, sieur de la Ville, demourant à Vertueil, en Gascongne.

45. Jacques Guignart, sieur de la Chesnaye, y demourant, près de Talmont, en Poictou.

Non cité dans Filleau.

46. Pierre Chartier, sieur de la Fleur, y demourant à Sainctes.

47. Pierre de Lobrague, sieur dudit lieu, y demourant aux Montilz sur le Lay, en Poictou.

Non cité dans Filleau.

48. André Rousseau, sieur de la Roussellière, y demourant à Bouguevau, en Poictou.

Filleau cite deux familles poitevines du nom de Rousseau. Nous ignorons s'il est possible d'y rattacher cet André Rousseau.

49. Jacques Meschinat, sieur de la Combe, demourant à Thouars.

On ne sait s'il est le même que Jacques Meschinet, échevin de Saint-Jean-d'Angély, en 1616, lequel portait : *D'or, au pin de sinople, accompagné de trois étoiles d'azur à dextre, et d'un lion gravissant de sinople à senestre.*

50. Henry Fenault, sieur de la Fenauldière, demourant à Loudun.

Non cité dans Filleau.

51. François Hannes, sieur de la Fontaine, demourant à Pas du Jeu, en Poictou.

Non cité dans Filleau. — *D'or, au chevron d'argent, à trois hermines de sable.* (Gouget.)

52. Vincent du Lorier, sieur du Lorier, demourant à Paris.

53. Jehan Saingnay, sieur dudit lieu, demourant à Loudun.

Non cité dans Filleau.

54. Jacques Bauldry, sieur du Vieux Deffend, demourant à Montenballay, en Anjou.

55. Guy du Bouchet, escuier, sieur du Chauveloty, demourant en la parroisse de Baygneux, en Poictou.

Il appartenait probablement à l'ancienne maison du Bouchet, une des plus illustres du Poitou. — *D'argent, à deux fasces de sable.*

56. Jehan de la Sausaie, escuier, sieur dudit lieu, y demourant, en Sainctonge.

57. Pierre Guillebault, sieur de la Cave, demourant en la parroisse de Corsay, en Anjou.

58. Gabriel du Bois, sieur du Plessis-Maynval, demourant près de Cran, en Bretaigne.

59. Isaac Pierre, escuier, sieur de la Bonnynières, y demourant, parroisse d'Huisseau, en Poictou.

Non cité dans Filleau. — *D'or, à la croix pattée de gueules.* (Gouget.)

60. Benjamain d'Aube, escuier, sieur dudit lieu, y demourant, parroisse de Villazay, en Agénais.

61. Charles du Til, escuier, sieur de Sainct-Christophle, y demourant, en Angoulmois.

62. Jacques Brethe, escuier, sieur de la Perdrère, demourant à Bourguevau, en Poictou.

Non cité dans Filleau.

63. Thobye Laize, sieur du Petit-Bois, demourant à Thouars.

Non cité dans Filleau.

64. Nicollas de la Tour, sieur dudit lieu, y demourant, près de Sainct-Jehan-d'Angely.

Non cité dans Filleau. — *D'azur, à l'aigle éployée de sable.* (Gouget.)

65. Pierre Perron, sieur de la Vallée, demourant à Thobye, en Normandye.

———

66. Pierre Dallet, demourant à Luçon, fourrier.

67. Jehan de Villette de Faye de Vineuse, chirurgien.

68. Guillaume Griffon, anglois, trompette.

69. Charles Macé, demourant à Thouars, mareschal ferrant.

———

Armorial de la fin du XVIe siècle, par Waignart, publié par M. le comte Le Clerc de Bussy, in-4°, deux planches coloriées [1].

A la suite d'une notice, publiée dans cette *Revue*, sur un splendide armorial manuscrit de P. Waignart d'Abbeville, qui appartient à M. Dumoulin, M. le comte Le Clerc de Bussy y fit connaître l'existence d'un autre armorial manuscrit du même auteur, que possède M. le comte A. de Louvencourt. Il vient de le publier en un beau volume grand in-4°, orné de deux planches coloriées, offrant en *fac-simile* un spécimen des écussons du livre original. C'est une publication remarquable qui a sa place marquée d'avance dans les bibliothèques héraldiques.

[1] Librairie Dumoulin.

RÉPERTOIRE

GÉNÉALOGIQUE ET HÉRALDIQUE

MANUSCRITS DE LA BIBLIOTHÈQUE NATIONALE

Collection de Camps.

Nobiliaire historique, T. VII. — Règne de Philippe-Auguste.

NOBLES OU SEIGNEURS NON TITRÉS (*Suite*).

BRULLE (Pierre), prisonnier à Bouvines, 1214.

BRULON (Geoffroi de). Translation des reliques de saint Lomer à Blois, 1186.

BRUN (Foucher le), chevalier. Présent à une donation à l'abbaye de l'Isle-Barbe, 1186.

— (Hugues le). Témoin d'une concession de priviléges faite aux Templiers par Richard, roi d'Angleterre, 1194.

— (Aimeri le), tué au siége de Rochefort en Anjou, 1214.

— (Isembrun le), prévôt de la ville de Châlons-sur-Marne, 1190.

BRUNCOURT (Guillaume de). Témoin d'une confirmation des droits de l'abbaye de Lire dans la forêt de Breteuil, 1195.

BRUNEL (Robert). Echiquier tenu à Falaise, 1361.

BRUNS (Siger). Témoin d'une charte en faveur de l'abbaye de Ninove, 1186.

BRUROLES (Adam), chevalier. Fiefs dans la châtellenie de Château-Landon, 1220.

Bruslé (Guillaume). Témoin d'une charte de priviléges en faveur de la ville de Béthune, 1210.

Brusli ou Bruslé (Baudouin). Charte en faveur d'un chanoine de Béthune, 1219.

Brusnebec (Etienne de). Présent à une donation faite à l'abbaye d'Andres, 1194.

Bruxelles (G., châtelain de). Caution pour le duc de Brabant envers Philippe-Auguste, de sa promesse d'épouser la fille du roi, 1212.

Bruyère (Jean de la), chevalier banneret de l'Anjou.

Bruyères (Dreux de). Présent à un accord entre l'abbé de Cluny et le comte de Mâcon, 1180.

— (Nicolas de). Témoin d'une donation faite à l'abbaye de Saint-Vincent-au-Bois, de Chartres.

— (Thomas de), chevalier banneret de l'Ile-de-France.

— (Sédille de), vavasseur du roi dans la châtellenie de Montlhéri.

— (Alix de). Fief du seigneur d'Orcey et arrière-fief du roi dans la châtellenie de Montlhéri.

— (Geoffroi et Villaine de). Fiefs de la châtellenie de Gien.

— (Pierre de), chevalier. Fiefs de la châtellenie d'Etampes.

— (Mernier de), chevalier. Enquête sur la forêt d'Iveline.

Buade (B. de), prieur claustral du chapitre de Maguelonne, 1199.

Buat (Raoul de), chevalier du comté de Mortain, 1213.

Bubais (Guillaume de), chevalier. Synode de Cambray, 1184.

Bucei (Guillaume de). Caution du châtelain de Bomey envers Philippe-Auguste, 1200.

Buci (Raoul de). Témoin de diverses donations faites à des monastères de l'Ile-de-France, 1184-1194.

— (Pierre de). Donation faite à Sainte-Geneviève de Paris de terres sises à Rosny et à Magny, 1196.

— (Adam de). Donation faite à Saint-Maur-des-Fossés, 1194.

— (Nicolas de). Donation faite à l'abbaye de Cantipré, 1202.

BUENC (Guillame de). Témoin de donations faites par le seigneur de Coligny, 1212.

BUES (Guillaume li). Témoin d'une charte en faveur de l'abbaye du Mont-Saint-Eloy, 1180.

— (Raimond de). Présent à une donation à l'abbaye de Valsainte en Provence, 1188.

BUFET (Eudes), chevalier. Témoin de donations faites par Bouchard de Montmorency à Saint-Martin-des-Champs, 1185.

BUGAR (Arnoul). Témoin de donations faites à l'abbaye de Longpont par le comte de Beaumont, 1188.

BUGENVILLE (Etienne et Bernard de). Accord entre Henri II d'Angleterre et Archambaud de Bourbon.

BUILLEMONT (Thibaud de), chevalier. Charte de Gautier d'Avesne en faveur de Condé, 1200.

BUINELLE (Th.), chevalier. Fief dans la châtellenie de Melun.

— (Pierre), chevalier de la châtellenie de Corbeil.

BUISSEEL (Henri de). Fiefs de la châtellenie de Courcy en Hurepoix.

BUISSI (Thiebold de). Synode de Cambray, 1184.

— (Albéric de), chevalier banneret du quartier de Couci.

BUISSON (Matthieu). Fief de haubert, tenu du seigneur de Bricquebec.

BUJUNS (Hugues), chevalier. Accord entre le seigneur de Mont-Saint-Jean et l'abbaye de Citeaux, 1191.

BULEMENT (Emeline de). Fiefs du comté de Clermont-en-Beauvaisis, 1218.

BULLENCOURT (Raoul de), chevalier. Enquête touchant les bois de Montdidier.

BULLI (Geoffroy de), chevalier. Caution du comte de Nevers envers le roi, 1214.

— (Albéric de), chevalier. Fiefs dans la châtellenie de Gien.

— (Henri de), chevalier. Fiefs du bailliage de Lorris.

BULLICANS (Gilles). Fiefs du bailliage de Château-Landon.

Bullicans (Guillaume et Pierre), chevaliers. Fiefs de Château-Landon.

— (Anseau), chevalier. Fief dans le bailliage de Lorris.

Bullion (Anseau de), chevalier. Fiefs dépendant de l'abbaye de Ferrières en Gâtinois.

Bun (Robert-Clément de), chevalier. Fiefs de l'abbaye de Ferrières.

Bunion (Gauthier de), chevalier. Fiefs du bailliage de Château-Landon.

Buontia (Thomas de), chevalier. Serment des chevaliers et habitants du comté de Joigny, 1222.

Buquet (Adam de). Fiefs du Vexin normand.

Bures (Mathieu de). Fiefs du comté de Péronne, 1219.

— (Bernard de), chanoine de Péronne, 1219.

Burguemest (Anseau de). Arrière-fiefs de la mouvance de Montlhéri.

Burnel (Raoul). Assemblée de Cambray, 1184.

Burriant (Guillaume de). Témoin de l'acte de fondation de l'abbaye de Valsainte en Provence, 1188.

Busançais (de), chevalier banneret du Berry.

Busenci (Hervé de), chevalier banneret de la châtellenie de Couci.

— (Guermond de), chevalier. Enquête sur les droits des comtes de Soissons dans la forêt de Retz.

Busencourt (Alix de). Fiefs du comté de Clermont en Beauvaisis, 1218.

Busketh (Batouin). Témoin d'une charte de la comtesse de Boulogne en faveur de l'abbaye d'Andres, 1193.

Bussei (Guillaume de). Fiefs du bailliage de Gavrai en Cotentin.

Busseries (Thomas de). Témoin à un acte du comte de Bar-sur-Seine, 1198.

Bussi (Albéric de), chevalier. Fiefs de la châtellenie de Gien.

Bussière (Aimeri de), chevalier. Enquête sur la forêt d'Yve-
line.

— (Renaud de), chevalier. Serment de fidélité au roi, 1220.

— (Renier de la). Fiefs de la châtellenie de Nogent-
l'Erembert.

Bussoi (Vatier de). Synode de Cambray, 1184.

Busson (Geoffroi de). Donations à l'abbaye de Lessay, 1189.

— (Henri de). Fiefs de la châtellenie d'Etampes.

Bussul (Guillaume), chevalier. Témoin d'une charte du comte
de Bar-sur-Seine, 1198.

Butelles (Robert). Donation à l'abbaye du Valasse, 1190.

Buttenber (Jean), chanoine de Poitiers, 1198.

Buvium (Jean). Enquête sur les droits de divers dans la forêt
de Compiègne.

Buxi (Henri de), chevalier. Fiefs du bailliage de Lorris.

— (Sevin de). Fiefs du bailliage de Bussières.

— (Hugues de). Enquête sur les mouvances de la châtellenie
de Montlhéri.

Buxère (Hugues). Assemblée de Valenciennes pour la croisade, 1201.

Byères (Roger de). Droits de pacage dans la forêt de Breteuil.

C

Cabanes ou Chabanes (A. de). Commandeur de la maison des
chevaliers de Saint-Jean, à Toulouse, 1218.

Cabre (G. de), chevalier. Caution pour le seigneur de Châteauneuf, 1219.

Cabrières (Jean de). Assemblée de la noblesse de Provence à
Aix, 1185.

Cabrole (G. de). Hommage rendu à Simon de Montfort,
comte de Toulouse, 1218.

Cadalon (Eudes de). Témoin d'une donation à l'abbaye de Grand-Selve, 1181.

Cadaraje (Raimond de). Présent à l'acte de fondation de l'abbaye de Sisteron, 1180.

Cadecone ou Caudecone (Pierre de). Présent à la sentence prononcée par Roger, vicomte de Beziers, contre les habitants de Carcassonne, 1191.

Cadelli (Guillaume). Grand prieur du Temple en Provence, 1209.

Cadet (Nicolas). Fiefs dans la châtellenie de Montlhéri.

Caen (Pierre de), aumônier de l'abbaye de Jumièges, 1217.

Cafrai (Richard). Fief de haubert mouvant de la seigneurie de Grandmesnil.

Cahors (Raimond et Hélie de). Bref du pape Innocent, 1212.

Cailli (Osbern de). Donation à l'abbaye de Saint-Ouen de Rouen, 1189.

— (Mahaut de), épouse de Renaud du Bosc. Donation à Saint-Ouen de Rouen, 1216.

Caissoth (Eudes de). Présent à une donation faite par le duc de Bourgogne à l'abbaye de Moutier-Saint-Jean, 1194.

Calamancha (Raimond de). Ordonnances de Jaime, roi d'Aragon, pour la paix publique, 1214.

Calman (Geoffroi de). Fiefs de l'abbaye de Ferrières en Gâtinais.

Calmels (Pierre de). Acte de l'abbé de Saint-Antonin de Pamiers, 1188.

Calone (Guillaume de). Témoin d'une donation faite à l'abbaye de Choques, 1201.

Calot (Eustache). Jugement de l'Échiquier de Falaise, 1204.

Calquille (Eustache de). Donation à l'abbaye d'Andres, 1193.
— (Guillaume et Vivien de). Id.

Calster (Jean de). Assemblée de Valenciennes pour la croisade, 1201.

Calvet ou Chauvet (P. de). Témoin de l'accord entre le seigneur de Montpellier et l'évêque de Maguelonne, 1199.

Camberon (Hugues de). Fief dans la seigneurie de Mortemer.

— (Gautier de). Fief relevant du comté d'Aumale.

Cambolas (Aimon de). Présent à une concession de priviléges à l'ordre de Citeaux, 1199.

— (Guigues de). Présent à l'hommage du comte de Rodez à Simon de Montfort, 1214.

— Camer (Pierre de). Ordonnance de Jaime, roi d'Aragon, pour la paix publique, 1214.

Camp ou Champ (Jourdain de). Donation à l'abbaye de Lessay, 1189.

— (Pierre de). Accord entre le seigneur de Montpellier et l'évêque de Maguelonne, 1199.

Campane ou Champagne (Guillaume de). Présent à une donation en faveur de l'abbaye de Lire, 1195.

Campanies (Baudouin de). Donation faite à l'abbaye d'Andres, 1192.

— (Eustache et Enguerrand de). Id. 1210.

Campans (Gilbert de). Donation à l'abbaye de Lessay, 1189.

Campinghem (Colard de). Assemblée des nobles à Valenciennes, pour la croisade, 1201.

Camtem (Viceduns), chevalier banneret du duché de Bourgogne.

Camville (Richard de). Un des commandants de la flotte de Richard Cœur-de-Lion allant en Palestine, 1190. — Mort devant Acre, 1191.

— (Gérard de). Fiefs de Normandie.

Cange (Pierre du). Synode de Cambray, 1184.

Canim (Gislebert). Fief de haubert dans le bailliage de Vernon.

Cano (Simon). Fiefs tenus du roi dans la barache de Bussière.

CAMPDAVEINE (Gui de). Liste des châtelains du royaume, 1190-1204.

— (Hugues de), chevaliers bannerets du Ponthieu, 1210.

— (Raoul et Jean de), chevaliers. Fiefs du comté de Clermont en Beauvaisis, 1218.

CANTELEU (Eustache de). Croisé en 1200 avec le comte de Saint-Pol.

— (Baudouin de). Sénéchal de Guillaume de Béthune, 1210.

— (Pierre de). Témoin d'une donation à l'abbaye de Saint-Ouen de Rouen, 1212.

CANTERAINE (Adam de). Synode de Cambrai, 1184.

CAPDECI (Arnolde de). Accord entre le vicomte de Castelbon et Pierre d'Orchad, 1201.

CAPDENAC (seigneurs de). Traité fait entre eux et Simon de Montfort, 1214.

CAPERON (Raoul). Fiefs de haubert en Normandie, 1210.

CAPTEUIL (Ponce de). Charte de Robert, évêque de Clermont, 1199.

CARAINOC (Thomas). Fiefs de la châtellenie de Montlhéri.

CARBONEL (Jean). Présent à l'accord entre le seigneur de Montpellier et l'évêque de Maguelonne, 1199.

— (Pierre). Témoin du contrat de mariage entre D. Pèdre d'Aragon et Marie de Montpellier, 1204.

— (Robert). Témoin de donations faites au prieuré de Saint-Martin de Combourn, 1200.

— (Pierre). Enquête faite à Péronne sur les biens de l'abbaye du Mont-Saint-Quentin, 1219.

— (Hugues). Fiefs mouvant du comté de Mortain.

CARCASSONNE (Bernard de). Témoin d'un acte du vicomte de Narbonne, 1194.

CARCAYAN (Guillaume de). Ordonnance de D. Pèdre d'Aragon pour la trève de Dieu, 1198.

CARDAILLAC (Guillaume de), évêque de Cahors, 1215.

CARDONNE (Guillaume de). Ordonnance de D. Pèdre d'Aragon pour la trève de Dieu, 1198.

CARENCI (Elbert de). Traité fait entre lui et les religieux de Saint-Vaast, 1189.

— (Philippe et Amauri de). Présents au traité ci-dessus.

— (Arnoul de). Témoin d'une donation faite à l'église de Saint-Barthélemy de Béthune, 1302.

CARNIÈRES (Robert de). Présent à une donation faite à l'église de Saint-Denis de Brogueroye, 1198.

CARON (Roger), chevalier. Enquête sur les mouvances d'Evreux et de Gaillon, 1204.

CAROUGES (Dreux de). Enquête sur les droits des chanoines de Saint-Aignan d'Orléans, 1216.

— (N. de). Chevaliers bannerets de Normandie.

CARRÉI (Roger de), chevalier. Arbitre d'un différend entre l'abbé de Saint-Ouen de Rouen, et le seigneur de Préaux, 1211.

CARREL (Etienne). Fiefs de l'abbaye de Ferrières en Gâtinois.

CARRIÈRES (Etienne de), chevalier. Fief dans la châtellenie de Poissy.

CARTEGNI (Nivard de). Synode de Cambrai, 1184.

CARVENT (Liger de). Témoin d'une donation à l'abbaye de Choques, 1201.

CARUM (Baudouin de). Croisé en 1190.

CASABON ou CASAUBON (Girard de). Témoin d'une reprise de fief au comté de Fésenzac, 1215.

CASCAR (N. de), chevalier. Accord entre le seigneur de Montpellier et l'évêque de Maguelonne, 1199.

CASILLAC (Jean de). Id.

CASNAC (Jean de). Dépossédé, comme albigeois, de ses châteaux en Périgord par Simon de Montfort.

CASNALE (Simon), chanoine de Béthune, 1210.

CASSENASE (Raoul). Présent à une donation faite à l'abbaye de Saint-Eloy, 1180.

CASSIAL (Payen). Fiefs dans la châtellenie de Montlhéri.

CASSIAN (Jean de). Accord entre le seigneur de Montpellier et l'évêque de Maguelonne, 1199.

CASTAIN (B. de). Présent à deux transactions entre le vicomte de Turenne et le seigneur de Châteauneuf, 1219-1221.

CASTANAR (Richard de), chevalier. Dénombrement des fiefs de la châtellenie de Montlhéry.

CASTELL (Girard de). Chevaliers bannerets vassaux de la maison de Dreux.

CASTELLABRIA (David de). Présent à une donation faite à l'abbaye de Grandmont, 1189.

CASTELLAZOL (Peregrin de). Hommage rendu par Gaston de Béarn à Alfonse, roi d'Aragon, 1186.

— (W. de). Hommage rendu par Gaston de Béarn à Alfonse, roi d'Aragon, 1186.

CASTELLETTE (Bertrand de). Hommage rendu par Gaston de Béarn à Alfonse, roi d'Aragon, 1186.

CASTLAN (Berenger). — Présent à une donation faite à l'abbé d'Arlus, 1193.

CASTELVERDUN (Atton-Arnaud de). Deux actes relatifs au comté de Foix, 1188, 1216.

CASTELVIEL (Raimond de). Témoin de la donation de la ville et seigneurie de Montpellier à Guillaume de Montpellier, 1212.

CASTRES (Pierre de). Fiefs du Vexin-Normand.

— (Raimond de), chevalier. Témoin du contrat de mariage de don Pèdre, roi d'Aragon, et de Marie de Montpellier, 1212.

CASULIS (Guillaume de). Présent à la charte de Roger, vicomte de Béziers, en faveur de cette ville.

L. SANDRET.

TABLETTES CONTEMPORAINES

Année 1878. — Supplément.

MARIAGES :

Aout. — M. le comte Stanislas d'Imecourt, a épousé M*** Marie d'Estampes.

M. le comte de Lasteyrie, — M*** Olivia Goodlake.

M. Edouard de Saint-Affrique, — M*** Elise Peychaud.

Septembre. — M. le comte Joseph de Gontaut-Biron, lieutenant au 14e dragons, — M*** Emma de Polignac.

M. le marquis de Breteuil, député, — M*** Constance de Castelbajac.

M. le vicomte Greffülhe, — M*** Élisabeth de Caraman.

Décembre. — M. le marquis de Lambertye Gerbéviller, — M*** Chéronay de Gaillon.

M. le vicomte Louis de Barney, — M*** Armande Pron.

DÉCÈS :

Aout. — *Chabot* (M*** la comtesse de), née de Biencourt, décédée au château de la Forêt-sur-Sèvre, le 5, à l'âge de 68 ans.

Albon (M*** la comtesse d'), née Imbert de Balorre, décédée à Paris, le 7, à l'âge de 64 ans.

Virieu (M*** Claire de), décédée au château de Lantilly, le 12, à l'âge de 39 ans.

Guyon (Jacques), comte de Montlivault, ancien officier de cavalerie, décédé au château de la Chevrière, le 22, à l'âge de 38 ans.

Septembre. — *Champlouis* (baron de), lieutenant-colonel d'état-major en retraite, décédé à Paris, le 3, à l'âge de 45 ans.

Pontevès-Bargême (Marc de), duc de Sabran, décédé au château du Lac (Aude), le 5, à l'âge de 68 ans.

Le Vaillant de Douet (M***), née Malet de Graville, décédée à Versailles, le 6, à l'âge de 68 ans.

La Croix de Chevrières (M*** de), décédée à Paris, le 11.

Buc de Marcussy (M*** du), née de Montozon, décédée au château de Laborde (Dordogne), le 22, à l'âge de 77 ans.

Rancogne (M*** la marquise de), née Le Mesle, décédée au château d'Herbault, le 27, à l'âge de 52 ans.

Octobre. — *Perthuis* (M*** Louise de), décédée au château de Soran (Haute-Saône), le 25, à l'âge de 48 ans.

Novembre. — *Le Couteulx de Molay* (baron), ancien député, décédé à Courcelles, le 13, à l'âge de 69 ans.

Castéja (Mme la marquise de), née Hunloke, décédée en Angleterre, le 13, à l'âge de 69 ans.

La Ferté-Meun (Mme la marquise de), née Le Vasseur de Bambecque, décédée au château de Blessy (Pas-de-Calais), le 18, à l'âge de 77 ans.

Villeneuve-Bargemont (vicomte de), colonel du 13e dragons, décédé au château de Davenescourt (Somme), à l'âge de 50 ans.

Albon (marquis d'), décédé au château d'Avauges (Rhône), le 26, à l'âge de 75 ans.

Barthélemy (Mme la marquise de), née Chambette, décédée au château de Douaville (Seine-et-Oise), le 29, à l'âge de 69 ans.

DÉCEMBRE. — *Lambert de Cambray* (Mme la baronne), née de Maillé La Tour-Landry, décédée au château de Cambray (Eure-et-Loir), le 3, à l'âge de 44 ans.

Amys du Ponceau (vicomte), décédé à Paris, le 3, à l'âge de 75 ans.

Mornay (comte de), grand officier de la Légion d'honneur, ancien pair de France, décédé à Paris, le 5, à l'âge de 76 ans.

Dampierre (Mme la comtesse de), née de Charpin-Feugerolles, décédée au château du Vignau (Landes), le 27, à l'âge de 60 ans.

Maupeou (Mme la marquise de), née Goullet d'Olizy, décédée au château de Hombourg, le 19, à l'âge de 86 ans.

Kerret (Mme la vicomtesse de), née Gautier, décédée à Paris, le 19, à l'âge de 35 ans.

Cambacérès (comte de), ancien député, décédé à Paris, le 20, à l'âge de 75 ans.

Possesse (Mme de), née Prévost de Longpérier, décédée à Paris, le 25, à l'âge de 70 ans.

Jouy (Mme la vicomtesse de), née de Vougny de Boquestaut, décédée à Paris, le 25, à l'âge de 77 ans.

Année 1879.

MARIAGES.

JANVIER. — M. le comte Xavier de Chavagnac a épousé Mlle Adrienne de Valanglart.

M. Guillaume Sabatier d'Espeyran, — Mlle Claire Le Barrois d'Orgeval.

FÉVRIER. — M. le vicomte Ferrand, — Mlle Hélène de la Béraudière.

M. Maurice de Roberval, — Mlle Thérèse Perdrigeon du Vernier.

M. Henri Karuel de Mérey, — Mlle Joséphine de Vaulx.

DÉCÈS.

JANVIER. — *Saux* (Henry-Jules de), ministre plénipotentiaire, décédé à Paris le 6, à l'âge de 54 ans.

Rilly (Mme la marquise de), née Vallet de Villeneuve-Guibert, décédée à Paris, le 12.

Lanneau (Mme de), née Maugras, décédée à Paris le 13, à l'âge de 72 ans.

Kersaint (Mme la comtesse douairière de), née du Tramblay de Saint-Yon, décédée à Paris, le 16, à l'âge de 73 ans.

Bonneval (comte de), décédé à Paris, le 19, à l'âge de 78 ans.

Andigné de la Châsse (marquis d'), ancien officier supérieur de cavalerie, chevalier de Saint-Louis, décédé à Paris, le 20, à l'âge de 89 ans.

La Motte-Ango de Flers (vicomte de), décédé à Versailles, le 22, à l'âge de 58 ans.

Temple de Chevrigny (Louis du), décédé à Paris, le 25, à l'âge de 82 ans.

Rozier (Mme de), née Rivaud, décédée à Angoulême, le 28, à l'âge de 80 ans.

Morel (Mme de), née du Perche, décédée à Alençon, le 31, à l'âge de 87 ans.

FÉVRIER. — *Blacas d'Aulps* (Mme la duchesse de), née de Damas, décédée au château de la Roussière, le 4, à l'âge de 54 ans.

Prevost de Longpérier (Henri), officier d'artillerie, décédé à Paris, le 4, à l'âge de 30 ans.

Humann (Mme Raoul), née Perrot de Chazelle, décédée à Montluçon, le 8, à l'âge de 26 ans.

Murat (la princesse), née Fraser, décédée à Paris, le 10, à l'âge de 71 ans.

Sauvan (Georges de), comte d'Aramon et de Chèmerault, décédé à Paris, le 17, à l'âge de 49 ans.

Pozzo di Borgo (Charles, duc), décédé à Paris, le 20, à l'âge de 88 ans.

Fouchier (Alexis de), décédé à Tricon (Vienne), le 22, à l'âge de 68 ans.

Hay (Olympe Paul), comte de Bonteville, décédé à Paris, le 22, à l'âge de 73 ans.

Boissimon (Charles de), décédé à Langeais, le 25, à l'âge de 62 ans.

ANGERS, IMPRIMERIE LACHÈSE ET DOLBEAU. — 1879.

RECUEIL HISTORIQUE

DES

CHEVALIERS DE L'ORDRE DE SAINT-MICHEL

Le plus ancien des Ordres qui se soient conservés jusqu'à la Révolution est celui de Saint-Michel, institué par Louis XI, à Amboise, le 1ᵉʳ août 1469. Nous n'avons pas l'intention de reproduire les priviléges et les règlements de cet Ordre, par la raison que nous n'en faisons pas l'histoire. Laissant donc de côté tout ce qui se rapporte à sa constitution, aux diverses modifications qu'il a subies, nous n'avons ici pour but que de publier le catalogue détaillé des personnages qui en ont été décorés pendant plus de trois siècles, dressé en 1787 par Jean-François d'Hozier [1], sous le titre de *Recueil historique des chevaliers de l'Ordre de Saint-Michel établi sur titres, actes et monuments authentiques, et d'après les historiens les plus accrédités.*

Cet ouvrage, conservé dans le cabinet des titres de la Bibliothèque nationale, se compose de douze volumes in-4° (nᵒˢ 1038 à 1049), dont les sept premiers sont classés par ordre chronologique, et les cinq autres par ordre alphabétique. Outre les noms et les notices historiques, l'auteur y a joint de savantes préfaces, des dissertations, des documents précieux à consulter pour bien connaître l'Ordre de Saint-Michel.

Nous suivons ici la classification par règnes. Nous ne conservons des notices historiques que les détails essentiels, afin de ne pas grossir notre publication de notes biographiques qu'on peut retrouver dans les dictionnaires historiques. Nous faisons toutefois une exception pour les personnages dont les recueils biographiques ne se sont pas occupés, et nous reproduirons à leurs articles ce que l'auteur a pu connaître de leur histoire et des documents qui les concernent.

L. SANDRET.

---

[1] C'est le même d'Hozier qui est l'auteur de l'*Impôt du Sang*, publié par M. L. Paris, d'après le manuscrit de la bibliothèque du Louvre.

RÈGNE DE LOUIS XI

Premier chef et souverain grand-maître de l'Ordre de Saint-Michel.

Première promotion faite à Amboise le 1er août 1469.

CHARLES DE FRANCE, duc de Berry et de Guyenne, frère de Louis XI, né le 20 décembre 1446, mourut à Bordeaux le 12 mai 1472.

Il était fils de Charles VII, roi de France, et de Marie d'Anjou.

Ses armes : *D'azur, à trois fleurs de lis d'or, posées 2 et 1, et une bordure de gueules engrêlée.*

Nommé le 1er août 1469.

JÉAN, duc DE BOURBON et d'Auvergne, comte de Clermont, seigneur de Beaujeu, pair, connétable et chambrier de France, gouverneur de Guyenne et de Languedoc, lieutenant-général pour le roi en ses pays du Lyonnais, Velay, Vivarais, Gévaudau, Berry, Haute-Marche et montagnes d'Auvergne, mourut âgé de 62 ans, le 1er avril 1486.

Il était fils de Charles, duc de Bourbon, et d'Agnès de Bourgogne.

Ses armes : *D'azur, à trois fleurs de lis d'or, 2 et 1, et une bande de gueules.*

Nommé le 1er août 1469.

LOUIS DE LUXEMBOURG, comte de Saint-Pol, de Brienne, de Ligny, connétable de France, décapité à Paris le 19 décembre 1475.

Il était fils de Pierre de Luxembourg, comte de Conversan, de Brienne et de Saint-Pol, et de Marguerite de Baux.

Ses armes : *D'argent à un lyon de gueules, la queue nouée, fourchée et passée en sautoir, armé et couronné d'or, langué d'azur, et chargé d'une croix sur l'épaule.*

Nommé le 1er août 1469.

ANDRÉ DE LAVAL, seigneur de Lohène, amiral et maréchal de France, conseiller-chambellan ordinaire du roi et lieutenant-

général au gouvernement de Paris et de l'Ile de France, mort
en 1486, à l'âge de 75 ans.

Il était fils de Jean de Montfort, seigneur de Kergorlay, et
d'Anne, dame de Laval.

Ses armes : *D'or à la croix de gueules, chargée de cinq coquilles
d'argent, et cantonnée de six alérions d'azur, et un lambel d'hermines brochant sur le tout.*

Nommé le 1er août 1469.

JEAN DE BUEIL, sire de Bueil, comte de Sancerre, amiral de
France, conseiller-chambellan ordinaire du roi et capitaine de
cent hommes d'armes de ses Ordonnances, appelé le fléau des
Anglais, mourut en 1484.

Il était fils de Jean, sire de Bueil, grand-maître des arbalétriers de France, et de Marguerite Dauphine, dame de Mer-
mande.

Ses armes : *Écartelé, aux premier et quatrième d'azur, au croissant montant d'argent, accompagné de six croix recroisettées au
pied fiché d'or ; aux deuxième et troisième de gueules, à une croix
ancrée d'or ; et sur le tout, écartelé, aux premier et quatrième, d'or
au dauphin d'azur pâmé, crêté, barbé et oreillé de gueules ; aux
deuxième et troisième d'azur, à une bande d'argent, accostée de
deux jumelles d'or, potencées et contrepotencées.*

Nommé le 1er août 1469.

LOUIS DE BEAUMONT, seigneur de la Forêt et du Plessis-Macé,
chevalier de l'Ordre du Croissant, capitaine de cent hommes
d'armes des ordonnances du roi, grand-maître des eaux et forêts
de Champagne, Lyonnais, Brie et Mâconnais, sénéchal et gouverneur de Poitou, de la Rochelle, de Saint-Maixent et de
Libourne, mourut en 1477.

On ignore sa filiation.

Ses armes : *De gueules, à une aigle d'or, et un orle de fers de
lance d'argent.*

Nommé le 1er août 1469.

JEAN D'ESTOUTEVILLE, seigneur de Torcy, conseiller-chambellan ordinaire du roi, grand-maître des arbalétriers de France,
prévôt de Paris, gouverneur d'Arques et du château de Caen,
mourut dans un âge avancé, le 11 septembre 1494.

Il était fils de Guillaume d'Estouteville et de Jeanne d'Oudeauville.

Ses armes : *Écartelé, aux premier et quatrième fascé d'argent et de gueules de dix pièces, et un lyon de sable brochant sur le tout, armé, langué et couronné d'or ; aux deuxième et troisième d'azur, à la croix d'argent, cantonnée de seize croix recroisettées au pied fiché d'or.*

Nommé le 1er août 1469.

Louis de Laval, seigneur de Châtillon et de Comper, conseiller-chambellan ordinaire du roi, gouverneur du Dauphiné, de Paris, de Champagne et de Brie, grand-maître des eaux et forêts de France, mourut le 21 août 1489.

Il était frère d'André de Laval, ci-dessus.

Mêmes armes.

Nommé le 1er août 1469.

Louis, bâtard de Bourbon, comte de Roussillon et de Ligny, amiral de France, capitaine de cent lances des ordonnances du roi, son lieutenant-général en Normandie, gouverneur du Dauphiné, maréchal et sénéchal du Bourbonnais, d'Auvergne et des comtés de Clermont et de Forez, mourut le 19 janvier 1486.

Il était fils naturel de Charles, duc de Bourbon et d'Auvergne, et de Jeanne de Bournan.

Ses armes : *D'azur, à trois fleurs de lis d'or, 2 et 1, et un bâton noueux de gueules mis en barre.*

Nommé le 1er août 1469.

Antoine de Chabannes, comte de Dammartin, grand-maître et grand-pannetier de France, conseiller-chambellan ordinaire du roi, capitaine de cent lances de ses ordonnances, gouverneur de Paris, de Montivilliers, d'Harfleur et de Château-Gaillard, bailli de Troyes, sénéchal de Carcassonne et lieutenant-général au gouvernement de Rouergue, Armagnac et Auvergne, né en 1411, mourut en 1488.

Il était fils de Robert de Chabannes et d'Alix de Bort.

Ses armes : *Écartelé, aux premier et quatrième de gueules, à un lyon d'hermines, armé, langué et couronné d'or ; aux deuxième et troisième fascé d'azur et d'argent de six pièces, et une bordure de gueules, et sur le tout d'or, à trois pals de vair, et un chef d'or.*

Nommé le 1er août 1469.

Jean, bâtard d'Armagnac, dit *de Lescun*, comte de Comminges et de Briançonnais, vicomte de Serrières, baron de Cazaubon et de Mauléon, maréchal de France, premier chambellan du roi, son lieutenant-général en Guienne, gouverneur et maréchal de Dauphiné, et sénéchal de Valentinois, mourut en 1473.

Il était fils d'Arnaud-Guilhem de Lescun et d'Anne d'Armagnac.

Ses armes : *Écartelé, aux premier et quatrième contre-écartelé, aux premier et quatrième d'argent, au lyon de gueules ; au deuxième et troisième de gueules, au léopard d'argent ; aux deuxième et troisième de gueules, à quatre otelles d'argent posées en sautoir, et une cotice de sable mise en barre, brochant sur le tout.*

Nommé le 1er août 1469.

Georges de la Trémoille, seigneur de Craon, de Jonvelle, de Rochefort et de l'Isle-Bouchard, comte de Ligny, premier chambellan héréditaire et gouverneur de Bourgogne, lieutenant-général pour le roi au gouvernement de Champagne et de Brie, mourut en 1481.

Il était fils de Georges, sire de la Trémoille, et de Catherine de l'Isle-Bouchard.

Ses armes : *Écartelé, aux premier et quatrième d'or, au chevron de gueules, accompagné de trois aiglettes d'azur, becquées et membrées de gueules ; aux deuxième et troisième d'argent, à une aigle à deux têtes de gueules, membrée d'or.*

Nommé le 1er août 1469.

Gilbert de Chabannes, seigneur de Curton, baron de Rochefort et de Caussade, conseiller-chambellan ordinaire du roi, ambassadeur près le duc de Bourgogne, gouverneur et sénéchal de Limousin, sénéchal de Guyenne, gouverneur et bailli de Gisors, mourut entre les années 1484 et 1493.

Il était fils de Jacques de Chabannes et d'Anne de Lavieu.

Ses armes : *De gueules, au lyon d'hermines, armé, langué et couronné d'or.*

Nommé le 1er août 1469.

Louis de Crussol, sire de Crussol et de Beaudisner, grand-pannetier de France, conseiller-chambellan ordinaire du roi, sénéchal de Poitou, gouverneur de Marans, puis de Dauphiné, des villes et châteaux de Niort et Château-Thierry, mourut en août 1473.

Il était fils de Géraud Bastet, seigneur de Crussol et de Beaudisner, et d'Alix de Lastic.

Ses armes : *Fascé d'or et de sinople de six pièces.*

Nommé le 1er août 1469.

Tanneguy du Chastel, vicomte de la Bellière, baron de Derval, premier écuyer et grand-maître de l'écurie du roi, l'un de ses conseillers et chambellans ordinaires, capitaine de cent lances de ses Ordonnances, gouverneur de Roussillon et de Cerdagne, mourut en 1477.

Il était fils d'Olivier du Châtel et de Jeanne de Plœuc.

Ses armes : *Fascé d'or et de gueules de six pièces.*

Nommé le 1er août 1469.

Il n'y eut d'abord que quinze chevaliers, le roi non compris, nommés dans cette première promotion de l'Ordre, quoique par les Statuts le nombre en eût été fixé à trente-six. Parmi ce nombre, le roi en choisit douze pour élire le surplus. C'est dans cette seconde promotion et autres faites sous ce règne que furent admis les chevaliers cités ci-après. Mais l'éloignement des temps et le peu de soin que l'on a mis à recueillir tous les anciens monuments relatifs à cet Ordre, ôtent tout moyen de fixer l'époque précise de leurs nominations.

René d'Anjou, roi de Naples et de Sicile, duc d'Anjou, de Lorraine et de Bar, marquis de Pont-à-Mousson, comte de Provence, lieutenant-général pour le roi dans les provinces d'Anjou, du Maine et de Bretagne, né le 16 janvier 1408, mourut le 10 juillet 1480.

Il était fils de Louis, roi de Naples et de Sicile, et d'Yolande d'Aragon.

Ses armes : *Tiercé en chef, au premier fascé d'argent et de gueules de huit pièces ; au deuxième d'azur, semé de fleurs de lis d'or, et un lambel de trois pendants de gueules en chef ; au troisième d'argent, à la croix potencée d'or, cantonnée de quatre croisettes de même ; au premier, soutenu de la pointe d'azur, semé de fleurs de lis d'or et une bordure de gueules ; au cinquième d'azur, à deux barbeaux d'or adossés, l'écu semé de croix recroisettées au pied fiché de même, et sur le tout d'or, à quatre pals de gueules.*

Nommé en 1469.

JEAN, vicomte DE ROHAN, sire de Léon, comte de Penhoët, second baron de Bretagne, capitaine de cent lances des Ordonnances du roi, et son lieutenant-général en Basse-Bretagne, mourut en 1516.

Il était fils de Alain, vicomte de Rohan, et de Marie de Lorraine.

Ses armes : *De gueules à sept macles d'or, posées 3, 3 et 1.*

Nommé en 1472.

JOACHIM ROUAULT, seigneur de Gamaches, maréchal de France, chambellan ordinaire du roi, capitaine de cent lances de ses Ordonnances, premier écuyer de son écurie, gouverneur de Paris, sénéchal de Beaucaire et de Poitou, mourut le 7 août 1478.

Il était fils de Jean Rouault et de Jeanne du Bellay.

Ses armes : *De sable à deux léopards d'or, armés et langués de gueules, passant l'un au-dessus de l'autre.*

Nommé dans une des premières promotions.

PIERRE DE ROHAN, seigneur de Gyé, comte de Porcien et de Marle, maréchal de France, conseiller-chambellan du roi, chef de son conseil, capitaine de cent lances de ses ordonnances, son lieutenant-général en Bretagne, gouverneur d'Anjou, du Maine, de Guyenne et de Champagne, des villes et châteaux de Blois, Granville en Normandie, Angers et Amboise, mourut à Paris le 22 avril 1513.

Il était fils de Louis de Rohan, seigneur de Guéméné, et de Marie de Montauban.

Ses armes : *Écartelé, aux premier et quatrième, contre-écartelé aux premier et quatrième de gueules, à un rais d'escarboucle de chaînes d'or ; au deuxième et troisième d'azur, semé de fleurs de lis d'or, et une bande componée d'argent et de gueules ; aux deuxième et troisième de gueules, à neuf macles d'or posées 3, 3 et 3, et un lambel d'argent ; sur le tout d'argent, à une givre d'azur ondée en pal, et avalant un enfant de gueules.*

Nommé dans une des premières promotions.

Jean de Chalon, prince d'Orange, conseiller-chambellan ordinaire du roi et son lieutenant-général en Bretagne, mourut le 9 avril 1502.

Il était fils de Guillaume de Chalon, prince d'Orange, et de Catherine de Bretagne.

Ses armes : *De gueules, à une bande d'or ; écartelé d'or à un cornet d'azur, virolé de gueules, et sur le tout d'or à quatre points équipollés d'azur.*

Nommé dans une des premières promotions.

Odet d'Aydie, sire de Lescun, comte de Comminges, grand sénéchal, amiral et gouverneur de Guyenne, conseiller-chambellan ordinaire du roi, général de ses armées, capitaine de cent lances de ses Ordonnances, maire de Bordeaux, bailli de Cotentin, gouverneur du Château-Trompette et des villes de Rouen, Caen, Bayonne, Acqs, Bazas, Saint-Sever, Libourne, Blaye et La Réole, mourut âgé de plus 70 ans, avant 1498.

Il était fils de Bertrand d'Aydie et de Marie de Domin.

Ses armes : *De gueules, à quatre lapins couronnés d'argent, l'un au-dessus de l'autre.*

Nommé dans l'une des premières promotions avant 1478.

Philippe de Crévecœur, seigneur d'Esquerdes et de Lannoy, maréchal et grand-chambellan de France, chevalier de la Toison d'Or, gouverneur de la Rochelle, de Picardie, d'Artois et de la ville d'Amiens, mourut près de Lyon en 1494.

Il était fils de Jacques de Crévecœur et de Marguerite de la Trémoille.

Ses armes : *De gueules, à trois chevrons d'or.*

Nommé dans l'une des premières promotions avant 1479.

Antoine, bâtard de Bourgogne, dit le *Grand Bâtard*, comte de Sainte-Ménehould, de Châtillon-sur-Marne, de Château-Thierry, etc., chevalier de la Toison-d'Or, ambassadeur près le roi Maximilien, né en 1421, mourut en 1504.

Il était fils naturel de Philippe le Bon, duc de Bourgogne, et de Jeanne de Prelle.

Ses armes : *Écartelé, aux premier et quatrième d'azur, semé de fleurs de lis d'or, et une bordure componée d'argent et de gueules ; au deuxième, bandé d'or et d'azur de six pièces, et une bordure de gueules, parti de sable, au lion d'or ; au troisième, bandé d'or et d'azur de six pièces, et une bordure de gueules, parti d'argent au lion de gueules, la queue nouée, fourchée et passée en sautoir, armé et couronné d'or, langué d'azur ; et sur le tout d'or, au lion de sable, armé et langué de gueules ; et sur le tout du tout, un filet d'argent mis en barre.*

JACQUES DE LUXEMBOURG, seigneur de Richebourg, de Nogent-le-Rotrou, d'Alluye, de Brou, de Montmirail, d'Authon et de la Bazoche-Gouet, vicomte de Lannoy, chevalier de la Toison-d'Or, conseiller-chambellan ordinaire du roi et général de ses armées, mourut en 1487.

Il était fils de Pierre de Luxembourg et de Marguerite de Baux.

Ses armes : *D'argent, au lion de gueules, la queue nouée, fourchée et passée en sautoir, armé et couronné d'or, langué d'azur, et chargé d'une croix sur l'épaule.*

Nommé dans une des premières promotions avant 1480.

CLAUDE DE MONTAGU, seigneur de Couches, d'Espoisses, de la Ferté-Chauderon, etc., chevalier de la Toison-d'Or, mourut en 1489.

Il était fils de Jean de Montagu et de Jeanne de Mello.

Ses armes : *Bandé d'or et d'azur de six pièces, et une bordure de gueules.*

Nommé dans une des premières promotions.

JEAN, sire et baron DU PONT et DE ROSTRENAN, bailli de Cotentin.

Il était fils de Jean, sire du Pont, et de Marie de Rosmadec.
Armes inçonnues.

Nommé dans une des premières promotions.

JEAN DAMAS, seigneur de Digoine et de Clersy, chevalier de la Toison-d'Or, conseiller-chambellan du duc de Bourgogne, bailli, gouverneur et lieutenant-général du Mâconnais, mourut vers 1481.

Il était fils de Robert Damas et de Catherine de La Guiche.
Ses armes : *D'or, à la croix ancrée de gueules.*

Nommé dans une des premières promotions.

JEAN II, roi de Danemark, de Norwége et de Suède.
Nommé dans une des premières promotions.

Jacques III, roi d'Écosse.

Nommé dans une des premières promotions.

Louis, duc d'Orléans, depuis roi sous le nom de Louis XII,
né en 1462, mort le 1er janvier 1515.

Il était fils de Charles, duc d'Orléans, et de Marie de Clèves.

Ses armes : *D'azur, à trois fleurs de lis d'or, 2 et 1, et un
lambel d'argent à trois pendants en chef.*

Nommé dans une des premières promotions.

Charles d'Orléans, comte d'Angoulême, gouverneur de
Guyenne, mourut le 1er janvier 1495, âgé de 37 ans.

Il était fils de Jean d'Orléans, dit le Bon, et de Marguerite de
Rohan.

Ses armes : *D'azur, à trois fleurs de lis d'or, 2 et 1, et un
lambel de trois pendants d'argent en chef, chargé d'un croissant
d'azur sur chaque pièce du lambel.*

Nommé dans une des premières promotions.

Pierre, duc de Bourbon et d'Auvergne, dit *Monsieur de Beaujeu*, comte de Clermont, pair et chambrier de France, chef du
conseil du roi et gouverneur de Languedoc, né en novembre
1439, mourut le 8 octobre 1503.

Il était fils de Charles, duc de Bourbon, et d'Agnès de Bourgogne.

Ses armes : *D'azur à trois fleurs de lis d'or, 2 et 1, et une
bande de gueules.*

Nommé dans une des premières promotions.

Louis de Bourbon, dit *le Bon*, comte de Montpensier, de
Clermont et de Sancerre, dauphin d'Auvergne, mourut en
1486.

Il était fils de Jean, duc de Bourbon, et de Marie de Berry.

Ses armes : *D'azur, à trois fleurs de lis d'or, 2 et 1, et une
bande de gueules, brisée en chef d'un quartier d'or, à un dauphin
d'azur.*

Nommé dans l'une des premières promotions.

Jean de Bourgogne, comte de Nevers, de Rethel, d'Estampes
et d'Eu, baron de Donzy, pair de France, chevalier de la Toison-
d'Or et gouverneur de Picardie, né le 25 octobre 1415, mourut
le 27 septembre 1491.

Il était fils de Philippe de Bourgogne et de Bonne d'Artois.

Ses armes : *Écartelé, au premier d'azur, semé de fleurs de lis d'or, et une bordure componée d'argent et de gueules; au deuxième de gueules, à trois râteaux d'or, 2 et 1; au troisième d'azur, semé de fleurs de lis d'or, et un lambel de trois pendants de gueules, chargé chacun de trois châteaux d'or, l'un au-dessus de l'autre; au quatrième de sable, au lion d'or, armé et langué de gueules.*

Nommé dans une des premières promotions.

ALAIN, sire D'ALBRET, surnommé *le Grand*, comte de Dreux, de Penthièvre, de Périgord, vicomte de Limoges, etc., capitaine de cent lances des Ordonnances du roi, mourut après 1522.

Il était fils de Jean, sire d'Albret, vicomte de Tartas, et de Catherine de Rohan.

Ses armes : *D'azur à trois fleurs de lis d'or, écartelé de gueules plein.*

Nommé dans une des premières promotions.

FRANÇOIS DE BOURBON, comte de Vendôme, né en 1470, mourut le 3 octobre 1495.

Il était fils de Jean de Bourbon et d'Ysabeau de Beauvau.

Ses armes : *D'azur, à trois fleurs de lis d'or, 2 et 1, et une bande de gueules chargée de trois lionceaux d'argent.*

Nommé dans une des premières promotions.

GILBERT DE BOURBON, comte de Montpensier, dauphin d'Auvergne, seigneur de Mercœur et de Combrailles, archiduc de Sesse et vice-roi de Naples, lieutenant général pour le roi en Poitou, gouverneur de Paris et de l'Ile de France, mourut à Pouzzoles le 5 octobre 1496.

Il était fils de Louis de Bourbon, comte de Montpensier, et de Gabrielle de La Tour.

Ses armes : *D'azur, à trois fleurs de lis d'or, 2 et 1, et une bande de gueules, brisée en chef d'un quartier d'or, à un dauphin d'azur.*

Nommé dans une des premières promotions.

FRANÇOIS, dit GUY, comte DE LAVAL et de Montfort, grand-maître de France, né le 19 novembre 1435, mourut le 15 mars 1500.

Il était fils de Guy, comte de Laval, et d'Ysabeau de Bretagne.

Ses armes : *D'or, à la croix de gueules, chargée de cinq coquilles d'argent, et cantonnée de seize alérions d'azur.*

Nommé dans une des premières promotions.

PHILIPPE, marquis de HOCHBERG et de Rothelin, comte de Neuchâtel et de Charolois, seigneur de Badenvilliers, de Montcenis, etc., conseiller-chambellan ordinaire du roi, capitaine de cent hommes d'armes de ses Ordonnances, maréchal de Bourgogne, grand-sénéchal et gouverneur de Provence et de Forcalquier, puis grand-chambellan de France, mourut en 1503.

Il était fils de Rodolphe, marquis de Hochberg, et de Marguerite, comtesse de Vienne.

Ses armes : *Écartelé, aux premier et quatrième d'or, à la bande de gueules; aux deuxième et troisième d'or, au pal de gueules, chargé de trois chevrons d'argent.*

Nommé dans une des premières promotions.

FRANÇOIS D'ORLÉANS, comte de Dunois, de Longueville, de Tancarville et de Montgommery, vicomte de Melun, prince et baron de Chastelaillon, grand-chambellan de France et gouverneur de Dauphiné, né en 1447, mourut le 25 novembre 1491.

Il était fils de Jean d'Orléans et de Marie de Harcourt.

Ses armes : *Écartelé, aux premier et quatrième d'azur, à trois fleurs de lis d'or, 2 et 1, un lambel de trois pendants d'argent en chef, et un bâton d'argent péri en bande ; au deuxième d'or, à une aigle de gueules, membré d'azur ; et au troisième fascé d'argent et d'azur de dix pièces, et un bâton de gueules péri en bande.*

Nommé dans une des premières promotions.

PHILIPPE POT, seigneur de la Roche de Nolay, chevalier de la Toison-d'Or, grand-sénéchal et premier chevalier d'honneur du Parlement de Bourgogne, mourut en septembre 1194.

Il était fils de Reynier Pot et de Radegonde Guénand.

Ses armes : *Écartelé de huit pièces : au premier, écartelé, aux premier et quatrième d'or, à une fasce d'azur ; aux deuxième et troisième échiqueté d'argent et de sable, à deux badelaires d'or, ayant leurs fourreaux de gueules, garnis d'or, posés l'un au-dessus de l'autre en fasce ; au deuxième, de gueules, à trois étoiles d'or à trois rais, 2 et 1 ; au troisième d'or, au chef de gueules émanché ; au quatrième d'or, à une fasce d'azur, accompagnée de six coquilles de même, trois en chef et trois en pointe ; au cinquième d'or, à une fasce d'azur ; au sixième d'or, à trois losanges de gueules rangés en fasce ; au septième de gueules, à trois chevrons d'or ; au huitième bandé d'or et d'azur de huit pièces, à une bordure de gueules, au premier canton d'hermines.*

Nommé dans une des premières promotions.

Chevaliers dont l'admission n'est pas prouvée.

D'après le détail que l'on vient de donner sur les quarante chevaliers de l'Ordre de la création de Louis XI, il est évident que ce ne peut être que sur des citations infidèles, établies sans la moindre critique, que différents auteurs affirment l'admission dans l'Ordre, sous ce règne, des seigneurs et gentilshommes ci-après nommés. Le compte des dépenses de l'Ordre, dressé par Pierre Briçonnet, en 1484, forme une barrière impénétrable contre laquelle viennent se briser toutes les prétentions non fondées.

JEAN DE STUER, chevalier, sire de la Barde, vicomte de Ribérac, premier chambellan et premier écuyer de Louis XI, général de ses armées, capitaine de cent lances de ses Ordonnances, ministre d'État, gouverneur du Limousin, du Lyonnais, de Perpignan, de Mâcon, de Montélimart et de Paris, sénéchal et gouverneur de Lyon, ambassadeur en Angleterre, maréchal de France.

Cité comme chevalier de l'Ordre dans Moréri, article de cette maison.

PHILIPPE DE MENOU, chevalier, seigneur de Menou et de Boussay, conseiller-chambellan ordinaire du roi, gouverneur des Enfants de France et ambassadeur en Espagne.

Cité dans Moréri.

GUILLAUME DE STUER, chevalier, baron de Tonneins, vicomte de Bruillois, d'Espulches et de Ribérac, conseiller-chambellan du roi, gouverneur de Saintonge et de la ville de Caen.

Cité dans Moréri.

Louis de Castillon.

Isnard d'Agoult.

> Cités tous les deux dans l'*Histoire de la noblesse du comtat Venaissin*, t. II, p. 147.

Jean Stuart, seigneur d'Aubigny et de Concressaut, capitaine des cent gendarmes écossais en France, mourut en 1482.

> Cité dans Le Laboureur, *Tombeaux des personnes illustres* ; La Thaumassière, *Histoire de Berry*, p. 697 ; le P. Daniel, *Histoire de la milice française*, t. II, p. 245.

Bertrand de Longuyot.

> Cité dans l'*Histoire du Gâtinois*, p. 287.

Charles d'Artois, comte d'Eu, pair de France, mort le 25 juillet 1472.

> Cité dans un *Recueil manuscrit des chevaliers de l'Ordre*, fait en 1620 par Pierre d'Hozier.

Jean, seigneur de Croy.

> Cité dans le même recueil.

Gaston de Foix, prince de Viane, vicomte de Castelbon, mort le 23 novembre 1470.

> Cité dans le P. Anselme, t. III, p. 375.

Roffec de Balzac, seigneur de Glisenove, etc., conseiller-chambellan du roi, capitaine de quatre mille francs-archers, gouverneur du Pont-Saint-Esprit, sénéchal de Beaucaire et de Nimes, mort le 23 octobre 1473.

> Cité dans le P. Anselme, t. II.

Bertrand de Salemard.

> Cité dans Le Laboureur, *Les Mazures de l'Ile-Barbe*.

Hector de Flavy, seigneur de Montauban, comte de Ligny et de Mortemer, mort en 1468.

> Cité dans les *Antiquitez et priviléges du couvent des Célestins*.

Pierre de la Chaussée, vicomte d'Eu.

> Cité dans le *Nobiliaire de Picardie*, par Haudicquer de Blancourt.

Georges de Montagu, seigneur de Listenois.

> Cité dans le catalogue manuscrit fait en 1620 par Pierre d'Hozier.

Jean de Rohan, seigneur de Montauban, amiral de France,

maréchal de Bretagne, grand-maître des eaux et forêts du royaume, gouverneur de la Rochelle et bailli du Cotentin.

> Cité dans un *Catalogue des amiraux de France,* imprimé en 1580, et dans le catalogue de Pierre d'Hozier.

CHARLES DE MELUN, chevalier, seigneur de Nantouillet, baron de Landes, grand-maître de France, lieutenant général du roi, bailli d'Évreux et de Sens, gouverneur de la Bastille et de Vincennes, décapité le 20 août 1468.

> Cité dans le catalogue manuscrit de Pierre d'Hozier.

CHARLES D'AMBOISE, chevalier, seigneur de Chaumont, comte de Brienne, capitaine de cent lances des ordonnances du roi, gouverneur de l'Ile de France, de Champagne et de Bourgogne, de Langres et de Pézenas.

> Cité dans le P. Anselme, t. VII.

JACQUES DE VILLIERS, chevalier, seigneur de l'Isle-Adam, prévôt de Paris et sénéchal de Boulogne, mort le 25 avril 1472.

> Cité dans la généalogie de cette maison, par Jacques d'O.

GAUTIER DE MARGUERIE, seigneur de Tours et d'Estrehan.

> Cité dans La Chesnaye des Bois.

Chevaliers nommés, mais non reçus.

FRANÇOIS, duc de BRETAGNE. Il refusa le collier de l'Ordre.

ADOLPHE, duc de GUELDRES, mort en 1477. Il refusa également le collier de l'Ordre.

RÈGNE DE CHARLES VIII

Deuxième chef et souverain grand-maître de l'Ordre, du 30 août 1483.

ROGER D'ESPAGNE, seigneur de Montespan, mourut après 1498.

Il était fils de Matthieu d'Espagne, seigneur de Montespan, et de Catherine de Foix.

Ses armes : *D'argent, au lion de gueules, armé et langué d'azur, et une bordure de sinople, chargée de six écussons d'or, bordés de gueules, posés trois en chef, deux en flanc et un en pointe.*

Nommé en 1485.

ALEXANDRE STUART, duc d'Albanie, comte de la Marche, prince de l'île de Man, conseiller du conseil privé du roi Louis XI, tué dans un tournoi par le duc d'Orléans en 1485.

Il était fils de Jacques II, roi d'Écosse, et de Marie de Gueldres.

Ses armes : *Écartelé, au premier d'or, au lion de gueules, enfermé dans un double trécheur de même fleurdelisé; au deuxième de gueules, au lion d'argent, et une bordure de même, chargée de huit quintefeuilles de gueules ; au troisième de gueules, à trois houssettes d'argent, éperonnées et posées en pairle ; au quatrième d'or, au sautoir de gueules, et un chef de même.*

Nommé vers 1485.

JEAN DE BAUDRICOURT, seigneur de Baudricourt, maréchal de France, conseiller-chambellan ordinaire du roi, capitaine de cent lances de ses Ordonnances, son lieutenant général en la ville d'Arras, gouverneur de Bourgogne, etc., mourut à Blois le 11 mai 1499.

Il était fils de Robert de Baudricourt et d'Aléarde de Chambley.

Ses armes : *D'or, au lion de sable, couronné et langué de gueules.*

Nommé vers 1485.

FRANÇOIS, bâtard de BRETAGNE, comte de Vertus et de Goëllo,

baron d'Avaugour, premier baron de Bretagne, capitaine de cinquante lances des Ordonnances du roi, son lieutenant-général en Bretagne et gouverneur de Saint-Malo.

Il était fils naturel de François II, duc de Bretagne, et d'Antoinette de Maignelers.

Ses armes : *Écartelé, aux premier et quatrième d'hermines ; aux deuxième et troisième contre-écartelé, aux premier et quatrième d'azur, à trois fleurs de lis d'or, 2 et 1, et au lambel d'argent de trois pendants en chef ; aux deuxième et troisième d'argent, à une givre d'azur, couronnée d'or, issante de gueules, et sur le tout d'argent, au chef de gueules.*

Nommé en 1487.

JACQUES MITTE, dit *de Miolans*, baron de Miolans et d'Anjou, conseiller-chambellan ordinaire du roi, capitaine des cent gentilshommes de sa maison, lieutenant général au gouvernement de Dauphiné, de Valentinois et de Diois, mourut le 1ᵉʳ février 1491.

Il était fils de Jean Mitte, seigneur de Chevrières, et de Jeanne de Laire de Cusieu.

Ses armes : *Écartelé, aux premier et quatrième d'argent, au sautoir de gueules, et une bordure de sable, chargée de huit fleurs de lis d'or, posées trois en chef, une à chaque flanc et trois en pointe ; aux deuxième et troisième bandé d'argent et de gueules de six pièces.*

Nommé avant 1487.

LOUIS, sire DE LA TRÉMOILLE, vicomte de Thouars, prince de Talmond, comte de Guines et de Benon, baron de Sully, de Montagu, de Mauléon et de l'Isle-Bouchard, seigneur des îles de Ré, Rochefort et Marans, etc., premier chambellan du roi, son lieutenant-général en Poitou, Angoumois, Saintonge, Aunis, Anjou et Bretagne, amiral de Guyenne, ambassadeur vers le roi des Romains, gouverneur de Bourgogne, capitaine du château de Nantes, né le 20 septembre 1460, tué à la bataille de Pavie en 1525.

Il était fils de Louis, sire de la Trémoille, et de Marguerite d'Amboise.

Ses armes : *Écartelé aux premier et quatrième d'or, au chevron de gueules, accompagné de trois aiglettes d'azur, becquées et mem-*

*brées de gueules ; au deuxième d'or, semé de fleurs de lis d'azur,
au franc-quartier de gueules ; au troisième, losangé d'or et de
sable, et sur le tout de gueules, à deux léopards d'or.*

Nommé en 1488.

ENGILBERT DE CLÈVES, comte de Nevers, d'Auxerre, de Rethel,
d'Étampes et d'Eu, pair de France, gouverneur de Bourgogne,
grand-écuyer de la reine, mourut le 21 novembre 1506.

Il était fils de Jean, duc de Clèves, comte de La Marck, et
d'Élizabeth de Bourgogne.

Ses armes : *De gueules, à un écu d'argent, et un tourteau de
sinople en cœur, duquel sortent huit sceptres, pommettés et fleuronnés d'or.*

Nommé vers 1490.

BÉRAUD STUART, seigneur d'Aubigny, de Saint-Quentin et de
Beaumont-le-Roger, comte d'Aery, duc de Terre-Neuve, marquis
de Girace ou Girache et de Squillaye, conseiller-chambellan
ordinaire du roi, capitaine de ses gardes du corps et de cent
lances de ses Ordonnances, vice-roi et grand-connétable du
royaume de Naples, bailli de Berry, connétable de Jérusalem et
de Sicile, ambassadeur à Rome, lieutenant général en Italie et
gouverneur d'Harfleur et de Montivilliers, mourut en juin 1508.

Il était fils de Jean Stuart, seigneur d'Aubigny, et de Béatrix
d'Acher.

Ses armes : *Écartelé aux premier et quatrième d'azur, à trois
fleurs de lis d'or, 2 et 1, et une bordure de gueules, chargée de huit
fermaux d'or ; aux deuxième et troisième d'or, à la fasce échiquetée
d'argent et d'azur de trois traits, et une bordure engrêlée de
gueules ; sur le tout d'argent, au sautoir de gueules, cantonné de
quatre quintefeuilles de même.*

Nommé avant 1493.

JACQUES DE VENDOME, vidame de Chartres, prince de Chabanois,
seigneur de Pouzauges, de Tiffauges, de Confolans, etc., conseiller-chambellan ordinaire du roi, capitaine des cent gentilshommes de sa maison, et grand-maître des eaux et forêts de
France et de Bretagne, mourut avant 1507.

Il était fils de Jean de Vendôme, et de Jeanne de Brézé.

Ses armes : *Écartelé, aux premier et quatrième d'argent, au chef de gueules, et au lion d'azur brochant sur le tout ; aux deuxième et troisième d'azur, semé de fleurs de lis d'or.*

Nommé avant 1494.

LOUIS DE HALWIN, seigneur de Piennes, comte de Guines, conseiller-chambellan ordinaire du roi, gouverneur de Picardie, bailli et gouverneur de Montlhéry et de Béthune, mourut après 1518.

Il était fils de Josse de Halwin et de Jeanne de la Trémoille.

Ses armes : *D'argent, à trois lions de sable, langués et couronnés d'or, posés 2 et 1.*

Nommé avant 1495.

JEAN-JACQUES TRIVULCE, marquis de Vigevano, comte de Pézenas et de Belcastro, seigneur châtelain et baron de Château-du-Loir, maréchal de France, conseiller-chambellan du roi, capitaine de cent lances de ses Ordonnances, son lieutenant-général en Italie, gouverneur de Milan et de Lyon, né vers 1447, mourut le 5 décembre 1518.

Il était fils d'Antoine Trivulce et de Françoise Visconti.

Ses armes : *Palé d'or et de sinople de six pièces.*

Nommé vers 1495.

JEAN D'ALBRET, sire d'Orval, comte de Rethel, de Nevers et de Dreux, baron et châtelain de Lesparre, seigneur de Château-méliand, capitaine de cent hommes d'armes des ordonnances du roi, gouverneur de Champagne et de Brie, mourut le 10 mai 1524.

Il était fils d'Arnaud-Amanieu d'Albret et d'Ysabeau de la Tour.

Ses armes : *D'azur à trois fleurs de lis d'or, 2 et 1 ; écartelé de gueules plein.*

Nommé vers 1497.

PATRICE, comte de BAUDOUEL ou de BOTHWEL, écossais, servit le roi au royaume de Naples.

On ignore sa filiation.

Ses armes : *De ... à une bande ... ; écartelé de ... à un chevron de ...*

Nommé vers 1497.

JEAN DE RIEUX, sire de Rieux et de Rochefort, baron d'Ancenis, comte d'Aumale et de Harcourt, conseiller-chambellan du roi, capitaine de cent lances de ses Ordonnances et maréchal de Bretagne, né en 1447, mourut le 7 février 1518.

Il était fils de François, sire de Rieux, et de Jeanne de Rohan.

Ses armes : *D'azur, à cinq besans d'or, posé 2, 2 et 1 ; écartelé d'un vairé d'or et d'azur, et sur le tout de gueules, à deux fasces d'or.*

Nommé avant 1498.

GUILLAUME DE POITIERS, marquis de Cotron, baron de Clérieu, etc., conseiller-chambellan ordinaire du roi, capitaine de cinquante hommes d'armes de ses Ordonnances, bailli de Rouen, gouverneur de Paris et de l'Ile-de-France, mourut à Lyon le 2 juin 1503.

Il était fils de Charles de Poitiers, chevalier, seigneur de Saint-Vallier, et d'Anne de Montlaur.

Ses armes : *D'azur, à six besans d'argent, posés 3, 2 et 1, et un chef d'or.*

Nommé avant le 24 juillet 1496.

GALÈNE DE SAINT-SÉVERIN, seigneur de Mehun-sur-Loire, grand-écuyer de France, conseiller-chambellan ordinaire du roi et capitaine de cent lances de ses Ordonnances, marié à une fille naturelle du duc de Milan, tué à Pavie en 1525.

Il était fils de Robert de Saint-Séverin et d'Ysabelle de Montefeltro.

Ses armes : *D'argent, à une fasce de gueules, et une bordure d'azur.*

Nommé sous Charles VIII, d'après le P. Anselme, t. VIII.

JEAN, baron de MAILLY, comte d'Agimont, conseiller-chambellan ordinaire du roi, mourut le 22 mai 1505.

Il était fils de Jean, baron de Mailly, et de Catherine de Mamez.

Ses armes : *D'or, à trois maillets de gueules.*

Nommé sous Charles VIII, d'après le P. Anselme, t. VIII.

ALAIN GOYON, seigneur de Villiers, etc., conseiller-chambellan ordinaire du roi, capitaine de cinquante lances de ses Ordonnances, conseiller en son conseil privé, bailli de Cotentin, gouverneur et bailli de Caen, grand-écuyer de France, mourut en 1490.

Il était fils de Jean Goyon, sire de Matignon, et de Marguerite de Mauny.

Ses armes : *D'argent, au lion de gueules, orné, langué et couronné d'or.*

Nommé sous Charles VIII (P. Anselme, t. VIII).

PHILIPPE, duc de SAVOIE, etc., dit *Philippe–Sans-Terre*, grand-chambellan et grand-maître de France, capitaine de cent lances des Ordonnances du roi, gouverneur de Guyenne, Limousin, Bourgogne et Dauphiné, né le 5 février 1438, mourut à Chambéry le 7 novembre 1497.

Il était fils de Louis, duc de Savoie, et d'Anne de Chypre.

Ses armes : *De gueules, à la croix d'argent.*

Nommé sous Charles VIII après 1484.

ANTOINE DE CRÉVECŒUR, seigneur de Crévecœur, etc., grand-louvetier de France, conseiller-chambellan ordinaire du roi, bailli d'Amiens, gouverneur et sénéchal d'Artois, mourut avant 1493.

Il était fils de Jacques de Crévecœur et de Bonne de la Viefville.

Ses armes : *De gueules, à trois chevrons d'or.*

Nommé sous Charles VIII après 1484.

CLAUDE DE LA CHATRE, seigneur de Nançay, chambellan ordinaire du roi, conseiller en son conseil privé et capitaine de ses gardes du corps, mourut après 1495.

Il était fils de Pierre de la Châtre et de Marie de Rouy.

Ses armes : *De gueules, à une croix ancrée de vair.*

Nommé sous Charles VIII après 1484.

LOUIS MALET, sire de Gravillé, amiral de France, conseiller-chambellan du roi, capitaine des cent gentilshommes de sa maison, gouverneur de Picardie, de Normandie, des villes du Pont-de-l'Arche, Diéppe, Saint-Malo et du château de Vincennes, mourut le 30 octobre 1516, à l'âge de 78 ans.

Il était fils de Jean Malet, seigneur de Graville, et de Marie de Montauban.

Ses armes : *De gueules, à trois fermaulx ou boucles d'or, posées 2 et 1.*

Nommé vers 1486.

Guillaume Gouffier, seigneur de Boisy, baron de Rouannois et de Maulévrier, premier chambellan du roi, son lieutenant-général en Languedoc, sénéchal de Saintonge, gouverneur de Touraine, mourut à Amboise le 23 mai 1495.

Il était fils d'Aimery Gouffier et de ....

Ses armes : *D'or, à trois jumelles de sable.*

Nommé sous Charles VIII après 1484.

Luc Spinola, ambass. de Venise auprès du roi Charles VIII..

Ses armes : *D'or, à la fasce échiquetée d'argent et de gueules de trois traits, surmontée en chef d'une croix.*

Nommé sous Charles VIII. (Catal. manusc. de Pierre d'Hozier.)

Richard de Pellevé, seigneur de Tracy, lieutenant de l'armée de mer sous le duc d'Albanie.

Il était fils de Jean de Pellevé et de Françoise du Bois.

Ses armes : *De gueules, à une tête humaine d'argent, au poil-levé d'or.*

Nommé sous Charles VIII. (P. Anselme, t. II.)

Antoine de Luxembourg, comte de Brienne, de Charny, de Ligny et de Roussy, baron de Rameru et de Piney, vicomte de Machault, etc., conseiller-chambellan du roi, ambassadeur sous Charles VIII et Louis XII, mourut en 1515.

Il était fils de Louis de Luxembourg, comte de Saint-Pol, et de Jeanne de Bar.

Ses armes : *D'argent, au lion de gueules, la queue nouée, four-chée et passée en sautoir, armé et couronné d'or, langué d'azur ; écartelé de gueules, à une comète à seize rais d'argent.*

Paraît avoir été nommé sous Charles VIII.

Antoine, sire de Bueil, comte de Sancerre, conseiller-cham-bellan du roi, marié à Jeanne de Valois, fille naturelle de Charles VII et d'Agnès Sorel.

Il était fils de Jean, sire de Bueil, et de Jeanne de Montejan.

Ses armes : *Écartelé, aux premier et quatrième d'azur, au croissant montant d'argent, accompagné de six croix recroisettées, au pied fiché d'or ; aux deuxième et troisième de gueules, à la croix ancrée d'or ; et sur le tout écartelé, aux premier et quatrième d'or, au dauphin d'azur pamé, crêté, barbé et oreillé de gueules ; aux deuxième et troisième d'azur, à une bande d'argent, accostée de deux jumelles d'or, potencées et contrepotencées.*

Nommé sous Charles VIII. (P. Anselme, t. VII.)

JEAN DE CRÉQUY, dit *le Gallois*, seigneur de Raimboval.

Il était fils d'Arnoul de Créquy, chevalier, et d'Ade de Diéval.

Ses armes : *D'or, au créquier de gueules.*

Nommé sous Charles VIII. (Catal. manusc. de Pierre d'Hozier.)

ROBERT STUART, seigneur d'Aubigny, etc., comte de Beaumont-le-Roger, maréchal de France, conseiller-chambellan du roi, capitaine de cent lances de ses Ordonnances et des cent archers de sa garde écossaise, généralissime de ses armées en Italie et gouverneur d'Harfleur, mourut en 1543.

Il était fils de Jean Stuart, comte de Lennox, et d'Élizabeth de Montgommery d'Eglinton.

Ses armes : *Écartelé, aux premier et quatrième d'azur, à trois fleurs de lis d'or, 2 et 1, et une bordure de gueules, chargée de huit fermaux d'or ; aux deuxième et troisième d'or, à la fasce échiquetée d'argent et d'azur de trois traits, et une bordure engrêlée de gueules ; sur le tout d'argent, au sautoir de gueules, cantonné de quatre quintefeuilles de même.*

Paraît avoir été nommé sous Charles VIII.

LOUIS DE LA HAYE, seigneur de Beaumont, etc., marié en 1466 avec.Marie d'Orléans, fille du comte de Dunois.

Il était fils de Jean de la Haye et de Ysabeau, vicomtesse de Blamont.

Ses armes : *D'or, à deux fasces de gueules, accompagnées de huit merlettes de même, posées 3, 2 et 3 entre les fasces.*

Nommé sous Charles VIII. (Du Paz, *Hist. généal. de Bretagne*).

COLARD, baron de MOUY, conseiller-chambellan du roi, capitaine de deux cents lances de ses Ordonnances, gouverneur de Saint-Quentin, bailli de Cotentin, puis de Rouen.

Il était fils de Colard de Mouy et de ....

Ses armes : *De gueules, fretté d'or de six pièces.*

Nommé sous Charles VIII. (Catal. man. de Pierre d'Hozier.)

AYMAR DE POITIERS, seigneur de Saint-Vallier, etc., conseiller-chambellan du roi, grand-sénéchal de Provence, mourut vers 1510.

Il était fils de Charles de Poitiers et d'Anne de Montlaur.

Ses armes : *D'azur, à six besans d'argent, 3, 2 et 1, et un chef d'or*.

Paraît avoir été nommé sous Charles VIII. (Titres de la maison de Crussol.)

État de plusieurs gentilshommes qui passent faussement pour avoir été décorés de l'Ordre de Saint-Michel sous ce règne.

CLAUDE DU SAIX, seigneur de Rivoire, chambellan du roi et du duc de Savoie.

Cité par Guichenon. (*Hist. de Bresse.*)

ANTOINE DE BEAUVAU, baron de Précigny, premier président de la Chambre des Comptes de Paris, mort en 1489.

Cité par Moréri, édit. de 1725.

GALHAUT D'ALOIGNY, seigneur de la Groye, sénéchal et gouverneur de Châtelleraud, commandant des archers et arbalétriers en Angoumois et Saintonge.

Cité dans Moréri, suppl. de 1689, t. III.

GUILLAUME DE ROUCY, dit *du Bois*, chevalier, seigneur de Manre, d'Argiers, de Possesse, etc.

Cité dans le catal. man. de Pierre d'Hozier.

(La suite prochainement.)

LA COLLECTION

DE

DÉCORATIONS MILITAIRES FRANÇAISES

DU MUSÉE D'ARTILLERIE

(*Suite* *).

XIX.

MÉDAILLES RÉVOLUTIONNAIRES.

1789-1793.

C'est en 1789 que l'on vit naître en France l'idée des décorations commémoratives ; c'est au moment même où l'on demandait l'abolition des ordres que l'on vint proposer à l'Assemblée nationale de consacrer le souvenir de la journée du 14 juillet, en décernant une médaille d'or à chacun des soldats du régiment des gardes françaises qui avaient abandonné leur drapeau pour prendre part à cette triste expédition.

On fit dans le district du Saint-Sépulcre, dès la fin de juillet ou en août 1789, dit Hennin [1], la motion de donner une médaille d'or pour marque distinctive à chaque soldat des gardes françaises qui avait servi la Révolution. Cette proposition fut accueillie et M. de La Fayette en fit la demande aux représentants de la Commune dans la séance du 5 août 1789, sans

* Voir Janvier et Février 1879, page 57.

[1] *Histoire métallique de la Révolution française,* p. 25. Je supprime les renvois que l'on trouvera dans l'ouvrage de Hennin.

cependant exprimer que ce dût être une médaille d'or. Il fit observer que cette distinction devant s'effacer avec ceux qui auraient mérité d'y prétendre, il n'y avait pas lieu de craindre qu'il dût s'élever aucune réclamation sur une différence qui aurait un terme et qui d'ailleurs était motivée par des services antérieurs, et fondée sur des titres reconnus et avoués par la patrie.

Les gardes françaises demandèrent ensuite que le signe distinctif qui leur serait donné ne fût point d'or, afin qu'on ne crût pas que l'intérêt y fût pour quelque chose. Le Comité militaire des représentants de la Commune proposa, dans la séance du 7 août 1789, une médaille de cuivre doré portant d'un côté la tête du roi, et de l'autre les armes de la ville avec cette légende : *Garde nationale parisienne*, 1789 ; cette décoration devait être portée avec un ruban aux trois couleurs. L'Assemblée renvoya cette proposition aux districts. Le projet ne fut pas adopté.

Le 1ᵉʳ septembre 1789, les représentants de la Commune, sur la proposition du Comité militaire et du commandant général de la garde nationale parisienne, arrêtèrent la forme et les légendes de la médaille qui devait être faite par un nommé Francastel.

Cette médaille en forme de losange, munie d'un anneau et d'une bélière, porte d'un côté :

LA LIBERTÉ CONQUISE LE 14 JUILLET 1789.

En haut un anneau, auquel pendent deux chaînes brisées. Au-dessous, un cadenas ouvert avec des bouts de chaîne et deux boulets.

Rev. IGNORANT NE DATOS NE QUISQUAM SERVIAT, ENSES [1]. Une épée passée dans une couronne civique.

Cette médaille, décernée aux sous-officiers et soldats des gardes françaises, fut aussi offerte au maire de Paris, Bailly, à

---

[1] Cette devise que l'on a traduit : *Ignorent-ils que les armes ont été données contre la servitude ?* ou : *Ignorent-ils que chacun n'a reçu un glaive que pour se défendre contre l'esclavage ?* est tirée, avec un léger changement de la *Pharsale*, de Lucain, liv. IV, V, 579. Elle fut d'abord attribuée à Vauvilliers, mais plus tard, La Fayette en revendiqua l'idée dans un discours prononcé à la Chambre des députés, le 27 mai 1820.

La Fayette, et à plusieurs officiers de l'état-major de la garde nationale de Paris.

Elle est gravée dans l'ouvrage de Hennin, dans l'*Histoire-Musée* de Challamel, et dans plusieurs autres recueils. Les coins en sont conservés à la Monnaie [1].

Nous trouvons dans l'*Historique des volontaires de l'Oise*, d'Adolphe Horoy [2], la copie du brevet délivré par Bailly qui accompagnait cette médaille. Ce brevet porte en tête le sceau de la garde nationale et est ainsi conçu :

Nous, Maire et représentant de la commune de Paris, en conséquence de notre arrêté du mois d'août qui accorde aux gardes françaises une médaille en or, en reconnaissance des services signalés rendus à la force publique, autorisons le commandant général à décerner aux sergents, caporaux, grenadiers, canonniers et fusiliers des gardes françaises, ladite médaille, comme témoignage durable de leur bravoure et de leur patriotisme.

Paris, 30 septembre 1789.

Signé : BAILLY.

Nous, Commandant-général, en vertu de l'arrêté de la commune de Paris, avons décoré le nommé Louis Horoy, sergent, de la médaille, lui avons permis de la porter avec le ruban, et l'engageons à mériter de plus en plus par sa conduite l'honneur qui lui est conféré.

Paris, 30 septembre 1789.

Signé : LA FAYETTE.

Un an plus tard, par un décret du 15 juin 1790, l'Assemblée nationale crut devoir récompenser non plus seulement les anciens gardes françaises, mais bien tous les *vainqueurs de la Bastille*, en donnant, à chacun d'eux, un armement complet, un brevet d'honneur et le droit de porter une couronne murale appliquée sur le bras gauche ou sur la poitrine à côté du revers gauche de l'habit.

---

[1] Hennin donne aussi, nº 35, pl. IV, une plaque en émail portant au centre les deux côtés de cette médaille, et qui ne peut être qu'une décoration de fantaisie que se sera fait faire un particulier.

[2] Paris, Fréd. Henry, 1863, in-8º, p. 57. Tout était alors matière à brevet et chaque corps de la garde nationale en décernait un à ceux qui s'enrôlaient dans ses rangs. Ces brevets sur parchemin sont parfois gravés avec un certain talent; j'en connais six ou sept types différents.

Cet habillement était celui de la garde nationale, le brevet sur parchemin, signé par Charles de Lameth, entouré d'emblêmes et portant en haut, à gauche, le dessin de la couronne murale, objet de cette distinction, est conçu en ces termes :

ASSEMBLÉE NATIONALE.

Séance du samedi 19 juin 1790.

Décret en faveur des Citoyens qui se sont distingués à la prise de la Bastille.

PRÉAMBULE.

L'Assemblée Nationale, frappée d'une juste admiration pour l'héroïque intrépidité des Vainqueurs de la Bastille et voulant donner au nom de la Nation un témoignage public à ceux qui ont exposé leur vie pour secouer le joug de l'esclavage et rendre la Patrie libre,

Décrète qu'il sera fourni aux dépens du Trésor public à chacun des Vainqueurs de la Bastille en état de porter les armes, un habit et un armement complet suivant l'uniforme de la Nation ; que sur le canon du fusil, ainsi que sur la lame du sabre, il sera gravé l'écusson de la Nation avec la mention que ces armes sont données par la Nation à tel vainqueur de la Bastille, et que sur l'habit il sera appliqué, soit sur le bras gauche, soit à côté du revers gauche, une couronne murale, qu'il sera expédié à chacun desdits Vainqueurs de la Bastille un brevet honorable pour exprimer leurs services et la reconnaissance de la Nation, et que dans tous les actes qu'ils passeront, il leur sera permis de prendre le titre de Vainqueurs de la Bastille, etc.... Un brevet honorable sera également expédié aux Vainqueurs de la Bastille qui ne sont pas en état de porter les armes, aux veuves et aux enfants de ceux qui sont décédés, comme monument public de la reconnaissance et de l'honneur dû à tous ceux qui ont fait triompher la liberté sur le despotisme, etc.... Le tableau remis par les Vainqueurs de la Bastille, contenant leur nom et celui des commissaires choisis parmi les Représentants de la Commune qui ont présidé à leurs opérations et qui sont compris dans le présent décret avec les Vainqueurs, sera déposé aux Archives de la Nation, pour y conserver à perpétuité la mémoire de leur nom et pour servir de base à la distribution des récompenses honorables et des gratifications qui leur sont assurés par le présent décret.

Signé : Charles LAMETH.

Président.

Au bas, se trouve le certificat des commissaires constatant l'inscription du *vainqueur* sur les listes [1].

---

[1] Collection de l'auteur ; cette planche est gravée par Nicolas.

Comme cela a presque toujours eu lieu, l'insigne brodé fut remplacé par un bijou. Il existe au musée de Cluny une de ces couronnes en métal doré, suspendue à un ruban tricolore (blanc, bleu, rouge) [1].

« Ces honneurs et ces distinctions, dit encore l'auteur de l'*Histoire numismatique*, produisirent des impressions fâcheuses dans le peuple, et du mécontentement parmi les gardes nationaux et ceux des ci-devant gardes françaises qui n'avaient pas concouru à la prise de la Bastille. Bientôt aussi s'élevèrent des incertitudes sur les titres qui devaient faire obtenir cette décoration, et des plaintes sur la manière dont elle était décernée ; des médailles remises furent ôtées à ceux qui les avaient reçues ; enfin les représentants de la Commune firent retirer de la Monnaie les coins de cette médaille et se firent rendre compte du nombre qui en avait été fabriqué par l'orfèvre Francastel, et aussi de la quantité qui avait été accordée [2].

« Les choses en vinrent au point que les vainqueurs de la Bastille crurent devoir renoncer aux prérogatives qui leur avaient été données. Le maire se présenta à l'Assemblée nationale le 25 juin 1790, avec une députation des vainqueurs. L'un d'eux lut un arrêté par lequel ils renonçaient volontairement aux honneurs qui leur avaient été décernés par le décret du 19 juin, et cela par amour de la patrie et de la paix, et par attachement aux principes patriotiques. »

Quelques-uns des décorés pourtant ne se résignèrent pas avec la même facilité à abandonner leur décoration ou à renoncer aux prérogatives qui leur avaient été accordées, et un décret de la Convention, du 20 août 1793, abolit définitivement la couronne murale et la remplaça par une médaille de la Fédération du 10 août 1793.

Cette médaille devait être en bronze et il était, aux termes de l'article 7 du décret de la Convention, défendu à tout citoyen de la porter en signe de décoration.

---

[1] Donné par M. Level.

[2] En 1833, l'interdiction de faire frapper des exemplaires de cette médaille subsistait et était mentionnée dans le *Catalogue des coins monétaires*, p. 318.

Du reste, elle ne fut pas frappée et son existence n'est constatée que par ce décret [1].

Mais il est une autre faveur que les anciens gardes françaises
sollicitèrent avec acharnement et que cinq d'entre eux, au nom
de leurs camarades survivants, demandaient encore en 1831 à
la Chambre des députés, c'était une pension. Voici en quels
termes ils s'expriment dans cette pièce [2] :

Pour nous, vieux et faibles débris de ce régiment des gardes françaises qui reçut le baptême de feu de la liberté sous la mitraille des
créneaux de la Bastille, le 14 juillet 1789, n'est-il point encore arrivé le
jour où nous pourrons recueillir les bienfaits que nous promettait la
reconnaissance nationale?

.... Mais ne serait-elle qu'un hochet stérile, cette décoration en or que
les hautes capacités de la France, pour qui l'amour de la liberté et de la
patrie était un culte, ont décernée à ces gardes françaises, vainqueurs
de la Bastille, et qui les constituèrent premiers chevaliers de la liberté?

.... Notre voix serait-elle sans écho et sans retentissement au sein
d'une assemblée éminemment française? Pourrions-nous sans succès
réclamer, au déclin de la vie, la récompense tant de fois promise qui
doit nous aider à soutenir le poids de la vieillesse et des infirmités?

Dans les lignes qui suivent, les derniers vainqueurs de la
Bastille rappellent tout ce que la Restauration a fait pour les
gardes suisses « qui avaient tiré sur la population de Paris au
10 août 1792 » et demandent à ne pas être oubliés par le gouvernement de Juillet qui continuait à tenir envers les suisses les
engagements pris par Louis XVIII et Charles X [3].

Nous arrivons à l'époque où chacun se décore lui-même, fait
que l'on constate toujours au moment où l'on abolit les décorations officielles. Nous pourrions en citer de nombreux exemples :
rappelons d'abord celui de La Fayette visitant le 4 août 1789 le
district de Saint-André des Arts, et y recevant de Dupré de
Saint-Maur une médaille d'or émaillé, sur laquelle étaient repré-
sentés le chiffre et la croix de Saint-André, deux épées en croix,

[1] Hennin, op. cit., p. 358.

[2] Pétition des gardes françaises, vainqueurs de la Bastille, à l'effet d'obtenir la
récompense promise par plusieurs assemblées législatives depuis quarante-
deux ans, présentée en septembre 1831. In-fol., pièce. (Bibl. nat.)

[3] Nous parlerons plus loin de la médaille commémorative qui fut décernée aux
suisses survivants du 10 août

groupées avec une pique soutenant le bonnet de la liberté, le tout dans une couronne de lauriers. La Fayette attacha cette médaille à sa boutonnière [1].

Le port d'une des médailles frappées en l'honneur de Necker devint la cause de l'émeute qui se termina par l'assassinat du vicomte de Belsunce, major du régiment de Bourbon.

« Le 11 août 1789, deux soldats du régiment d'Artois se promenaient dans la ville de Caen, ayant chacun une médaille à leur boutonnière représentant le buste de M. Necker. Des soldats de Bourbon les rencontrèrent et une querelle s'engagea dans laquelle deux soldats de Bourbon, irrités de la conduite de ceux d'Artois, leur répondirent qu'il n'y avait que des .... qui puissent manquer à leurs officiers et abandonner leurs drapeaux, et que puisqu'ils y avaient été traîtres, ils n'étaient pas dignes de porter la médaille que la nation leur avait donnée, et en achevant ces mots, ils la leur arrachèrent. » (*Conduite du vicomte Henri de Belsunce*, par le chevalier de Belsunce, Paris, in-8°, p. 29.)

Hennin donne, pl. VI et VII, de nombreuses variétés de ces médailles.

Plusieurs événements politiques donnèrent encore lieu à la distribution d'insignes ; le premier fut la défense du trésor de la ville par des détachements de la garde nationale (bataillon de Belleville), le 5 octobre 1789. Sur un rapport fait le 11 mai 1790 l'Assemblée des représentants de la Commune, à la demande par plusieurs individus d'une récompense honorifique pour les services qu'ils avaient rendus dans cette journée, on leur accorda un ruban aux couleurs de la ville sur lequel serait brodée une légende contenant ces mots : TRÉSOR DE LA VILLE SAUVÉ ET CONSERVÉ LE 5 OCTOBRE 1789 ; « duquel ruban, chacun de ceux à qui il était accordé pourrait se décorer sur ses habits. » Il existe dans la collection du comte de Liesville un de ces rubans ; il est aux trois couleurs et la légende y est brodée en fils d'or. Un certain nombre de gardes nationaux, décorés de cet insigne, se réunirent et firent frapper, pour remplacer ce ruban, une médaille ovale, portant d'un côté la même légende, et de l'autre

---

[1] Hennin, op. cit., p. 43, d'après le *Journal de Paris* du 6 août 1789.

les armoiries de la ville [1]. Au droit. Armes de Paris surmontées du bonnet phrygien, posé sur une pique. Lég. MAIRIE DE PARIS. Rev. Guirlande de lauriers entourant les mots : TRÉSOR DE LA VILLE SAUVÉ ET CONSERVÉ LE 5 OCTOBRE 1789. Cette médaille très-grossière, bien que signée de Dupré, est suspendue à un ruban mi-partie rouge et bleu.

Le souvenir de la fête de la Fédération du 14 juillet 1790 fut consacré par une médaille bien connue, qui fut décernée aux fédérés des départements et aux fonctionnaires de Paris et portée par eux à la boutonnière.

Voici la longue description qu'en donné Hennin :

« La Liberté tient un drapeau surmonté du bonnet et sur lequel on voit deux mains jointes en signe d'union ; elle soutient aussi le livre de la Constitution placé sur un autel, sur lequel on lit ces mots : A LA PATRIE. La France, couronnée, ayant un manteau semé de fleurs de lis et tenant un faisceau, porte la main sur le livre pour jurer d'observer la Constitution. La Félicité publique, tenant la corne d'abondance et le caducée, est assise au pied de l'autel et témoigne la joie que lui inspire un si beau moment. La Vérité plane dans les airs, dissipe les ténèbres de l'erreur et dirige sa lumière vers le livre de la Constitution. En haut, on voit, dans une portion du zodiaque, le signe du Lion dans lequel est le soleil pendant le mois de juillet. Les fédérés entourent l'autel et l'on voit à gauche l'École militaire. »

Ex. A PARIS LE 14 JUILLET 1790.

REV. Couronne de chêne entourant les mots : CONFÉDÉRATION DES FRANÇAIS [2].

Parmi les nombreuses pièces analogues qui furent frappées pour la même circonstance, nous devons citer encore un médaillon ovale gravé par Dupré et destiné aussi à être porté à la boutonnière [3]. L'auteur s'adressa aux officiers municipaux de toutes les villes de France pour leur offrir ce médaillon « favorablement accueilli par le Comité, déposé de suite dans les

---

[1] Hennin, op. cit., p. 46 ; n° 60. Collection du Musée d'artillerie (*fac-simile*).
[2] Op. cit., p. 105, n° 40, pl. VII, v. Collection du Musée d'artillerie.
[3] Hennin, op. cit., n° 165.

archives de l'Hôtel-de-Ville et adopté par MM. La Fayette et le Maire de Paris [1]. »

Ce ne fut pas seulement pour la Fédération de Paris que furent frappées de ces sortes de décorations, nous en trouvons de nombreux exemples dans plusieurs villes de province, et notamment à Lyon, Orléans, Troyes, Lille, Versailles, Amboise, Alençon, Grenoble, Gap, etc.

Grâce à l'obligeance de M. G. Vallier, nous pouvons faire figurer ici deux curieux spécimens de ces insignes ; le premier, frappé pour la Fédération de Gap du 14 juillet 1791, se rapproche des types ordinaires que nous trouvons dans Hennin.

Le second, qui a servi à la Fédération de Grenoble, est conservé dans les archives du baron de Franclieu. Cette médaille n'est pas en réalité une médaille, c'est, dit M. Vallier, une petite plaque de carton ovale, recouverte d'une étoffe de soie bleu de ciel et ornée, dans une double couronne qui suit la forme du

[1] « Le prix de six livres porté sur la feuille, écrit Dupré, est celui que j'ai établi pour la distribution que j'en fais au détail ; mais lorsque l'on en prend une quantité, je fais remise de vingt sols et ne les vends que *soixante livres* la douzaine, pour donner l'avantage de *vingt sols* de bénéfice aux personnes qui en font les avances. » — Le même médaillon existait en argent et même en or, au prix de soixante-douze livres la pièce.

carton, de trois fleurs de lis d'or, posées 2 et 1, entre lesquelles est un dauphin d'argent à droite, barbé et crêté de gueules, le

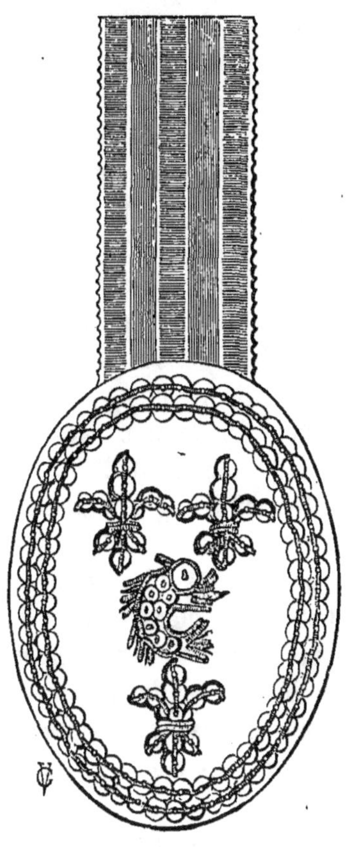

tout brodé en paillettes et en cannetille d'or et d'argent et relevé avec de la soie rouge et noire[1].

Un décret du 10 juin 1793 que nous avons déjà cité en parlant de la décoration des *Vainqueurs de la Bastille*, supprima, par l'art. 8, les médailles de la Fédération de 1790 et ordonna que les coins en seraient brisés. Cet article ajoutait qu'*aucun*

---

[1] *Essai sur les fédérations martiales en Dauphiné pendant les trois premières années de la Révolution française,* par Gustave Vallier, Marseille, 1869, in-8°.

*citoyen ne pourrait porter ces médailles comme décoration sous
peine d'être regardé comme traître à la République* [1].

Ce ne fut, semble-t-il, que dans les derniers mois de 1793 que
les décorations disparurent complétement, car jusque-là on voit
des dispositions plusieurs fois répétées réclamer la remise aux
municipalités de ces marques distinctives et de leurs brevets.

Nous trouvons ainsi successivement un arrêté du Conseil
général de la commune de Paris, du 17 août 1793 ; un autre du
15 septembre qui réclame la remise des médailles de la corporation des *plumets* ou porteurs de charbon, et ordonné que cette
remise sera constatée sur le registre qui sert à inscrire le dépôt
des croix de Saint-Louis. Le graveur Queverdo s'empresse de
célébrer cette heureuse idée par une estampe représentant des
chevaliers de Saint-Louis et des charbonniers déposant en même
temps leurs marques distinctives [2].

Enfin, un décret de la Convention nationale du 28 brumaire
an II (18 novembre 1793) renouvelle l'obligation de déposer aux
municipalités les décorations et établit une pénalité à l'égard
des contrevenants [3].

Du reste, au moment où les décorations cessaient d'avoir le
caractère d'une distinction méritée par des services, elles
devenaient la marque des fonctions publiques. Les premiers, les
membres de l'Assemblée législative portèrent dans l'exercice de
leurs fonctions de grandes plaques rayonnantes au centre desquelles se trouvaient les deux tables portant : *Droit de l'homme.
— Constitution* [4].

Plus tard, les robes de la magistrature cédèrent la place aux
cordons, aux emblèmes et aux chapeaux empanachés, et nous

---

[1] Hennin, op. cit., p. 358.

[2] Hennin, op. cit., p. 386.

[3] La table du *Moniteur* publiée en 1802 traite déjà cette composition de *Cari-
cature*.

[4] H. Bordier et Charton, *Histoire de France par les monuments,* t. II, p. 474. —
Cet exemple a été depuis souvent renouvelé dans des assemblées parlementaires
en France et dans d'autres pays. En 1831, les membres du Congrès de Belgique
se décorèrent de plaques à rayons portant au centre le lion Belgique (*Revue de
la numismatique belge*), et depuis peu d'années, les membres de nos deux
Chambres ont remplacé par des plaques dorées et émaillées les uniformes des
députés de la Restauration et de l'Empire et les bandes brodées et frangées des
représentants de 1848 et de 1871; mais, comme ces derniers, ils ont conservé
l'écharpe tricolore en sautoir que portaient les conventionnels en mission.

voyons les membres du Tribunal révolutionnaire affublés de ces costumes [1].

Nous avons un certain nombre de ces insignes datant de la Convention, ils sont généralement en cuivre doré, portant au centre une plaque émaillée sur laquelle on lit le titre du fonctionnaire. Ces insignes étaient portés en sautoir à l'aide d'un ruban tricolore.

Cet usage fut conservé sous le Directoire, mais alors on vit de plus apparaître les costumes à la romaine, pour la plupart dessinés par David, et qui nous sont conservés dans des recueils gravés contemporains [2].

Parmi les insignes de cette dernière époque, nous remarquons : pour le Tribunal de justice correctionnelle, un petit faisceau sans hache, en argent, suspendu sur la poitrine par un ruban bleu liseré de rouge et de blanc ; pour le Tribunal criminel, un faisceau avec hache suspendu en sautoir par un ruban rouge liseré de bleu et de blanc ; pour le Tribunal civil, un œil en argent, également suspendu par un ruban blanc liseré de rouge et de bleu, etc.

XX.

RÉCOMPENSES NATIONALES. — ARMES D'HONNEUR.

Après avoir supprimé le port de la croix de Saint-Louis comme décoration militaire par une loi des 15-17 octobre 1792, la Convention renvoya au Comité de constitution la question de savoir *s'il convient que, dans une République, on conserve quelque marque distinctive.*

Comme nous l'avons vu plus haut, il ne fut pas donné suite à ce projet et la Convention pensa qu'il suffisait, pour récom-

-----

[1] H. Bordier et Charton, op. cit., t. II, p. 490. Procès de Marie-Antoinette, d'après Bouillon.

[2] *Collection des nouveaux costumes des autorités constituées, civiles et militaires,* in-fol., texte et pl. coloriées.

penser le courage de ses soldats, de proclamer à la tribune que telle armée ou telle ville avaient bien mérité de la patrie.

Cet honneur fut rendu aussi à un certain nombre de généraux dont plusieurs furent, il est vrai, traduits peu de jours après à la barre de cette Assemblée et portèrent leur tête sur l'échafaud.

Ces décrets sont en nombre considérable ; ils s'appliquent tantôt à un individu isolé, tantôt à un corps, à une armée, à une ville. En voici la teneur ordinaire :

La Convention nationale, après avoir entendu la lecture d'une lettre de ses commissaires à l'armée du Nord et sur la proposition d'un de ses membres, décrète que les habitants de Lille ont bien mérité de la patrie [1].

Mais la déclaration qu'on *avait bien mérité de la patrie* ne suffisait pas toujours, et ceux qui avaient été compris dans ces décrets en tiraient des conséquences qui souvent n'étaient pas acceptées par les administrations, ainsi que le montre un décret que nous citerons encore et par lequel la Convention, sur la motion d'un de ses membres, décrète « que tous les citoyens qui ayant bien mérité de la patrie dans les différentes armées de troupes de terre et de mer, ne recevraient pas satisfaction des ministres de la guerre et de la marine, seront admis à être entendus à la barre [2]. »

Aux gens se présentant à la barre, on vote soit des gratifications depuis 150 livres, pour leurs services, soit s'ils sont blessés, des secours qui atteignent jusqu'à mille livres.

Quelquefois, le président leur donne le baiser fraternel (19 floréal an II).

Dans la séance du Conseil des Cinq Cents du 5 floréal an IV (24 août 1796), Réal, en apprenant les succès que l'armée d'Italie venait de remporter à Montenotte, sous les ordres de

---

[1] Décret n° 37, 12 octobre 1792. — Pendant le siége de Paris, le général Trochu, le 19 novembre 1870, établit aussi une distinction exceptionnelle et mit à l'ordre du jour les noms des défenseurs de Paris qui avaient bien mérité du pays depuis le commencement du siége. « Plusieurs, disait-il, ont payé de leur vie les services qu'ils ont rendus ; tous ont fait plus que leur devoir. Les témoignages de la gratitude publique seront la haute récompense de leur sacrifice et de leurs efforts. » (*Journal officiel*, 20 novembre 1870.)

[2] Décret n° 396, 3 février 1793.

Bonaparte, disait : « A de nouveaux triomphes, il faut ajouter, s'il est possible, de nouveaux témoignages de la reconnaissance publique ; déjà nous avons décrété plusieurs fois que l'armée d'Italie a bien mérité de la patrie ; je pense qu'à cette formule on doit substituer celle-ci : *L'armée d'Italie acquiert de nouveaux droits à la reconnaissance nationale.* » Mais, le Conseil qui paraissait affectionner la vieille formule, déclara à l'unanimité que l'armée d'Italie ne cessait de bien mériter de la patrie [1]. Toutefois, le lendemain, le Conseil des Anciens préféra la rédaction proposée par Réal [2].

Au début, les récompenses destinées aux défenseurs de la patrie consistent principalement en secours accordés aux blessés et aux familles de ceux qui ont succombé, en mesures prises pour l'éducation de leurs enfants [3], puis dans des honneurs funèbres rendus aux soldats morts au champ d'honneur, en places réservées aux blessés dans les cérémonies [4]. On remet à ces derniers des palmes, des couronnes [5], quelquefois des médailles [6].

Leurs faits d'armes sont inscrits dans le *Recueil des actions*

---

[1] Compte-rendu dans le *Rédacteur* du 25 avril 1796.

[2] *Idem.*, n° du 27 avril.

[3] V. tables du *Moniteur*, 1792, an VII, verbo, *Défenseurs de la Patrie, Monuments, Panthéon, Récompenses nationales*.

[4] Dans le programme de la fête de la Reconnaissance, qui devait être célébrée le 10 prairial an IV, on voit que les administrations municipales devront remettre *une palme* à tous les militaires de leur arrondissement qui auront eu l'honneur d'être blessés en combattant, et qu'après avoir proclamé leurs noms, elles leur feront donner un témoignage de gratitude et de solemnité.

[5] Le 1er vendémiaire an VI (22 septembre 1797), le Directoire, pour célébrer la fête de la République, se rendit aux Invalides et y remit à trois invalides blessés, élus par leurs camarades, une couronne de laurier et une médaille d'argent. (Hennin, op. cit., p. 566, n° 809.)

Je crois avoir lu aussi quelque part que des couronnes furent décernées par la Convention à l'occasion de faits d'armes, je ne puis retrouver aujourd'hui l'indication de cet usage emprunté à l'antiquité, mais j'ai sous les yeux un décret de la Convention du 3 avril 1793 qui, après avoir décrété que Dumouriez est hors la loi, « autorise tout citoyen à lui courir sus et assure une récompense de trois cent mille livres et des *couronnes civiques* à ceux qui s'en saisiront et l'amèneront à Paris, mort ou vif. » (Décret n° 674.)

[6] L'annonce de la remise d'une médaille à un soldat pour un exploit contre l'ennemi est mentionnée dans le *Moniteur* du 29 juillet 1792. Mais, ce fait, dont j'emprunte l'indication à Hennin (op. cit. p. 248), fut isolé et peut-être n'est-il que le résultat d'un acte privé émanant du département, des chefs ou des camarades de ce soldat. (Voir plus loin l'exemple de François Mathieu.)

héroïques et civiques des Républicains français dont la rédaction est confiée par la Convention au citoyen Thibaudeau, et dont la lecture doit être faite publiquement les décadis. (Décret du 10 nivôse an II.)

Peu à peu, dès que les passions commencèrent à s'apaiser, on comprit l'heureuse influence qu'exerçait sur le courage l'appât d'une récompense extérieure. On avait d'abord pensé aux morts et les honneurs du Panthéon [1], les distinctions posthumes avaient été décernées aux guerriers tués pour la patrie et pour la république ; des pensions étaient votées à leurs veuves, et leurs enfants adoptés par la nation. Bientôt on vit qu'il était nécessaire de parler aux yeux et l'idée des armes d'honneur, renouvelée des anciens, parut devoir concilier les deux sentiments qui partageaient alors les législateurs.

L'origine des armes d'honneur remonte à l'antiquité. Sans aller au delà, nous trouvons chez les Romains la *Hasta pura* ou *donata*, et à côté d'elle les phalères [2], les colliers, les bracelets, les anneaux, ainsi que les couronnes [3] dont nous venons de montrer déjà l'imitation.

[1] Les avis étaient divisés du reste sur la question de savoir quels patriotes devaient jouir des honneurs du Panthéon, aussi déclara-t-on que ce ne serait que dix années après la mort qu'ils pourraient être décernés. Chaumette, dans un discours à la Commune de Paris, le 26 avril 1793, disait :

« C'est avec peine que j'ai pu retenir jusqu'à ce jour l'expression de mes regrets en voyant le Panthéon français souillé encore par la cendre d'un Mirabeau, tandis que la vertu modeste d'un Rousseau, tandis que le dévouement généreux des héros qui sauvèrent la patrie dans les plaines de la Champagne restent ignorés et sans hommages..... Citoyens, soyons de bonne foi, qu'a fait Le Pelletier lui-même pour obtenir de si grands honneurs?.... Le Pelletier est mort assassiné, mais il n'y a pas grand mérite à être assassiné. » (*Nouvelles politiques*, nᵒ du 28 avril 1793.)

[2] Nous ne pouvons, sans nous écarter trop de notre sujet, nous arrêter à ces distinctions, aussi renverrons-nous aux travaux spéciaux, parmi lesquels nous citerons notamment A. de Longperier. Dissertation sur les Phalères (*Revue numismatique*, 2ᵒ série, t. VII, 1848, p. 85), Eug. Dognée. *Les phalères des guerriers romains* (Congrès archéologique de France, XXXIVᵉ session, 1867, p. 29), etc.

[3] Le P. Daniel rappelle dans son *Histoire de la milice française* (liv. XIII, t. II, p. 555) une disposition de François Iᵉʳ par laquelle ce prince ordonnait de donner à un soldat qui se serait distingué par quelque action extraordinaire un anneau d'or, qu'il aurait le droit de porter au doigt pour marque de sa valeur. Le savant jésuite ajoute qu'il n'a remarqué qu'un seul exemple de l'application de cette disposition.

« Ce fut, dit-il, lorsque l'amiral Chabot, deux ans après l'ordonnance de Fran-

Les moulages réunis au musée de Saint-Germain par M. Bertrand, nous présentent une série considérable et des plus intéressantes des monuments honorifiques consacrés aux guerriers romains en Gaule et sur lesquels on trouve la trace ou la mention de ces distinctions.

Sous la monarchie, des armes d'honneur furent quelquefois données à des officiers, mais ce ne fut généralement qu'à titre de don personnel du prince.

Dans diverses circonstances et afin de perpétuer le souvenir d'actions d'éclat accomplies par un corps tout entier, des marques spéciales lui étaient données [1].

Nous verrons plus loin, en parlant des médailles d'honneur, Louis XVI accompagner, en 1792, d'un sabre le don qu'il fait d'une médaille à Claude Lauverjat.

Sous le Directoire, bien que l'institution des armes d'honneur n'ait pas été érigée en principe, elle fut cependant souvent appliquée et les journaux du temps nous en donnent des exemples parmi lesquels nous choisirons les suivants :

Un arrêté du Directoire du 17 ventôse an IV, « pour donner un témoignage de satisfaction au citoyen Blanche pour le zèle et l'énergie républicaine qu'il a déployée pour faire arrêter le fléau de la chouannerie dans le département de la Manche, arrête qu'il lui sera donné *une carabine, une paire de pistolets et un sabre de cavalier* [2] ».

Le 20 floréal an IV, Junot et Murat vinrent présenter au Directoire les vingt et un drapeaux pris à Montenotte et à Mondovi, et Carnot termina le discours qu'il leur adressa en leur offrant au nom du gouvernement *des armes, comme une récompense digne de leur conduite dans ces glorieuses journées* [3].

çois Ier touchant les légions, étant campé à Chivas, voulut passer la grande Doire, en présence de l'armée ennemie. Un légionnaire traversa la rivière à la nage pour aller enlever un bateau qui était de l'autre côté, et l'amena au milieu d'une grêle d'arquebusades qu'on lui tira, sans qu'il en fût blessé. L'amiral lui fit donner, en présence de l'armée, un anneau d'or, suivant l'ordonnance. »

V. *Réflexions philosophiques et critiques sur les couronnes et les couronnements,* par Frid. W., traduit de l'allemand, Paris, 1804, in-8°.

[1] Telle est l'origine des timbales accordées à un certain nombre de régiments de cavalerie. (P. Daniel, op. cit., t. II, p. 558.)

[2] *Le Rédacteur,* n° 86, du 10 mars 1796.

[3] *Idem,* n° 147, 10 mai 1796.

Le citoyen Couzeret, dragon au 11° régiment, dit l'*Ordre général de l'armée de Sambre et Meuse*, du 11 pluviôse an IV (31 janvier 1796), a reçu hier à Bonn et en présence de toutes les troupes de service au quartier général, la récompense de la belle action qu'il fit à la reprise de Lauterbourg, en arrachant la mèche qui allait mettre le feu au magasin à poudre de cette place. *Le général Ernouf*, chef de l'état-major, a remis à ce brave militaire *un sabre qui lui a été envoyé par le gouvernement; sur la lame et le fourreau on lit ces mots :* PRIX DE LA VALEUR [1].

Enfin, après la victoire de Castiglione et celle de Saint-Georges, Marmont, aide-de-camp de Bonaparte, apporta au Directoire 22 drapeaux, et dans l'audience publique qui lui fut donnée le 10 vendémiaire an V, le président lui remit une paire de pistolets et lui adressa un discours terminé par ce passage :

« Et vous, jeune guerrier dont le général atteste la bonne conduite et le courage, recevez ces armes comme une marque de l'estime du Directoire, et n'oubliez jamais qu'il est tout aussi glorieux de les faire servir au dedans pour le maintien de notre constitution républicaine, que de les employer à anéantir ses ennemis extérieurs, car le règne des lois n'est pas moins nécessaire au maintien des républiques que l'éclat de la victoire. »

Il existe au Musée d'artillerie des paires de pistolets de la manufacture de Versailles, portant l'une : *Le Directoire exécutif au général de brigade Gardane ;* une autre : *Le Directoire exécutif au général de brigade Dalesme;* ainsi qu'une épée d'honneur donnée au général Lefebvre (depuis duc de Dantzig), en l'an VII, après l'affaire de Stokach ; et des sabres décernés au général (depuis maréchal) Augereau, en mémoire du passage du pont d'Arcole ; au général Rusca, etc.

La Constitution de l'an VIII établit, dans son article 87, que des récompenses nationales seraient données aux guerriers qui auraient rendu des services éclatants en combattant pour la Répnblique.

Un arrêté des Consuls, du 4 nivôse an VIII, mit à exécution l'idée émise dans la Constitution et décida que des armes

---

[1] *Idem,* n° du 20 pluviôse an IV.

d'honneur seraient distribuées aux officiers et soldats qui se seraient distingués par des actions d'éclat.

En voici les principales dispositions :

Art. 1". — Il sera donné aux individus des grades ci-dessous désignés qui se distingueront par une action d'éclat, savoir : 1° aux grenadiers et soldats, des fusils d'honneur qui seront garnis en argent ; 2° aux tambours, des baguettes d'honneur qui seront garnies en argent ; 3° aux militaires des troupes à cheval, des mousquetons ou carabines d'honneur garnis en argent ; 4° et aux trompettes, des trompettes d'honneur en argent. Les fusils, baguettes, mousquetons, carabines et trompettes, porteront une inscription contenant les noms des militaires auxquels ils seront accordés et celui de l'action pour laquelle ils les obtiendront ;

2° Les canonniers pointeurs les plus adroits qui, dans une bataille, rendront le plus de services, recevront des grenades d'or qu'ils porteront sur le parement de leur habit ;

3° Il sera accordé des sabres d'honneur aux officiers et soldats qui se distingueront par des actions extraordinaires ou qui rendront des services extrêmement importants [1].

Les autres articles fixent le mode de distribution de ces récompenses, ainsi que leur nombre et déterminent la haute paye à accorder aux militaires qui auront obtenu des armes d'honneur.

Nous devons faire remarquer toutefois que l'énumération des armes donnée par ce décret n'est pas complète, et qu'il faut y ajouter les haches et haches d'abordage qui étaient décernées aux quartiers-maîtres de marine, maîtres d'équipage et matelots, ainsi qu'aux sapeurs.

Lors de l'institution de la Légion d'honneur, tous les militaires qui avaient reçu des armes d'honneur furent déclarés légionnaires de droit [2].

Le Musée d'artillerie conserve quelques-unes de ces armes d'honneur du Consulat, et surtout des plaques d'argent fixées sur la crosse des armes à feu, et portant une inscription qui rappelle ces distinctions honorifiques. Par exemple :

---

[1] Dalloz, *Répertoire de jurisprudence.* V° Arme, § 30.

[2] Une liste générale de tous les militaires qui avaient reçu des armes d'honneur et vivaient encore lors de l'institution de la Légion d'honneur, se trouve dans l'*Annuaire de la Légion d'honneur pour l'an XIII* (Paris, Rondonneau, in-8°, p. 126-215). Elle a été reproduite dans l'*Histoire de l'armée,* de Pascal et Brahaut.

D'après Sicard (*Histoire des institutions militaires des Français,* t. IV, p. 55), le nombre des armes d'honneur délivrées sous le Consulat se serait élevé à 1854.

Le Ier Consul au C^{en} Carles, sergent dans la 28e 1/2 B^{de} de ligne. Toujours infatigable au combat, ce militaire a montré une ardeur soutenue dans les charges à la bayonnette. B^{lle} de Marengo. Ou : Le Ier Consul au C^{en} Séb^{en} Morlas, Cap^{al} à la 6e 1/2 B^{de} d'inf^{rie} de ligne, pour actions d'éclat.

Ces inscriptions, entourées d'une guirlande de lauriers, sont gravées sur des plaques en forme d'écusson, d'une hauteur de neuf centimètres environ [1].

Le Musée en possède dix-neuf, ainsi que deux trompettes. L'une de celles-ci porte sur un cordon autour du pavillon : *Le premier Consul au cit^{en} Norberg, pour s'être distingué à la bataille de Marengo.*

Les sabres et épées d'honneur du Consulat n'avaient pas, croyons-nous, de modèle fixe ; le Musée d'artillerie n'a qu'un de ces sabres (*J.* 363), portant la mention : *Bonaparte, premier consul.*

Un des historiens de La Tour d'Auvergne, M. Maurice Dreyfous, nous a conservé, d'après une facture d'orfèvre, la description de l'épée qui fut envoyée par le premier consul au commandant de la *Colonne infernale*, en lui décernant le titre de *Premier grenadier de la République française.* C'était, dit-il, une épée en vermeil, garnie d'un ceinturon richement brodé en or ; plaque enrichie d'une tête de Victoire, plus une dragonne en or du grade de capitaine.

Ce titre de *Premier grenadier* que lui annonça Carnot par une lettre de floréal an VIII ne laissa pas, ajoute M. Dreyfous, que d'embarrasser La Tour d'Auvergne et voici en quels termes il s'exprimait à des amis qui l'en félicitaient :

« Je regarde cette distinction exceptionnelle dont m'honore le premier consul, comme injuste et impolitique. Injuste, parce qu'il est fort douteux que je sois le plus brave ; impolitique, parce que la palme du courage devrait toujours rester suspendue [2]. »

D'après M. Steenakers (op. cit., p. 283), le premier sabre d'honneur aurait été donné le 5 nivôse an VIII (lendemain de

---

[1] Le musée de Tournai possède un fusil d'honneur qui aura vraisemblablement été adressé au maire après le décès d'un militaire, mort sans héritiers, et conservé par suite à l'Hôtel-de-Ville.

[2] *Journal officiel,* éd. de Paris, 8 décembre 1870.

l'institution), au général de division Saint-Cyr, pour sa victoire sur l'aile gauche de l'armée autrichienne. Ce sabre, ajoute-t-il, avait été destiné au sultan par le Conseil exécutif provisoire, en 1793 ; la lame de damas est renfermée dans un fourreau très-riche, et la poignée en or massif est enrichie de diamants.

Des armes d'honneur furent données, non-seulement par le premier consul aux militaires, mais aussi par des ministres à quelques-uns de leurs subordonnés. Le Musée d'artillerie conserve par exemple un sabre provenant du don de Mme Lepel-Comtet et sur la lame duquel on lit : *1er vendémiaire an 10. Donné par le Ministre de la Police générale au C^{en} Paques, inspecteur général de police.*

Nous ne parlerons pas ici des armes offertes à des généraux ou à des officiers par des villes, des corporations ou à l'aide de souscriptions particulières, ces dons faits en souvenir d'actes spéciaux n'ayant pas un caractère officiel [1].

Voici du reste comment Napoléon appréciait ces manifestations :

« Qu'il soit donné une épée au général Junot, il n'y a pas d'inconvénient ; qu'on en fasse un récit simple pour l'annoncer, cela me paraît encore très-convenable. Hors cela il n'y a plus que du ridicule. Ce serait ici le cas de demander ce que fera la ville de Paris pour le général qui mettra le premier le pied en Angleterre. La ville de Londres a donné une épée à Nelson après la bataille d'Aboukir. Ce n'est pas que je ne sois persuadé que le général Junot le mérite ; mais depuis qu'il commande Paris, il n'a rien fait d'extraordinaire. Comme cela est fait, il faut, pour éviter du ridicule au préfet et au général, amoindrir autant que possible cette démarche. Je désirerais que l'épée fût donnée au nom du conseil municipal plutôt qu'au nom de la

---

[1] Tenisien d'Haudricourt rapporte le fait d'armes du grenadier François Mathieu, né à Valenciennes, auquel Napoléon donna un fusil d'honneur à la suite de la bataille de Marengo, et ajoute que de retour dans sa ville natale, Mathieu reçut du maire, sur la place d'armes, devant les habitants, un sabre et un baudrier. Voulant aussi ajouter à sa gloire, le commandant de la place lui remit une médaille comme un gage de l'estime de ses frères d'armes.

Plus loin, l'auteur des *Fastes de la nation* rappelle le souvenir d'un acte de bienfaisance exercé par le vaguemestre Stamphly à l'armée d'Égypte, et dit que Menou lui donna un sabre garni en vermeil sur lequel est gravé : *La République reconnaissante au vertueux Stamphly.* (Voir aussi un exemple analogue, verbo *Vaucher.*)

ville de Paris. Le conseil municipal peut vouloir effectivement donner une épée; mais, pour la ville de Paris, cela ne serait supportable qu'à quelqu'un qui aurait sauvé la ville. » (Au consul Cambacérès, n° 7448. Boulogne, 4 janvier 1804.)

Sous la Restauration, il fut encore fait des distributions d'armes au nom des rois.

Le Musée d'artillerie possède (J. 343-349) des sabres et des épées portant les armes de France sur la coquille, et qui sont désignées sous le nom d'*armes de récompense*.

On y trouve aussi deux plaques d'argent analogues à celles des armes d'honneur du Consulat et dont l'une porte : *Donné par le* Roi *au S^r De Rennes. J^h.*

Rappelons que, sous Charles X, les jeunes gens qui sortaient des pages, pour entrer comme sous-lieutenants dans l'armée, recevaient du roi leur première épée.

Une question fut soulevée à propos de la propriété des armes d'honneur après la mort de leurs possesseurs. Certains officiers avaient prétendu que l'ordonnance de 1768, qui accordait l'épée d'un officier décédé à celui qui avait été chargé de ses obsèques, était applicable aux armes d'honneur. Mais un avis du Conseil d'État, du 27 octobre 1804, décida que les armes d'honneur, toujours méritées par des actions éclatantes, étaient une propriété sacrée et qu'elles devaient être renvoyées aux maires de la commune du domicile du décédé, pour être solennellement remises à ses héritiers [1].

Nous avons dit précédemment que la plaque de vétérance, instituée par Louis XV, fut conservée même dans les armées républicaines. Un extrait de l'*Ordre du jour de l'armée de Sambre et Meuse*, du 15 nivôse an IV, dans lequel se trouve mentionnée la condamnation à trois ans de fers d'un conducteur en chef de l'artillerie, nous en fournit une nouvelle preuve dans le passage suivant : « Le Conseil a arrêté en outre que la marque distinctive que porte le sieur N... étant accordée à la probité et au bon service, ne peut lui rester plus longtems, et qu'en conséquence, il déposera son médaillon qui sera envoyé au Ministère de la Guerre avec la copie de son jugement [2]. »

---

[1] Dalloz, op. cit., v° Armes, § 30.
[2] *Le Rédacteur,* n° 43, 27 janvier 1796.

XXI.

LA LÉGION D'HONNEUR.

1802.

C'est dans l'article 2 du décret du 30 juillet 1791 que se trouve en germe l'idée qui présida à la création de la Légion d'honneur. L'Assemblée nationale, y était-il dit, se réserve de statuer sur la *distinction nationale unique qui pourra être accordée aux vertus, aux talents, aux services rendus à l'État.*

Cette distinction unique fut établie par la loi du 29 floréal an X (19 mai 1802) qui créa la *Légion d'honneur*, qui devait être composée : 1° de tous les militaires qui avaient reçu des armes d'honneur ; 2° des militaires qui auraient rendu des services majeurs à l'État dans la guerre de la liberté, et des citoyens qui par leur savoir, leurs talents, leurs vertus, auraient contribué à établir ou à défendre les principes de la République, ou fait aimer et respecter la justice ou l'administration publique (tit. II, art. 1er).

Bien qu'il déclarât bien haut que ce n'était pas un ordre qu'il entendait créer, Napoléon ne réussit pas sans difficulté à faire admettre, soit par le Conseil d'État, soit surtout par le Tribunat le projet qu'il présentait et dont il sentait toute l'importance. Beaucoup d'historiens ont retracé beaucoup mieux que nous ne pourrions le faire les discussions qui eurent lieu à cette époque et les critiques dont fut l'objet cette institution [1].

---

[1] Napoléon, dans une lettre à Fouché, se plaint de ce que la *Gazette de France* annonce que Dessalines, le tyran nègre de Saint-Domingue, a fait une Légion d'honneur.

« Il serait bon de vérifier si ce n'est pas une mauvaise plaisanterie qu'a voulu faire le journaliste ; il me paraîtrait qu'elle serait mal placée. » (Corr. n° 7,908. Calais, 7 août 1804.)

Près de cinquante ans plus tard, un autre souverain d'Haïti, Soulouque, qui s'était fait proclamer empereur sous le nom de Faustin Ier, et qui, rêvant en tout d'imiter Napoléon Ier, calquait les institutions impériales, constitua réellement une Légion d'honneur, copiée sur notre institution française et dont la décoration était composée d'une étoile à dix branches doubles, alternativement rouges et bleus. Cet Ordre ne survécut pas à la déchéance de Soulouque prononcée dans les derniers jours de 1858, par Geffrard, qui rétablit à Haïti le gouvernement républicain. (V. biogr. Didot, article Soulouque, par Melvil-Bloncourt ; Gourdon de Génouillac, etc.)

Ces critiques ne s'étaient pas éteintes, même plus de vingt ans après, et nous en retrouvons un assez piquant reflet dans la note suivante de Ch. Comte [1] :

« Quelque temps après que Bonaparte eut usurpé les droits et les pouvoirs du peuples, il voulut usurper aussi l'empire de l'opinion publique et se constituer juge exclusif du mérite des hommes. Il marqua par un bout de ruban ceux qu'il jugea dignes d'être distingués. Comme de raison, les morceaux de ruban les plus larges et les plus longs furent généralement distribués aux courtisans les plus serviles. Cependant, il se trouva quelques hommes de talent qui firent au bout de ruban l'honneur de l'attacher à leur boutonnière ; peut-être même s'en trouva-t-il quelques-uns qui allèrent jusqu'à le passer autour de leur cou. Ce fut de leur part une preuve de leur bon sens naturel et de leur extrême modestie, et je n'ai nulle envie de les blâmer. Mais j'avoue que leurs talents auraient eu un peu plus de prix à mes yeux s'ils avaient été accompagnés d'un peu plus de fierté ou d'un caractère un peu moins facile. Washington est mort sans avoir le grand-cordon, et Franklin n'était d'aucun ordre [2]. Avant Bonaparte, on donnait aux militaires qui s'étaient distingués des armes d'honneur, et on les leur remettait à la tête de leur régiment témoin de leurs exploits ou de leur bonne conduite. Il n'y avait pas à craindre que les honneurs allassent s'attacher à un courtisan ou à un agent de police. »

Organisée en un grand corps, la Légion d'honneur devait se composer d'un grand conseil (qui nommait les légionnaires) et de quinze (et plus tard de seize) cohortes. Chaque cohorte devait comprendre sept grands officiers, vingt commandants, trente officiers et trois cent cinquante légionnaires. Chaque légionnaire touchait sur les biens affectés à la cohorte un traitement variant de 5,000 à 250 fr. En outre, un hospice et des logements devaient être établis dans chaque chef-lieu de cohorte pour recueillir soit les légionnaires infirmes, soit les militaires qui,

---

[1] *Histoire de la garde nationale de Paris*, 1827, p. 439.

[2] Peut-être serait-ce ici le cas de rappeler que Franklin, venu à la cour de Versailles, céda à la faiblesse de son temps, et que ses armoiries ne tardèrent pas à figurer soit sur des livres, soit sur des gravures. (Voir à ce sujet la note publiée par M. le comte Alfred de Longpérier-Grimoard, dans le *Bulletin du bouquiniste.*)

après avoir été blessés dans la guerre de la liberté, se trouveraient dans le besoin.

Pendant plus d'un an, on s'occupa surtout de pourvoir aux ressources nécessaires pour le fonctionnement matériel de la Légion d'honneur [1] ; ce fut le 23 vendémiaire an XII qu'eurent lieu les premières nominations [2]. Mais ce fut seulement le 22 messidor (10 juillet 1804) qu'un décret régla la forme de la décoration.

Quatre jours après, le 26 (anniversaire du 14 juillet), eut lieu aux Invalides la cérémonie de la prestation du serment des légionnaires, et l'empereur (car tel était le nouveau titre du premier consul), après avoir pris lui-même les deux décorations de l'Ordre, en fit la remise aux membres présents. « Le soldat, le général, le pontife, le magistrat, l'administrateur, l'homme de lettres, l'artiste célèbre recevant chacun la récompense de leurs talents et de leurs travaux, ne semblaient composer qu'une seule famille qui se pressait autour du trône d'un héros pour le décorer et l'affermir [3]. »

[1] En même temps, Napoléon cherchait à empêcher que les anciens Ordres français ne fussent portés dans les cours étrangères. C'est ainsi que, le 17 nov. 1802, il écrit à Talleyrand, ministre des relations extérieures :

« Je vous prie, citoyen Ministre, de faire passer à la cour de Madrid, à la cour de Florence et à la cour de Naples, des notes officielles pour demander qu'il ne soit souffert dans ces États aucun cordon ni croix tenant aux anciens Ordres de France.

« Vous aurez une conférence avec M. de Lucchesini ; vous lui ferez sentir que, dans plusieurs cours de l'Europe, on ne souffre plus que l'on porte des Ordres qui véritablement sont un outrage à la France ; qu'aujourd'hui, à Varsovie et dans toutes les parties de la Prusse, et même à Berlin, des émigrés portent des croix et des cordons ; que nous désirerions que le roi de Prusse, de son propre mouvement, donnât cette preuve d'attachement à la République, en ordonnant que, sous quelque prétexte que ce soit, aucun individu ne pourra paraître avec des marques distinctives de l'ancienne cour.

« Écrivez dans le même sens au citoyen Marescalchi, en Ligurie, en Hollande, en Suisse, à Hambourg, à Francfort et dans les différentes villes d'Allemagne, car nos ambassadeurs ne sachant pas quelle est l'opinion du gouvernement sur ce sujet, on laisse souvent subsister dans ces pays d'anciennes distinctions. »

Au commencement de 1805, le commissaire français à Bucharest se plaignit de ce que des français portaient encore la croix de Saint-Louis dans cette ville, et Napoléon répondit dans une note à Talleyrand : « Si quelqu'un porte la croix de Saint-Louis, qu'il fasse une note au prince pour dire qu'il va partir s'il n'empêche pas que cet affront me soit fait. » (N° 8,536, 7 avril 1805.)

[2] *Annuaire de la Légion d'honneur pour l'an XIII*, par Lavallée et Perrotte. Paris, in-8°.

[3] *Journal officiel*, n° 298, et *Annuaire*, p. 50.

Nous sommes déjà loin, on le voit, de la récompense destinée à rémunérer les services rendus soit dans la guerre de la liberté, soit dans la défense des principes de la République, aussi Napoléon avait-il jugé nécessaire de changer les termes du serment à faire prêter aux légionnaires.

« Il me paraît convenable, écrit-il à Lacepède le 12 messidor an XII (1ᵉʳ juillet 1804, n° 7826), de mettre dans le serment, au lieu du *Gouvernement*, *l'Empereur*, changement qui, en réalité, n'en est pas un, puisque dans le gouvernement l'empereur se trouve compris, mais que les circonstances qui ont lieu depuis le serment de la Légion d'honneur rendent nécessaire. »

Peu de jours après eut lieu, au camp de Boulogne, une seconde distribution, présidée également par Napoléon, « assis sur le siége d'un des rois de la première race » et auquel des officiers présentaient les décorations placées dans les casques et les boucliers de Bayard et de Du Guesclin [1].

Toutefois, l'empereur ne tarda pas à s'apercevoir qu'il manquait à sa Légion un premier degré, un grade au-dessus de celui des grands officiers, et c'est alors qu'il institua, le 10 pluviôse an XIII (30 janvier 1805), la grande décoration de la Légion d'honneur [2].

Lorsque furent créés ces grands cordons de la Légion d'honneur, Napoléon adressa les paroles suivantes aux nouveaux décorés (10 février 1805) :

« Messieurs, la grande décoration vous rapproche de ce trône sans exiger de vous des serments nouveaux ; elle ne vous impose point de nouvelles obligations. C'est un complément aux institutions de la Légion d'honneur. Cette grande décoration a aussi un but particulier, celui de lier à nos institutions les institutions des différents États de l'Europe et de montrer le cas et l'estime que je fais, que nous faisons, de ce qui existe chez les peuples nos voisins et nos amis [3]. »

Napoléon, au début de son règne, attachait ainsi une certaine

---

[1] *Journal officiel*, p. 57.

[2] « La grande décoration consiste en un ruban rouge passant de l'épaule droite au côté gauche, au bas duquel est attaché l'aigle de la Légion par un ruban moiré rouge, et une plaque brodée en argent, sur le côté gauche des manteaux et habits, etc. »

[3] Corr. de Napoléon, n° 8,323, d'après le *Moniteur*.

importance à ces échanges de décorations qui semblaient faire cesser l'isolement dans lequel la France vivait depuis quinze ans.

Les premières qu'il reçut furent celles de Prusse, et, dans une lettre qu'il écrivait à Talleyrand, le 30 janvier 1805, il lui exprimait en ces termes le désir de voir d'autres souverains suivre cet exemple et lui permettre de faire aux principaux personnages de sa cour une distribution assez étendue de cordons.

« J'ai signé le décret relatif à la grande décoration de la Légion d'honneur, qui consistera en une plaque et un cordon rouge. Je désire que vous vous entendiez avec M. Lacépède pour la faire faire et l'expédier sans délai au roi de Prusse. Faites-moi demain matin un rapport sur cet objet, et apportez avec vous toutes les pièces originales qui me fassent connaître comment tout doit se faire [1]. Je pense aussi qu'il serait convenable de faire la même chose vis-à-vis de l'Espagne pour la Toison d'or. On pourrait suivre le même système pour Munich. Ces idées me viennent naturellement, au moment où je serai obligé de désigner sept ou huit personnes pour les cordons du roi de Prusse qui, étant d'une nature toute différente, formeront ici une grande disparate ; il faudrait en donner une trentaine, soit de ceux du roi de Prusse, soit de l'Espagne, des électeurs d'Allemagne ou du Portugal, » (N° 8,297.)

Dans les instructions qu'il donne à Junot à son départ pour Lisbonne, il lui recommande de voir le roi d'Espagne.

« Vous lui direz aussi que le roi de Prusse m'a envoyé douze grands cordons de l'Aigle prussienne pour distribuer aux personnes les plus considérables de France ; que je verrais avec plaisir que le roi d'Espagne, de son propre mouvement, fît la même chose pour l'Ordre de la Toison d'or ; que vous êtes autorisé à vous entendre avec lui sur cet objet ; que l'échange aura lieu entre les deux souverains et que j'enver-

---

[1] En tout, Napoléon se préoccupe beaucoup des traditions. La première fois qu'il est appelé à prendre un deuil de cour, à l'occasion de la mort de la reine douairière de Prusse, il écrit à Cambacérès de lui faire faire un travail et de rechercher ce que faisait dans de telles circonstances la cour de Versailles, dont il veut suivre l'usage :

Comment doit-il porter le deuil et quel est celui que doivent prendre les grands officiers, l'impératrice, les dames, etc. ?

Doit-il s'étendre aux généraux et *aux préfets ?* Doit-il être donné à la livrée et de quelle manière ? (Troyes, 4 avril 1805, n° 8,522.)

rais la grande décoration de la Légion d'honneur pour le roi et les princes [1]. »

Des lettres de l'empereur furent adressées le 21 mars 1805 au roi de Prusse, au prince régent de Portugal et à l'électeur de Bavière, pour leur envoyer le grand cordon.

« J'ai fondé, écrivait Napoléon, une institution destinée à perpétuer dans mon Empire le sentiment des bonnes et des grandes actions ; je lui ai donné le nom de Légion d'honneur.

« Le bien que cette institution a déjà produit a excité en moi le désir de lier à elle les Ordres qui ont pour but d'encourager et de récompenser, dans tous les pays amis de la France, le dévouement à l'État et à la personne du prince, et c'est dans cette vue que je me détermine à offrir à Votre Majesté le grand cordon de ma Légion impériale, pour être uni aux autres décorations, dont elle est protecteur et chef suprême dans son royaume [2]. »

[1] Corr., n° 8,350, 23 février 1805. — Le roi répondit à ces avances en envoyant cinq colliers de la Toison d'or et cinq cordons de Charles III. Les colliers furent donnés à Joseph, à Louis, au cardinal Fesch, au prince de Piombino et au prince Borghèse. Napoléon renvoya en échange six grands cordons. (Corr., 24 juillet 1805.)

[2] Corr., n° 8,462. — La réponse à l'Électeur de Bavière est du 17 juin 1805, n° 8,900. Après avoir remercié ce prince du grand cordon de Saint-Hubert, Napoléon ajoute :

« Ceux de mes sujets auxquels V. A. S. E. a accordé cette décoration s'honoreront de la porter, et les relations qui se trouvent ainsi établies entre eux et les personnes qui vous ont montré le plus de dévouement ne peuvent que m'être agréables. »

Dans une lettre au prince Eugène, du 25 juillet 1805, Napoléon lui trace ainsi les principes qu'il doit appliquer pour les autorisations à accorder en son nom aux italiens qui recevraient des Ordres étrangers :

« M. Joseph Paraviccini, de Bologne, m'a fait demander à porter l'Ordre de la Toison d'or que l'empereur François II lui a donné ; mon intention est qu'il ne le porte pas. En général, ayez pour principe de ne permettre de porter aucun Ordre autrichien ; c'est dans ce sens que vous devez vous en expliquer. Je pourrai permettre les Ordres bavarois et espagnols ; je ne permettrai ni les autrichiens ni les napolitains ! »

Plus tard, à une demande formée par cinq dames vénitiennes, dames du palais de la princesse Auguste (femme du prince Eugène), et qui ayant reçu la croix étoilée d'Autriche demandaient à l'empereur l'autorisation de la porter, Napoléon répond par la décision suivante :

Renvoyé à M. Marescalchi (ministre des affaires d'Italie) pour répondre à ces dames que mon intention est qu'aucun de mes sujets italiens ne porte d'Ordres étrangers ; que si elles avaient ces décorations pendant le temps que l'Autriche régnait sur Venise, je n'y aurais fait aucune attention ; mais que je ne puis

Napoléon attachait alors assez d'importance à ces envois de décorations pour avoir recommandé à Talleyrand, au moment de son départ pour Milan, où il allait se faire couronner comme roi d'Italie, de lui envoyer les ambassadeurs qui auraient des cordons à lui porter. Il ajoute qu'il n'a pu recevoir les cordons de Portugal, parce qu'il était sur son départ et qu'il voulait avoir ceux de Prusse avant [1].

D'après l'*Almanach* de 1807, on voit que six puissances avaient répondu à l'invitation de Napoléon et qu'il avait pu disposer de soixante-deux grands cordons ou colliers. Sur ce nombre, il en avait conservé sept, Duroc et Rapp en avaient deux, et tous les autres princes de sa famille, dignitaires de l'Empire ou officiers de sa maison n'en avaient qu'un. (*Almanach impérial de* 1807, p. 138-140.)

Dix étaient aussi grands dignitaires de la Couronne de fer et vingt-cinq commandeurs.

Plus loin, nous le voyons employer ces échanges à lui faire connaître l'état de ses relations avec l'Autriche.

« Comme rien ne serait plus propre à me donner la mesure exacte des dispositions de la cour de Vienne que d'entamer une négociation dont l'objet serait d'échanger un certain nombre de grands cordons de la Légion d'honneur contre des cordons des Ordres d'Autriche, écrivez à M. de la Rochefoucauld de dire à M. de Cobenzl que, pendant mon séjour à Milan, j'ai reçu les cordons des Ordres de Prusse, de Bavière et de Portugal ; que je vais recevoir incessamment les Ordres d'Espagne ; qu'ainsi l'Autriche se trouve presque la seule des grandes puissances du continent qui n'ait point fait un échange des cordons de ses Ordres, etc. [2]. »

Le refus qui fut fait sans doute à la proposition de l'empereur lui fit connaître les vraies dispositions de l'Autriche à son égard, et ce ne fut qu'après les victoires qu'il remporta sur ce pays, au moment même de l'arrivée en France de Marie-Louise, qu'il envoya à son beau-père le grand cordon de la Légion d'hon-

---

regarder que comme une inconvenance qu'elles leur soient données depuis la paix, et que je désire que ces dames les renvoient, en faisant sentir le refus que j'ai fait de leur permettre de les porter. (Saint-Cloud, 31 juillet 1806, n° 10,576.)

[1] Corr., n° 8,536, 7 avril 1805.

[2] Lettre à Talleyrand, Milan, 6 juin 1805, n° 8,845.

Pourtant Napoléon n'abandonnait pas son idée, et la dernière lettre que nous citerons entre encore dans le détail de mesures à prendre pour les admissions.

Au prince de Neufchâtel et de Wagram.

Saint-Cloud, 3 août 1811.

Je désire que vous teniez un conseil composé de M. l'Archichancelier, du grand maréchal du palais, du chancelier et du trésorier de l'Ordre des Trois-Toisons d'Or. Ce sera un conseil d'administration pour les affaires de l'Ordre des Trois-Toisons d'Or. Mon intention est de tenir, le 15 août, une grande assemblée des chevaliers.

Je vois par la loi qui institue cet Ordre qu'il doit être composé de cent grands chevaliers ; il faut me présenter la nomination de quarante ou cinquante, et avoir des décorations préparées pour ceux qui sont à Paris, ou qui pourront y venir. Je choisirai sur la liste que le conseil présentera les hommes auxquels l'art. 3 donne des droits.

L'art. 6 dit que les aigles des régiments seront décorées de l'Ordre des Trois-Toisons [1] ; il faut préparer cette décoration et voir comment on doit la leur faire passer.

Il faut me présenter les capitaines, lieutenants et sous-lieutenants commandeurs que doivent avoir les bataillons de l'armée en conséquence de l'art. 7, et les sous-officiers et soldats à faire chevaliers. On les nommera en août.

Indépendamment de tout cela, beaucoup de choses sont à faire. Il faut régler les finances et savoir en quoi consistent les revenus de l'Ordre au 15 août ; il faut régler la formule du serment. Il me semble que l'Ordre a aujourd'hui 1,500,000 francs de rente. Les mines d'Idria rendent 500,000 francs [2] ; l'année 1810 et le premier semestre de 1811 doivent avoir rendu 750,000 francs, etc...

Je vous envoie un projet de statuts qui sera discuté en conseil. Il faut vous occuper de déterminer les modèles de décoration, de l'*habit*, régler le cérémonial pour la réception des chevaliers et la police du palais, enfin les différentes dispositions relatives à la mise en activité de l'Ordre. Il faudrait discuter s'il ne serait pas convenable d'adopter pour

---

[1] Pendant la campagne d'Italie, l'empereur Napoléon III décida que les régiments qui prendraient un drapeau à l'ennemi porteraient la croix de la Légion d'honneur attachée au-dessous de leur aigle (*Moniteur* du 14 juin 1859).

La note insérée au *Moniteur* porte que cette décision a été prise par l'empereur pour rappeler d'anciennes et glorieuses traditions. Cette mesure s'exécute encore aujourd'hui. Un article de M. Norbert-Billiard dit que déjà sous le premier Empire les aigles des régiments avaient la Légion d'honneur, je n'en connais aucune trace et je crois que l'on a seulement, en 1859, mis à exécution le projet formulé dans les statuts des Trois-Toisons.

[2] Mines de mercure en Illyrie, dont il est souvent question dans la correspondance de Napoléon.

habit l'uniforme de cuirassier et le casque, mais orné et enjolivé. Il me semble qu'il n'y a rien de plus militaire [1].

Plusieurs historiens ont recherché quels motifs avaient porté Napoléon à cette nouvelle création, mais nous ne voyons pas qu'aucun d'eux en donne une explication satisfaisante.

Peut-être n'y eut-il qu'un sentiment d'imitation de ce que l'empereur venait de voir à Vienne dans l'Ordre de Marie-Thérèse, institution militaire fondée par cette princesse en 1758 après la victoire de Kollins, remportée par les Autrichiens sur le roi de Prusse, Frédéric II. Nous retrouvons en effet la division en trois classes, l'admission des officiers, sans distinction de grade, jusques et y compris celui d'enseigne, sans distinction de religion et de naissance, et sans avoir égard à l'ancienneté des services, mais seulement aux actions d'éclat, et enfin la nomination par un chapitre, présidé par le souverain, à la suite d'une information détaillée de l'action d'éclat qui peut motiver la nomination [2].

La fête de l'Ordre était fixée au 15 novembre, jour de Sainte-Thérèse, de même que celle des Trois-Toisons au 15 août, devenu la Saint-Napoléon.

Bien que personne ne paraisse avoir vu les décorations, il est cependant certain, d'après la correspondance de Napoléon, que les modèles au moins furent exécutés. Maintenant, quelle pouvait être l'utilité d'un costume spécial, celui de cuirassier par exemple donné à des officiers et des soldats qui ne devaient jamais quitter le corps dans lequel ils servaient? Était-ce une tenue spéciale pour le chapitre annuel, ou, à un moment donné, Napoléon avait-il pensé à former des membres de l'Ordre des Trois-Toisons un corps d'élite, une sorte de bataillon sacré?

M. Paul Roche, qui a publié dans le *Gaulois* [3] un article sur l'Ordre des Trois-Toisons, n'a trouvé d'autres renseignements à donner qu'une partie de ceux qui figurent ici.

La dernière pièce qu'il signale est du 21 février 1812, c'est dit-il un compte-rendu des recettes et dépenses de l'Ordre pen-

---

[1] Nᵒ 17,984.

[2] V. Répertoire de Dalloz. V. Ordres, § 87. — Perrot, etc.

[3] Nᵒ du 6 avril 1875, à l'occasion de la remise de la Toison-d'Or, au maréchal de Mac-Mahon.

dant l'exercice 1811, accompagné d'une organisation des bureaux.

« La campagne de Russie, ajoute M. Roche, les campagnes d'Allemagne et de France sont arrivées ensuite et ont fait oublier au maître son projet de Schœnbrunn. Mais, jusqu'en pleine année d'invasion, en 1814, il y a eu des gens sollicitant cette récompense, dans le cas où l'Ordre recevrait la consécration du fait. »

Une dernière question reste à élucider : y eut-il des chevaliers de l'Ordre des Trois-Toisons ? Nous croyons qu'on peut la résoudre négativement, mais qu'il y eut des propositions faites et des chevaliers élus dans les régiments.

Une lettre insérée dans le *Gaulois* du 8 avril 1875 signalait à M. Roche un chef de bataillon du 84ᵉ de ligne, nommé Duvergier, qui avait été élu dans ce régiment. Il est mort à Noyon, en 1860, un chef de bataillon d'infanterie, Nicolas Marminia, qui avait été proposé comme commandeur de cet Ordre.

XXV.

ORDRE DES DEUX-SICILES.

1808.

L'Ordre des Deux-Siciles fut institué par Joseph Bonaparte pendant le peu de temps qu'il fut appelé à régner à Naples.

Ce prince n'avait pas, quoi qu'en ait écrit Napoléon à Louis, attendu bien longtemps après son élévation au trône de Naples pour désirer avoir aussi un ruban à distribuer à ses sujets, à ses soldats et aux Français qui l'avaient suivi. Sa première idée paraît avoir été de prendre un des ordres déjà existants et de s'en déclarer grand-maître. Dès le commencement de mai 1806, il s'en entretenait avec l'empereur qui lui répondait la lettre suivante :

Saint-Cloud, 21 mai 1806.

Mon frère, j'ai reçu vos lettres des 10 et 11 mai. J'avais pensé comme vous à l'Ordre de Saint-Janvier, mais il faut attendre encore. Envoyez-moi une note sur son institution et sur ses devoirs. Il me paraît par trop religieux. Au premier coup d'œil, je n'aime point un Ordre qui se rattache aux Bourbons, ses fondateurs [1]. Dans les institutions, il faut créer et se mettre sur-le-champ, autant que possible, en harmonie avec le siècle. On ne peut entendre en Europe le nom de saint Janvier sans rire. Il faudrait trouver quelque chose qui imprimât le respect et que l'on fût tenté d'imiter. Les Anglais eux-mêmes veulent aujourd'hui créer chez eux quelque chose de semblable à la Légion d'honneur. Je relis votre lettre, et je ne vois pas que vous ayez de quoi vous vanter. L'Ordre de Constantin, qui l'a fondé [2]? Quels sont ses statuts, ses priviléges? Envoyez-m'en également la note [3].

Napoléon semble n'avoir rien trouvé à sa convenance, ni Saint-Janvier, ni l'Ordre Constantinien, ni même celui du Croissant fondé par René d'Anjou et dont le nouveau roi avait d'abord eu l'idée d'entourer ses armoiries [4].

L'Ordre de Malte parut à un moment devoir convenir et une lettre curieuse, que nous croyons devoir citer en entier, montre comment l'empereur songeait à s'en déclarer le protecteur et à en donner la grande-maîtrise effective au roi de Naples, en lui conservant en quelque sorte son ancien caractère de défenseur de la chrétienté dans la Méditerranée [5].

A M. de Talleyrand.

Rambouillet, 22 mars 1806.

Monsieur le Prince de Benevent, l'Ordre de Malte peut être considéré comme détruit. Il n'a pas aujourd'hui de grand-maître; il ne possède

---

[1] N° 10,255. Napoléon fera plus tard la même observation au sujet de l'Ordre de Charles III.

[2] En effet, l'Ordre de Saint-Janvier avait été créé en 1738 par Charles IV, pour perpétuer le souvenir du mariage de ce prince avec la princesse de Saxe et dans le dessein de défendre la religion catholique.

[3] L'Ordre Constantinien avait une de ces origines fabuleuses trop souvent prêtées aux anciens Ordres. Les vieux historiens n'hésitaient pas à faire remonter à Constantin le Grand la fondation de la milice Constantinienne de Saint-Georges. Des empereurs grecs il était passé aux cours d'Espagne, de Naples et de Parme, et les deux dernières l'ont donné simultanément jusqu'à ces dernières années.

[4] Au Roi de Naples (Joseph). Saint-Cloud, 13 juin 1807. Je vous envoie le mémoire des relations extérieures sur les armes de Naples. Il me semble raisonnable, hormis qu'il faut en ôter cet Ordre du Croissant qui n'est pas de mode et qui ne doit pas être renouvelé depuis que le Grand Seigneur en a établi un. On pourrait mettre très bien la Légion d'honneur, ou bien le nouvel Ordre que vous ferez. (Corresp. de Napoléon, n° 10,313.)

[5] Napoléon s'était toujours occupé de l'Ordre de Malte; après le traité d'Amiens, il avait pressé le pape de lui donner un grand-maître et avait engagé à diverses reprises le Souverain-Pontife à forcer le bailli Ruspoli à accepter ce titre.

plus de biens ni dans l'Empire ni dans mon royaume d'Italie ; les Anglais ont l'île et ne la veulent point lâcher ; le roi de Naples s'emparera incessamment de toutes les commanderies. Dans cet état de choses, je désirerais que vous écrivissiez à M. Otto et au prince Primat. Du moment que je serai d'accord avec la Bavière, je déclarerai, par un acte authentique, l'Ordre de Malte dissous, et je conférerai le droit de donner la décoration de l'Ordre au roi de Naples ; je motiverai cela sur ce que, par la possession de la Sicile et des côtes, le roi de Naples est le vrai défenseur de l'Italie contre toute espèce de piraterie. On dira, pour ôter toute difficulté, que ceux qui portent la décoration auront le droit de continuer à la porter. Il faudrait cependant que la Bavière, en faisant réunir les biens de l'Ordre de Malte à quelqu'un de ses Ordres, en fît remplacer la décoration par celle de cet Ordre. Je le ferai comme protecteur, mais aussi comme ayant toutes les langues dans mes États. Il sera facile d'avoir l'agrément de l'Espagne qui ne demanderait pas mieux. Peut-être vaudrait-il mieux faire un traité entre l'Espagne, la Bavière et moi, comme représentant les langues de France, d'Auvergne et de Provence, l'Espagne représentant celles d'Aragon et de Catalogne (Castille ?), et la Bavière les langues d'Allemagne. Ainsi l'Ordre se trouverait détruit et la décoration ne pourrait se porter que conférée par le roi de Naples [1].

Le 4 mai 1807, Napoléon mettait dans une lettre qu'il adressait à Joseph sa conduite en parallèle avec celle de Louis, et nous le voyons revenir encore sur l'Ordre de Hollande dont la création paraissait l'avoir vivement contrarié.

J'ai blâmé l'institution de son Ordre, non comme mauvais en lui-même, mais comme prématuré, car comment ne pas le donner aux personnes qui nous entourent ? Et comment imprimer ce cachet indélébile sur des personnes qu'on ne connaît pas et qui, au premier revers peut-être, dévoileront qu'elles n'étaient que des misérables ? Ce raisonnement est aussi pour vous ; vous en sentez la force. Attendez que vous ayez un peu connu les hommes qui vous entourent. Et puis, l'envie de donner un Ordre ne peut venir comme une envie d'aller à la chasse ; il doit se rattacher à un souvenir mémorable. Le moment de votre couronnement, voilà une époque mémorable ; alors, on sera en paix avec toute l'Europe....

---

[1] Corr. de Napoléon, n° 10,684. Napoléon écrivit de Dresde à Talleyrand, le 20 juillet 1807, une seconde lettre identique qui me semble être une copie mal placée, n° 12,931.

[2] N° 12,530.

Le 15 janvier 1808, Joseph écrivait à Napoléon pour lui adresser une note sur les bases de l'Ordre qu'il désirait instituer et lui soumettait deux modèles de décorations. Il ajoutait qu'il était bien décidé à laisser là tout cela, s'il n'avait pas l'assurance que l'empereur voudrait bien agréer la grande décoration et lui renvoyer trois croix de la Légion d'honneur. Il demandait l'autorisation de conférer un certain nombre de croix de son Ordre à des généraux français alors dans ses États [1].

Le 26, Napoléon donnait son assentiment au projet de son frère et choisissait le modèle qui portait les trois valets de Sicile, *parce que cela dit quelque chose* [2].

Le 22 février 1808, Joseph put enfin réunir ses ministres en conseil pour arrêter le décret d'institution de son Ordre d'après les bases acceptées par l'empereur. Les rédacteurs des statuts furent Rœderer et Miot de Melito.

Le nombre des membres fut fixé à 650, dont 50 grands dignitaires, 150 commandants et 450 chevaliers.

Le modèle approuvé consistait en une étoile d'or émaillée de rouge à cinq pointes. Sur une des faces, les armes de Naples (le cheval courant) avec ces mots : PRO PATRIA RENOVATA BELLO PACEQUE ; sur l'autre les armes de Sicile (une figure de femme

---

[1] Mémoires et correspondance du roi Joseph, publiés, annotés et mis en ordre par A. du Casse, Paris, 1854, t. IV, p. 96 et suiv.

[2] *Id.*, p. 117, et Correspondance de Napoléon, n° 13,490.

avec trois jambes sortant, appelée aussi la trinacrie ou les valets) avec cette légende : JOSEPH NAPOLÉON UTRIUSQUE SICILIÆ REX INSTITUIT.

Cette étoile était rattachée à une couronne par un aigle [1]. Le ruban était bleu céleste [2]. Une dotation de 100,000 ducats de rente fut affectée au nouvel Ordre.

Dans les lettres qui suivent, Joseph continue à demander des instructions à l'empereur sur ce qu'il doit faire pour les généraux et officiers français qui ne sont plus à son service, et déclare qu'il ne peut mettre à exécution la loi qui a institué son Ordre, si Napoléon ne lui fixe le chiffre des décorations qu'il peut donner aux militaires français sous ses ordres, ou ne lui indique lui-même leurs noms. Il demande aussi si le maréchal Jourdan et le sénateur Rœderer peuvent l'accepter : « Jusqu'à ce que j'aie réponse sur ces articles, dit-il, je ne puis faire de nominations. Votre Majesté en sent les raisons. Je mécontenterais toute l'armée, je discréditerais mon Ordre dès sa naissance, j'établirais une division préjudiciable au bien du service, j'aurais bientôt des rouges et des bleus, et les bleus seraient décriés, les rouges mécontents [3]. »

Huit jours après, Joseph se plaignait encore de n'avoir pas reçu de réponse au sujet de la nomination des officiers français et en même temps réclamait contre l'omission que M. de Champagny avait faite, dans un protocole, du titre de roi de Sicile que Napoléon lui avait pourtant dit de joindre à celui de roi de Naples [4].

Deux mois plus tard, les armées impériales entraient à Madrid, et, le 11 mai, Napoléon annonçait à son frère que c'était la couronne d'Espagne qu'il lui destinait, en l'appelant à venir le rejoindre à Bayonne. Le 9 juillet, Joseph entrait dans son nouveau royaume, qui allait devenir le théâtre d'une guerre aussi longue que meurtrière [5].

[1] Le bijou que j'ai fait graver, n'en ayant pas d'autre à ce moment, ne porte pas l'aigle, qui a été coupé après la restauration bourbonienne.

[2] Plus tard, le ruban fut divisé en trois parties égales, une rouge et deux bleues.

[3] Lettre du 17 mars 1808, op. cit., p. 211.

[4] *Id.*, p. 219, 23 mars 1808.

[5] Lettre du 8 juin 1808, p. 333.

Le royaume de Naples était dévolu au grand-duc de Berg, Murat.

Avant de quitter la France, Joseph écrivait une dernière fois à Napoléon au sujet de l'Ordre des Deux-Siciles, et lui annonçait qu'il lui était impossible d'organiser l'Ordre sans arrêter sa pensée sur les généraux français qui avaient fait la conquête du royaume de Naples, et il lui envoyait leur nomination en le suppliant de ne pas permettre qu'ils pussent croire qu'il les avait oubliés [1].

Avec Murat, les difficultés ne diminuèrent pas tant s'en faut ainsi que le font voir les reproches formulés dans les quatre lettres que nous transcrivons ci-après, sans commentaires.

A Murat.

Aranda, 27 novembre 1808.

Il est ridicule, par exemple, que vous ayez donné la décoration des Deux-Siciles aux archevêques et évêques en masse ; cela n'a pas de sens et convertit cette décoration en espèce d'uniforme ; c'est l'avilir et manquer votre but. Vous pouviez, si vous êtes content de tous vos archevêques et évêques, les nommer individuellement, mais dire dans un décret : « Tous les archevêques de notre royaume qui ont prêté ou qui ont été appelés à prêter le serment de fidélité entre nos mains, sont nommés commandants de Notre Ordre royal des Deux-Siciles, etc. » faire pareille chose, c'est n'avoir pas d'idée de gouvernement [2].

Au comte de Lacépède.

Valladolid, 15 janvier 1809.

Je vous renvoie votre rapport sur la décoration que le roi de Naples a conférée à plusieurs de mes généraux et officiers. Vous ferez connaître au roi que mon intention est qu'il ne la donne désormais à aucun français et qu'aucun français ne la porte, hormis ceux qui l'ont reçue jusqu'à présent. Si mes soldats se distinguent, je les récompenserai avec l'Ordre français. Une autre manière me déplairait beaucoup. Quant à vous, je désire que vous ne me proposiez aucune confirmation de ces collations d'Ordre : le roi chamarrerait tous les français de son Ordre, ce qui ne doit pas être. Dans la lettre que vous écrirez au roi, faites-lui sentir dans le style convenable quelle est mon intention là-dessus [3].

---

[1] Joseph ne s'engagea qu'avec peine dans cette périlleuse campagne, et on voit dans ses nombreuses lettres qu'il ne demande à Napoléon que de lui permettre de retourner travailler au bonheur des Napolitains.

[2] N° 14,519.

[3] N° 14,709.

Au comte de Champagny.

Paris, 24 janvier 1809.

Le roi de Naples envoie des décorations de l'Ordre des Deux-Siciles à tout le monde sans ma permission ; non seulement, cela est souverainement ridicule, mais cela me déplaît infiniment [1].

Au duc de Bassano, ministre des relations extérieures.

Saint-Cloud, 22 juin 1811.

M. le duc de Bassano, faites connaître au ministre de Naples que je suis obsédé tous les jours par des gens auxquels le roi accorde son Ordre ; qu'il doit écrire à sa cour que désormais je n'accorderai à aucun français la permission de porter cet Ordre et que, pour ne pas s'attirer un affront, le roi ne doit plus donner son Ordre à personne ; qu'il a été déjà donné à beaucoup trop de monde en France et que cela devient ridicule [2].

En reprenant possession du trône des Deux-Siciles, après la chute de Murat, Ferdinand IV crut utile de conserver l'Ordre des Deux-Siciles ; seulement, par un décret du 4 juin 1815, il lui donna une nouvelle organisation et modifia la forme de la décoration, en substituant une fleur de lys à l'aigle qui rattachait l'étoile à la couronne. La légende FELICITATE RESTITUTA Kal. jun. MDCCCXV entoura la trinacrie, et, sur le revers, le cheval fut accompagné de la devise de l'Ordre de Saint-Janvier : IN SANGUINE FŒDUS [3].

Le 1er janvier 1819, Ferdinand IV supprima l'Ordre des Deux-Siciles et donna en échange à ceux de ses sujets qui en étaient décorés le grade équivalent dans l'Ordre de Saint-Georges de la Réunion qu'il créa à cette occasion [4].

---

[1] No 14,733.

[2] No 17,838.

[3] Perrot, op. cit., p. 141 et pl. XXIV, no 8.

[4] Perrot, op. cit., p. 141, Gourdon de Genouillac, etc.

XXVI.

ORDRE ROYAL D'ESPAGNE.

1809.

A peine monté sur le trône, Napoléon avait, nous l'avons vu plus haut, négocié des échanges de décorations avec le roi d'Espagne ; il en avait reçu la Toison-d'Or pour lui et ses frères, le cordon de Charles III pour plusieurs de ses maréchaux et pour l'archichancelier, aussi lorsqu'il fit la campagne d'Espagne, ne voulut-il pas de prime abord prononcer la suppression de tous les Ordres espagnols, et s'il recommande à Murat, alors lieutenant-général, de ne pas donner la croix de Charles III [1], il approuve, en revanche, la proposition que lui fait Joseph, après sa proclamation, de donner la Toison-d'Or au maréchal Bessières, à la suite de la victoire de Medina de Rio-Seco [2].

Mais plus tard, en 1809, afin de récompenser les espagnols fidèles à sa cause dans cette guerre, qui devait avoir de si tristes conséquences, Joseph créa un Ordre royal d'Espagne, sur lequel nous n'avons pas de détails [3].

Nous connaissons seulement, par Perrot, le dessin de cette décoration qui reproduisait exactement le modèle des insignes de l'Ordre fondé précédemment par Joseph, à Naples, avec cette seule différence que les médaillons portaient l'un le *Lion* et

---

[1] « Il ne faut point disposer de l'Ordre de Charles III, cet Ordre ne peut être conservé et il faudra lui en substituer un autre. »

(Lettre à Murat, grand-duc de Berg et lieutenant-général du royaume d'Espagne, du 12 mai 1808, Corr. n° 13,876.)

[2] Lettre de Napoléon du 17 juillet 1808 citée dans les Mémoires et Correspondance du roi Joseph, p. 360. Joseph, écrivant à sa femme, à l'occasion de la naissance du Roi de Rome, lui envoie une lettre pour le prince de Masserano, qui devra complimenter l'Empereur, si c'est l'usage, et présenter la Toison d'Or au nouveau-né, après s'être assuré que cette offre sera agréée. « C'était l'usage autrefois, » ajoute-t-il. (*Revue historique*, 1879, t. X, p. 367.)

[3] Perrot, op. cit., pl. XXXIX, n° 40.

l'autre la *Tour*, les deux pièces des armoiries d'Espagne conservées dans le blason royal de Joseph [1].

Une ordonnance de Louis XVIII, du 19 juillet 1814, que nous avons déjà eu l'occasion de citer plusieurs fois, abolit l'Ordre dit d'Espagne et défend aux sujets du roi d'en prendre le titre et d'en porter la décoration [2].

———————

XXVII.

ORDRE DE LA COURONNE DE WESTPHALIE.

1809.

La première trace que nous trouvions du projet de cette institution est dans une dépêche de Lefebvre, chargé d'affaires de France, au comte de Champagny, du 30 octobre 1809 [3]. Il y parle des différents objets du voyage à Paris d'un conseiller du roi Jérôme, M. de Marainville, et dit qu'on assure qu'il est aussi chargé d'offrir à S. M. l'Empereur le grand-cordon d'un Ordre qu'il serait question de créer en Westphalie. « Tout ce qui a rapport à cette nouvelle dignité, dont la création est entièrement subordonnée à la réponse de S. M. I. et R., a été tenu fort secret. »

L'empereur approuva, paraît-il, la proposition de son frère et, par un décret daté de Paris, du 25 décembre 1809, le nouvel Ordre fut créé sous le titre de la *Couronne de Westphalie*.

Son but était d'attacher à la couronne un Ordre de chevalerie qui dévouât plus particulièrement à la personne du roi et à l'État ceux qui en seraient honorés et qui excitât l'émulation des Westphaliens. Il devait être composé de dix grands commandeurs au plus, dont trois investis de grandes commanderies, de trente commandeurs et de trois cents chevaliers.

Les statuts étaient en partie calqués sur ceux de la Légion

---

[1] V. Monnaies. *Écartelé au 1 et 4 à la tour, au 2 et 3 au lion, et sur le tout l'aigle de l'Empire.*

[2] *Moniteur* du 20 juillet 1814, p. 801.

[3] P. 303 et suiv., *Mémoires du roi Jérôme*, t. IV, et notamment p. 312-313.

d'honneur. Ainsi, il était, comme celui-ci, destiné à récompenser les services civils et militaires, le roi en était le grand-maître et le prince royal seul recevait de droit, en naissant, la grande décoration [1].

Des pensions qui variaient de 2,000 à 250 francs étaient attribuées aux commandeurs et aux chevaliers.

Napoléon Ier accepta la grande-croix et la porta, le dimanche 31 décembre 1809, à la messe et à la parade ; et, le 7 janvier suivant, à son retour à Cassel, le roi se présenta aux troupes revêtu des insignes du nouvel Ordre.

Des décrets successifs des 31 janvier et 5 février 1810 complétèrent les dispositions relatives à cette institution. Une dotation lui fut constituée avec les biens de l'ancienne abbaye de Quedlimbourg, de l'ancienne prévôté de la cathédrale de Magdebourg et de l'Ordre de Malte ; en même temps, une maison devait être établie à Kauffungen pour l'éducation des filles des membres de l'Ordre.

Le décret du 5 février réglait ainsi les grades et la décoration déclarant :

Qu'il y aurait trois classes : les grands-commandeurs ou dignitaires, les commandeurs, les chevaliers ; que les décorations accordées aux princes de la famille et à des étrangers ne seraient pas comprises dans le nombre de celles fixées par le décret primitif ; que la décoration consisterait en une médaille d'or à jour, surmontée d'un aigle couronné et tenant dans ses serres un foudre, avec cette inscription : *Je les unis* [2] ; que le tour de la médaille serait formé par un serpent se mordant la queue ; que, dans le champ de la médaille et dans la partie supérieure, il y aurait en regard : à droite un lion couronné, à gauche un cheval ; dans la partie inférieure et au milieu de deux branches de chêne et de laurier, un lion et un aigle coupés par moitié et réunis sous une couronne, l'aigle tenant un sceptre dans sa serre droite ; qu'au-dessus du foudre et dans la partie supérieure de la médaille régnerait un ruban émaillé en bleu, portant la devise de l'Ordre : *Character und Aufrichtigkeit*.

---

[1] Voir, pour plus de détails et pour les noms des dignitaires, les *Mémoires du roi Jérôme*, t. IV, p. 370 et suiv.

[2] *Réunis*, dit le *Moniteur* du 25 février 1810.

Le ruban de l'Ordre était bleu de roi, moiré [1]. Un costume spécial était affecté aux membres de l'Ordre.

Les premières décorations furent données à Cassel, le 11 mars, et le comte de Furtenstein, ministre des relations extérieures, nommé grand-chancelier de l'Ordre, prononça un discours dans lequel après avoir fait ressortir l'importance et l'utilité de cette institution, il parlait en ces termes des emblèmes qui décoraient le bijou : « Sur la décoration se voient les armes des principaux États composant maintenant la Westphalie. Elle est surmontée d'un aigle qui paraît les réunir et les mettre à l'abri de ses ailes. Emblème immortel du chef de la famille auguste que le génie, la victoire et tout ce qu'il y a de grand et de plus admiré parmi les hommes, ont fait asseoir sur le plus beau trône du monde [2]. »

Dès le 1er août 1810, un décret royal modifia la forme de la décoration westphalienne de la manière suivante :

Cette décoration consistera à l'avenir en une couronne formée par huit bouquets de fleurs en or, rangés en un cercle, sur un fond d'émail bleu, à l'entour de laquelle seront écrites en lettres romaines d'or la devise de l'Ordre : *Caractère et Sincérité*, et la date de sa fondation : *Établi le 15 décembre* 1809. Au-dessous de la couronne seront placés un aigle et un lion appuyés l'un contre l'autre, et couronnés d'une seule et même couronne. A droite et à côté du lion, se trouvera le cheval de Westphalie, et à gauche, à côté de l'aigle, le lion de Hesse. Au-dessus du tout planera l'aigle impérial couronné avec son foudre, sur lequel seront écrits ces mots : *Je les unis*. L'anneau, par lequel la décoration de l'Ordre sera attachée au ruban, sera formé par un serpent se mordant la queue, symbole de l'immortalité. Le revers de la décoration sera absolument semblable à la face, excepté qu'au-dessus de l'aigle et du lion il y aura un écu azur sur lequel seront entrelacées les lettres H. N. Il n'y aura rien de changé à l'égard de l'Ordre, de l'étoile et du ruban [3].

Par un décret du 15 août 1812, Jérôme ajouta aussi une quatrième classe à l'Ordre de la Couronne, sous le titre de seconde classe de chevaliers. Le nombre en fut fixé à cinq cents, et à l'avenir les chevaliers de la première classe durent être pris dans ceux de la seconde.

[1] Plus tard, il fut noir bordé d'un liseré jaune.
[2] Op. cit., t. IV, p. 378, d'après le *Moniteur Westphalien*.
[3] *Moniteur* du 15 août 1810.

La décoration était en argent, des mêmes forme et dimension que celle des chevaliers de la première classe. Le costume fut le même. La pension des chevaliers de seconde classe était de 120 francs, ils avaient droit aux honneurs militaires attachés au grade d'officier [1].

A la fin de septembre 1813, les revers des armées impériales amenèrent la perte du trône de Westphalie ; une proclamation de Bernadotte, affichée à Stockholm, le 1er octobre, annonce même qu'il a cessé d'exister. Dès le 3, plusieurs hauts dignitaires de l'Ordre de la Couronne se montrent en public sans leurs insignes, ce qui peut passer non-seulement pour un renoncement, mais même pour une avance faite à l'étranger.

En vain, le roi Jérôme rentre à Cassel le 16, après une tentative de retour offensif faite par le général Alix; les suites de la bataille de Leipzig l'obligent à quitter ses États, et il ne conserve plus qu'une puissance nominale jusqu'au jour où les traités de 1814 vinrent restituer aux princes allemands les provinces dont Napoléon avait formé cet État.

Par l'ordonnance du 19 juillet 1814, Louis XVIII déclara également aboli l'Ordre dit de Westphalie et défendit à ses sujets d'en prendre le titre et d'en porter la décoration [2].

Comte de Marsy.

(La suite prochainement).

---

[1] *Moniteur* du 3 septembre 1812.
[2] *Moniteur* du 20 juillet 1814, p. 801

RECUEIL HISTORIQUE

CHEVALIERS DE L'ORDRE DE SAINT-MICHEL

(*Suite* *).

RÉGNE DE FRANÇOIS Ier.

François de Bourbon, comte de Saint-Paul et de Chaumont, duc d'Estouteville, gouverneur de l'Ile de France et de Dauphiné, né à Ham le 6 octobre 1491, mort le 1er septembre 1545.

Il était fils de François de Bourbon, comte de Vendôme, chevalier de l'Ordre du roi, et de Marie de Luxembourg.

Ses armes : *D'azur à trois fleurs de lys d'or, posées 2 et 1, et une bande de gueules brochant sur le tout, écartelé d'argent à un lion de gueules la queue nouée, fourchée et passée en sautoir, armé et couronné d'or, langué d'azur.*

Créé le 13 mars 1515.

Thomas de Foix, vicomte de Lescun, comte de Beaufort, maréchal de France, capitaine de cent lances des Ordonnances du roi, et son lieutenant général dans le Milanais, mort à la bataille de Pavie, en 1525.

Il était fils de Jean de Foix, vicomte de Lautrec et de Villemur, gouverneur du Dauphiné, et de Jeanne d'Aydie.

Ses armes : *Écartelé, au 1 et 4 d'or à trois pals de gueules ; au 2 et 3 d'or à deux vaches de gueules accornées, accollées et clarinées d'azur, et un lambel d'argent de trois pièces sur les deux pre-*

---

* Voir Juillet et Août 1879, page 344.

miers grands quartiers du chef, et sur le tout d'or, à deux léopards de gueules passant.

Créé le 13 mars 1515.

Octavien Frégoze, doge, puis gouverneur de Gênes, capitaine de cent hommes d'armes des Ordonnances du roi, fut créé doge au mois de juin 1513.

Il était fils d'Auguste Frégoze et de Gentille de Montefeltro, et frère du cardinal Frégoze, archevêque de Palerme.

Ses armes : *D'argent, au chef enté en onde de sable.*

Créé en 1515.

Jean de Poitiers, seigneur de Saint-Vallier, marquis de Cotron, vicomte d'Étoile, etc., capitaine de cent gentilshommes de la maison du roi, grand sénéchal de Provence et lieutenant général au gouvernement du Dauphiné.

Il était fils d'Aymar de Poitiers, seigneur de Saint-Vallier, chevalier de l'Ordre du roi, et de Jeanne de La Tour.

Ses armes : *D'azur, à six besans d'argent posés 3, 2 et 1, et un chef d'or.*

Admis en 1515.

Charles V, archiduc d'Autriche, roi des Romains, empereur d'Allemagne, roi de Castille, de Léon, d'Aragon, des deux Siciles, de Jérusalem, etc., duc de Bourgogne, de Luxembourg, de Brabant, etc., grand-maître de l'Ordre de la Toison d'Or, né à Gand le 24 février 1500, succéda aux États de Bourgogne et à la couronne d'Espagne en 1517, et fut élu empereur en 1519; mort le 21 septembre 1558 dans le monastère de Saint-Just.

Il était fils de Philippe le Beau, archiduc d'Autriche, roi d'Espagne, et de Jeanne d'Aragon.

Ses armes : *D'or, à un aigle de sable à deux têtes, langué et diadémé de gueules, ayant sur l'estomac un écusson écartelé, au premier contr'écartelé au 1 et 4 de gueules, au château d'or sommé de trois tours de même, au 2 et 3 d'argent au lion de gueules ; au deuxième quartier d'or à quatre pals de gueules, parti de gueules flanqué d'argent à deux aigles de sable, et à la pointe de ces deux quartiers, d'or à une gironde de gueules tigée et feuillée de sinople ; au 3 de gueules, à la fasce d'argent soutenue d'une bande d'or et d'azur de six pièces, au 4 d'azur, semé de fleurs de lys d'or, et une bordure componée d'argent et de gueules, soutenu de sable, au lion d'or, langué et armé de gueules, sur ces deux quartiers, d'or, au lion de sable langué et armé de gueules, parti d'argent à un aigle de gueules, couronné, becqué et membré d'or, chargé sur la poitrine d'un croissant de même.*

Nommé en 1516.

CHARLES DU PLESSIS, seigneur de Savonnières, maître-d'hôtel du roi et ambassadeur en Suisse.

Nommé en 1516.

FRANÇOIS DE LUXEMBOURG, vicomte de Martigues.

Ses armes : *D'argent, au lion de gueules, la queue nouée, fourchée et passée en sautoir, armé et couronné d'or, langué d'azur.*

Nommé en 1516.

ANDRÉ DE FOIX, seigneur de l'Esparre ou d'Esparros, de la Fontaine et de la Boissière, comte de Montfort, vicomte de Villemur et de Castillon, capitaine de cent lances des Ordonnances du roi, l'un de ses conseillers chambellans ordinaires, son lieutenant général en Guyenne, se trouva en 1507 à la réduction de Gênes ; fut fait général de l'armée de Navarre en 1521, mort en 1547, au château de Brenezny en Loudunois.

Il était fils de Jean de Foix, vicomte de Lautrec, et de Jeanne d'Aydie.

Ses armes : *D'or, à trois pals de gueules ; écartelé, d'or, à deux vaches de gueules aecornées, accollées et clarinées d'azur, et sur le tout d'or, à deux léopards de gueules passant.*

Nommé en 1517.

ARTHUR GOUFFIER, seigneur de Boisy, duc de Rouannais, pair et grand maître de France, comte d'Étampes et de Caravas, baron de Passavant, de Maulévrier, etc., seigneur d'Oiron, de Villedieu, etc., capitaine de cent hommes d'armes des Ordonnances du roi, l'un de ses chambellans ordinaires, conseiller en son conseil privé, gouverneur de la personne de Sa Majesté, gouverneur du Dauphiné et des villes et châteaux d'Amboise et de Chinon, bailli et gouverneur de Valois et de Vermandois ; mort au mois de mai 1519.

Il était fils de Guillaume Gouffier, seigneur de Boisy, chevalier de l'Ordre du roi, et de Philippe de Montmorency.

Ses armes : *D'or, à trois jumelles de sable en fasce.*

Nommé en 1517.

GUILLAUME GOUFFIER, seigneur de Bonnivet, de Crévecœur, etc., amiral de France, premier gentilhomme de la chambre du roi, l'un de ses conseillers et chambellans ordinaires, ambassadeur en Angleterre, gouverneur du Dauphiné, puis de Guyenne, gouverneur de la personne de François, dauphin, capitaine des ville et château d'Honfleur, mort à la bataille de Pavie, 1525.

Il était frère d'Arthur Gouffier, seigneur de Boisy, chevalier de l'Ordre du roi.

Ses armes : *D'or, à trois jumelles de sable en fasce ; écartelé d'or, à la croix de gueules accompagnée de seize alérions d'azur.*

Nommé en 1517.

MAXIMILIEN SFORCE, duc de Milan, né en 1491, mort en 1530.

Il était fils de Louis-Marie Sforce, dit *le More*, duc de Milan, et de Béatrix d'Est-Ferrare.

Ses armes : *D'or, à l'aigle couronné de sable ; écartelé d'argent, à la givre d'azur couronnée ; et sur le tout d'azur au lion d'or tenant dans ses pattes une fleur de souci aussi d'or.*

Nommé en 1517.

GUY, comte de Laval, de Montfort et de Quintin, sire de Vitré, de Gaure, etc., capitaine de cinquante hommes d'armes des Ordonnances du roi, amiral, gouverneur et lieutenant général pour Sa Majesté en Bretagne, mort le 20 mai 1531.

Il était fils de Jean de Laval, seigneur de la Roche-Bernard et de Bellisle, et de Jeanne du Perrier.

Ses armes : *D'or, à la croix de gueules, chargée de cinq coquilles d'argent et cantonnée de seize alérions d'azur.*

Nommé en 1517.

GAUCHER DE DINTEVILLE, seigneur des Chenets, de Polisy, etc., et premier maître-d'hôtel du roi, l'un de ses conseillers chambellans ordinaires, bailli de Troyes et gouverneur de François dauphin, s'attacha au service de Louis XI qui le fit un de ses chambellans, mort le 22 mars 1539.

Il était fils de Claude de Dinteville, seigneur des Chenets, conseiller chambellan ordinaire du roi, surintendant des finances du duc de Bourgogne, et de Jeanne de la Baume.

Ses armes : *De sable, à deux léopards d'or l'un au-dessus de l'autre.*

Nommé en 1517.

GASPARD, comte de Coligny et de Guynes, prince d'Orange, seigneur d'Andelot, de Dannemarie, etc., maréchal de France, conseiller chambellan ordinaire du roi et capitaine de cent hommes d'armés de ses Ordonnances, mort le 24 août 1522.

Il était fils de Jean de Coligny, seigneur de Coligny, d'Andelot, de Châtillon-sur-Loing, et d'Éléonor de Courcelles.

Ses armes : *De gueules, à un aigle d'argent, becqué, membré et couronné d'azur.*

Nommé en 1517.

GUILLAUME, baron de Montmorency, premier baron chrétien, seigneur de la Rochepot, d'Escouen, de Chantilly, etc., conseiller chambellan ordinaire du roi, chevalier d'honneur de Louise de Savoie, capitaine des châteaux de la Bastille, de Vincennes et de Saint-Germain-en-Laye, mort le 24 mai 1531.

Il était fils de Jean de Montmorency, seigneur de Montmorency, de Damville et d'Escouen, grand chambellan de France, et de Marguerite d'Orgemont.

Ses armes : *D'or, à la croix de gueules, cantonnée de seize alérions d'azur.*

Nommé en 1517.

CLAUDE DE LORRAINE, duc de Guise, pair et grand veneur de France, comte d'Aumale, marquis de Mayenne et d'Elbeuf, baron de Joinville, seigneur de la Ferté-Bernard, capitaine de cinquante lances des Ordonnances du roi, gouverneur de Champagne, de Brie et de Bourgogne, né le 20 octobre 1496, mort le 12 août 1550.

Il était fils de René, duc de Lorraine et de Bar, et de Philippe de Gueldres.

Ses armes : *Écartelé de huit pièces, quatre en chef et quatre en pointe ; au premier, fascé d'argent et de gueules de huit pièces, au 2, d'azur, semé de fleurs de lys d'or et un lambel de gueules à trois*

pendants en chef ; au 3, d'argent, à une croix d'or potencée et can-
tonnée de quatre croisettes de même ; au 4, d'or à quatre pals de
gueules ; au 5, d'azur, semé de fleurs de lys d'or et une bordure de
gueules ; au 6, d'azur, au lion d'or contourné, couronné, langué et
onglé de gueules ; au 7, d'or, au lion de sable couronné, langué et
onglé de gueules ; au 8, d'azur, semé de croisettes d'or recroisettées
au pied fiché et deux bars aussi d'or adossés, brochant sur le tout ;
et sur le tout d'or, à une bande de gueules chargée de trois alérions
d'argent ; le grand écusson chargé en chef d'un lambel de gueules
à trois pendants.

Nommé en 1517.

GABRIEL, baron d'Alègre, seigneur de Saint-Just, de Mil-
lault, etc., capitaine de cinquante lances des Ordonnances du
roi, maître des requêtes ordinaire de son hôtel, conseiller
chambellan des rois Louis XII et François Ier, bailli de Caen et
prévôt de Paris, mort en 1538.

Il était fils d'Yves, baron d'Alègre, et de Jeanne de Chabannes
de la Palice.

Ses armes : *De gueules, à une tour d'argent.*

Nommé en 1517.

LOUIS DE VENDOME, prince de Chabannois, vidame de Chartres,
baron de Tiffauges, de Pousauges, grand veneur de France,
conseiller chambellan ordinaire du roi, gentilhomme ordinaire
de sa chambre, capitaine de cinquante lances de ses Ordonnances et des cent gentilshommes de sa maison, mort le 22 août
1526.

Il était fils de Jacques de Vendôme, prince de Chabannois,
vidame de Chartres, chevalier de l'Ordre du roi, et de Louise
Malet de Graville.

Ses armes : *D'argent, au chef de gueules et au lion d'azur cou-*
ronné, brochant sur le tout ; écartelé d'azur, semé de fleurs de lys
d'or.

Nommé en 1517.

ODET DE FOIX, comte de Foix, de Rethel, de Cominges et de
Beaufort, seigneur d'Orval et d'Esparre, vicomte de Fronsac,
de Lautrec, etc., maréchal de France, gentilhomme ordinaire
de la chambre du roi, gouverneur de Milan et de Languedoc,

amiral et gouverneur de Guyenne, grand sénéchal et gouverneur d'Aquitaine, connu sous le nom de seigneur de Lautrec, mort le 16 août 1528.

Il était fils de Jean de Foix, vicomte de Lautrec, et de Jeanne d'Aydie.

Ses armes : *Écartelé, aux 1 et 4 d'or, à trois pals de gueules ; au 2 d'or, à deux vaches passantes de gueules, accornées, accolées et clarinées d'azur ; au 3 de gueules, à la croix pattée d'argent.*

Nommé en 1517.

LAURENT DE MÉDICIS, duc d'Urbin, seigneur de la Tour, etc., né le 13 septembre 1492, mort le 4 mai 1519.

Il était fils de Pierre de Médicis, gouverneur de Florence, et d'Alphonsine des Ursins.

Ses armes : *D'or, à cinq tourteaux de gueules et un chef d'azur, chargé de trois fleurs de lys d'or posées 2 et 1.*

Reçu le 25 avril 1518.

BARNABÉ VISCONTI, marquis de Breignon, seigneur de Saint-Georges, conseiller chambellan ordinaire du roi et capitaine de cinquante lances de ses Ordonnances, mort en 1531.

Il était fils de François-Bernardin Visconti, seigneur de Bosci, conseiller du duc de Milan, et de Madeleine Palavicini.

Ses armes : *D'argent, à une givre d'azur couronnée d'or, tortillant ou périe en pal de trois tours, et avalant un enfant de gueules.*

Nommé en 1518.

GALÉAS VISCONTI, comte de Bust, conseiller chambellan ordinaire du roi et capitaine de cent lances de ses Ordonnances, nommé en 1526.

On ignore sa filiation.

Ses armes : les mêmes qu'à l'article précédent.

Nommé en 1519.

JEAN, marquis de Gonzague, capitaine de cinquante lances des Ordonnances du roi.

On ignore sa filiation.

Ses armes : *D'argent, à une croix pattée de gueules, cantonnée de quatre aiglettes de sable becquées et membrées de gueules, la*

*croix chargée d'un écu écartelé, aux 1 et 4 de gueules, à un lion d'or ;
aux 2 et 3 d'or, à trois fasces de sable.*

Nommé en 1519.

ROBERT, comte de la Marck et de Braine, duc de Bouillon,
seigneur de Sedan, etc., maréchal de France, capitaine de cent
hommes d'armes des Ordonnances du roi et des cent suisses de
sa garde, gentilhomme ordinaire de sa chambre et l'un de ses
chambellans, mort le 7 août 1536.

Il était fils de Robert de la Marck, duc de Bouillon, seigneur
de Sedan, chevalier de l'Ordre du roi, et de Catherine de Croy.

Ses armes : *D'or, à la fascé échiquetée d'argent et de gueules de
trois traits, et un lion de gueules naissant en chef.*

Nommé en 1519.

PIERRE TERRAIL, seigneur de Bayard, capitaine de cent hommes
d'armes des Ordonnances du roi, et son lieutenant général au
gouvernement de Dauphiné, né en 1469, se rendit célèbre sous
le nom de chevalier Bayard, mort en 1524.

Il était fils d'Aymond Terrail, seigneur de Bayard, et d'Hélène
Alleman.

Ses armes : *D'azur, au chef d'argent, chargé d'un lion naissant
de gueules, la langue et les griffes de même, et un bâton d'or péri
en bande, brochant sur le tout.*

Nommé en 1521.

NICOLAS, comte de Gambara, conseiller chambellan ordinaire
du roi.

On ignore sa filiation.

Ses armes : *De... à une écrevisse de... la tête en haut, et un chef
de... à un aigle éployé de...*

Nommé en 1521.

JEAN DE LAVAL, sire et baron de Châteaubriand, etc..., comte
de Plorhan, seigneur de Nozay, etc..., capitaine de cinquante
hommes d'armes des Ordonnances du roi, gouverneur de Bretagne, né au mois de janvier 1486, mort en 1543.

Il était fils de François de Laval, sire de Châteaubriant, conseiller chambellan ordinaire du roi, et de Françoise de Rieux.

Ses armes : *D'or, à la croix de gueules chargée de cinq coquilles d'argent, et accompagnée de seize alérions d'azur.*

Nommé en 1521.

CHARLES DE BOURBON, duc de Vendôme, pair de France, comte de Soissons, etc., baron d'Épernon et de Blou, vicomte de Meaux, châtelain de Lille, seigneur de Montdoubleau, de Condé, etc., capitaine de cent hommes d'armes des Ordonnances du roi, gouverneur de Paris, etc., né à Vendôme le 2 juin 1489, mort le 25 mars 1536.

Il était fils de François de Bourbon, comte de Vendôme, et de Marie de Luxembourg,

Ses armes : *D'azur, à trois fleurs de lys d'or posées 2 et 1, et une bande de gueules.*

Nommé en 1521.

ANNE, duc de Montmorency, premier baron, pair, maréchal, connétable et grand maître de France, ministre d'État, chevalier de l'Ordre de la Jarretière, premier gentilhomme de la chambre du roi, l'un de ses chambellans ordinaires, capitaine de cent hommes d'armes de ses Ordonnances, gouverneur du Languedoc et du château de la Bastille à Paris, comte de Beaumont-sur-Oise et de Dammartin, vicomte de Melun et de Montreuil, seigneur et baron de Châteaubriant, de Condé, etc., né le 15 mars 1492, mort le 12 novembre 1567.

Il était fils de Guillaume de Montmorency, seigneur de Montmorency, chevalier de l'Ordre du Roi, et d'Anne Pot.

Ses armes : *D'or, à la croix de gueules cantonnée de seize alérions d'azur.*

Nommé en 1522.

FÉDÉRIC ou FEYDRIC DE BEAUGÉ, capitaine de cinquante lances des Ordonnances du roi.

On ignore sa filiation et ses armes.

Nommé en 1527.

PHILIPPE CHABOT, seigneur de Brion, de Sully et d'Aspremont, comte de Charny et de Buzançois, prince de Châtelaillon, amiral de France, chevalier de l'Ordre de la Jarretière, ambassadeur en Angleterre, gentilhomme ordinaire de la chambre du roi, l'un de ses chambellans, capitaine de cent lances de ses Ordonnances, gouverneur de Bourgogne, de Guyenne et de Normandie, mort à Paris le 1er juin 1543.

Il était fils de Jacques Chabot, chevalier, seigneur de Jarnac, de Brion, etc., conseiller chambellan ordinaire du roi, et de Madeleine de Luxembourg.

Ses armes : *Écartelé aux 1 et 4, d'or à trois chabots de gueules, au 2 d'argent, au lion de gueules la queue nouée, fourchée et passée en sautoir, armé, langué et couronné d'or, au 3 de gueules, à une étoile à seize raies d'argent.*

Nommé en 1523.

Louis CHAPRON, seigneur des Roches et de Sommières.

Il était fils de Jean Chapron, seigneur de Bernay et de Sommières, et de Jeanne de Varennes.

Ses armes : *D'argent, à trois chaprons à l'antique de gueules, posés 2 et 1.*

Nommé en 1523.

GÉRARD DE VIENNE, seigneur et baron de Ruffey, d'Antigny, de la Borde, etc., conseiller chambellan ordinaire du roi, gouverneur de Beaune, chevalier d'honneur de la reine Eléonor d'Autriche, chevalier d'honneur du Parlement de Dijon, mort entre 1543 et 1547.

Il était fils de Louis de Vienne, seigneur de Pymont et de Ruffey, et d'Isabeau de Neuchâtel.

Ses armes : *De gueules, à un aigle éployé d'or.*

Reçu avant 1523.

JEAN DE LÉVIS, seigneur et baron de Mirepoix de la Garde, de Puisguibert, maréchal de la Foi, conseiller chambellan ordinaire du roi, sénéchal de Carcassone et de Béziers, lieutenant général au gouvernement du Languedoc.

Il était fils de Jean de Lévis, baron de Mirepoix, maréchal de la Foi, et d'Anne d'Archiac.

Ses armes : *D'or, à trois chevrons de sable.*

Reçu avant 1523.

CHARLES DE BOURBON, duc de Bourbonnais, d'Auvergne et de Châtelleraud, comte de Clermont en Beauvaisis, de Montpen-

sier, etc., vicomte de Carlat et de Murat, seigneur de Beaujolais, etc., pair, chambrier et connétable de France, lieutenant
général en Bourgogne, gouverneur de Languedoc et de Milan,
né le 17 février 1489, mort à Rome en 1526.

Il était fils de Gilbert de Bourbon, comte de Montpensier,
chevalier de l'Ordre du Roi, et de Claire de Gonzague.

Ses armes : *D'azur, à trois fleurs de lys d'or, 2 et 1, et une
bande de gueules.*

Reçu avant 1523.

CHARLES DE LUXEMBOURG, comte de Brienne, etc., prince de
Warneston, vicomte de Machault, baron de Tingry, seigneur de
Saint-Martin d'Ablois, de Foy, etc., conseiller chambellan ordinaire du roi, lieutenant général du gouvernement de Paris, etc.,
mort à Paris le 10 décembre 1530.

Il était fils d'Antoine de Luxembourg, comte de Brienne,
chevalier de l'Ordre du Roi, et de Françoise de Croy.

Ses armes : *D'argent, au lion de gueules, la queue nouée, fourchée et passée en sautoir, armé et couronné d'or, langué d'azur ;
écartelé de gueules, à une comète à seize raies d'argent.*

Reçu en 1523.

MARC DE LA BAUME, comte de Montrevel, vicomte de Ligny le
Châtel, seigneur et baron de Châteauvilain, etc., conseiller
chambellan ordinaire du roi, capitaine de cent lances de ses
Ordonnances, lieutenant général au gouvernement de Champagne et de Brie, mort en 1527.

Il était fils de Guy de la Baume, comte de Montrevel, chevalier de l'Ordre de la Toison d'Or, chevalier d'honneur de la
princesse Marguerite d'Autriche.

Ses armes : *D'or, à la vivre d'azur mise en bande.*

Reçu avant 1524.

FRANÇOIS DE LA TOUR, vicomte de Turenne, seigneur et baron
de Montgascon, d'Oliergues, etc., chambellan ordinaire du roi,
conseiller en son conseil privé, capitaine des cent gentilshommes
de sa maison et de cinquante hommes d'armes de ses Ordonnances, ambassadeur en Angleterre, puis en Espagne, gouverneur de Gênes et de l'Ile de France, capitaine des châteaux de

Beauté-sur-Marne et de Vincennes, né le 5 juillet 1497, mort le 12 juillet 1532.

Il était fils d'Antoine de la Tour, vicomte de Turenne, conseiller chambellan ordinaire du roi, et d'Antoinette de Pons.

Ses armes : *D'azur, semé de fleurs de lys d'or et une tour d'argent, écartelé d'une bande d'or et de gueules de douze pièces.*

Reçu avant 1524.

GUILLAUME GRAIN DE SAINT-MARSAULT, seigneur de Saint-Marsault, de Coursac et de la Charpenterie.

Il était fils d'Amanieu Grain de Saint-Marsault, seigneur de Saint-Marsault, et de Marguerite Dessoubs.

Ses armes : *De gueules, à trois vols d'or posés 2 et 1.*

Reçu avant 1525.

ANTOINE DE LA ROCHEFOUCAUD, seigneur et baron de Barbezieux et de Ravel, général des galères de France, gentilhomme ordinaire de la chambre du roi, conseiller en son conseil privé, capitaine de cinquante hommes d'armes de ses Ordonnances, sénéchal d'Auvergne et de Guyenne, gouverneur de l'Ile de France, de Champagne et de Brie, mort en 1537.

Il était fils de François, comte de la Rochefoucaud, conseiller chambellan ordinaire du roi, et de Louise de Crussol.

Ses armes : *Burelé d'argent et d'azur de dix pièces et trois chevrons de gueules brochant sur le tout ; écartelé d'or, à un écusson d'azur et sur le tout d'or, à deux vaches passantes de gueules accolées et clarinées d'azur.*

Reçu avant 1525.

JEAN STUART, duc d'Albanie, comte de la Marche, de Boulogne, d'Auvergne, etc., surintendant des galères de France, capitaine de cent hommes d'armes des Ordonnances du roi, gouverneur du Bourbonnais, d'Auvergne, de Forez et de Beaujolais, tuteur de Jacques V, roi d'Écosse et régent de ce royaume, mort à Mirefleur, en Auvergne, en 1537.

Il était fils de Jacques Stuart, roi d'Écosse, et de Marie d'Egmond.

Ses armes : *Ecartelé, au premier d'or, au lion de gueules enfermé dans un double trécheur de même, fleurdelisé ; au deuxième de gueules, au lion d'argent et une bordure de même, chargé de huit quintefeuilles de gueules ; au troisième de gueules, à trois houssettes d'argent éperonnées et posées en pairle ; au quatrième d'or, au sautoir de gueules, et un chef de même.*

Reçu avant 1525.

JACQUES-RICARD DE GENOUILLAC, dit *Galiot*, seigneur et baron d'Acier, de Capdenac, de Foissac, etc., grand-maître de l'artillerie et grand écuyer de France, gentilhomme ordinaire de la chambre du roi, capitaine de cent hommes d'armes de ses Ordonnances, gouverneur du Languedoc, sénéchal d'Armagnac et de Quercy, né en 1463, mort en 1535.

Il était fils de Jean Ricard, seigneur de Genouillac, et de Catherine du Bos, dame d'Acier.

Ses armes : *D'azur, à trois étoiles d'or posées en pal ; écartelé d'or, à trois bandes de gueules.*

Reçu avant 1526.

(*La suite prochainement*).

Épitaphe de Messire André de Vivonne, seigneur de la Chasteigneraye, sénéchal de Poitou [1].

Cy gyst le corps d'une illustre personne,
Messire ANDRÉ, du surnom de Vivonne,
Du noble sang très ancien issu
De Lusignan, du Pictonic tissu,
Apparenté de Bretagne et Savoye,
Qui a tousjours suivi, Dieu et sa voye.
Car dès qu'il eut treize ans ou environ,
Bonté le tint en son sein et giron,
Et le nourrit en si douce pasture
Qu'il ne fist onc chose contre droicture.

---

[1] Cette épitaphe d'un des plus illustres membres de la maison de Vivonne, nous a été conservée par A. du Chesne dans ses manuscrits (t. L, f⁰ 561).

Il s'appliqua les roys françois servir
Et leur amour de grâce desservir.
Premier il fut aux guerres de Bourgongne,
Dessoubz le roy Loys dont ne s'eslongne ;
Charles son fils servit, portant harnois,
En Italie et Bretaigne. Aux tournois
Tousjours estoit, pour complaire à son Prince,
Très bien monté sans danger de la pince.
Aussi estoit tousjours des bien vestus,
Rien n'espargnoit en actes de vertus.
Luy chevalier estant sans aucun blasmes
Ayma surtout les armes et les dames.
Ce roy le fist seneschal de Poictou,
Et l'a esté quarante-trois ans, où
S'est acquité du glaive de justice
Comme il devoit et au deu de l'office,
Durant le temps du roy Loys du nom
Douziesme en nombre, où acquist bon renom.
Semblablement du roy François qui règne,
Qui l'a tousjours aymé durant son règne,
Pour ses vertus et sa vieillesse, aussy
Qu'il estoit riche et très sage sans sy,
De bon conseil et homme véritable,
Qui ne dist onc mot qui ne fust notable.
En très bon sens quatre-vingts ans vesquit,
Puis les dangers de ce monde vainquit
Triomphamment, car, par douze sepmaines
Avant sa mort, toutes choses mondaines
Il oublia sans en vouloir parler ;
Tous ses souspirs à Dieu faisoit aller,
Joignant les mains, criant miséricorde,
Et son esprit estant en grand concorde
Avec ses sens, ce seigneur trespassa,
Nommant Jésus de ce monde passa
L'an mil cinq cents trente-deux à Enville,
Dernier juillet. S'il a fait chose ville
En sa jeunesse et par fragilité,
Dieu luy pardoint par sa grant charité !

TABLETTES CONTEMPORAINES

Année 1879.

MARIAGES :

Aout. — M. Emmanuel Barbier de la Serre a épousé Mlle Marie de Bourrousse de Laffore.

M. le comte Louis d'Astorg, lieuteuant au 24e régiment d'artillerie, — Mlle Geneviève de Lestrade.

M. le baron Gaston de Boutray, sous-lieutenant au 103e de ligne, — Mlle Catherine de Bernis.

M. Émile Blanc, — Mlle Marie-Révérend du Mesnil.

DÉCÈS.

Aout. — *Rousseau de Monfrand* (Amand), ancien garde du corps de Louis XVIII, décédé au château de la Forge (Mayenne), le 4, à l'âge de 80 ans.

Achon (Florentin-François d'), décédé au château de Venet (Cher), le 4, à l'âge de 20 ans.

Russon (René-Raphaël de), décédé au château de Bonnezeaux (Maine-et-Loire), le 8, à l'âge de 61 ans.

Perrien de Crenan (Mme la vicomtesse de), née Roger de Sivry, décédée au château de Locguenolé (Morbihan), le 19, à l'âge de 34 ans.

Bryas (Mme la comtesse Eugène de), née de Lacotardière, décédée au château de Saint-Cyran, le 20, à l'âge de 59 ans.

ANGERS, IMPRIMERIE P. LACHÈSE ET DOLBEAU. — 1879.

LE CHÂTEAU

DU

MONTEIL-LE-VICOMTE

(CREUSE)

EN 1720

Tout ce qui, de près ou de loin, touche à Pierre d'Aubusson excite, à juste titre, l'intérêt des historiens curieux de connaître dans les moindres détails la biographie des grands hommes du moyen âge. Notre intention n'est pas de retracer, même à grands traits, la vie du Grand Maître de Saint-Jean de Jérusalem; de nombreux auteurs l'ont écrite, parmi lesquels il suffit de nommer le Père Bouhours[1]. Nous voulons seulement dire ce qu'était, il y a plusieurs siècles, le château dans lequel le héros de Rhodes reçut le jour.

Le premier seigneur d'Aubusson-les-Feuillade que l'on rencontre joignant à son nom celui du Monteil-le-Vicomte, est Rainaud VI, qui mourut en 1353, laissant plusieurs enfants, parmi lesquels Guy III, marié à Marguerite de Ventadour-Donzenac qui lui donna Jean Ier, du mariage duquel, avec Guyonne de Monteruc, est né le Grand Maître[2].

Nous ne connaissons qu'un seul auteur qui se soit occupé du château en question et encore ne lui consacre-t-il que quelques mots en un style mieux fait pour le roman que pour l'histoire. Qu'il n'ait pas cherché à restituer des ruines, maintenant indescriptibles, nous le comprenons aisément, mais au moins il aurait fallu s'efforcer d'en découvrir une description antérieure aux ravages des hommes et du temps. Cette description, nous l'avons trouvée dans un acte de dénombrement de 1720, et,

---

[1] *Histoire de Pierre d'Aubusson.* Les différentes éditions sont de 1676, 1677, 1806, 1865, 1840, 1851. Cette dernière date se rapporte à un autre auteur dont l'initiale seule est indiquée dans le *Catalogue de l'Histoire de France*, IX, p. 266.

[2] Saint-Allais, *Nob. univ.*, éd. Bach. Deflorenne, I, p. 117.

persuadé qu'elle offrira quelque intérêt, nous n'hésitons pas à la publier :

« ..... Un château maison forte près du bourg du Monteil du
« costé du midy, composé dun grand corps de logis appellé le
« donjon, qui a sa face et sortie entre lorient et le midy et le
« derrière entre le midy et loccident, aux angles duquel et du
« costé de derrière il y a deux hautes et grosses tours rondes
« qui sont couuertes d'arrebardeau auec le donjon et la man-
« sarde, et les extrémités, bordures et fretières garnies en plomb
« blanchy, les arrebardeaux noires et huislés, du costé de len-
« trée il y a un grand escallier en pierre de taille servant à
« toutes les chambres dud. donjon et des tours qui ont trois
« estages l'un sur l'autre, outre des bois en voûte, caues et gal-
« letas, a la sortie dud. donjon il y a une grande bassecour pauée
« en pierre de taille renfermée, a un angle de laquelle du costé
« du leuant il y a une grosse tour ronde couuerte en pierre de
« taille en platte forme composée de quatre estages l'un sur
« l'autre tous en voûtes, le plus bas desquels sert de cachot
« pour les prisonniers criminels, le second qui fait lentrée des
« deux est destiné pour les prisonniers ciuils, et sert à l'usage
« commun de la maison, en montant un autre beau degré il y a
« une fort belle chapelle bien fondée pour l'entretènement d'un
« chapelain qui est à la nomination dud. seigneur, ou la messe
« se célèbre la plupart des jours de la semaine au dessus de
« laquelle yl y a un autre estage qu'on appelle le corps de garde
« ou les fauconneaux, mousquets, fusils, arquebuzes à croc, hale-
« bardes et autres armes pour la conseruation de la maison sont
« gardées et entretenues, et au dessus est la platte forme garnie
« de deffenses en machicoulis qui a son aspect à l'entour de la
« maison, replus de deux lieues du costé du couchant, et du
« costé du septentrion replus de six, et en autres endroictz à
« perte de vue, à l'autre angle de lad. basse-cour il y a une autre
« grande tour quarrée du costé du couchant consistant en une
« réserue basse ou on va de plein pied denuiron trois toises en
« quarré, et montant par un degré on entre dans une grande
« salle au dessus de l'écurie, et une autre grande salle à main
« droitte au dessus de la boullangerie, auxquelles salles la
« moyenne chambre de lad. tour sert de communication près des

« portes, et au dessus de lad. chambre il y a deux autres estages
« seruant de greniers, et au dessous des deffenses et machi-
« coulis, au dessus de lad. chambre à main droitte et sur la boul-
« langerie il y a un grenier, entre les deux tours il y a deux
« belles écuries et sur la première un grand grenier à foin,
« icelles couuertes de tuilles en appenties, entre ladicte tour
« quarrée et ledict donjon il y a une belle boullangerie a faire le
« ménage de la maison, deus fours et choses nécessaires pour
« faire le pain et blanchir les draps, et a costé gauche en entrant
« une petite chambre pour le logement dune gouuernante, du
« costé du leuant il y a un grand portail pour sortir de lad. pre-
« mière bassecour par lequel l'on entre dans une autre seconde
« basse cour renfermée dune grande muraille où il y a une tour
« auancée proche le pont leuis et entrée denuiron quatre pieds
« de large et tout ce corps de logis entouré de grands fossés à
« fond de cuue, audeuant dud. château il y a une grande terrasse
« du costé du leuant de la contenance dentour une demie
« sesterée de laquelle on descend dans un grand jardin par un
« grand perron et escallier à doubles marches à droict et à
« gauche garny de pilliers de pierre de taille, au dessus il y a un
« reposoir, led. jardin contenant entour une sextérée, enuiron-
« née de grandes murailles terrasses, et au milieu il y a un
« portail par lequel on entre dans une garenne plantée d'arbres
« fuzauls·d'allées en octogone en haut et en bas, il y a de
« grandes allées d'enuiron trois cens pas, icelle contenant enui-
« ron six à sept sextérées le tout renfermé de murailles [1]. »

La vicomté de Monteil mouvait directement du roi et le
dénombrement en devait être fait en la Chambre des comptes [2], qui
en délivra acte de réception à Jacques-André du Pille, son propriétaire momentané, puisqu'en 1772 Ranulfe d'Aubusson tenait
ce fief, ressaisi, sans doute, sur André du Pille qui avait dû s'en
rendre acquéreur et ne pas tenir les engagements stipulés au
contrat. Ce fait, d'ailleurs, ne serait pas unique : ainsi, le château de Montaigut le Blanc, dans la Marche, fut vendu par les
de Jumilhac, vers 1684, aux de Nozières, sur qui il fut saisi vers

---

[1] Arch. de la Creuse, E 29.
[2] Boutaric, *Traité des droits seigneuriaux*, p. 446.

1727 par les héritiers de Philibert de Jumilhac faute du paiement intégral du prix de l'acquisition [1].

Ce mode d'agir est parfaitement conforme à la législation, et il est dit à l'article 15 du chapitre des lois [2] : « Le pacte commissoire est lorsqu'il a été stipulé que si l'acquéreur ne paye point dans un délai, ou s'il se laisse constituer en demeure, la vente demeurera de nul effet, » et par conséquent l'objet vendu retournera à son premier possesseur. Ce texte nous semble, à défaut de documents plus précis, de nature à expliquer la possession passagère d'un seigneur étranger à la maison d'Aubusson.

Le titre que nous avons transcrit serait incomplet s'il n'énonçait pas les droits féodaux dont jouissait la vicomté du Monteil, aussi nous apprend-il que ces droits sont de « haute, moyenne et basse justice, prélation ou retrait féodal, banalité, vinage à Monluçon, présentation aux vicairies du Monteil et de la chapelle du château, patronage des chapelles et vicairies de Saint-Séverin, Chastain et Vallières, douze foires franches au Monteil avec un marché le lundi, plus les arbans ordinaires des serfs de la Marche dont plusieurs doivent lui amener une souche à Noël. »

Tous ces différents droits sont connus et appartiennent à la majeure partie des seigneuries, il n'est donc nul besoin de les commenter ; une observation est nécessaire seulement pour le droit d'arbans, et nous trouvons qu'il fut établi par les articles 136, 146 et 430 de la Coutume de la Marche. « Les arbans sont des corvées à bras ou de bœufs, ou de charrettes que les sujets tenant héritages, serfs et mortaillables doivent à leur seigneur [3]. »

Nous ne saurions terminer sans mentionner le siège du château de Monteil par les Anglais. Il était vigoureusement défendu par Guy III d'Aubusson qui y fut fait prisonnier avec toute sa famille et conduit en Angleterre, où il mourut vers 1365 [4].

G. CALLIER,
Inspecteur de la Société française d'Archéologie.

---

[1] *Cong. scient. de Guéret*, 1863, p. 44.

[2] Boutaric, *ubi supra*, p. 178.

[3] Boutaric, *ubi supra*, p. 635.

[4] Saint-Allais, loc. cit., p. 117.

ANCIENS
DROITS SEIGNEURIAUX

LES

SERGENTERIES NOBLES EN NORMANDIE [1]

I

Les sergenteries nobles sont très anciennes. Ce sont des fiefs qui attribuent le droit de commettre un sergent pour exercer la sergenterie dans un certain district. Ces fiefs peuvent être annexés à un fonds d'héritages qui est en la possession du propriétaire de la sergenterie ; c'est ce qu'on appelle *le domaine fieffé* [2].

Ce que l'on trouve de plus ancien concernant les sergenteries nobles et héréditaires de Normandie, appelées du pled de l'épée, est tiré de l'ancien coutumier observé du temps des ducs de Normandie, comme l'on voit en divers chapitres où elles sont traitées de fiefs. Ainsi au chapitre de l'*office au vicomte*, ch. v, on lit ce qui suit : « Sous les vicomtes sont les sergents de « l'épée qui doivent tenir les vues et faire les semonces et les « commandements des assises et faire tenir ce qui est jugé, et « délivrer par droits les namps [3] qui sont pris, et doivent avoir « douze deniers pour chacune vue qui est soutenue ; et aussy

---

[1] Nous publions ce savant mémoire inédit, d'un feudiste du siècle dernier, qui renferme l'histoire d'une fonction importante dans les anciennes juridictions seigneuriales.   L. S.

[2] Pénelle, sur l'art. 580 de la Coutume.

[3] *Gages* ou *nantissements*.

« de chacun namps qu'ils délivrent et pour ce sont-ils appelés
« sergents de l'épée. Car ils doivent justicier vertueusement à
« l'épée et aux armes tous les malfaicteurs et tous ceux qui sont
« diffamés d'aucuns crimes et les fuitifs, et pour ce furent-ils
« établis principallement, afin que ceux qui sont paisibles
« fussent par eux tenus en paix et les malfaicteurs fussent punis
« par la roideur de justice et par eux doivent estre accomplis les
« offices de droit [1]. »

Les bedeaux sont les moindres sergents qui doivent prendre
les namps et faire les offices qui ne sont pas si honnêtes et les
moindres semonces.

Il paraît par une ordonnance de Louis le Huttin, en la charte
aux Normands, qu'aucun sergent de l'épée, « le service à lui
« octroyé, ne pouvoit louer à autre par quelque manière que
« ce soit, et que si autrement il le faisoit, il perdroit iceluy ser-
« vice. » Ce n'est que par une ordonnance de l'échiquier, en 1426,
qu'il a été permis aux sergents royaux d'avoir chacun un sous-
sergent en sa sergenterie, sans déroger à la charte aux Normands [2].

Il y avoit autrefois des sergents d'armes qui portoient les
masses devant le roy et pouvoient exploiter par tout le royaume [3].
Par arrest de l'échiquier de 1426, il fut fait défense aux ser-
« gents d'armes de s'entremettre, de faire aucuns exploits ordi-
« naires, s'ils n'y étoient à ce spécialement commis et deffend
« aux juges de Normandie d'obéir auxdits exploits, si à ce ne
« sont commis spécialement, comme dit est. »

Par le même arrest la Cour dit qu'il « étoit venu à sa connois-
« sance que plusiéurs sergents extraordinaires, eux disants ou
« appelants sergents généraux, s'entremettent de faire exploits
« et adjournements ordinaires, comme de faire adjournements
« en cas d'héritages et en cas de meubles et aussy d'exécuter
« doléances, faire délivrance de fiefs et de namps, lesquelles
« choses sont contre raison et le bien de justice ; *vu qu'il y a ser-*
« *gents ordinaires fieffés* à qui appartient tels exploits à faire : la
« Cour deffend auxdits sergents généraux que de tels exploits

---

[1] Terrien, p. 74.
[2] Terrien, p. 75.
[3] Terrien, p. 78.

« faire ne s'entremettent, sur peine d'amende et aux juges de
« Normandie qu'il n'y soit obéi. »

Cet arrêt n'ayant pas eu tout l'effet désiré, il intervint une
ordonnance de Charles VIII, en 1493, qui porte : « en relevant
« nos peuples des griefs, exactions et vexations qu'ils ont souf-
« ferts, à cause de la multitude des sergents extraordinaires
« qui sont en notre païs de Normandie, avons ordonné et ordon-
« nons que le nombre ancien de nosdits sergents par les
« bailliages, vicomtés et juridictions de notre pays sera réduit
« et remis, en rejettant tous autres sergents extraordinaires
« outre ledit nombre. »

Comme le prétexte de ces sergents extraordinaires étoit le
recouvrement des deniers royaux, le même roy Charles VIII
par une autre ordonnance de 1487 ordonna que « pour le recou-
« vrement de ses deniers ne seroient dorénavant envoyés ser-
« gents ou commissaires extraordinaires, mais que les vicomtes
« ou autres receveurs feroient faire toutte contrainte *par les ser-
« gents ordinaires des lieux.* »

Charles IX, aux États d'Orléans, en 1560, ordonna « à tous
« juges, chacun en sa province ou juridiction, départir et dis-
« tribuer sergents qui résideront et exploiteront endroits et con-
« trées d'icelles. »

Par une autre ordonnance, il permit « aux huissiers et ser-
« gents royaux d'exécuter tous mandements, commissions,
« sentences et jugements, sans être astreints à demander per-
« mission, *visa* ny *pareatis.* » Mais la cour de Parlement de
Rouen modifia cette ordonnance par son arrest, qui porte
« qu'elle n'aura lieu que quant aux lettres patentes du roy, pour
« faire appeler ses sujets du ressort de Normandie en son privé
« Conseil et pareillement pour le regard des mandements et
« commissions de la Chambre des Comptes, pour les finances
« du roy, et au surplus, qu'il en seroit usé comme par le passé,
« suivant la Charte normande, franchises et libertés du pays. »

Ce qui prouve encore que les sergents fieffés et héréditaires
avaient seuls le droit d'exploiter dans l'étendue de leurs sergenteries, c'est un article de l'ancien coutumier, au ch. LXI, *de la
semonce,* où il est expressément porté que la semonce doit estre
faite par « le sergent attourné, et que toutes les semonces qui
» sont faittes à rendre en Cour doivent estre faittes par le ser-

« gent attourné, et ne doivent pas estre reçües si autre les fait. »
Rouillé, en sa glose sur cet article, dit « que l'on doit savoir
« qu'en cas hérédital l'ajournement doit estre fait par le sergent
« attourné, c'est-à-dire par le sergent ordinaire du lieu ou par
« son sous-sergent, et que le surplus du texte veut insinuer que
« touttes semonces doivent estre faittes par le sergent ordinaire
« du lieu ou par son sous-sergent ; que touttes fois il y a plu-
« sieurs juridictions, où il y a des sergents qui ont pouvoir de
« faire adjournements en cas de meubles et non par un cas héré-
« dital, comme sont les bedeaux ; que le juge n'a pas pouvoir de
« commettre autre que le sergent ordinaire et attourné pour
« faire un exploit en sa sergenterie, si iceluy sergent n'étoit
« saonné, c'est-à-dire recusé ; auquel cas il devroit prendre le
« plus prochain sergent du lieu de la querelle. » Ce qui est conforme au style de procéder, rédigé en suite de l'ancien Coutumier et à une ordonnance de l'échiquier de 1383.

Henry II, par édit donné à Compiègne en juillet 15.., créa
un huissier audiencier en chacun des siéges présidiaux, auquel
il donna pouvoir « de mettre à exécution et signiffier ses
« requestes, decrets, ordonnances, jugements et arrests, donnés
« auxdits siéges présidiaux, chacun en son ressort, et faire tous
« autres exploits ainsy en sa forme et manière que font les ser-
« gents ordinaires des lieux et juridictions desquels ils seront
« pourvus, tant par ordonnance desdits juges qu'à la requeste
« des parties. »

Par autre édit donné à Villers-Cotterets, en avril 1557, il
créa un second huissier en chacun des siéges présidiaux, aux
mêmes honneurs que celuy créé par l'édit cy-dessus.

Henry III, par un autre édit donné à Paris, en may 1586,
créa en outre deux huissiers audienciers aux mêmes droits, avec
le pouvoir d'exploiter par tout le royaume tous actes de justice.

Le même Roy créa par autre édit, donné à Paris en septembre 1587, deux huissiers audienciers en chacun siége particulier des bailliages et vicomtés, aux mêmes droits que ceux
des présidiaux.

Henry IV, à Fontainebleau, en 1595, créa deux huissiers
dans les juridictions consulaires avec pouvoir d'exploiter en
toutes juridictions et de mettre à exécution tous actes et sen-

tences de quelques juges et juridictions qu'elles soient émanées par tout le royaume de France.

Par autre édit, donné à Travey par le même Roi, le dernier novembre 1595, il créa deux huissiers dans chacune élection aux mêmes droits.

Par arrest du Parlement du 19 juin 1601, sur la remontrance de M. le Procureur général, il fut enjoint aux lieutenants des baillis du ressort de la Cour de procéder à la réduction des sergents, au nombre de deux par chacune des sergenteries hérédi-tales de quelque grande étendüe qu'elles soient, et à un com-mis pour chacune des moindres sergenteries ; et par autre arrest de la même année 1601 et 8 mars 1618, il fut défendu de mettre aux grandes sergenteries plus de trois sergents.

Au commencement du siècle dernier, un nommé Bauquet demanda au Conseil l'adjudication des sergenteries fieffées et héréditaires de Normandie, pour en jouir durant seize années, après lequel tems il s'obligeoit de les rendre au domaine quittes de toute finance, qu'il prenoit soumission de rembourser aux propriétaires.

Les propriétaires des sergenteries nobles et héréditaires de Normandie donnèrent leur requeste au Roy et au Conseil et éta-blirent que les sergenteries nobles et héréditaires de Norman-die sont des fiefs, comme les comtés et baronnies pour les-quelles les propriétaires font la foy et homage au roy, rendent aveux et dénombrements, sont obligés au ban et à l'arrière-ban, sujets aux gardes-nobles royalles, reliefs, aydes de chevale-rie, etc. Ils démontrèrent que les sergenteries nobles et hérédi-taires étoient de la plus haute antiquité et tiroient leur origine des premiers ducs de Normandie.

« L'antiquité des sergenteries (dit le mémoire fait pour la « défense des sergenteries nobles et héréditaires de Norman-« die) et leur qualité réelle de fiefs nobles se remarque dans la « coutume ancienne de Normandie, observée dès le tems des « ducs, comme l'on voit en divers chapitres, dont les uns « traitent des sergenteries en qualité de fiefs, les autres *du* « *sénéchal au duc* et *de la clameur de haro* introduitte par « Rollon Iᵉʳ, duc de Normandie, vivant du règne de Charles le « Simple, environ l'an 900. »

« Entre les sergenteries héréditaires (dit le mémoire) les unes

« sont attachées au domaine des terres avec droits de patron-
« nage et rentes seigneuriales ; les autres consistent en l'éten-
« due de leur fonction en diverses paroisses, comme fiefs qui
« n'ont que des censives : car les sergenteries ont le droit de
« leur charge, comme espèce de domaine fieffé. »

La prétention de Bauquet sur les sergenteries fieffées de
Normandie donna lieu à un article de remontrances faittes en
la réunion des trois États de Normandie en 1610. Voicy comment est conçu cet article :

« L'un de ces partis touche les sergenteries héréditaires de
« Normandie : ce sont fiefs nobles établis sous le gouverne-
« ment de nos ducs, possédés en cette qualité par nos aïeux ;
« que l'ordre des successions et autres moyens d'acquérir ont
« fait passer à travers tant de siècles en la main de deux cents
« gentilshommes qui en sont aujourd'huy propriétaires : il n'a
« point été raisonnable de faire parti de les réunir au domaine,
« d'autant qu'elles n'en dépendent que sous la condition des
« autres fiefs du royaume, ny de stipuler par le partisan d'en
« jouir l'espace de seize années en remboursant les proprié-
« taires qui n'ont rien payé pour leur investiture. La révoca-
« tion de ce party simplement surcis est demandée au roy,

« Et en sont les commissaires d'avis.

« Accordé. »

Le roy Louis XIV ayant fait expédier un édit au mois
d'avril 1664, pour remédier aux abus qui s'étaient introduits
dans le royaume par l'établissement du nombre excessif de
notaires, procureurs, huissiers et sergents, duquel il envoya le
duplicata au Parlement de Normandie pour y estre registré,
M. le Procureur général fit ses remontrances au Roy que
« l'usage de la province étoit différent de celuy des autres du
« royaume, n'y ayant d'ancienneté d'officiers établis pour faire
« les contraintes, exploits et autres actes que les sergents
« nobles et héréditaires, que les possesseurs tiennent en fief du
« roy, en font la foy et homage et en rendent les aveux et
« dénombrements en la Chambre des Comptes ; lesquels offices
« sont sujets au ban et arrière-ban et tombent en la garde du
« Roy comme les autres fiefs nobles, relevants du Roy en laditte

« province, et sont distribués en sorte que des sept bailliages et
« siéges présidiaux dont est composée la justice du Roy en
« laditte province de Normandie, chacun est divisé en quatre
« vicomtés et chaque vicomté en quatre sergenteries, les titu-
« laires desquelles sont en possession d'établir des commis qui
« n'excèdent point le nombre de trois aux grandes sergenteries,
« aux moindres deux et aux petites un, à proportion des paroisses
« qui les composent, suivant le règlement fait par le Parlement
« le dix-neuf juin 1601, etc. »

Par édit du mois d'avril 1707, le roy a créé deux offices d'huissiers ordinaires dans toutes les cours et juridictions royales
ordinaires et extraordinaires aux mêmes droits et priviléges que
ceux cy-devant créés.

Par arrest du Parlement du 15 mars 1742, un huissier de
police a été condamné de se retirer de l'étendüe d'une sergenterie où il demeuroit et d'aller résider dans le lieu où se tient
sa juridiction.

Par autre du 20 mars 1746, un huissier en l'amirauté a été
condamné de même, encore qu'il fut propriétaire de la maison
qu'il occupoit et qu'il y fut né et marié; pareils arrests en 1749
et 1750.

De tout ceci il résulte qu'en Normandie les sergenteries
royalles et héréditaires sont des fiefs qui donnent à ceux qui les
possèdent le droit d'exercer dans un certain nombre de paroisses.

Raoul ou Rollon, premier duc de Normandie, fut amateur de
la justice, il la fit régner avec lui et en établit l'ordre dans ses
États; il falloit des sergents pour traduire devant luy. Il ne fut
pas gêné dans l'établissement de ses sergenteries, il forma leur
arondissement d'un certain nombre de paroisses avant toutte
concession de justice aux seigneurs.

L'histoire nous apprend que ses loix étaient sévères et sages.
Si quelqu'un avoit fait dommage à son voisin il l'envoyoit chercher par ses sergents et en faisoit sur le champ punition. Aussi
son premier soin fut de former des siéges de justice dans ces
domaines. Il créa un grand sénéchal, des baillis, des vicomtes
et sous ces derniers des sergents qu'il nomma sergents de l'épée.
Il assigna à ses juges et à ses officiers une étendüe de terrein.
Luy seul et ses juges en exerçaient la justice en Normandie. « Le
« prince, dit l'ancienne coutume, a la justice pleinière de toutes

« les plaintes qui luy viennent. » Tout le titre de cette ancienne
coutume ne parle que des juges établis par ce prince, des plus
grands, des moindres, des subalternes; il n'y en a pas un qui
ne soit royal.

Guillaume le Conquérant a porté l'ancienne coutume de Normandie en Angleterre; on n'y voit point de hautes justices, et
lorsque les rois de France en ont créé, ils se sont toujours
réservé le pled de l'épée. De là cette maxime que fief et justice
n'ont rien de commun.

Après avoir établi que ses sergenteries royalles en Normandie ont été créées par nos premiers ducs, qu'elles l'ont été pour
l'administration de la justice dans leurs domaines. Voyons comment ont été formées ces sergenteries. L'ont-elles été par
paroisses? L'ont-elles été par fiefs?

II.

Ou soutient qu'elles ont été composées par paroisses, que
Raoul, premier duc de Normandie les forma ainsi comme ses
justices. Quelle apparence, en effet, qu'il eut composé ses sergenteries par fiefs? Il n'attachait à ses sergenteries aucuns
domaines, aucunes mouvances, il ne leur donnoit qu'un droit
d'exercice; comment ses sergents l'eussent-ils connu sur des
fiefs? il auroit fallu qu'il eut fait relever féodallement tous les
fiefs de ses sergenteries, que les vassaux possédants fiefs eussent
rendu des aveux aux sergents; autrement il aurait été impossible à ceux-cy de connoître les hommes des fiefs, sujets à l'exercice des sergenteries. Nous soutenons de plus que, quand le
duc de Normandie auroit fait dépendre tous les fiefs de ses
sergenteries et qu'il auroit assujetti tous ses vassaux à donner
à ses sergents des aveux détaillés de leurs fiefs, que toute
la sagesse de Raoul auroit échoué, parce qu'en apprenant aux
sergents que tels et tels fiefs étaient de telle sergenterie ils
n'auraient connu que les possesseurs de fiefs et cette connoissance ne leur auroit pas indiqué les vassaux de ces fiefs. Tout
le monde sait que les griefs n'ont point d'étendue fixe; les uns
sont renfermés dans une parroisse, les autres ont des extensions

dans dix. C'est faire injustice à la mémoire d'un prince, dont
on vante la sagesse, que de supposer l'établissement des sergenteries par fiefs; ou Raoul créa les sergents sans leur désigner aucun objet fixe, sans leur donner d'autre arrondissement
que son duché, ou il forma ses sergenteries par parroisses. Il est
hors de doute qu'il ait établi ses justices par parroisses, il dut y
établir de même ses sergenteries. Elles existent encore actuellement et s'exercent de même. Les aveux qu'on en rend au roy
en font foy; tous nos auteurs ne cessent de le répeter.

« Combien que les sergenteries féodalles se relèvent comme
« fief de haubert, touttes fois, s'il n'y a de court et si elles ne
« sont jointes à quelque fief noble, comme est la sergenterie du
« Val-de-Dun en la vicomté d'Arques, laquelle est jointe et unie
« à la vicomté héréditalle de Blosseville, le seigneur de laquelle
« vicomté a la connoissance et juridiction du meuble entre les
« resséauts de *toutes les paroisses de laditte sergenterie*[1]. »

Godefroy, sous l'art. 580 de la coutume, en parlant du décret
des sergenteries s'exprime ainsy : « J'appelle sergenteries nobles
« celles qui relèvent noblement comme les fiefs de haubert et
« membres d'iceux, etc. S'il n'y a point de domaine à sa sergen-
« terie, il n'est pas bien aisé de discerner le lieu du principal
« exercice, ou qu'il y a *telle sergenterie qui comprend 15 ou 20 pa-
« roisses en toutes lesquelles l'exercice s'en fait également*, etc. »

« Sergenteries, par ce terme on entend une certaine étendüe
« *de villages ou paroisses dépendants d'une justice* et où le sei-
« gneur a droit d'établir des sergents pour y exploiter et mettre
« les mandements de justice et sentences à exécution[2]. »

Le même auteur, sous l'art. 580, dit que les sergenteries
nobles sont des fiefs qui attribuent le droit de commettre un
sergent pour exercer une sergenterie dans un certain district.

Joignons à ces autorités les remontrances faites par les États
de Normandie, en 1610 : « Entre les sergenteries hérédi-
« taires, disent les propriétaires, les unes sont attachées au
« domaine des terres avec droits de patronage, etc. Les autres
« consistent en l'étendüe de leur fonction *en diverses paroisses*,
« comme fiefs qui n'ont que des censives : car les sergenteries

---

[1] Terrien, p. 87.
[2] *Décisions sur chaque article de la Coutume*, p. 20.

« ont le droit de leur charge comme espèce de domaine fieffé. »

Ajoutons enfin l'attestation de M. le Procureur général du Parlement de Normandie donnée lors de l'édit de 1664 : elle prouve à n'en point douter que les sergenteries royalles sont composées par paroisses. Nous ajouterons qu'en 1640, le Roy, par un arrest de son conseil déclara révoquer les adjudications qui avaient été faites des sergenteries nobles et héréditaires de Normandie, en païant par le propriétaire une taxe qui serait fixée au Conseil suivant l'état du revenu desdittes sergenteries, eu égard aux *paroisses* et villes où chaque sergent a droit d'exercer, ou sur les baux des sergenteries qui auront *pareille quantité de paroisses;* et à l'égard de ceux qui exercent en personne, la taxe en sera faite par estimation, comme des autres sergenteries où il y a pareil nombre de *paroisses.*

Tout ceci établit quelles sont les loix et les usages de la province au regard des sergenteries royalles fieffées et héréditaires.

III.

Reste à savoir s'il existe d'autres sergenteries que les sergenteries royalles, par qui, pourquoi et comment elles ont été instituées.

L'histoire nous apprend que dans les tems d'anarchie où la puissance souveraine étoit sans vigueur, les grands seigneurs s'arrogèrent le droit de rendre la justice à leurs vassaux. Ils furent plus loin, ils créèrent des juges pour rendre la justice en leur nom et ne mettant plus de bornes à la puissance qu'ils avaient usurpée, ils érigèrent des sergenteries pour leurs vicomtés. On commit alors des sergents qui ne dépendaient point du roy, ny de ses juges, et ces sergents exécutoient les ordres des vicomtes, des seigneurs, comme les sergents royaux, fieffés et héréditaires exécutoient les ordonnances du roy et de ses baillis.

Les fonctions des sergents du roy et des seigneurs s'étant confondues en 1463, l'échiquier de Normandie permit aux hauts justiciers d'empêcher les sergents royaux de faire des exploits en leurs hautes justices, lorsque ces hautes justices n'étoient pas des *mettes* desdits sergents royaux, c'est-à-dire du district de l'arrondissement des paroisses de leurs sergenteries, et Charles IX voulut, en 1563, que les sergents royaux fieffés des sergenteries, où les fiefs et arrières-fiefs seigneuriaux étaient assis et s'étendaient, fissent tous exploits pour les justices desdittes seigneuries.

C'est une nouvelle preuve que les sergenteries royalles s'exerçoient sur des paroisses entières, à la différence des sergenteries seigneurialles qui ne s'exerçoient que sur les fiefs du seigneur et sur les hommes sujets à sa justice.

D'après ces autorités, il est hors de doute qu'il existe des sergenteries seigneurialles en Normandie. On vient de voir que, comme les premières hautes justices, elles doivent leur établissement à la puissance et à l'usurpation des grands vassaux.

Ce serait une erreur de croire que les sergenteries seigneurialles sont une dépendance nécessaires des hautes justices. On en connaît qui n'en ont point. Charles V ayant érigé une haute justice à Cany en 1370, en faveur des comtes d'Alençon et du Perche, il n'accorda point le droit d'avoir un sergent seigneurial. François Iᵉʳ, ayant érigé en 1534 les terres d'Adrienne d'Étouteville en duché et haute justice sous le nom de duché d'Estoutteville, les sergents royaux s'opposèrent à la création des sergenteries seigneurialles qu'on vouloit établir dans les hautes justices du duché. Leur opposition fut accueillie et il n'y eût point de sergents seigneuriaux.

Enfin, le roy ayant, en 1704, créé de nouvelles hautes justices, les acquéreurs demandèrent des sergents seigneuriaux qui leur furent accordés. Mais sur les représentations des sergents royaux héréditaires, qui occasionnèrent de longs débats au Conseil, le roy reconnut la légitimité de leur opposition et il ne fut point accordé de sergenteries aux nouvelles hautes justices.

La justice rendüe aux sergents héréditaux lors de l'érection de la haute justice de Cany, des hautes justices du duché d'Estoutteville et de nouvelles hautes justices, en 1704, prouve sans réplique que, s'il existe des sergenteries seigneuriales, elles tiennent leur origine non de la sagesse du souverain qui ne les auroit point créées, mais de temps malheureux ou la loi du plus fort faisoit la règle.

Voyons maintenant ce qui compose ces sergenteries seigneurialles, et comment elles s'exercent.

Les sergenteries seigneurialles sont composées comme les hautes justices, auxquelles sont attachés des fiefs relevants et justiciables de hautes justices. Les commis à ces sergenteries exercent sur tous les vassaux du seigneur qui plaident en sa haute justice, de sorte que les sergenteries seigneurialles sont composées par fiefs, à la différence des sergenteries royalles qui sont composées par paroisses.

La raison de cette différence est sensible. Les sergents seigneuriaux ne peuvent exercer que sur les hommes de leur seigneur, parce qu'il n'a la justice que sur eux. Ces hommes sont connus du sergent, parce qu'étant les vassaux du seigneur ils luy rendent des aveux. Le sergent royal au contraire exerce sur tous les hommes resséants et domiciliés dans les paroisses de sa sergenterie, parce que tous sont sujets du roy.

L'existence des sergenteries seigneurialles et leur formation par fiefs est reconnue par notre coutume et par tous nos commentateurs, mais le pouvoir ou exercice du sergent seigneurial est bien moindre que celuy du sergent royal. Le sergent seigneurial ou de haute justice ne peut exécuter que des actes émanés de sa haute justice et ne peut exploiter que sur ses justiciables. Il ne peut signiffier lettres royaux et ne peut instrumenter pour cas royaux. Nous en trouvons la preuve dans la reconnoissance d'un propriétaire de plusieurs sergenteries seigneurialles.

L'ancien comté de Longueville a été possédé en différents temps par de grands vassaux. Ils s'arrogèrent le droit de haute justice, et créèrent des sergents. Le comté rentra dans le domaine de Philippe Auguste, lors de la réunion de la Normandie à la couronne en 1202. Il fut ensuite possédé par différents seigneurs qui le tinrent de la libéralité de nos rois. Il leur fut douné avec la haute justice et les sergenteries qui y avaient été attachées. Il y avoit une haute justice à Longueville, une à Grainville pour les vassaux du comte. Gaston de Foix qui le possédoit en donnoit aveu au roy en 1419. Voicy comment il s'exprime dans son aveu au sujet des sergenteries :

« Item, à cause d'icelle comté m'appartient à pourvoir à plu-« sieurs sergenteries.

« A la sergenterie dudit lieu de Longueville, etc.

« A la sergenterie de Grainville la Teinturière.

« A la sergenterie de Manneville-es-pleins.

« A la sergenterie d'Héricourt, etc.

« Lesquels sergents sont ordonnés et jurés aux siéges ordi-
« naires de la juridiction de madite comté et exercent tous les
« exploits appartenants à haute, moyenne et basse justice. »

Gaston de Foix donnoit aveu au roy du comté de Longueville, qu'il tenoit de sa libéralité ; il déclaroit qu'à cause des
hautes justices de ce comté il avoit droit de pourvoir à plusieurs
sergenteries ; mais il convenoit que ces sergents n'avoient droit
d'exercer que tous exploits appartenants à haute, moyenne et
basse justice. Et, en effet, comme sergents seigneuriaux et de
haute justice, ils ne pouvaient exercer pour les cas royaux, qui
ne sont point de la compétence du haut justicier et qui appartiennent aux sergents royaux.

Cette vérité démontrée par la reconnoissance de Gaston de
Foix est consacrée par un arrest de l'échiquier de Normandie
rendu en 1422, dont voicy la teneur :

« Comme en l'an 1392, feù Jean de la Montaigne, lors sergent
« du roy nostre sire en la sergenterie de Cany, eût pris et levé
« un gage pleige, allencontre d'Isambart Sauvalle lors sergent
« de Manneville es Pleins en la comté de Longueville, pour ce
« que ledit Isambart s'étoit efforcé d'exercer et exploiter office
« de sergent royal en la sergenterie dudit de la Montaigne,
« comme adjournemeuts, exécutions, commandements et con-
« traintes touchants et regardants les dettes, domaines et droi-
« tures royaux, et les cas ou questions touchants sauves gardes,
« ports d'armes, patronages d'églises, brief de freulay ou d'au-
« mônes et autres cas privilégiés et des ressorts de haute jus-
« tice et souveraine, de doléance, appeaux de jugements, et
« autres causes appartenants aux sergents royaux et à ressort
« de haute justice, etc. ; la cause avoit été dévolüe en l'échi-
« quier de Normandie dujourd'huy, fut présent Jean Degueures,
« sergent de laditte sergenterie de Manneville, ayant droit
« d'icelle par acquisition par luy faitte, lequel s'est amendé de
« laditte doléance et se départit et se désista tant pour luy que
« pour tous ceux qui en laditte sergenterie pourroient aucunes
« choses demander ou réclamer, de tel droit ou poursuitte,
« comme il pouroit avoir et réclamer, à cause de laditte sergen-
« terie et ressort d'icelle, et en tant qu'il y en a du ressort de

« laditte sergenterie es choses dessus déclarées et autres tou-
« chant royalité; promettant, tant pour luy, ses hoirs et en nom
« que dessus, que jamais aucunes choses ou droitures n'y
« demandera ou réclamera. Desquelles choses Regnault de la
« Montaigne, fils et héritier dudit feu Jean de la Montaigne,
« requit lettres; lesquelles, lecture faitte en jugement d'iceluy
« appointé, en ont icelles parties et chacune d'elles, promis
« tenir, garder et accomplir, et sans aller encontre en aucune ma-
« nière. A ce furent condamnés par la Cour dudit échiquier par
« arrest, et fit ledit Degueures l'amende d'icelle doléance, etc. »

Les sergents des juridictions subalternes ne peuvent exploiter
les lettres royaux, comme il fut jugé, par arrest du 9 février 1530,
en l'audience, contre les officiers de Longueville, par lequel il
fut défendu à tous sergents, autres que royaux, d'exploiter
aucuns mandements ou lettres royaux sur les peines au cas
appartenant [1].

Les sergenteries de l'ancien comté de Longueville étoient
donc des sergenteries seigneurialles qui ne pouvoient s'exercer
que sur les justiciables des hautes justices du comté, vassaux
du comte de Longueville, pour causes qui sont de la compétence des hauts justiciers. Leur exercice étoit déterminé par la
loi, ils ne pouvoient exercer pour cas royaux.

D'après ce qu'on vient de dire, il est incontestable qu'il existe
en Normandie deux sortes de sergenteries : les unes royalles,
fieffées et héréditaires, créées par les ducs de Normandie avant
toutte concession de justice aux seigneurs, pour estre exercées
comme les justices des ducs sur un certain nombre de paroisses
qui leur furent assignées. Leur formation par paroisses est
reconnue par tous nos auteurs, par les États de Normandie en
1610, par un grand roy lors de l'édit de 1664, sur l'attestation
de M. le Procureur général et enfin par leur exercice actuel qui
se fait sur un certain nombre de paroisses entières;

Les autres, seigneurialles, attachées à des hautes justices
créées par les grands vassaux dans des tems où ils avaient
envahi la puissance royalle, pour estre exercées sur leurs fiefs
et pour exploiter sur leurs vassaux et justiciables; mais sans
aucun droit dans les cas royaux.

---

[1] Berrault, sous l'art. 18, page 144. — Édition de 1684.

ABBAYE ROYALE

ET

CHAPITRE NOBLE

DE POULANGY (Haute-Marne)

Monsieur,

Je viens de mettre la dernière main à l'histoire de l'*abbaye de Poulangy*, sur laquelle, en 1876, j'avais publié dans cette *Revue* une notice succincte. Les recherches que j'ai faites depuis l'insertion de cette notice, m'ont fait découvrir plusieurs erreurs dans le chapitre VI : CHANOINESSES [1], erreurs d'autant plus graves qu'elles portent sur la parenté des religieuses. Parmi les auteurs dignes de foi auxquels j'avais accordé ma confiance, figure le P. Vignier, auteur de notes estimées sur le diocèse de Langres et collaborateur des généalogistes célèbres du xvııᵉ siècle ; c'est cependant le P. Vignier qui m'a, généralement, induit en erreur. Je m'empresse de vous transmettre les rectifications nécessaires, et je profite de cette occasion pour ajouter à la liste quelques nouveaux noms de chanoinesses.

Arthur DAGUIN.

ALEXANDRE D'HANACHE. — Famille originaire d'Angleterre, habituée en Normandie, puis en Beauvaisis.

HENRIETTE. — Chanoinesse en 1785, fille de Louis-Maximi-

---

[1] 1876, p. 451, et 1877, p. 25.

lien-Alexandre, comte d'Hanache, et d'Henriette Cochon du Puy.

Alexandre : *d'argent, à une aigle à deux têtes éployée de gueules, onglée d'or.*

D'AMONCOURT. — Famille originaire de Bourgogne, qui posséda dans le pays langrois les seigneuries de Piépape, Longeau, etc.

Louise. — Prieure de Saint-Pierre de Metz (ou plutôt du Mont), fut prieure d'Orimont de 1567 à 1573; elle résigna en faveur de la suivante, sa nièce.

Françoise. — Prieure d'Orimont; elle prit possession en 1575, mais elle ne put jouir de son bénéfice : Françoise de Montreuil, sa concurrente, réussit à l'évincer.

D'Amoncourt : *de gueules, à un sautoir d'or.*

D'AUSSY. — Supprimer l'article et le remplacer par celui-ci :
D'AUXY. —
Charlotte. — Religieuse en 1667, prieure en 1686; sa nièce, Marie-Anne des Salles, fit profession à Poulangy.

DE BIENCOURT. — Supprimer l'article.

DE BOURNEL. — Famille de Picardie.

Marie-Philippine. — Née à Paris, paroisse Saint-Sulpice, le 7 novembre 1731, fut reçue postulante en 1749. Elle était fille de Jean-Charles de Bournel, marquis de Monchy, baron de Namps et autres lieux, et de Marie-Catherine Forcadel, dame d'atours de la duchesse de Berry.

De Bournel : *d'argent, à un écusson de gueules, accompagné de huit perroquets de sinople.*

CHABUT. — Compléter ainsi les armoiries :
... *d'hermines, à un lambel de trois pendants de gueules.*

DE CIREY. — Ajouter :
Une famille langroise du nom de Cirey fut anoblie par Louis XII, en vertu de lettres patentes signées à Blois en octobre 1509 et registrées à la Cour des comptes de Dijon le 5 décembre suivant.

Cette famille portait : *d'azur, à deux lévriers d'argent affrontés et rampants, accolés de gueules et bouclés d'or.*

DE GOMER. — Remplacer les noms des chanoinesses par les suivants :

GABRIELLE-MARIE-URSULE. — Née le 2 juin 1763, reçue chanoinesse, puis mariée le 2 mai 1786 à Claude de Guillebon de Beauvoir, ancien chevau-léger, chevalier de Saint-Louis.

AUGUSTINE-CATHERINE. — Née le 2 avril 1767, chanoinesse en 1789.

MARIE-THÉRÈSE-SOPHIE. — Née le 10 janvier 1770, chanoinesse en 1789.

Toutes trois filles de Charles-Gabriel, comte de Gomer, et de Marie-Josèphe de Pingré, dame d'Epaumesnil.

D'HARLUS. — Ajouter.

Le P. Vignier écrit ce nom, tantôt *Harlus* ou d'*Artus*, tantôt *Zarlus*, *Zurlus* ou *Zeurlus*. Les titres (latins) du xvi° siècle de l'abbaye ne donnent que ces deux dernières formes, qui, pensons-nous, doivent correspondre au mot français *Zurle*, nom d'une famille qui posséda des seigneuries aux environs de Poulangy et qui s'allia aux de Montarby.

DE MAUCLERC. — Les chanoinesses de ce nom sont :

LOUISE-FRANÇOISE. — Professe du 13 février 1736, prieure d'Orimont depuis 1757, mourut en 1777. Elle était fille de Léon de Mauclerc et de Marie-Othilde de Franchet.

GABRIELLE. — Chanoinesse en 1789 et en 1792, nièce de la précédente et fille de Claude-Philippe de Mauclerc et de Charlotte d'Ambly.

MONGINOT. — La religieuse *Colette* Monginot était fille d'Adrien, président en l'élection de Chaumont, et de Barbe Heudelot.

DE MONTAL. — Ajouter une chanoinesse qui fit profession le 31 juillet 1701, et qui n'est désignée que par la mention : *Madame de Montal.* Au xviii° siècle les prénoms de ces chanoinesse sont presque toujours omis ; c'est pourquoi notre liste offre de nombreux N...

DE MONTHELÉON. — Rétablir l'article en ces termes :

Famille langroise dont le nom s'est écrit *Montléon* et *Mauléon*; elle posséda la seigneurie de Verseilles.

NICOLE. — Religieuse en 1507 et 1513, cellerière en 1510, fille de Claude de Monthéléon et de Claudette Petit.

Monthéléon : *d'azur, à un lion d'or, brisé d'un lambel de gueules.*

DE MONTIGNY. — Supprimer les articles *Montigny-sur-Aube* et *Montigny-sur-Vingeanne*, et réunir sous le seul titre *Montigny* les quatre religieuses de ce nom, sans indication de parenté.

DE MONTREUIL. — Ajouter :

FRANÇOISE. — Prieure d'Orimont en 1575, était vraisemblablement religieuse de Poulangy, ainsi que l'ont été toutes les autres titulaires du prieuré. L'abbé Roussel la dit religieuse de Sainte-Glosselinde de Metz. Elle mourut en 1588.

DE NOGENT. — Ajouter :

ADELINE. — Religieuse en 1247, époque où elle ratifie une donation que Jean de Nogent, neveu de Renier, dernier seigneur de Nogent, fait à l'abbaye du Val-des-Écoliers.

DE PRA DE PEZEUX. — Rectifier ainsi l'article de la chanoinesse :

GABRIELLE-ALEXANDRINE. — Née le 25 avril 1729 de Claude de Pra, marquis de Pezeux, gouverneur et grand-bailli de Langres, et de Louise Largentier de Cherdion. Elle fit profession le 12 septembre 1740 et devint prieure d'Orimont en 1747. L'abbé Roussel la donne à tort comme ayant été abbesse de Poulangy.

DE RÉCOURT. — Famille du Bassigny qui posséda Vesvrottes au xvie siècle.

CLAUDE. — Religieuse en 1551, fille d'Alexandre de Récourt; elle vivait encore en 1577.

De Récourt : *de gueules, à une fasce surmontée de trois étoiles, et accompagnée en pointe d'un chevron, accompagné lui-même de trois étoiles, le tout d'argent.*

DE RÈGE. — Famille langroise dont le nom s'orthographie aussi Reige, et qui posséda la seigneurie de Valpelle.

Isabeau. — En 1507, sous-prieure en 1513 et 1536.

Étiennette. — En 1513, cellerière en 1521, prieure de Saint-Pierre du Mont en 1552; elle vivait encore en 1562.

Une de leurs parentes, Jeanne de Reige, dame de Valpelle, épousa Gérard de Montheléon, frère de la chanoinesse de ce nom.

DE RYE. — Supprimer l'article.

DE SALNANGE. — Au lieu de « peut-être faudrait-il tra-» duire Sassenange », mettre : au xvie et au xviie siècle il y eut des *Senange, Selnange, Salnange* ou *Salenange*, comme seigneurs de Magnilfouchard [1] ; cette seigneurie leur vint vers 1540 par le mariage de Robert de Salnange, seigneur d'Ourches, avec Jeanne de Champigny.

DE SOMMIÈVRE. — Les chanoinesses de ce nom furent, outre les trois que nous avons mentionnées :

Marie-Catherine, dite de Juilly, professe du 13 février 1699, prieure d'Orimont de 1748 à 1757 où elle mourut.

Marie-Charlotte. — Dite d'Ambilly, chanoinesse en 1740, prieure d'Orimont de 1777 à 1780 où elle mourut.

DE TRESTONDAM. — Ajouter :

Catherine-Aymée de Trestondam d'Annisy. — Marraine à Poulangy le 20 septembre 1676; elle est dite dans l'acte : « pen-» sionnaire demeurante à l'abbaye. »

DE VAUDREY. — L'abbesse *Marie-Gabrielle-Françoise de Blitterswich de Mouckley*, comtesse *de Vaudrey*, est donnée par les historiens de l'abbaye de Poulangy comme ayant été précé-demment religieuse de Migette et comme étant fille de Claude-Antoine-Eugène, comte de Vaudrey, et de Marie-Gabrielle-Françoise de Blitterswich de Mouckley. Cependant, dans un titre du 3 mars 1776 [2], l'abbesse de Poulangy est dite : « douai-

[1] Magnilfouchard, département de l'Aube.
[2] Archives de la Haute-Marne, fonds Esnouveaux, liasse 3.

« rière de M. le comte de Vauldrey, vivant lieutenant-général
« des armées du roy, inspecteur général de la cavalerie et
« dragons. »

DE VILLIERS-LA-FAYE. — Supprimer l'article relatif à la
chanoinesse et mettre :

MARIE-HENRIETTE-BÉNIGNE. — Chanoinesse en 1780, prieure
d'Orimont de 1781 à 1792, chancelière en 1792, était fille de
François-Marie de Villiers-la-Faye, comte de Vaugrenant.

MARIE-ANNE-SOPHIE. — Morte à Paris, paroisse de Saint-Sulpice, le 23 janvier 1791, à l'âge de vingt-et-un ans ; son acte de
décès la qualifie chanoinesse de Poulangy.

DE ZURLE. — Des titres (latins) du xvi° siècle mentionnent
trois religieuses du nom de *Zeurlus* ou *Zurlus*, que le P. Vignier
traduit parfois par d'*Harlus*. A notre avis, c'est la traduction
latine de *Zurle,* nom d'une famille qui posséda au xvi° siècle des
seigneuries aux environs de Poulangy, et dont un membre,
Gaspard de Zurle baron de Cancellaro, ayant épousé Marie de
Montarby, est désigné en 1520 comme seigneur de Charmoilles.

CLAUDE. — Secrétaire en 1507 et 1510.

ALIX. — En 1527.

CLAUDE. — Chantre en 1556, sous-prieure en 1572.

RECUEIL HISTORIQUE

CHEVALIERS DE L'ORDRE DE SAINT-MICHEL

(*Suite* *).

RÈGNE DE FRANÇOIS Ier (*suite*).

JULIO DE SAINT-SÉVERIN, marquis de Valence, comte de Colorno, capitaine de cinquante hommes d'armes des Ordonnances du roi, et mestré de camp d'un régiment.

Il était fils de Robert de Saint-Séverin et d'Élizabeth de Montefeltro.

Ses armes : *D'argent, à une fasce de gueules.*

Nommé vers 1526.

RENZO ou LORENZO DES URSINS (*Rance de Cère*), seigneur de Cère et de Pontoise, baron romain, capitaine de cent hommes d'armes des Ordonnances et de la première compagnie des gendarmes italiens, lieutenant général pour S. M. au royaume de Naples, mort le 11 février 1536.

Il était fils de Jean des Ursins, seigneur de Cère.

Ses armes : *Bandé d'argent et de gueules de six pièces, au chef d'argent, à une rose de gueules, soutenue d'une fasce d'or, chargée d'une anguille d'azur.*

Nommé avant 1526.

HENRY VIII, roi d'Angleterre et d'Irlande, né le 28 juin 1491, mort le 28 janvier 1547.

---

* Voir Septembre et Octobre 1879, page 466.

Il était fils de Henri VII, et d'Élisabeth d'Angleterre.

Ses armes : *D'azur, à trois fleurs de lis d'or, 2 et 1, écartelé de gueules, à trois léopards d'or, langués et armés d'azur.*

Nommé en 1527.

François de la Trémoille, vicomte de Thouars, prince de Talmond, comte de Guines, de Taillebourg et de Benon, baron de Craon, de Sully, de Royan, de l'Ile-Bouchard et de Mauléon, seigneur des îles de Rhé, de Marans, de Rochefort, de Brandois, de Mareuil, de Sainte-Hermine et de Doué, lieutenant général au gouvernement de Saintonge, de Poitou et de la Rochelle, mort à Thouars le 7 janvier 1581, à l'âge de 36 ans.

Il était fils de Charles de la Trémoille et de Louise de Coétivy.

Ses armes : *Coupé au premier du chef, d'or, au chevron de gueules, accompagné de trois aiglettes d'azur, becquées et membrées de gueules ; au deuxième, d'azur, à trois fleurs de lis d'or, 2 et 1, et un bâton de gueules péri en bande ; au troisième, fascé d'or et de sable ; au quatrième, d'azur à trois fleurs de lis d'or, 2 et 1, et un lambel de trois pendants d'argent en chef ; au cinquième et premier de la pointe, d'or, semé de fleurs de lis d'azur, et un franc-quartier de gueules ; au sixième, lozangé d'or et de gueules ; au septième, d'argent, à une givre d'azur ondée en pal et avalant un enfant de gueules ; au huitième, fascé d'or et de sable.*

Nommé vers 1527.

Henri d'Albret, roi de Navarre, prince de Béarn, comte de Foix et de Bigorre, duc d'Albret, gouverneur de Guyenne, mort le 25 mai 1555.

Il était fils de Jean, sire d'Albret et roi de Navarre, et de Catherine de Foix.

Ses armes : *Coupé d'un parti en chef de trois traits, et en pointe de quatre, qui font sept quartiers ; au premier du chef, de gueules, aux chaînes d'or posées en orle, en croix et en sautoir ; au deuxième écartelé, au premier et quatrième d'azur, à trois fleurs de lis d'or, 2 et 1 ; au deuxième et troisième de gueules ; au troisième d'or, à quatre pals de gueules ; au quatrième et premier de la pointe, écartelé, au premier et quatrième d'or, à trois pals de gueules ; au deuxième et troisième d'or, à deux vaches de gueules, accollées, accornées et clarinées d'azur ; au cinquième écartelé, au premier et quatrième d'argent, au lion de gueules ; au deuxième et troisième de gueules, au lion léopardé d'or ; au sixième d'azur, semé de fleurs de lis d'or, et un bâton componé d'argent et de gueules mis en bande ; au septième d'or, à quatre pals de gueules, flanqué d'argent, à deux aigles de sable.*

Nommé avant 1527.

FLORIMOND ROBERTET, seigneur et baron d'Alluye, de la Guierche, de Bury, de Brou et de Villemomble, conseiller chambellan ordinaire du roi, ministre d'État et bailli du palais à Paris.

Il était fils de Jean Robertet et de Louise Chauvet.

Ses armes : *D'azur, à la bande d'or, chargée d'un demi vol de sable, et accompagnée de trois étoiles d'or, 1 en chef et 2 en pointe.*

Reçu avant 1527.

LOUIS DE LORRAINE, comte de Vaudemont, né à Bar le 27 avril 1500, mort au siège de Naples en 1528.

Il était fils de René, duc de Lorraine et de Bar, et de Philippe de Gueldres.

Ses armes : *Écartelé de huit pièces, quatre en chef et quatre en pointe ; au premier fascé d'argent et de gueules de huit pièces ; au deuxième d'azur, semé de fleurs de lis d'or, et un lambel de gueules à trois pendants en chef ; au troisième d'azur, à la croix potencée d'or, cantonnée de quatre croisettes de même ; au quatrième d'or, à quatre pals de gueules ; au cinquième d'azur, semé de fleurs de lis d'or, à la bordure de gueules ; au sixième d'azur, au lion d'or contourné, couronné, langué et onglé de gueules ; au septième d'or, au lion de sable, couronné, langué et onglé de gueules ; au huitième d'azur, semé de croisettes d'or recroisettées, au pied fiché, et deux bars aussi d'or adossés sur le tout ; et sur le tout d'or, à une bande de gueules, chargée de trois alérions d'argent.*

Nommé avant 1527.

FRÉDÉRIC Ier, roi de Danemark, né en 1473, mort le 3 avril 1533.

Il était fils de Christiern, roi de Danemark et de Suède, et de Dorothée de Brandebourg.

Ses armes : *D'or, à deux fasces de gueules, parti d'azur, à une croix d'or, pattée, alaisée et au pied fiché.*

Nommé vers 1527.

CLAUDE DE RIEUX, sire de Rieux, d'Ancenis et de Rochefort, comte de Harcourt et d'Aumale, etc., gentilhomme ordinaire de la chambre du roi et capitaine de cinquante lances de ses Ordonnances, né le 15 février 1497, mort le 19 mai 1532.

Il était fils de Jean, sire de Rieux, et d'Ysabeau de Brosse.

Ses armes : *D'azur, à cinq besans d'or, 2, 2 et 1 ; écartelé d'un vairé d'or et d'azur ; et sur le tout, de gueules à deux fasces d'or.*

Nommé avant 1527.

JEAN D'HUMIÈRES, seigneur d'Humières, de Nédonchel, etc., gentilhomme ordinaire de la chambre du roi, conseiller en son conseil privé, capitaine de cent hommes d'armes de ses Ordonnances, gouverneur des enfants de France, ambassadeur en Angleterre, lieutenant général en Dauphiné, Savoye et Piémont, gouverneur de Péronne, de Montdidier et Royè, mort le 18 juillet 1550.

Il était fils de Jean d'Humières et de Jeanne de Hangest.

Ses armes : *D'argent, fretté de sable.*

Nommé avant 1527.

ALBERT DE SAVOYE, comte et prince de Carpi en Lombardie, vicomte de Conches et de Breteuil, ambassadeur à Rome, mort à Paris en 1531.

On ignore sa filiation.

Ses armes : *Tiercé en pal, au premier d'azur, à un écusson de gueules, chargé d'une croix d'argent ; au deuxième de gueules, au gonfanon d'or, ayant deux clefs passées en sautoir, posées sur la lance, l'une d'or et l'autre d'argent ; au troisième coupé, le chef fascé d'argent et de gueules de six pièces, la pointe d'or, au lion d'azur, langué de gueules ; le grand écusson ayant un chef d'or, chargé d'un aigle de sable.*

Nommé avant 1527.

LOUIS DE CLÈVES, dit *Louis Monsieur de Clèves et de Nevers*, comte d'Auxerre, seigneur de Saint-Valery, capitaine des cent gentilshommes de la maison du roi, mort en 1545.

Il était fils d'Engilbert de Clèves et de Catherine de Bourbon-Vendôme.

Ses armes : *De gueules, à un écu d'argent, et un tourteau de sinople en cœur, duquel sortent huit sceptres pommettés et fleuronnés d'or ; parti d'or, à la fasce échiquetée d'azur et de gueules, de trois traits ; écartelé d'azur, semé de fleurs de lis d'or, et une bordure componée d'argent et de gueules ; contr'écartelé d'or, au lion de sable, armé et langué de gueules.*

Nommé avant 1527.

LOUIS D'ORLÉANS, duc de Longueville, marquis de Rothelin, comte de Dunois et de Tancarville, souverain de Neufchâtel, en Suisse, pair et grand chambellan de France, capitaine de cinquante hommes d'armes des Ordonnances, né le 5 juin 1510, mort en 1537.

Il était fils de Louis d'Orléans, duc de Longueville, et de Jeanne de Hochberg.

Ses armes : *D'azur, à trois fleurs de lis d'or, 2 et 1, au lambel de trois pendants d'argent en chef ; et un bâton aussi d'argent péri en bande.*

Nommé avant 1527.

LOUIS DE SAVOYE, prince de Piémont, capitaine de cent lances des Ordonnances du roi, mort le 25 décembre 1536.

Il était fils de Charles, duc de Savoye, et de Béatrix de Portugal.

Ses armes : *De gueules, à une croix d'argent.*

Nommé en 1528.

JEAN DE LA CHAMBRE, comte de la Chambre et de Luille, en Savoye, vicomte de Maurienne, baron de Cuynes, de Villars, de Châteauneuf, etc., capitaine de cent hommes d'armes des Ordonnances.

Il était fils de Louis de la Chambre et d'Anne de la Tour d'Auvergne.

Ses armes : *D'azur, semé de fleurs de lis d'or, et une bande de gueules brochant sur le tout.*

Nommé en 1528.

HERCULE D'EST, duc de Ferrare, mort le 3 octobre 1558.

Il était fils d'Alphonse d'Est, duc de Ferrare, et de Lucrèce Borgia.

Ses armes : *D'azur, à un aigle d'argent, couronné, becqué et membré d'or.*

Nommé en 1528.

Guy Rangoni, dit le comte *Guy Rangon*, capitaine de cent lances des Ordonnances du roi, son lieutenant général en Italie.

Il était fils de Nicolas Rangoni et de Blanche Bentivoglio.

Ses armes sont inconnues.

Nommé en 1528.

Pierre, comte de Navarre, dit *Pedro Navarro*, baron et vicomte de Martigues, amiral, gouverneur des pays de Gênes, de Savone, etc., prisonnier de l'empereur et tué par son ordre en 1528.

Ses armes : *Écartelé, au premier et quatrième de... à trois fasces ondées de..., au premier et quatrième de... à une croix pattée de..., l'écu ayant une bordure de... chargée de huit sautoirs de...*

Nommé vers 1528.

François de Volvire, seigneur et baron de Ruffec et de Rocheservière, sénéchal de Quercy, conseiller chambellan de Louis XII et de François Ier.

Il était fils de Jean de Volvire et de Catherine de Comborn.

Ses armes : *Fascé d'or et de gueules de dix pièces.*

Nommé vers 1528.

André Doria, noble génois, prince de Melphe, général des galères de France et amiral des mers du Levant, un des plus grands capitaines de son siècle. Né à Oneille en 1466, il mourut à Gênes le 25 novembre 1560.

Sa filiation est inconnue.

Ses armes : *Coupé d'or et d'argent, et une aigle d'azur, languée et membrée de gueules, brochant sur le tout.*

Nommé vers 1528.

Pierre Guilhem, baron de Clermont-Lodève et de Castelnau, comte de Nébouzan, conseiller chambellan du roi, capitaine de

cinquante hommes d'armes de ses Ordonnances, son lieutenant
général en Languedoc, sénéchal de Carcassonne et gouverneur
d'Aiguesmortes, mort en 1557.

Il était fils de Tristan Guilhem et de Catherine d'Amboise.

Ses armes : *Écartelé, au premier et quatrième, contr'écartelé ;
au premier et quatrième d'or, au château de gueules ; au deuxième
et troisième d'argent, au lion de sable ; au deuxième et troisième
fascé d'or et de gueules de six pièces, et un chef d'hermine.*

Nommé en 1529.

CHARLES DU BEC, seigneur de Bourris et de Vardes, vice-amiral
de France, mort avant 1552.

Il était fils de Jean du Bec et de Marguerite de Roncherolles.

Ses armes : *Écartelé, au premier et quatrième, fuselé d'argent
et de gueules ; au deuxième d'azur, à trois fleurs de lis d'argent ;
au troisième... et sur le tout de...*

Nommé en 1529.

JEAN D'ALBON, seigneur de Saint-André, d'Ouches, de Saint-
Maurice, etc., gentilhomme ordinaire de la chambre, capitaine
de cinquante lances des Ordonnances, chevalier d'honneur de la
reine, sénéchal de Lyon, bailli de Mâcon et du Bourbonnais, etc.,
né vers 1478, mort en août 1550.

Il était fils de Guichard d'Albon et d'Anne de Senneterre.

Ses armes : *De sable, à une croix d'or.*

Nommé en 1530.

JEAN DE CRÉQUY, sire de Créquy, de Fressin et de Canaples,
prince de Poix, etc., gentilhomme ordinaire de la chambre,
capitaine des cent gentilshommes de la maison du roi et de
cinquante lances de ses Ordonnances, ambassadeur en Angleterre et bailli d'Amiens, mort le 3 octobre 1544.

Il était fils de Jean de Créquy et de Jossine de Soissons.

Ses armes : *D'or, au créquier de gueules.*

Nommé en 1531.

FRANÇOIS DE FRANCE, dauphin de Viennois, duc de Bretagne,
né en 1517, mort le 12 août 1536.

Il était fils du roi François Ier et de Claude de France.

Ses armes : *Écartelé, au premier et quatrième, contr'écartelé,
au premier et quatrième d'azur, à trois fleurs de lis d'or, 2 et 1 ;*

au deuxième et troisième d'or, au dauphin d'azur, crêté, oreillé et barbé de gueules ; au deuxième et troisième, écartelé, au premier et quatrième d'azur, à trois fleurs de lis d'or, 2 et 1 ; au deuxième et troisième d'hermines.

Nommé en 1532.

Charles Brandon, duc de Suffolk, chevalier de l'Ordre de la Jarretière et grand écuyer d'Angleterre, marié à Marie d'Angleterre, veuve de Louis XII, mort le 24 août 1545.

Il était fils de Guillaume Brandon et d'Anne Bruyn.

Ses armes : *Fascé d'argent et de gueules de dix pièces, au lion d'or brochant sur le tout, couronné de gueules, langué et onglé d'azur.*

Nommé en 1532.

Thomas Howard, duc de Norfolk, chevalier de l'Ordre de la Jarretière, grand trésorier d'Angleterre, mort en 1544.

Il était fils de Thomas Howard, duc de Norfolk, et d'Élizabeth Tilney.

Ses armes : *Écartelé, au premier et quatrième de gueules, à la bande d'argent, accompagnée de six croix de même recroisettées, au pied fiché, posées en orle, trois en chef et trois en pointe ; au deuxième de gueules, à trois léopards d'or passant l'un au-dessus de l'autre, langués et onglés d'azur, et surmontés d'un lambel de trois pendants d'argent en chef ; au troisième échiqueté d'or et d'azur, et au quatrième de gueules, à un lion d'argent.*

Nommé en 1532.

Louis de Hainast, seigneur de Châteaugiron, premier chambellan et gouverneur de François dauphin, duc de Bretagne.

Filiation et armes ignorées.

Nommé en 1532.

François de Montmorency, seigneur de la Rochepot, de Châteauneuf, gentilhomme ordinaire de la chambre du roi, conseiller en son conseil privé, capitaine de cent lances de ses Ordonnances, son lieutenant général au gouvernement de Picardie et d'Artois, gouverneur de Paris et de l'Ile de France, et bailli du palais à Paris, mort le 21 août 1551.

Il était fils de Guillaume de Montmorency et d'Anne Pot.

Ses armes : *D'or, à la croix de gueules, cantonnée de seize alérions d'azur.*

Nommé en 1532.

JÉROME DE LASQUI, vaïvode de Transilvanie.

Filiation et armes inconnues.

Nommé en 1533.

CHARLES CHABOT, baron de Jarnac, seigneur de Sainte-Aulaye, vice-amiral de Guienne, maire de Bordeaux, capitaine du château du Ha, gentilhomme ordinaire de la chambre, mort le 24 juin 1552.

Il était fils de Jacques Chabot, seigneur de Jarnac, et de Madeleine de Luxembourg.

Ses armes : *D'or, à trois chabots de gueules, 2 et 1.*

Nommé en 1533.

RENÉ DE MONTEJAN, sire et baron de Montejan et de Combourg, seigneur de Cholet, de Beaupréau et de Sillé, maréchal de France, gentilhomme ordinaire de la chambre, capitaine de cent hommes d'armes des Ordonnances, gouverneur de Piémont, mort en 1539.

Il était fils de Louis de Montejan et de Jeanne du Châtel.

Ses armes : *D'or, fretté de gueules.*

Nommé en 1533.

JEAN DE LA BARRE, comte d'Étampes, vicomte de Bridiers, baron de Vérets, etc., premier gentilhomme de la chambre du roi, maître de sa garde-robe, gouverneur et prévôt de Paris, et bailli de Rouen, mort en 1534.

On ignore sa filiation.

Ses armes : *D'argent, au chevron de gueules, accompagné de trois molettes d'éperon de sable, deux en chef et une en pointe, et un chef de gueules, à la bordure engrêlée de sable ; écartelé d'un parti de gueules et d'azur, à la bande d'or brochant sur le tout.*

Nommé en 1533.

JEAN DE BROSSE, dit *de Bretagne,* duc d'Étampes et de Chevreuse, comte de Penthièvre, vicomte de Limoges et de Bridiers, etc., colonel-général des suisses, gentilhomme ordinaire de la chambre du roi, conseiller en son conseil privé, gouverneur du Bourbonnais et de Bretagne, époux d'Anne de Pisseleu, maîtresse de François Ier; mourut le 27 janvier 1564.

Il était fils de Jean de Brosse et de Jeanne de Commines.

Ses armes : *Écartelé, au premier et quatrième d'hermines ; au deuxième et troisième d'azur, à trois gerbes ou brosses d'or, liées de gueules et posées 2 et 1.*

Nommé en 1533.

CLAUDE DE SAVOYE, comte de Tende, de Sommerive, de Villars et de Beaufort, baron de Cipières, gentilhomme ordinaire de la chambre du roi, capitaine de cent hommes d'armes de ses Ordonnances, amiral des mers du Levant, grand sénéchal et gouverneur de Provence, né en 1507, mort le 23 avril 1566.

Il était fils de René de Savoye, comte de Villars, et d'Anne de Lascaris.

Ses armes : *De gueules, à une croix d'argent.*

Nommé en 1533.

CLAUDE GOUFFIER, duc de Roannais, grand écuyer de France, marquis de Boisy, comte de Maulévrier, etc., premier gentilhomme de la chambre du roi, conseiller en son conseil privé, capitaine de cinquante lances de ses Ordonnances et des cent gentilshommes de sa maison, bailli d'Auxerre et de Vermandois, gouverneur d'Amboise, mort en 1570.

Il était fils d'Artus Gouffier et d'Hélène de Hangest.

Ses armes : *D'or, à trois jumelles de sable.*

Nommé en 1533.

HENRY DE FRANCE, duc d'Orléans, depuis le roi Henri II, mort en 1559.

Il était fils de François Ier et de Claude de France.

Ses armes : *D'azur, à trois fleurs de lis d'or, 2 et 1.*

Nommé en 1534.

JEAN-FRANÇOIS DE GONZAGUE, seigneur de Baugé.

Il était fils de Louis de Gonzague et de Francisque de Flisce.

Ses armes devaient être celles du prince de Mantoue, s'il est vrai qu'il fut de leur maison.

Nommé en 1534.

ANTOINE DE LETTES, dit *des Prez*, seigneur de Montpezat, du Puy-du-Fou, etc., maréchal de France, ambassadeur en Angleterre, gentilhomme ordinaire de la chambre du roi, capitaine de cinquante hommes d'armes de ses Ordonnances, gouverneur de Languedoc, de Châtelleraud, capitaine du château de Poitiers et de Montluçon, mort le 26 juin 1544.

Il était fils d'Antoine de Lettes et de Blanche des Prez de Montpezat.

Ses armes : *D'or, à trois bandes de gueules, et un chef d'azur, chargé de trois étoiles d'or.*

Nommé en 1535.

CLAUDE D'ANNEBAUT, baron de Rets, de la Hunaudaye et du Hommet, maréchal et amiral de France, ministre d'État, premier gentilhomme de la chambre du roi, capitaine de cent lances de ses Ordonnances, colonel de cavalerie légère, gouverneur d'Évreux, de Piémont et de Normandie, ambassadeur à Venise et à Vienne, mort le 2 novembre 1552.

Il était fils de Jean d'Annebaut et de Marie Blosset.

Ses armes : *De gueules, à une croix de vair.*

Nommé en 1536.

César Frégose, ambassadeur de Venise, mort en mai 1542.

Il était fils de Jean Frégose, général des troupes de la République de Venise.

Ses armes : *D'argent, à un chef enté en onde de sable.*

Nommé en 1536.

JACQUES V STUART, roi d'Écosse, né en 1512, père de Marie Stuart, mort le 13 décembre 1542.

Il était fils de Jacques IV, roi d'Écosse, et de Marguerite d'Angleterre.

Ses armes : *D'or, au lion de gueules, enfermé dans un double trécheur, fleuronné et contrefleuronné de même.*

Nommé en 1536.

JACQUES STUART, comte de Murray, lieutenant général du royaume d'Écosse, frère naturel du roi Jacques V.

Nommé en 1536.

OUDARD DU BIEZ, seigneur du Biez, d'Araines, de Saint-Waast, etc., maréchal de France, gentilhomme ordinaire de la chambre du roi, capitaine de cent lances de ses Ordonnances gouverneur de Boulogne, etc., condamné à mort en 1551, puis gracié, mort à Paris en 1553.

Il était fils d'Antoine du Biez et d'Ysabeau de Berghe.

Ses armes : *D'or, à trois fasces de sable, et trois merlettes de même en chef.*

Nommé en 1536.

CHARLES DE ROYE, comte de Roucy, vidame de Laon, etc., gentilhomme ordinaire de la chambre du roi, né en 1510, mort le 19 janvier 1551. Sa fille, Éléonore de Roye, épousa Louis de Bourbon, premier prince de Condé.

Il était fils d'Antoine de Roye et de Catherine de Sarrebruch.

Ses armes : *De gueules, à la bande d'argent.*

Nommé en 1536.

CHARLES DE GRASSE, comte de Bar, seigneur du Rouret, des Canaux, etc., colonel des légionnaires de Provence, mort après 1539.

Il était fils de Jacques de Grasse et de Sybille de Quiqueran de Beaujeu.

Ses armes : *D'or, au lion de sable, langué, onglé et couronné de gueules.*

Nommé en 1536.

JEAN DE LA BAUME, comte de Montrevel, vicomte de Ligny, etc., capitaine de cinquante lances des Ordonnances, gouverneur de Bresse et de Savoye, mort en 1552.

Il était fils de Marc de la Baume et de Barbe de la Baume.

Ses armes : *D'or, à la vivre d'azur, mise en bande.*

Nommé en 1536.

JEAN-PAUL DES URSINS, dit *de Cère*, baron romain, seigneur de Pontoise, gentilhomme ordinaire de la chambre du roi et capitaine de cent lances de ses Ordonnances.

Il était fils de Rance des Ursins, baron romain.

Ses armes : *Bandé d'argent et de gueules de six pièces, et un chef d'argent, à une rose de gueules soutenue d'une fasce d'or, chargée d'une anguille d'azur.*

Nommé en 1536.

ALPHONSE DE SAINT-SÉVERIN, duc de Somme, mort vers 1538.

Il était fils de Jean-Antoine de Saint-Séverin et d'Henriette Caraffe.

Ses armes : *D'argent, à une fasce de gueules.*

Nommé en 1536.

FRANÇOIS DE CLÈVES, duc de Nevers, pair de France, comte d'Auxerre, d'Eu, de Rethel et de Beaufort, etc., capitaine de cent lances des Ordonnances, gouverneur de Champagne, de Brie et de Luxembourg, né en 1516, mort en 1562.

Il était fils de Charles de Clèves, comte de Nevers, et de Marie d'Albret.

Ses armes : *De gueules, à un écu d'argent, et un tourteau de sinople en cœur, duquel sortent huit sceptres pommettés et fleuronnés d'or.*

Nommé en 1536.

JEAN CARACCIOLI, prince de Melphe, duc de Venouse, d'Ascoli, vicomte de Martigues, baron de Berre, etc., maréchal de France, capitaine de cent hommes d'armes des Ordonnances, gouverneur de Piémont et grand sénéchal du royaume de Naples, mort le 29 août 1551.

Il était fils de Trajan Caraccioli et d'Hippolyte de Saint-Séverin.

Ses armes : *Bandé d'or et de gueules de six pièces, et un chef d'azur.*

Nommé en 1536.

STÈPHE ou ÉTIENNE COLONNE, baron romain, mort à Pise en 1548.

Il était fils de François Colonne et de Lucrèce des Ursins.

Ses armes : *De gueules, à une colonne d'argent, la base et le chapiteau d'or.*

Nommé en 1537.

JEAN DE LA MARCK, seigneur de Jamet et du Sauley, gentilhomme ordinaire de la chambre du roi et capitaine de cinquante lances de ses Ordonnances, mort vers 1560.

Il était fils de Robert de la Marck, duc de Bouillon, et de Catherine de Croy.

Ses armes : *D'or, à la fasce échiquetée d'argent et de gueules de trois traits, et un lion naissant de gueules en chef.*

Nommé en 1538.

Palvesin ou Pallavicini Visconti, marquis de Bregnani, évêque d'Alexandrie.

Il était fils de François Visconti et de Madeleine Pallavicini.

Ses armes : *D'argent, à une givre d'azur, couronnée d'or, tortillant en pal de trois tours, et avalant un enfant de gueules.*

Nommé en 1538.

François de Bretagne, dit *d'Avaugour,* baron d'Avaugour, comte de Vertus, etc., seigneur de Chantocé, d'Ingrandes, etc., gentilhomme ordinaire de la chambre du roi.

Il était fils de François de Bretagne, dit d'Avaugour, et de Madeleine d'Astarac.

Ses armes : *Écartelé, au premier et quatrième d'hermines; au deuxième et troisième contr'écartelé, au premier et quatrième d'azur, à trois fleurs de lis d'or posées 2 et 1, et un lambel d'argent de trois pendants en chef; au deuxième et troisième d'argent à la givre d'azur, couronnée d'or, tortillée en pal, issante de gueules, et sur le tout d'argent au chef de gueules.*

Nommé en 1538.

Claude de Villeblanche, seigneur du Plessis-Balisson, de Broon, de Maumusson, etc., premier pannetier de la reine Claude de France par lettres du 3 avril 1522, se signala par sa valeur.

Il était fils de Jean de Villeblanche et de Catherine du Châtellier.

Ses armes : *De gueules, à une fasce d'argent, accompagnée de trois hures de brochet de même, deux en chef et un en pointe.*

Nommé en 1538.

Jean, sire d'Acigné, baron de Coëtmen, vicomte de Lohéac et de Tonquédec, seigneur de la Lande, du Guer, etc., gentilhomme ordinaire de la chambre du roi et son lieutenant général en Bretagne, mort avant 1546.

Il était fils de Jean, sire d'Acigné, et de Gillette de Coëtmen.

Ses armes : *D'hermines, à une fasce de gueules, chargée de trois fleurs de lis d'or.*

Nommé en 1539.

Louis de Bourbon, duc de Montpensier, pair de France, souverain de Dombes, prince de la Roche-sur-Yon et de Luc, dauphin d'Auvergne, etc., général des armées du roi, conseiller en son conseil privé, capitaine de cinquante lances de ses Ordonnances, son lieutenant général en Guyenne, Poitou, Aunis, Saintonge et Angoumois, gouverneur d'Anjou, de Touraine, du Maine, de Dauphiné et de Bretagne, né à Moulins le 10 juin 1513, mort le 22 septembre 1582.

Il était fils de Louis de Bourbon, prince de la Roche-sur-Yon, et de Louise de Bourbon, duchesse de Montpensier.

Ses armes : *D'azur, à trois fleurs de lis d'or, 2 et 1, et un bâton de gueules mis en bande, chargé en chef d'un croissant d'azur.*

Nommé en 1539.

ANTOINE DE ROCHECHOUART, baron de Faudoas et de Montégut, seigneur de Saint-Amand, capitaine de cinquante hommes d'armes des Ordonnances, lieutenant général en Languedoc, chef et capitaine général de la légion de cette province, sénéchal de Toulouse et d'Albigeois, gouverneur de Lomagne, mort avant 1560.

Il était fils de François de Rochechouart et de Blanche d'Aumont.

Ses armes : *Fascé ondé d'argent et de gueules de six pièces, et une bordure componée d'or et d'azur.*

Nommé en 1539.

GALÉOT PIC, comte de la Mirandole et de Concordia, mort en 1551.

Il était fils de Louis Pic, seigneur de la Mirandole, et de Françoise Trivulce.

Ses armes : *Écartelé, au premier et quatrième, d'or, à l'aigle éployée de sable, couronnée, becquée et membrée d'or ; au deuxième et troisième d'argent, fascé d'argent et d'azur de dix pièces, et un lion de gueules, armé, langué et couronné d'or sur le tout ; l'écartelure divisée par une fasce en devise de gueules, et sur le tout échiqueté d'argent et d'azur.*

Nommé en 1540.

ANTOINE DE BOURBON, roi de Navarre, prince de Béarn, duc de Vendôme, de Beaumont et d'Albret, etc., gouverneur de Picardie, de Boulonnais et d'Artois, amiral de Guyenne, né à La Fère en 1518, tué le 17 novembre 1562 au siège de Rouen.

Il était fils de Charles de Bourbon, duc de Vendôme, et de Françoise d'Alençon.

Ses armes : *Coupé de huit pièces, quatre en chef et quatre en pointe ; au premier du chef, de gueules, aux chaînes d'or en orle, en croix et en sautoir ; au deuxième d'azur, à trois fleurs de lis d'or, 2 et 1, et une bande de gueules sur le tout ; au troisième écartelé, au premier et quatrième d'azur, à trois fleurs de lis d'or, 2 et 1, au deuxième et troisième de gueules ; au quatrième d'or, à quatre pals de gueules ; au cinquième et premier de la pointe, écartelé, au premier et quatrième d'or, à trois pals de gueules, au deuxième et troisième d'or, à deux vaches de gueules, accollées, accornées et clarinées d'azur ; au sixième écartelé, au premier et quatrième d'argent au lion de gueules, au deuxième et troisième de gueules, au lion léopardé d'or, armé et langué d'azur ; au septième d'azur, semé de fleurs de lis d'or, et une bande componée d'argent et de gueules sur le tout ; au huitième d'or, à quatre pals de gueules, flanqué à dextre de gueules, au château sommé de trois tours d'or, et à senestre, d'argent, au lion de gueules, et sur le tout d'or, à deux lions passants de gueules, armés et langués d'azur.*

Nommé en 1540.

FRANÇOIS DE LORRAINE, duc de Guise et d'Aumale, prince de Joinville, marquis de Mayenne, pair, grand maître, grand chambellan et grand veneur de France, gouverneur de Dauphiné, de Champagne et de Brie, lieutenant général de l'État, né à Bar le 17 février 1519, assassiné devant Orléans le 24 février 1563.

Il était fils de Claude de Lorraine, duc de Guise, et d'Antoinette de Bourbon-Vendôme.

Mêmes armes que son père, page 470.

Nommé en 1540.

CHRISTIERN ou CHRISTIAN, roi de Danemarck, né en 1503, mort en 1559.

Il était fils de Frédéric, roi de Danemarck, et d'Anne de Brandebourg.

Mêmes armes que son père.

Nommé en 1540.

ROBERT DE LA MARCK, duc de Bouillon, comte de Braine et de Maulévrier, seigneur de Sedan, de Jamets, etc., maréchal de

France, capitaine des cent suisses de la garde et de cent lances des Ordonnances, mort en 1556.

Il était fils de Robert de la Marck et de Guillemette de Sarrebruch.

Ses armes : *D'or, à la fasce échiquetée d'argent et de gueules de trois traits, et un lion de gueules naissant en chef.*

Nommé en 1540.

GUILLAUME DU BELLAY, seigneur de Langey, de Glatigny, de Pierrecourt, etc., gentilhomme ordinaire de la chambre du roi, capitaine de cinquante hommes d'armes de ses Ordonnances, vice-roi de Piémont, gouverneur de Turin, bailli d'Amiens, ambassadeur à Rome, en Angleterre, en Allemagne, en Suisse, à Venise, à Florence et à Ferrare, né en 1491, mort le 9 janvier 1543.

Il était frère du cardinal Jean du Bellay et fils de Louis du Bellay et de Marguerite de la Tourlandry.

Ses armes : *D'argent, à une bande fuselée de gueules, accompagnée de six fleurs de lis d'azur, posées en orle, trois en chef et deux en pointe ; écartelé d'azur, semé de fleurs de lis d'or, et un lion d'argent, et sur le tout d'argent au chef de gueules, et un lion d'azur brochant sur le tout.*

Nommé en 1541.

JACQUES D'ALBON, seigneur de Saint-André, marquis de Fronsac, comte de Saint-Valery, baron d'Aubeterre, maréchal de France, gouverneur du Lyonnais, Forez et Beaujolais, etc., chevalier de la Jarretière, ambassadeur en Angleterre, chevalier d'honneur de Catherine de Médicis, premier gentilhomme de la chambre du roi, conseiller en son conseil privé et capitaine de cent lances de ses Ordonnances, tué à la bataille de Dreux en 1562.

Il était fils de Jean d'Albon et de Charlotte de la Roche.

Ses armes : *De sable, à une croix d'or.*

Nommé en 1541.

(*La suite prochainement.*)

LA COLLECTION

DÉCORATIONS MILITAIRES FRANÇAISES

DU MUSÉE D'ARTILLERIE

(*Suite et fin* *).

XXVIII.

DÉCORATION DU LIS ET AUTRES MARQUES DE DISTINCTIONS PORTÉES SOUS LA RESTAURATION.

1814-1816.

C'est de l'époque de la Restauration surtout que date l'habitude de porter dans la rue des rubans et des décorations.

Jourgniac Saint-Méard, dans un pamphlet publié en 1824, et intitulé : *Ainsi soit-il, ou nec plus ultra du vieux royaliste*, se plaint de la manière gracieuse, *quoique un peu indécente*, dont certains railleurs sans convictions, attachaient les rubans des Ordres de Saint-Louis et d'Henri IV, dont le roi les avait décorés (c'est sous ce dernier nom qu'il désigne la Légion d'honneur).

« Ils ont malheureusement pris pour modèle, écrivait le vieux royaliste, la mode qu'avait adoptée la bande des vainqueurs de la Bastille, *cette fameuse élite des sans-culottes*, qu'on nommait *les chevaliers de la Carmagnole*.

« Et, pour les imiter le mieux possible, au lieu d'attacher à leurs

* Voir Septembre et Octobre 1879, page 449.

rubans les honorables signes de l'honneur, ils les nouent négligemment à leurs boutonnières et en laissent pendre et voltiger les deux bouts, ce qui leur donne la forme aérienne des ailes d'un zéphir.

« D'autres ajoutent à leurs décorations des diamants, des rosettes en or, ou des pierres de diverses couleurs.

« Ces licences sont portées à un tel point, que, si l'autorité continue à fermer les yeux, ces chevaliers de nouvelle fabrique finiront par remplacer leurs croix par des *breloques*.

« Les étrangers sont bien plus étonnés que nous de cet oubli absolu des convenances; mais on peut nous pardonner cette sorte d'insouciance, par le temps beaucoup trop prolongé que les chefs militaires nous ont donné pour nous y accoutumer.

. . . .

« Je parlerai peu, ajoute le vieux royaliste, de la ridicule coquetterie de ces chevaliers affétés, qui placent à leurs boutonnières des rubans *jaunes, verts, noirs, gris, bleus, blancs, rouges* et même *violets*, au bas desquels ils suspendent, à côté les unes des autres, sept à huit petites décorations militaires et autres, auxquels les badins ont donné le nom de *brochettes d'honneur*, et à ceux qui ont la ridiculité de s'en parer, celui de *chevaliers de l'Arc-en-Ciel* [1]. »

Décoration du Lis. — En arrivant à Paris, le 12 avril 1814, Charles X, alors comte d'Artois, chercha à concilier à son frère l'esprit des habitants qui composaient la garde nationale, et, dans ce but, en même temps qu'il prononçait à Livry, ces mots fameux qui passent pour lui avoir été inspirés par Beugnot. « Il n'y a rien de changé en France, il n'y a qu'un Français de plus, » il ajoutait qu'il comptait revêtir l'uniforme de la milice citoyenne : « J'aime l'habit que vous portez; il est celui d'un grand nombre de bons français. J'en ai fait faire un pareil dans la bonne ville de Nancy, je n'en aurai pas d'autre pour mon entrée à Paris [2]. »

Portant la cocarde blanche, le comte d'Artois engageait chacun à s'en parér, ainsi que de rubans de même nuance « portés,

---

[1] Nous avons déjà parlé des confréries de Saint-Hubert et de Saint-Georges et de l'archiconfrérie du Saint-Sépulcre, dont les insignes furent portés pendant les premières années de la Restauration. Nous mentionnerons encore, dans l'*appendice* de ce travail, les ordres du Phénix de Hohenlohe et de Cincinnatus, qui ont leur place marquée parmi les distinctions portées sous le règne de Louis XVIII.

[2] *Journal des Débats*, 13 avril 1814. Peu de temps après, du reste, le comte d'Artois était nommé colonel général des gardes nationales de France.

comme la couleur des Bourbons, sur la poitrine en signe d'attachement [1]. »

On ne tarda pas à chercher le moyen de perpétuer le souvenir de cette distribution et un ordre du jour du 26 avril suivant, accorda à la garde nationale de Paris, le droit de porter un ruban blanc moiré et d'y suspendre une fleur de lis d'argent couronné.

Des brevets furent délivrés à ce propos en ces termes :

Au nom du roi, Charles-Philippe de France, fils de France, Monsieur, comte d'Artois, colonel général des gardes nationales du royaume, etc. Nous nous sommes faits représenter l'État suivant les Services de M'. . . . .

. . . .

Nous avons reconnu que lesdits services arrêtés, conformément à l'ordre et au règlement des 4 et 10 juillet 1814, par le conseil général des brevets et récompenses, reg... f... n'.. donnaient à l'impétrant le droit de porter la décoration *du lys*, telle qu'elle a été accordée à la *garde nationale de Paris,* dans l'Ordre du Jour du 26 avril; donné en notre Nom, comme *lieutenant général du royaume*; dans l'Ordre du Jour du 9 mai, donné au nom du Roi, notre souverain seigneur et frère; et dans l'Ordonnance Royale du 5 Août 1814, sur les récompenses accordées à ladite garde nationale.

En conséquence, nous autorisons M. ..... à porter ladite décoration, consistant dans la *fleur de lys* surmontée de la *couronne royale*, le tout en argent, suspendu à un ruban blanc moiré, ayant sur chacun des bords un *liseré bleu de roi,* large de deux millimètres.

En foi de quoi nous avons fait apposer aux présentes le grand sceau des gardes nationales du royaume.

Donné à *Paris*, le 1 décembre 1814.

Signé : Charles-Philippe. Par S. A. R. le prince colonel général ; le ministre d'État, pair de France, major-général. *Signé :* le comte Dessolle. Vu, vérifié, scellé et enregistré au Conseil général des brevets et récompenses, reg... f'. n'. L'aide major général président, pair de France. *Signé :* le duc de Montmorency, Le secrétaire général, commissaire du sceau. C. Albert de Voisins.

Ce brevet, sur parchemin, gravé par Adam et imprimé par P. Didot l'aîné, *imprimeur du Roi et des gardes nationales du royaume,* est entouré de trophées militaires; au milieu, en haut

---

[1] C'est à tort que Perrot et après lui Steenackers mettent 2 avril au lieu de 12.

se trouvent les armes de France sous lesquelles deux victoires, tenant un lis d'une main, soutiennent de l'autre un ruban auquel est attachée la décoration. Au bas, se trouve le timbre sec de l'état-major des gardes nationales de France.

La décoration du Lis ne fut pas toujours donnée, avec autant d'apparat et les brevets ne tardèrent pas à être remplacés par de simples lettres ministérielles imprimées, dont voici la teneur :

Monsieur, j'ai l'honneur de vous informer que Sa Majesté, pleine de confiance dans votre fidélité et dans votre dévouement à sa personne, vous autorise à porter la décoration du lys [1].

Il est vrai que l'*Ordre de la Fidélité* s'était répandu d'une manière prodigieuse et que c'était par centaines de mille que l'on en comptait les chevaliers et même les chevalières. Car, non-seulement tous les gardes nationaux, tous les fonctionnaires et tous les bons Français en furent décorés, mais il fut aussi donné à leurs femmes [2] et à leurs enfants. Dans certains colléges royaux, le lis fut décerné, comme prix d'excellence, dans la classe de philosophie.

La simple fleur de lis suspendue au ruban de moire blanche ne suffit plus dès lors à satisfaire les nouveaux chevaliers.

Une première modification, l'addition de la couronne au dessus de la fleur de lis, fut accordée aux gardes nationales et aux troupes, qui avaient été passées en revue par Louis XVIII; puis peu à peu, on fit de la fleur de lis le centre d'un médaillon, placé sur une croix d'argent émaillée, cantonnée de fleurs de lis, et rappelant par sa forme la croix de Saint-Louis. Ces bijoux varièrent de forme comme de couleur, on en émailla en blanc, en bleu; on mit au revers, un médaillon avec l'effigie de

---

[1] Par un décret du 13 mars 1815, Napoléon, en revenant de l'île d'Elbe, et avant même d'être arrivé à Paris, abolit la décoration du Lis, en même temps que les ordres royaux. Mais, ajoute le *Répertoire de Dalloz*, auquel nous empruntons ce renseignement, ce décret n'eut lui-même qu'une existence éphémère (n° 109).

[2] Je l'ai encore vu porter il y a une vingtaine d'années par la veuve de Pain, collaborateur de Bouilly.

Dans une adresse à la Chambre des Députés, en janvier 1816, le maréchal de camp baron de Gauville traçait le projet d'un ordre de la fidélité commun aux deux sexes. *Paris*, 1816, in-8°.

Louis XVIII et les légendes : TOUT POUR LE ROI, VIVE LE ROI, GAGE DE LA PAIX, LOUIS XVIII ; etc.

D'autres personnes, conservant la fleur de lis, en firent le centre d'une étoile ou d'un soleil et cette forme fut celle que choisirent les gardes du corps.

Enfin, quelques-unes se bornèrent à placer le médaillon avec l'effigie royale au milieu de la fleur de lis.

Le ruban subit les mêmes modifications, les gardes nationaux de chaque département choisirent un ruban dont le fond resta blanc, mais fut agrémenté de filets, d'ornements de couleurs variées ; les département bretons y mirent des bandes chargées d'hermines, d'autres, des chaînes, des enlacements, l'Oise prit ainsi des *anneaux verts* [1].

Plusieurs départements toutefois ne choisirent pas de rubans et se contentèrent de la bande de moire blanche.

On fit même des barrettes avec la fleur de lis au centre du médaillon.

La barrette, sorte de boucle en or ou en argent posée sur le ruban et portant une ou plusieurs décorations de petites dimensions, fut très en vogue dans les premières années de la Restauration. Elle est croyons-nous, d'origine allemande et fut mise à la mode, soit par les émigrés, soit par les officiers étrangers pendant leur séjour en France, après l'invasion. Jusqu'à la Restauration, nous ne voyons de barrette, ni sur des portraits, ni parmi les bijoux d'ordres, qui nous sont parvenus. La plupart de celles que nous connaissons, portent réunies, les croix de Saint-Louis et de la Légion d'honneur, de Hohenlohe ou du Lis [2].

Ordre de la Fidélité ou des défenseurs de Paris. — La décoration du lis donnée à la garde nationale de Paris était devenue trop banale et une ordonnance royale du 5 février 1816, la remplaça par une autre, dont nous donnons ci-dessous le dessin et

---

[1] Perrot nous donne, planche V, le tableau de ces rubans qui avaient été, dit-il, accordés par des ordonnances successives et qui étaient au nombre de 75.

[2] M. Renier Chalon a donné, dans la *Revue de numismatique belge,* un curieux article sur la médaille de Saint-Michel, donnée à la garde bourgeoise de Bruxelles après 1815 et sur l'emploi des barrettes que les officiers allemands avaient introduit dans cette ville.

qui est parfois désignée sous le nom de *croix des défenseurs de Paris*.

Le brevet que nous reproduisons également nous dispensera d'entrer dans plus d'explications au sujet de cet insigne :

Au nom du roi, Charles-Philippe de France, fils de France, Monsieur, comte d'Artois, colonel général des gardes nationales du royaume, etc.

Nous accordons par ces présentes, à M. . . . . . . l'autorisation de porter la décoration accordée à la garde nationale de Paris, par l'Ordonnance du Roi du 5 février 1816, consistant en une étoile en argent, émaillée en blanc et bleu, portant d'un côté l'effigie de Sa Majesté Louis dix-huit, Roi de France et de Navarre et pour exergue ces mots : *Fidélité, Dévouement*, et de l'autre côté, la Fleur de Lis, et pour exergue les dates 12 avril et 3 mai 1814, 19 mars et 8 juillet, 1815, ladite décoration suspendue à un ruban bleu et blanc, dont chaque liseré sera d'une largeur égale au tiers de celle du ruban.

En foi de quoi nous avons fait apposer aux présentes, le sceau de la garde nationale de Paris. Donné à Paris le 3 mai 1816.

Signé : Charles-Philippe. Par S. A. R. le prince colonel général. Le maréchal, pair de France, commandant en chef de la garde nationale de Paris. *Signé* : maréchal Oudinot.

Vu, vérifié, scellé et enregistré au Conseil général des brevets et récompenses. Registre... fol... L'aide major général, maire de France, président, duc de Clermont-Tonnerre. Le secrétaire du Conseil, commissaire du sceau, Deurbrouin.

Ce brevet, sur parchemin, gravé par Blanchard et écrit par Ch. Piquet, est entouré d'attributs militaires et porte en haut les armes de France. A droite et à gauche, deux femmes représentant la Ville de Paris en 1814 et en 1815, vêtues à l'antique et armées, coiffées de couronnes murales, tiennent des branches de lys et portent au bras gauche un bouclier rond, sur lequel est figurée la décoration. Aux angles, se trouvent dans des cartouches, les chiffres royaux et les armes de la Ville de Paris. Au milieu, au bas, le sceau de la garde nationale plaqué à sec.

Distinctions spéciales à quelques villes de province. Bordeaux, Rouen, Bayonne et Lille. — Volontaires royaux. — Survivants du siège de Lyon.—Quelques autres distinctions, qui n'avaient d'abord été aussi que des marques de reconnaissance, lors de la rentrée des différents princes de la maison de Bourbon, se transformèrent en décorations. Tel fut d'abord le *Brassard de Bordeaux*, médaillon émaillé, porté à un ruban vert liseré de blanc qui remplaça le nœud porté au bras par les quarante jeunes gens qui, le 12 mars 1814, avaient été au devant du duc d'Angoulême [1].

Telles furent encore les décorations données aux gardes nationales de Rouen et de Bayonne [2].

Plus tard, une autorisation spéciale permit à la garde nationale de Lille de remplacer par une *couronne d'or*, la couronne d'argent qui surmontait le lis.

A leur retour de Gand, les *volontaires royaux* qui avaient accompagné Louis XVIII, et dont l'un des chefs reçut la croix de Saint-Louis, portèrent aussi une décoration spéciale [3].

Perrot nous donne encore le dessin d'une décoration qui aurait été portée dans les premières années de la Restauration par quelques personnes qui avaient assisté en 1793, au siège de Lyon [4].

---

[1] Perrot, pl. IV, n° 19. Un de ces médaillons est au Musée d'artillerie. Les brevets étaient signés par le chevalier de Gombault, colonel, et M. Taffart de Saint-Germain. C'est la seule de ces décorations provinciales qu'il nous ait été donné de rencontrer jusqu'ici.

[2] Perrot, pl. IV, n°s 6 et 7.

[3] *Id.*, pl. IV, n° 8. Une publication dont le prospectus seul a paru, *la Fidélité*, par V. Pirmé, 1815, devait donner la « biographie des volontaires royaux qui ont marqué en 1815 et celle des différents personnages qui ont suivi la cause royale pendant les Cent-Jours. » (*Bibl. nat.*)

[4] P. IV, n° 10. Hennin raconte comment Perrin de Précy avait eu l'idée d'une décoration de ce genre, dans les derniers jours de la défense de Lyon par les royalistes.

L'ordonnance royale de 1824 avait déjà prescrit aux personnes qui en étaient décorées de porter seulement la fleur de lis suspendue au ruban blanc moiré et les décorations du lis ne se montraient plus que rarement, lorsque, à la suite de la Révolution de juillet, une ordonnance des 10 février — 22 mars 1831, abrogea toutes ordonnances portant création de décorations établies à l'occasion ou à la suite des événements de 1814 et de 1815 et défendit de porter ces décorations [1].

Médailles des soldats Suisses. — En 1817, la haute diète helvétique avait decrété, le 7 août, sur la proposition du canton directorial de Berne « de vouer une reconnaissance éternelle et l'admiration dont elle est pénétrée à l'héroïsme de l'ancien régiment des gardes-suisses, héroïsme qui n'est obscurci par aucune des actions de bravoure et de vertu de nos ancêtres, et à cet effet de conserver à la postérité dans les archives fédérales les noms de ceux qui ont été massacrés à la suite de leur fidélité, de ceux enfin de leurs frères d'armes qui ont survécu et de décorer tous les militaires encore vivants de ce régiment qui étaient présents à l'attaque du château des Tuileries, le 10 août 1792, d'une médaille de fer avec l'inscription : « *Fidélité et Honneur.* »

Cette médaille porte d'un côté l'écusson suisse, avec les mots : *Treue und Erhe*, et de l'autre, la date x AUGUST. MDCCXCII dans une couronne de lauriers. Le ruban rouge à filet blanc porte la croix helvétique [2].

Louis XVIII avait aussi en 1816 accordé des grades et des pensions aux anciens gardes-suisses, mais en 1821, lors de l'inauguration du monument de Lucerne, ces dernières ne leur avaient, paraît-il, pas encore été payées [3].

Une autre distinction portée aussi par les soldats suisses sous la Restauration, était la médaille dite de la *Réunion* donnée par la diète aux soldats de la confédération qui, au retour de l'Ile

[1] V. Dalloz, op. cit., *Ordres*, n. 111.
[2] Perrot, pl. XXXVII, nos 3 et 4.
[3] Les noms des Suisses figurent dans le « Recueil de pièces relatives au monument de Lucerne consacré à la mémoire des officiers et soldats suisses..... suivi de la lettre d'un voyageur français présent à l'inauguration dudit monument, le 10 août 1821 (p. 33 et suiv.) *Paris, Didot*, 1821, in-4°.
Les soldats survivants, présents à cette cérémonie, étaient au nombre de quarante-deux.

d'Elbe, avaient refusé de servir sous les ordres de Napoléon et étaient rentrés dans leur pays [1].

XXIX.

CROIX ET MÉDAILLE DE JUILLET.

1830-1831.

Une loi du 13 décembre 1830, décida que des récompenses nationales seraient accordées aux citoyens qui se seraient distingués pendant les journées de juillet et auraient pris, à Paris, ou en province, une part active au mouvement révolutionnaire, qui venait de porter Louis-Philippe au trône.

Ces récompenses consistèrent, d'abord, en pensions pour les blessés, et pour certains de leurs parents, en frais d'éducation pour les enfants des combattants tués ou devenus infirmes [2], en grades d'officiers et de sous-officiers dans l'armée, pour ceux qui s'étaient particulièrement distingués [3], enfin, dans la distribution d'une décoration spéciale et d'une médaille [4].

On avait pensé d'abord à décerner la Légion d'honneur aux combattants de Juillet et c'est dans ce sens que le projet avait été d'abord porté à la Chambre des députés, mais l'opposition qui fut faite à cette partie de la *Loi sur les récompenses nationales* fit qu'on lui substitua des décorations spéciales, croix et médaille.

---

[1] Voir dans Perrot, p. 237, pl. XXXV, nos 2 et 3, le dessin de cette médaille, qui se portait avec un ruban blanc et rouge, divisé dans sa longueur en trois parties égales.

Cette médaille fut distribuée à Iverdun, le 12 octobre 1815.

[2] La France, disait l'article 2, adopte les orphelins dont le père ou la mère a péri dans les trois journées ou par suite des trois journées de juillet.....

[3] Cette mesure fut mise à exécution sans que le nombre des places de sous-lieutenant données pût excéder deux par régiment. De même, après 1848, quelques officiers de la garde mobile furent admis, avec leur grade électif, dans les rangs de l'armée.

[4] L'article 15 décidait aussi qu'un monument serait consacré à la mémoire des événements de Juillet ; c'est la colonne de la place de la Bastille, qui a remplacé le célèbre éléphant dont la maquette avait seule été exécutée.

La médaille ordonnée par la loi du 30 août (et destinée aux citoyens qui avaient pris part à la Révolution), disait l'article 9, sera attribuée à tous les citoyens désignés par la Commission. « Une décoration spéciale sera accordée à tous les citoyens qui se sont distingués dans les journées de juillet. La liste de ceux qui doivent la porter sera dressée par la Commission et soumise à l'approbation du Roi. Les honneurs militaires lui seront rendus comme à la Légion d'honneur. » (Art. 10.)

Le 30 avril 1831 et le 13 mai suivant, Louis-Philippe, rendait sur la proposition de Casimir Périer, deux ordonnances qui réglaient les dispositions relatives à la croix et à la médaille et accordaient ces distinctions aux personnes qui étaient jugées susceptibles de les recevoir.

La décoration spéciale, instituée par la loi du 13 décembre dernier pour perpétuer les glorieuses journées de la Révolution de 1830, portera le nom de *Croix de Juillet*. (Art. 1" de l'Ord. du 30 avril.)

La croix de Juillet, consistera en une étoile à trois branches, et surmontée d'une couronne murale en argent. Le centre de l'étoile, divisé en trois auréoles émaillées aux couleurs nationales, entouré d'une couronne de chêne, portera à la face 27, 28, 29 *juillet* 1830, et pour légende : *Donnée par le Roi des Français*; le revers, divisé comme le centre de la face, portera le *Coq gaulois* en or, avec cette légende : *Patrie et liberté*. (Art 2.)

La croix de Juillet sera suspendue à un ruban moiré, de couleur bleu d'azur, de trente-sept milimètres de largeur, portant un liseré rouge de deux milimètres, placé de chaque côté du ruban, à deux milimètres de son bord, conformément au modèle annexé à la présente ordonnance [1].

Quant à la médaille, voici ce que prescrivait à son sujet, l'ordonnance du 13 mai 1831, art. 1 et 2.

La médaille, instituée par la loi du 13 décembre 1830, à décerner aux citoyens qui se sont distingués dans les glorieuses journées de juillet, représentera le coq gaulois entouré d'une couronne de chêne avec cette inscription : *A ses défenseurs, la Patrie reconnaissante* ; au revers, trois cou-

---

[1] Le petit nombre de décorés de Juillet que l'on rencontrait encore dans les rangs de la garde nationale pendant les dernières années de l'Empire, portait presque toujours le ruban rouge et bleu divisé en trois parties égales. C'est même ainsi que Steenackers le figure pl. II, n° 4 de son livre. Il donne à tort le même ruban à la médaille qu'il reproduit n° 5. La médaille de Juillet s'est toujours portée avec le ruban tricolore.

ronnes de lauriers entrelacées, avec cette légende : 27, 28, 29 *juillet* 1830, *Patrie, Liberté* ; et, pour exergue, ces mots : *Donnée par le roi des Français.* La médaille pourra être portée, et dans ce cas, elle devra être suspendue à un ruban tricolore [1].

La distinction faite entre les décorés et les médaillés, fournit un premier motif de mécontentement et une pétition fut signée par la plupart d'entre eux, au Vauxhall, le 12 juillet 1831, afin de faire cesser cet inégalité. « Toute distinction, en disaient les auteurs, doit cesser entre ceux dont le péril fut le même [2]. » Plus tard, une autre difficuté vint à surgir à propos du serment que la loi du 13 décembre exigeait des décorés de juillet [3]. Mais, nous ne croyons pas nécessaire d'insister sur ce sujet et nous nous bornerons à rappeler les noms de quelques-uns des décorés de juillet restés célèbres dans nos annales politiques, Boulay de la Meurthe, Garnier *dit* Pagès, Alexandre de Laborde, de Rémusat, Thiers, Raspail, Barthélemy-Saint-Hilaire et à côté d'eux, Fabre-Palaprat, le pédicure qui s'était donné la mission de rétablir l'Ordre du Temple [4].

Nous ne trouvons pas de femmes, parmi les personnes qui reçurent la Croix de Juillet, mais en revanche, nous en rencontrons plusieurs dans le nombre de celles qui obtinrent la médaille et nous donnons les noms de quelques-unes d'entre elles, malgré leur peu de notoriété ; c'étaient Mmes Barbeau et Grosjean, Mlles Antoine et Bourbion, etc. [5].

La distribution des décorations de Juillet eut lieu, sur la place

[1] Les dessins de ces décorations se trouvent dans le supplément de Perrot, par Fayolle, pl. I, fig. 3 et 4 ; dans Steenackers, etc.

[2] Voir à ce sujet une consultation de Marie, du 25 juin 1831.

[3] Signalons aussi, comme un détail typique de cette époque, le projet de fondation d'une *Loge maçonnique des trois jours,* pour les décorés de Juillet (1831).

[4] La liste des décorés de Juillet se trouve, avec d'autres documents, dans la publication intitulée : *Album des décorés de Juillet.* Paris, Mie, 1831, in-8º.

[5] Je possède une décoration en argent de grand module que je ne vois nulle part décrite ou conservée et sur la nature de laquelle je n'ai pu me fixer exactement.

C'est une croix à quatre branches, à huit pointes, émaillée de blanc, cantonnée de drapeaux tricolores et portant au centre un médaillon rond en or estampé, entouré d'un cordon émaillé de bleu ; sur l'une des faces, est un buste de Louis-Philippe de profil, en uniforme de général, avec la plaque et le cordon de la Légion d'honneur. La légende est : *Louis-Philippe Ier, roi des Français.* Le

de la Bastille, le 27 juillet 1831, et c'est là encore que se réunissent chaque année, les survivants fort peu nombreux du reste de cette institution.

XXX.

MÉDAILLE MILITAIRE.

C'est au règne de Louis XIV que nous pouvons faire remonter les antécédents de la médaille militaire, c'est-à-dire, d'une distinction instituée spécialement pour récompenser les services des soldats et des sous-officiers, services qui ne pouvaient prétendre à une décoration plus élevée, comme l'était, autrefois, l'Ordre de Saint-Louis, et comme l'est, de nos jours, celui de la Légion d'honneur. Seulement, ce fut la marine qui profita exclusivement de cette distinction due à l'initiative de Pontchartrain. Celui-ci, dit Mazas [1], proposa au roi, en le voyant décidé à fonder l'Ordre de Saint-Louis, d'instituer en faveur des pilotes et des matelots une récompense qui consisterait en une médaille d'argent accompagnée d'une rétribution annuelle. Louis XIV adopta cette pensée avec le plus généreux empressement, afin d'exciter le zèle des matelots et de donner à des hommes que leur défaut d'instruction première ne permettait pas de placer sur le même rang que les officiers de la marine royale, une

revers porte un coq et les mots : *Liberté, ordre public.* Cette croix est surmontée de la couronne royale en argent.

Est-ce un premier essai de décoration de Juillet qui n'aura pas été adopté ou une décoration de fantaisie dont un des médaillés de Juillet aura cru devoir se parer. Les mots *Liberté, ordre public* formaient la devise de la garde nationale.

[1] *Histoire de l'Ordre de Saint-Louis*, t. Ier, p. 54 (2º éd.).

Il est à remarquer que les services de la marine ont été reconnus depuis longtemps d'une manière plus régulière que ceux de l'armée. Ainsi, sous Louis XIII, où il n'existait pas de récompenses spéciales pour les services militaires, nous voyons déjà l'institution du don de chaînes d'or pour les officiers de marine. Dans un mémoire adressé à Louis XIII par Richelieu, on voit le roi récompenser ainsi des officiers qui s'étaient distingués au secours de l'Île de Ré. Le mémoire rappelle que le roi a dernièrement donné une chaîne d'or de mille écus, au sieur Valin, pour des services analogues. (*Lettres de Richelieu*, publiées par Avenel, t. II, p. 597.)

marque extérieure, témoignant de leur bravoure et de leur constance dans leurs pénibles travaux.

Cette médaille était portée sur la poitrine, suspendue à un ruban bleu foncé. Elle représentait d'un côté la tête du roi, avec la légende : LUDOVICUS MAGNUS REX CHRISTIANISSIMUS, et au revers : le prince assis sur une poupe de vaisseau, tenant d'une main un trident et de l'autre, une médaille qu'il remet à un matelot qui s'incline pour la recevoir. Leg : VIRTUTI NAUTICÆ PRÆMIA DATA. Exergue : M.DC.XCIII [1].

Ainsi, nous trouvons dans cette distinction les deux caractères principaux de la médaille militaire : témoignage donné aux bas-officiers et soldats, non-seulement pour la longue durée de leurs services (comme le médaillon de vétéran auquel *chacun avait droit* au bout d'un temps déterminé), mais aussi pour des actes de bravoure ou de dévouement; et pension attribuée aux titulaires de la médaille.

Mais, ces récompenses ne furent distribuées que pendant peu d'années [2].

La médaille militaire fut instituée par l'article 11 du décret du 22 janvier 1852.

Cet article disait qu'il serait créé une médaille militaire, donnant droit à cent francs de rente viagère, en faveur des soldats et sous-officiers de terre et de mer, placés dans des conditions qui seraient fixées par un règlement ultérieur.

Le 29 février, un second décret réglait la forme de cette médaille et ses conditions de distribution :

Art. 1. — La médaille militaire, instituée par l'article 11 du décret du 22 janvier 1852, sera en argent et d'un diamètre de de vingt-huit millimètres. Elle portera, d'un côté, l'effigie de Louis-Napoléon avec son nom pour exergue, et de l'autre côté, dans l'intérieur du médaillon, la devise *valeur et discipline*. Elle sera surmonté d'une aigle.

---

[1] Les coins de cette médaille existent encore à la Monnaie de Paris et figurent sous les nos 300 et 319, dans le *Catalogue du Musée monétaire* (1833). Elle est gravée p. 253 du *Recueil des médailles de Louis XIV*.

[2] Nous trouvons dans le *Moniteur* du 29 juillet 1792 l'annonce de la remise d'une médaille à un soldat qui s'était spécialement distingué dans un combat contre l'ennemi, mais ce ne fut qu'un fait isolé et peut-être n'est-il que le résultat d'un acte privé émanant du département, de ses chefs ou de ses camarades. (V. Hennin, *op. cit.*, p. 248.)

Art. 2. — Les militaires et marins, qui auront obtenu la médaille, la porteront attachée par un ruban jaune avec un liseré vert, sur le côté gauche de la poitrine.

Art. 3. — La médaille pourra se porter simultanément avec la Croix d'honneur.

Une disposition postérieure admit à porter les insignes de la médaille militaire, les maréchaux de France et les généraux, qui auraient commandé en chef, et que l'empereur jugerait à propos de récompenser ainsi.

C'était une manière de relier les deux points extrêmes de la hiérarchie militaire, en donnant à des officiers généraux, pourvus du grade le plus élevé dans la Légion d'honneur, une décoration qui était considérée en même temps comme en formant le premier échelon.

C'est ce que l'on remarque également en Danemark, où la croix d'argent des *hommes de Danebrog*, accordée comme récompense des plus humbles services, peut être ensuite donnée par le roi, aux chevaliers de la croix d'or et même aux grands croix de l'Ordre, pour lesquels elle devient alors une distinction du prix le plus élevé, inférieure seulement au collier de l'Éléphant [1].

Le ruban de la médaille militaire était la reproduction de celui de la Couronne de fer, et en le choisissant, le Prince Président paraît avoir eu l'idée de rappeler le souvenir de cette institution qui avait été considérée en quelque sorte, lors de son établissement, comme une annexe et parfois comme un premier degré de la Légion d'honneur.

La République a conservé la médaille militaire, en en modifiant les emblèmes de façon à la mettre en harmonie avec les principes du gouvernement actuel.

Un décret du Gouvernement de la défense nationale du 8 novembre 1870 (rendu à Paris), décréta qu'elle porterait d'un côté la tête de la République avec l'exergue : RÉPUBLIQUE FRANÇAISE, 1870, et de l'autre, au centre du médaillon : VALEUR ET DISCIPLINE. L'aigle qui la surmontait fut remplacée par un trophée d'armes [2].

---

[1] M. Dotézac, ministre de France à Copenhague et grand'croix de Danebrog, reçut ainsi du roi Christian IX la croix d'argent.

[2] *Journal officiel*, 9 novembre 1870.

XXXI.

MÉDAILLES D'HONNEUR.

M. Steenackers, dans son *Histoire des Ordres de chevalerie* (p. 284), déclare qu'il n'a pu trouver la date de l'établissement des médailles de dévouement, mais qu'il n'hésite pas à la reporter « aux années de la Révolution française, à l'époque du projet de décoration nationale, des armes d'honneur, des beaux rapports de l'abbé Grégoire à la Convention nationale, sur la *vertu*, le *dévouement*, etc. »

Nous n'avons pas été plus heureux que M. Steenackers, mais nous ne partageons pas son avis. Si les médailles d'honneur n'ont pas eu alors une réglementation précise, elles n'en existaient pas moins sous Louis XVI, comme nous en avons plusieurs preuves, dans des documents contemporains et dans des médailles.

Nous trouvons d'abord au Musée monétaire une médaille portant d'un côté l'effigie de Louis XVI et de l'autre la légende : *A Charlet, serg[t] maj. au reg. de Penthièvre, pour avoir sauvé à la mer, près de Cadix, 100 malades et l'équipage de la Flore.* (Catalogue du Musée, 1833, n° 28, p. 288.) Nous ne connaissons pas la date exacte de cet acte de dévouement, mais nous trouvons le fait suivant rapporté par la *Gazette de France*, du 17 mars 1786 :

Le 27 décembre dernier, trois enfants, jouant sur le grand canal du parc de Versailles, tombèrent sous la glace. Le nommé Joseph Chrétien, âgé de 17 ans, garçon cordonnier, courut à leur secours ; mais les voyant déjà entièrement dans l'eau, il se mit à genoux, fit un signe de croix, et ensuite se précipita lui-même dans le trou formé sous les pieds de ces enfants d'où il eut le bonheur de les retirer. Sur le compte rendu à Leurs Majestés, de cet acte de courage et d'humanité, *le Roi a décoré ce jeune homme d'une médaille et d'une chaîne d'or*, et la reine lui a fait don d'une somme pour payer sa maitrise [1].

---

[1] C'est aussi vers la même époque que Boussard, pilote-lamaneur de Dieppe, reçut de Louis XVI, une pension et une médaille pour le sauvetage d'un bâtiment dans ce port.

Nous pouvons rappeler encore l'exemple suivant que rapporte l'*Histoire numismatique* de Hennin (pl. I, n° 6). Cette médaille porte au revers : DONNÉ PAR LE ROI A JEAN Bᵗᵉ MURGET, CAVᵉʳ au Rⁿᵗ Rᵃˡ ROUSSILLON QUI, BRAVANT DEUX FOIS LA MORT, A SAUVÉ LA VIE A UNE CITOIENNE DE TOURS. 1789.

Une note accompagnant la description de cette pièce, relate l'acte de dévouement accompli par Murget, le 17 mai 1789 (*op. cit.*, p. 6).

En même temps, les villes faisaient exécuter des distinctions qu'elles accordaient par des actes de dévouement accomplis dans leur étendue :

Le 31 juillet 1789, on frappait une médaille aux armes de la ville de Lorient, portant au revers, dans une couronne de chêne : *Au brave Picard, soldat citoyen*, le... juillet MDCCLXXXIX[1].

De même, le 1ᵉʳ septembre 1789, la ville de Paris faisait remettre à un soldat de la garde municipale, nommé François Richardet, une médaille pour avoir sauvé la vie d'un homme qui se noyait[2].

La première médaille de dévouement portant une bélière et paraissant avoir été portée ostensiblement, est celle qui fut donnée à l'occasion d'une émeute à Toulon, le 11 août 1790. La vie du directeur général du port Castellet y avait été sérieusement menacée, et il fut, à trois reprises, arraché aux mains du peuple qui voulait le pendre, par des soldats de divers corps de l'armée, de la marine et de la garde nationale. Des médailles furent frappées à cette occasion, au nom du *département du Var* et deux furent distribuées à chacun de ces corps[3].

L'usage des médailles de dévouement paraît définitivement établi à la fin de 1791 et nous trouvons, dans Hennin, la description d'une médaille dont le revers était gravé en creux, et qui fut décernée par Louis XVI à un citoyen de Brest, Claude Lauverjat. Le don de cette médaille fut constaté par une lettre du roi rapportée en ces termes dans le *Journal de Paris*, du 20 février 1792 :

---

[1] Octogone, Hennin, *op. cit.*, p. 43, n° 58, pl. VIII.
[2] Hennin, id., p. 45.
[3] Hennin, *op. cit.*, p. 127, n° 175.

Vous avez, Monsieur, courageusement défendu et puissamment concouru à sauver la vie d'un citoyen, le 27 novembre dernier, à Brest.

J'ai pensé qu'un tel acte de civisme et de valeur ne devait point rester sans récompense.

Je vous donne une médaille d'or, sur laquelle j'ai fait graver une inscription qui rappelle la belle action que vous avez faite.

Je vous donne également un sabre sur lequel j'ai fait graver la même inscription : ne vous en servez jamais que pour la défense de la nation, de la loi et du roi [1].

On voit que sous la République et sous l'Empire, il n'existait point de récompense spécialement affectée aux actes de courage et de dévouement. Tantôt un préfet accordait des secours sur les centimes additionnels, pendant qu'un autre signalait le courageux sauveteur au Comité d'instruction publique ; enfin, je vois un exemple dans lequel on donne, comme sujet de prix de poésie, le récit de cette belle action [2]. En 1812, lors de l'explosion de feu grisou à la mine de Beaujonc près Liège, Napoléon Ier décora le porion Goffin, qui, par ses efforts, avait réussi à sauver ses compagnons.

C'est seulement sous la Restauration que s'établit définitivement et se régularise ce mode de récompense, que plusieurs départements ministériels sont autorisés à décerner simultanément.

Une ordonnance royale du 2 mars 1820 autorise le ministre de la marine et des colonies à récompenser ainsi les marins et riverains qui se seraient signalés par leur dévouement à sauver les personnes et les propriétés exposées à périr dans les flots.

Mais ce n'est qu'en 1831, au moment de l'institution de la croix et de la médaille de Juillet, que la médaille d'honneur devient une décoration et peut être portée.

Une ordonnance du 12 avril 1831 autorisa notamment les marins et autres riverains concessionnaires de médailles à les porter à la boutonnière suspendues à un ruban tricolore [3].

Depuis, ces distinctions ont été accordées, suivant la nature et le lieu des actes accomplis, par les ministères de l'intérieur,

[1] Hennin, *op. cit.*, p. 164, n° 227.
[2] V. Ternisien d'Haudricourt. *Fastes de la nation française.* Verb. *Aubry.*
[3] Dalloz. Répertoire de jurisprudence. V. Organisation maritime, n° 726. - Collection des ordres de Perrot, supplément par Fayolle.

de la guerre, de la marine et des colonies et même à un moment par le gouverneur général de l'Algérie. Ces médailles, qui ont varié de formes et de dimensions, ont toujours été suspendues à un ruban tricolore. Elles sont aujourd'hui au nombre de quatre : deux en or et deux en argent [1].

<hr>

XXXII.

INSIGNES UNIVERSITAIRES.

On s'étonnera peut-être que nous fassions figurer dans une collection de décorations militaires les palmes d'officier de l'instruction publique et d'officier d'académie. Pourtant, le nombre considérable d'officiers aujourd'hui revêtus de ces distinctions justifie cette exception.

C'est un décret impérial du 7 avril 1866 qui a réglé le modèle actuel de ces insignes, *trois ou quatre fois séculaires* (?), disait M. Duruy, dans le rapport qui en accompagnait le projet. Ce décret ne faisait, du reste, que régulariser la coutume, qui avait amené peu à peu à substituer un bijou aux insignes brodés précédemment [2].

[1] V. supplément de Perrot, par Fayolle, p. 9 et suiv. et pl. I, nos 5 et 6. — Steenackers, *op. cit.*, p. 284, etc.

Les deux classes sont différenciées en ce que, quelle que soit la matière de la médaille, la bélière est en or pour les premières classes et en argent pour les secondes.

[2] Dès l'époque de la Restauration, certaines personnes cherchaient à éviter de porter les grandes palmes brodées. L'auteur du pamphlet sur la noblesse lyonnaise, publié en 1829, sous le titre de *Pétition Clavet*, y signale un personnage qui se faisait rendre les honneurs militaires, « à la faveur d'un ruban rouge-amarante, recouvert d'une boucle armée de deux palmes académiques en sautoir. »

Ce n'est que depuis 1850 qu'est usité le titre d'officier de l'instruction publique. Antérieurement les fonctionnaires du ministère de l'instruction publique pourvus de titres honorifiques étaient désignés sous les noms de hauts dignitaires, de dignitaires et d'officiers de l'instruction publique, et d'officiers d'académie en vertu du décret constitutif de l'Université de France du 17 mars 1808. (V, Steenackers, *op. cit.*, p. 332.)

Un décret du 24 décembre 1852 régularisa en outre les insignes accordés aux membres du corps enseignant et aux élèves de l'École normale supérieure.

Les insignes d'officier de l'instruction publique ne peuvent, en dehors de services exceptionnels, être conférés qu'aux officiers d'académie revêtus de ce titre depuis cinq ans, ou aux membres de la Légion d'honneur pourvus au moins du grade d'officier. Les décorations universitaires ne peuvent actuellement être décernées aux militaires, par le ministre de l'instruction publique, qu'avec l'autorisation préalable du ministre de la guerre.

XXXIII.

APPENDICE.

A côté de ces Ordres essentiellement français, la collection du Musée d'artillerie renferme encore deux autres séries : la première est celle des médailles commémoratives des campagnes , auxquelles les troupes françaises ont pris part ; la seconde comprend les décorations données par des gouvernements étrangers à dés militaires français agissant avec leurs soldats dans une action commune.

MÉDAILLES COMMÉMORATIVES DE CAMPAGNES.

Les médailles, sauf les exceptions que nous avons citées plus haut et qui se rapportent à dés événements politiques, sont en France d'une institution assez récente et tandis qu'en Espagne, en Angleterre, en Russie [1], en Prusse et en Hollande, elles existent depuis près d'un siècle [2], ce n'est que sous Napoléon III que nous les rencontrons.

---

[1] Après la prise d'Otschakof sur les Turcs (6 décembre 1788), Cathérine fit remettre à tous les soldats une médaille d'argent. C'est là, croyons-nous, le premier exemple d'une distribution de médailles commémoratives. (*Jauffret, Catherine II et son règne. Dentu*, 1862, t. II, p. 347.)

[2] Deux publications faites récemment en Angleterre donnent les dessins et l'historique des diverses médailles commémoratives. Une collection considérable de ces distinctions, comprenant plus de 300 numéros, appartenait, il y a quel-

La première est la médaille de *Sainte-Hélène*, créée le 12 août 1857, pour tous les militaires français et étrangers des armées de terre et de mer qui avaient combattu sous les drapeaux de la France de 1792 à 1815.

Puis, vinrent les médailles d'*Italie* (donnée aux troupes françaises et italiennes), de *Chine* et du *Mexique* [1].

Antérieurement, nos soldats avaient reçu de divers gouvernements des médailles commémoratives pour le concours qu'ils leur avaient prêté.

Aussi, trouvons-nous dans ce second groupe les médailles données par le pape Pie IX pour le *siège de Rome* (1849) [2] et la bataille de *Mentana* (1867) et celles de *Crimée* [3] et de la *Baltique* données par la reine d'Angleterre à tous les soldats et marins français et italiens qui avaient combattu contre la Russie à côté des troupes anglaises [4].

ques années, à M. le capitaine Wurst, trésorier de la Société des Antiquaires du Rhin et a figuré, en 1868, à l'exposition rétrospective de Bonn.

Nulle part plus qu'en Espagne, ces distinctions n'ont été répandues, et l'on a fini par en donner pour des motifs qui nous sembleraient bien insuffisants. (Ex. *Aux plus proches parents des deux sexes des personnes tuées à Madrid le 2 mai 1808*). Les listes publiées dans l'ouvrage de Perrot et dans son supplément, portent à *quatre-vingt-dix-huit* le nombre des croix ou plaques commémoratives distribuées ainsi dans ce royaume, de 1808 à 1842 ; et de récents exemples nous ont montré que cet usage était loin d'être abandonné.

[1] M. Steenackers (*op. cit.*) donne de bons dessins coloriés de ces distinctions et de leurs rubans ainsi que le texte de leurs décrets d'institution : 11 août 1859, — 23 janvier 1861, — 29 août 1863.

[2] Cette médaille est peu connue. Elle porte d'un côté la tiare posée sur les clefs, avec la légende : SEDES APOSTOLICA ; et au revers : PIVS IX PONT. MAX. ROMÆ RESTITVTVS CATHOLICIS ARMIS COLLATIS AN. MDCCCXLIX. Cette médaille était en bronze pour les soldats et en argent pour les officiers ; elle se portait suspendue à un ruban jaune liseré de blanc. Elle fut accordée aussi à la division napolitaine et le port n'en fut autorisé en France qu'au bout de plusieurs années.

[3] Des agrafes d'argent placées sur le ruban indiquent les différentes batailles auxquelles ont pris part les soldats décorés de cette médaille, ainsi que cela a lieu habituellement en Angleterre : INKERMANN, BALACLAVA, SÉBASTOPOL.

[4] Des décrets impériaux du 26 avril 1856 et du 10 juin 1857, simplifièrent les dispositions relatives à l'autorisation des ordres étrangers en ce qui concernait les médailles de Crimée, de la Baltique et de la Valeur de Sardaigne. Les militaires qui avaient reçu ces médailles étaient seulement tenus de faire viser et enregistrer à la grande chancellerie les certificats qui leur avaient été délivrés pour constater leur droit à ces médailles, ces visas étant donnés gratuitement. Un autre décret du 26 février 1858 déclara applicables aux médailles commémoratives les dispositions disciplinaires contenues dans le titre VI du décret organique du 16 mars 1852.

Nous n'avons pas cru pouvoir faire figurer ici, à cause de son caractère privé, la croix de bronze des ambulances, décernée, à la suite de la guerre de 1870-71, par la Société française de Secours aux blessés militaires. Toutefois, nous devons rappeler que si cet insigne n'a pas en France d'existence légale, il n'en est pas moins considéré à l'étranger, et que la croix rouge française est l'une des trois décorations étrangères portées habituellement en uniforme par le prince de Galles. (Les autres sont la médaille militaire française et la croix danoise du Danebrog [1].)

DÉCORATIONS DONNÉES PAR LES GOUVERNEMENTS ÉTRANGERS A DES MILITAIRES FRANÇAIS, PRENANT PART, AVEC LEURS ARMÉES, A UNE ACTION COMMUNE.

De même que jusqu'à la fin du siècle dernier, et même dans le premier quart de celui-ci, l'usage ne s'était pas encore généralisé de récompenser, par des décorations, les ministres des souverains étrangers ou les ambassadeurs [2], de même, c'est seulement de l'époque de l'Empire et de la Restauration que date l'habitude de donner des décorations aux soldats d'une armée alliée [3].

---

[1] En Allemagne, le gouvernement a créé une décoration spéciale, rattachée à l'ordre de la Couronne, et qui a été distribuée pour les services hospitaliers rendus pendant la guerre.

[2] Ainsi, en 1787, nous voyons Louis XVI remettre à chacun des quatre ministres de Russie, signataires du traité de commerce avec la France, une boîte d'or avec son chiffre enrichi de diamants ; chaque boîte renfermant, disait-on, pour 120,000 francs de billets de caisse (*Paris et Versailles, journal anecdotique de 1762 à 1789, publié par M. Hippeau*, p. 296). Plus tard, le baron Portal, ministre de la marine de Louis XVIII, rappelle dans ses *Mémoires* (p. 18) « que quatre boîtes ornées des portraits ou des chiffres des souverains alliés, attesteront à sa famille la part qu'il a prise aux tristes et difficiles négociations des traités de 1815. »

[3] Bien qu'elles se fussent trouvées mieux à leur place dans l'article de l'Ordre de Saint-Michel, nous croyons intéressant de citer ici quelques lignes empruntées à une analyse des *Reports of the Royal commission on historical manuscripts*, publiée récemment dans le *Journal des Savants* (1877, p. 706).

« M. Ornsby Gove possède une missive autographe signée de Henri IV, datée du camp de Gisors, 13 octobre 1590, certifiant qu'il a conféré la chevalerie à Guillaume Sackville, comme récompense de ses services en Espagne. Il déplaisait à Élisabeth de voir ses sujets accepter les distinctions étrangères, et ce sentiment s'est conservé en Angleterre jusqu'à nos jours. Le lord trésorier, dans

Antérieurement, nous n'en voyons que de rares exemples, non que le goût des Français pour les distinctions fût moins vif qu'il ne l'est de nos jours, comme de nombreux exemples pourraient facilement le montrer, mais par suite de l'habitude que l'on avait d'exiger un serment exclusif de fidélité des officiers qui recevaient une décoration.

Quelques chefs d'armée faisaient seuls exception par suite de faveurs spéciales ; ainsi le maréchal duc de Mouchy et le duc de Durfort réunissaient la Toison d'or et le Saint-Esprit, Chevert portait l'Aigle blanc de Pologne à côté du cordon de Saint-Louis. Mais nous voyons Saint-Germain allant servir en Danemark, être obligé de renoncer à la croix de Saint-Louis, pour accepter l'Éléphant. Et, bien que plus tard il soit rentré en France et devenu ministre de la guerre, les registres de l'Ordre de Saint-Louis portaient en regard de son nom cette mention : *Mort pour l'Ordre, en 1759, et pour l'âge, en janvier 1778* [1].

La Tour d'Auvergne, qui servit comme volontaire dans les armées d'Espagne, reçut la croix de Charles III [2].

La *Société des Cincinnati* doit figurer ici, mais son caractère entièrement indépendant, le grade élevé (colonel) qu'il fallait obtenir pour y être admis et l'acceptation qui devait être faite du nouveau candidat par le comité, lui donnent plutôt l'aspect d'un chapitre [3]. Mal vue en Amérique, à cause des distinctions

une dépêche à Unton, citée par M. Masson, exprime le désir de la reine que le roi de France ne confère plus l'Ordre de chevalerie à des Anglais. Il semblerait que Henri IV n'en ait pas tenu compte. Richard Broughton écrivait à son beau-père Bagot, le 27 mai 1594 : « Sir A. Shirly et sir N. Clifford ont été tous deux écroués dans la prison de la Fleet, par ordre de Sa Majesté, pour avoir reçu des mains du roi de France l'Ordre de chevalerie de Saint-Michel. L'ambassadeur de France fait valoir que, lorsque Montmorency et d'autres Français reçurent l'Ordre de Saint-Georges, les rois de France n'en ont pas été mécontents, mais jusqu'ici on n'avait jamais vu personne de si peu de marque recevoir l'Ordre. »

[1] *Mazas. Histoire de l'Ordre de Saint-Louis*, t. II, p. 10.

[2] Nous avons placé l'Ordre de l'*Épée de Suède* dans la collection du Musée, parce que, depuis le voyage de Gustave III en France, le colonel, le major et plusieurs capitaines du régiment de Royal Suédois étaient décorés de cet Ordre et mentionnés avec cette qualification dans les *États militaires* de Du Roussel.

Nous voyons aussi figurer, dans les derniers *États* du règne de Louis XVI, quelques officiers alsaciens ou employés dans les régiments allemands et qui appartenaient à l'Ordre teutonique.

[3] Le Musée s'est enrichi dernièrement d'un bijou de Cincinnatus, ayant appartenu au comte Grabowski, qui avait fait la campagne d'Amérique, sous les

héréditaires qu'elle semblait vouloir établir, la Société des Cincinnati ne fut guère plus heureuse en France et par des raisons toutes différentes. Les noms des Lameth, de La Fayette, de Mirabeau et de Lauzun, qui étaient à sa tête, semblaient synonymes de ceux de révolution et la cour de Louis XVI fit tout ce qu'elle put pour s'opposer au développement d'une association formée d'hommes revenant en France, imbus des idées de réforme et d'égalité si prônées alors dans les États du Nouveau-Monde, qui, grâce au concours de nos armes, venaient de s'affranchir du joug de l'Angleterre.

Une décision royale du 7 avril 1785, dont nous n'avons pu trouver le texte, décida qu'il ne pouvait plus être accordé de nouvelles autorisations de porter cette marque de distinction. Mais à la Restauration, quelques personnes la reprirent, prétendant qu'elle était héréditaire dans leur famille, et un petit nombre d'entre elles furent à ce titre autorisées à la porter [1].

Nous ne nous étendrons pas davantage sur cette association, sur laquelle nous avons réuni d'assez nombreux renseignements, qui prendront place plus tard dans un travail spécial.

La Révolution fit table rase de toutes les distinctions, et la seule acceptation d'une décoration étrangère fut considérée comme un crime [2].

La Constitution de l'an VIII, en indiquant, comme un des motifs de la perte de la qualité de Français, l'affiliation à toute corporation étrangère, qui supposerait des distinctions de naissance, visait directement les Ordres qui, sauf de très rares exceptions, exigeaient tous la noblesse préalable, ou la conféraient à ceux qui n'en étaient pas revêtus [3].

---

ordres de son beau-père, le marquis de Béthisy et d'un brevet de cet Ordre, donné par Mlle Fillon.

[1] Le fils de Bougainville, né en 1791 et enterré au cimetière Montmartre fut au nombre de ces derniers. Il en est de même du contre-amiral de Martineng, entré seulement au service en 1790, et qui fut autorisé par une décision du 16 janvier 1822 à porter la décoration de Cincinnatus qui avait été conférée à son père. (Mazas, *op. cit.*, t. III, p. 168.)

Nous ne rappellerons pas, à propos des Cincinnati, la plaisanterie faite par cet officier peu instruit qui demandait quel drôle de saint les Américains avaient pris pour patron, disant : Je connaissais Saint-Louis et Saint-Lazare, mais Saint-Cinnatus ?

[2] 6 août 1791.

[3] Le Code civil restreint aujourd'hui cette perte à l'affiliation à une corporation *militaire* étrangère. (Art. 21.)

Sous Napoléon Ier, les Ordres de ses frères et de ses alliés figurent sur la poitrine de ses généraux et de ses ministres. Une règle s'établit alors qui ne dure que quelques années ; c'est que l'empereur doit autoriser la nomination avant que le titulaire soit nommé définitivement par le souverain étranger qui désire lui donner une marque de faveur. En d'autres termes, comme nous l'avons dit déjà, en parlant des Ordres mis sous le nom des frères de Napoléon, l'empereur veut donner lui-même les croix destinées à ses sujets, même quand elles leur sont décernées par des souverains étrangers [1].

Lors de la Restauration, nous voyons apparaître *le Phénix de Hohenlohe*, conféré par le prince Louis de Hohenlohe Bartenstein, qui commandait une légion étrangère au service de France et fut élevé en 1827 à la dignité de maréchal de France [2].

Louis XVIII avait autorisé le prince de Hohenlohe à décorer du Phénix les Français qui s'étaient distingués sous ses ordres, ainsi que ceux *qui s'en étaient rendus dignes par leur dévouement à la cause royale.*

Mais des abus s'étant introduits dans cette distribution, le roi retira au prince cette autorisation par une décision du 23 avril 1821 [3].

Lors de la guerre d'Espagne, de nombreuses promotions furent faites dans les Ordres de *Charles III* et de *Saint-Ferdinand.*

A cette occasion, le duc d'Angoulême accorda des autorisations provisoires d'accepter ces Ordres, par lettres d'avis du major général de l'armée des Pyrénées (le général Jacqueminot), autorisations qui furent déclarées valables par l'ordonnance du 16 avril 1824.

A la suite de l'expédition de Morée, et lors de l'établissement

---

[1] Voir ce que nous avons dit au sujet de la Légion d'honneur, de l'Ordre de l'Union, etc., et un rapport du général Gudin, au Sénat.

[2] Le prince de Hohenlohe commanda pendant l'émigration un corps de cavalerie qui fit les campagnes de 1792 à 1794 à l'armée de Condé. C'est à cette époque qu'il créa une langue française, dans l'Ordre du Phénix qui existait dans sa maison depuis 1754.

[3] Le brevet de l'Ordre du Phénix portait en tête un écusson, entouré de nombreux attributs, dont la reproduction a été donnée dans la *Mosaïque* avec une courte notice sur cette institution et sur la Légion de Hohenlohe (26 septembre 1874).

du royaume de Grèce, le nouveau souverain reconnut les services rendus à la cause hellénique, par les officiers français, en leur envoyant des décorations de l'Ordre du *Sauveur* (20 mai 1833).

Le même fait se produisit après la constitution de la Belgique, et des décorations de l'*Ordre de Léopold* furent envoyées aux officiers et soldats qui s'étaient distingués au siège d'Anvers [1].

Après la campagne de Rome de 1849 et pendant toute la durée de l'occupation des États pontificaux par le corps expéditionnaire français, des décorations de *Pie*, de *Saint-Grégoire le Grand* et de *Saint-Sylvestre* furent conférées à des militaires français.

De même, pendant la guerre d'Italie, indépendamment des Ordres sardes de l'*Annonciade*, des *Saints-Maurice et Lazare* et de la *Croix militaire de Savoie*, des brevets de la *Médaille de la Valeur* [2] furent mis à la disposition du gouvernement français pour récompenser les services des officiers et des soldats des divers corps, qui avaient pris part à cette courte et glorieuse campagne.

Plusieurs d'entre eux, du reste, avaient déjà reçu les décorations italiennes, dans le cours de la guerre d'Orient, époque à laquelle de nombreuses décorations, du *Medjidjé* de Turquie avaient contribué à récompenser les actes de bravoure de nos soldats [3].

Notre-Dame de Guadalupe, la *Médaille militaire mexicaine* et l'ordre du Cambodge [4] achèveront l'énumération des décora-

---

[1] M. de Buisseret a publié en 1863 (*Bruxelles, Tarlier*) la liste officielle de tous les membres de l'Ordre de Léopold, depuis son institution (11 juillet 1832) jusqu'au 31 décembre 1862. Cette publication comprend en outre les décrets relatifs à l'Ordre et une planche de dessins des décorations.

[2] A l'inverse de notre *médaille militaire,* la *médaille de la Valeur* peut être donnée plusieurs fois à la même personne.

[3] Peut-être conviendrait-il d'ajouter à ces Ordres celui du Nicham-el-Iftikhar de Tunis, qui, à la suite des rapports fréquents du gouvernement français avec celui de la Régence, est porté par un grand nombre d'officiers de notre armée et de fonctionnaires civils, employés en Algérie.

[4] L'Ordre du Cambodge, donné par le roi de ce pays tributaire de la France, est divisé en cinq classes et calqué comme organisation sur la Légion d'honneur. Il est donné, sur demande du gouvernement français, aux officiers et aux fonctionnaires employés en Cochinchine et qui ont été à même de rendre des services au gouvernement du roi Norodoum.

tions de cette dernière série, à laquelle il ne manquera plus, croyons-nous, pour la rendre complète que d'ajouter les croix espagnoles, et notamment celle d'*Isabelle II*, données pendant la dernière campagne de Chine.

En dehors de la suite qui vient d'être formée au Musée d'artillerie, il existe plusieurs collections importantes de décorations, parmi lesquelles nous devons citer, en première ligne, celle du Musée national de Buda-Pesth, formée des distinctions données à des Hongrois illustres ; celle de M. Hammer, à Stockholm, comprenant aussi pour la plupart des décorations ayant appartenu à des Suédois de distinction ; celle du Musée national de Stockholm, renfermant en outre de curieux types des décorations dites de plaisir portées en Suède au XVIII° siècle, la série des Ordres portés par les souverains danois, conservée au Musée de Rosenborg, à Copenhague, ainsi que la suite assez nombreuse de plaques figurant à Londres dans le Musée Tussaud. Nous citerons enfin, en terminant, les décorations anglaises en pierreries, exposées parmi les *Regalia* à la Tour de Londres, et les ordres de l'empereur Napoléon III, déposées au Garde-Meuble, parmi les diamants de la couronne.

Comte DE MARSY.

ANOBLISSEMENT DE LA VILLE DE SAINT-JEAN-DE-LONE

1636.

En décembre 1636, Louis XIII accorda par lettres patentes à la petite ville de Saint-Jean-de-Lône, sinon un anoblissement proprement dit, du moins les principales immunités dont jouit la noblesse, c'est-à-dire l'exemption des tailles et des impositions de tout genre pour tous ses habitants.

Cette distinction, si rarement accordée, était la récompense de la conduite héroïque de cette ville pendant le siège qu'elle eut à souffrir du 25 octobre au 3 novembre 1636.

La France avait alors à résister aux forces de l'Allemagne, de l'Espagne et de la Lorraine. L'armée espagnole venait de s'emparer de plusieurs places importantes en Picardie. L'empereur et le duc Charles de Lorraine avaient assemblé en Alsace une armée de 60,000 hommes destinée à envahir la Bourgogne.

Cette armée, commandée par le comte Galas et par le duc Charles, passa la Saône et entra dans le duché de Bourgogne. Le prince de Condé, qui y commandait, ayant envoyé une partie de ses troupes en Picardie, ne se sentait pas assez fort pour marcher à la rencontre de l'ennemi. Les Espagnols s'avancèrent sans obstacle jusqu'à la petite ville de Saint-Jean-de-Lône, position importante pour eux à cause du pont sur la Saône, qui leur offrait une communication ouverte avec la Franche-Comté alors possédée par la maison d'Autriche. C'était une place bien faible et qui ne paraissait pas devoir résister longtemps à l'ennemi. Elle n'avait pour défenseurs que 150 hommes du régiment de Conti, 8 petites pièces de canon et environ 400 habitants en état de porter les armes.

La place fut sommée de se rendre. Les officiers de la garnison étaient d'avis de se soumettre, croyant la défense impossible. Mais les habitants, commandés par les échevins Pierre des Granges et Pierre Lapre, déclarèrent aux officiers qu'ils les jetteraient dans la rivière s'ils parlaient de se rendre, qu'eux seuls se défendraient à outrance. La garnison, excitée par le courage des habitants, se réunit à eux pour faire une brave défense, sous l'autorité des échevins.

Le siège commença le 25 octobre 1736. Les dehors de la ville furent emportés facilement. Il ne restait plus que la dernière enceinte en brique, dans laquelle les 120 pièces de canon de l'ennemi ouvrirent bientôt une large brèche.

Un premier assaut fut donné ; l'ennemi fut repoussé, non sans de grandes pertes pour les assiégés. Le comte Galas, admirant la bravoure de cette poignée d'hommes, leur offrit, avant de donner un second assaut, une capitulation honorable. Cette proposition ébranla quelques-uns des défenseurs. Mais les héroïques échevins rassemblèrent les plus notables parmi les citoyens et, sur leurs exhortations, il fut résolu de ne jamais se rendre, et, si la brèche était emportée, de se défendre de rue en rue, de mettre le feu à la ville et aux dépôts de poudre, et de mourir sur les débris de leurs maisons s'ils ne pouvaient repousser l'ennemi. Cette résolution fut signée par tous les défenseurs.

En voici les principaux passages :

« Nous, Pierre Desgranges et Pierre Lapre, eschevins et juges de la ville de Saint-Jean-de-Loone, sçavoir faisons, que ce jourd'huy dimanche deuxième du mois de novembre 1636, environ l'heure de midy, nous nous sommes assemblés avec les habitants au corps de garde de la porte de Saône.... pour nous résoudre présentement sur le siège et assauts livrez dès le jour d'hier par les armées de l'empereur, etc.... mesme que leurs tambours seroient entrez dans ladite ville il y a environ une heure pour la sommer une seconde fois de se rendre..., et d'autant qu'il y a apparence que leurs armées vont nous donner un second assaut, il était nécessaire de prendre une bonne et prompte résolution et témoigner au roy une singulière fidélité...; par la voix commune de tous les habitants, a été conclu et résolu qu'ils prêteront de nouveau, comme en effet ils l'ont prêté entre nos mains, le serment de fidélité au roy et à la ville, déclarant tous vouloir courageusement exposer leur vie..., même sont résolus, au cas que par malheur ils viennent à être forcés, de mettre le feu chacun en leur maison, et aux poudres et munitions de guerre étant en la maison de ville, et ensuite de mourir tous l'épée à la main, etc... Et parce qu'il y a des principaux habitants de ladite ville qui sont en leurs postes sur la muraille, a été délibéré que la délibération cy-dessus leur sera présentement montrée par le greffier, etc. »

Les citoyens des divers postes signèrent avec empressement la résolution dictée par leurs échevins, et l'on attendit avec intrépidité l'ennemi.

Le jour même, le second assaut fut livré. Il fut terrible et dura plusieurs heures. Enfin l'héroïsme des défenseurs, animés par leurs femmes, fut récompensé : ils repoussèrent l'ennemi.

Celui-ci jugea inutile de s'obstiner à une attaque qui lui coûtait déjà bien cher, et le lendemain, 3 novembre, il leva le siège. Les habitants le poursuivirent et aidés des forces du duc de Weymar à qui leur défense opiniâtre avait donné le temps d'accourir, favorisés d'ailleurs par le débordement des rivières qui empêchait l'armée ennemie d'avancer dans sa retraite, lui causèrent des pertes énormes : plus de 8,000 hommes furent pris ou mis hors de combat et une partie de son artillerie enlevée.

Le roi Louis XIII, à la nouvelle de cette vaillante défense, voulut récompenser la petite ville de Saint-Jean-de-Lône par un privilége aussi extraordinaire que la bravoure et la fidélité de ses habitants. Voici la teneur des lettres patentes que le roi donna le mois suivant :

« Louis, etc. Nos chers et bien amez habitans de notre ville de Saint-Jean-de Loone, ayant fait paroitre ce que peut le zèle, la fidélité et la valeur de sujets affectionnez envers leur prince et leur patrie, en contraignant une grande armée impériale composée des principales forces de l'Allemagne, où le général Galas étoit en personne, assisté du duc Charles et de ses troupes, de lever le siège qu'elle avoit mis devant ladite ville, et, par une constance et résolution exemplaire pour tous les François, aidé à repousser avec une très notable perte d'hommes, d'artillerie et de munitions de guerre les ennemis qui étoient entrez en notre province de Bourgogne ; Nous avons résolu de reconnoitre dignement le mérite des habitans de Saint-Jean de Loone, en leur accordant une grace convenable à des actions si importantes et si signalées, et de laisser à la postérité de ceux qui nous ont si fidèlement et si courageusement servi, une marque considérable du contentement parfait que nous avons reçu, sçavoir faisons que Nous, par ces présentes signées de notre main, de l'avis de notre conseil, de notre certaine science, pleine puissance et autorité royale, avons dit et déclaré, disons et déclarons que notre vouloir et intention est que tous et chacun les babitans de notre dite ville et fauxbourgs de Saint-Jean de Loone soient à l'avenir francs, quittes et exempts de toutes tailles et taillon, crue des prevosts des maréchaux, et tous autres subsides et impositions quelconques qui s'imposeront en notre royaume et en la généralité de Bourgogne, etc.... Si donnons en mandement, etc.... Donné à Saint-Germain-en-Laye au mois de décembre 1636 et de notre règne le 27°. Signé : Louis. Et plus bas : Par le roy, Sublet. »

Lors de l'enregistrement de ces lettres au Parlement de Dijon, l'avocat général Fevret prononça un magnifique éloge de l'héroïsme des habitants de Saint-Jean-de-Lône, où nous remarquons ces mots : « Cette belle action est un *anoblissement* pour eux et leur postérité ; c'est une immunité perpétuelle pour eux et leurs concitoyens à venir ; une exemption de toutes charges et une distinction des habitants de Saint-Jean-de-Loone de tous les autres sujets du royaume,.... tellement que cette inexpugnable cité portera à jamais les marques honorables de sa fidélité. »

La glorieuse prérogative accordée par Louis XIII fut conservée à la ville de Saint-Jean-de-Lône jusqu'à la Révolution ; elle n'en fut privée que lorsque disparurent les privilèges du corps de la noblesse dont elle faisait pour ainsi dire partie.

L. Sandret.

RÉPERTOIRE

GÉNÉALOGIQUE ET HÉRALDIQUE

MANUSCRITS DE LA BIBLIOTHÈQUE NATIONALE

Collection de Camps.

Nobiliaire historique, T. VII. — Règne de Philippe-Auguste.

NOBLES OU SEIGNEURS NON TITRÉS (*Suite*).

CLÉRIGNET (Guillaume de), chevalier, possédant des fiefs de la châtellenie de Dammartin.

CLERMONT (Pierre de). Témoin du miracle de la Madelaine de Vernon, 1192.

— (Raoul de), chevalier banneret du Vermandois. Pleige de la rançon de Manassier de Conti, prisonnier à Bouvines, 1214.

— (Robert de), en Auvergne. Hommages pour les seigneuries de la Tour et de Rocheservière, 1208.

— (Simon de), en Argonne. Trève entre Érard de Brienne et Blanche, comtesse de Champagne, 1217.

CLISSON (Guillaume de), chevalier banneret de Bretagne.

— (Guillaume II de). *Idem*.

CLOPEL (Robert). Donation à l'abbaye de Silly, diocèse de Seez, 1189.

CLOS (Roger du). Donation à la même abbaye, 1190.

CLUICE, chevalier banneret de Touraine.

CLUSE (Vautier et Jean de). Témoins de la fondation d'une chapelle à Gand, 1193.

Coarrase (Raimond de). Présent à une charte de Gaston, vicomte de Béarn, en faveur de l'église d'Oloron, 1209.

Cocherel (Matthieu de). Fief dans le bailliage de Courcy en Brie.

— (Thibaud de). Fief dépendant de la châtellenie de Montlhéry.

Cochove (Raoul de). Présent à une charte de Baudouin, comte de Guines, en faveur des vassaux de l'abbaye d'Andres, 1203.

Codarase (Arnaud de). Témoin de donations faites à l'abbaye de Grandselve par Gaston de Béarn, 1181.

Codolet (Rostaing de). Témoin de donations faites par Raimond, comte de Toulouse, au prieuré de Pa, 1203.

Codreçai (Hugues de), chevalier. Fiefs du bailliage d'Orléans.

Codrète (Aubert de), chevalier. Fiefs de la châtellenie de la Chapelle-Gautier en Brie.

Coescans (Jean), chevalier. Fiefs du bailliage de Senlis.

Cognard (Élizende, veuve de Eudes). Donation de Raoul, comte de Clermont en Beauvaisis, à Notre-Dame de Vareville, 1190.

Coiri (Barthélemy de). Témoin de donations faites à l'abbaye de Valseri par Philippe d'Alsace, comte de Flandres, 1182.

Coispel (Amauri). Fief de haubert à Noisei donné par le roi, 1203.

Coheham (Hakin de). Assemblée de Valenciennes pour la croisade, 1201.

Colemi (François de). *Idem.*

Coligni (Gui de). Présent à l'accord entre le comte de Mâcon et l'abbaye de Cluni, 1180.

— (Humbert Ier de). Donation à la Chartreuse des Portes, 1196.

— (Hugues Ier de), croisé en 1201. Prise de Constantinople, 1204. Gouverneur de Serres, 1205.

— (Guillaume de). Donations aux chartreux du Mireur et de Seligna, 1209-1211.

— (Amé Ier de). Confirma les donations de son frère Humbert en faveur de la Chartreuse, 1211.

Colle (Thibaud de), chevalier. Témoin dans l'enquête sur la voirie de Saint-Hélier.

Cologne (Richard de). Prisonnier à Bouvines, 1214.

Colombe (Renier de Sainte-). Présent aux donations faites à l'abbaye de Fontenay en Bourgogne, 1196.

Colombettes (Ponce de). Témoin d'un accord entre Hugues Dalmas et Agne de Maumont, 1190.

Colommiers (Philippe de). Présent à la confirmation du titre de connétable de Normandie accordé par le roi d'Angleterre à Guillaume du Hommet, 1190.

— (Pierre de). Présent à la charte de Raimond Roger, vicomte de Toulouse, en faveur des habitants de Béziers, 1194.

— (Raimond de). *Idem.*

Colonches (Hugues de). Fiefs de haubert de la châtellenie de Vire, 1205.

— (Thomas de). *Idem.*

Colonges (Hugues de), religieux de l'Ile-Barbe, 1186.

Colombi (Daude de). Présent aux conventions de mariage entre Guillaume de Montpellier et Tiburge de Villemur, 1191.

Columps (Robert de), chevalier. Présent à une charte d'Élie de Villebon.

Combeaux (Anseau de). Témoin d'une charte de Robert, comte de Dreux, 1187.

Comblosi (Archambaud de), chevalier. Tenant fief dans le bailliage d'Orléans.

— (Renaud et Robert de). *Idem.*

Combons (Renier de). Fiefs de la châtellenie d'Orléans.

Comborn (Archambaud de). Liste des barons du royaume, 1194 et 1204.

Combourn en Bretagne (Harcoulf de), administrateur de l'église de Dol, le siège vacant, 1200.

Comin (Jean). Acte de renonciation de Jean de Clère en faveur de Saint-Amand de Rouen, 1215.

— (Richard). Dépossédé par le roi des terres qu'il avait en Normandie, 1215.

Commendal (Fouques de). Fief de haubert dans le Cotentin.

Commenge (Roger de). Hommage du comté de Monfort, 1211.

— (Roger-Bernaud de). Engagement d'observer la trève de Dieu, 1216.

Commines (Baudouin Ier de). Chartes diverses du comte de Flandres, 1196, 1199. — Assemblée de Valenciennes pour la croisade, 1201.

— (Baudouin II de), chevalier banneret de Flandre.

Compans (Dreux de). Croisé contre les Albigeois, 1212.

— (Simon de), chevalier. Fief dans la châtellenie de Dammartin.

— (Eudes de). *Idem.*

Compiègne (Névelon de). Témoin dans l'enquête de Pierrefonds touchant les droits d'usage dans la forêt de Compiègne, 1212.

— (Hélie de). Charte de l'abbaye de Jumièges, 1217.

— (Foulques de). Concessions de terres à lui faites par le roi, 1216.

Comté (Jean de la). Prisonnier à Bouvines, 1214.

— (Thomas de la). *Idem.*

Comtesse (Jean de la). Fiefs tenus de Pierre de Rueil.

Conches (Pierre de). Témoin du contrat de mariage de Don Pèdre, roi d'Aragon, avec Marie de Montpellier, 1204.

— (Guillaume de), fils du précédent.

— (Raimond de). *Idem.*

Conches-Cereri (Guillaume de). *Idem.*

Condé (Robert de), chevalier banneret de Champagne.

— (Robert de). Fief de haubert dans le bailliage de Pont-Audemer.

— (Roger de). Actes divers en faveur de l'église de Condé en Hainaut, 1195.

— (Nicolas, Gérard et Hugues de), fils du précédent.

Conflans (Ives de). Présent à une donation de Bouchard V de Montmorency à l'abbaye de Saint-Denis, 1182.

— (Raoul de). *Idem.*

— (Gilles de), chevalier tenant fief dans le bailliage de Montargis.

— (Eustache de), chevalier banneret de Champagne. Croisé en 1199.

— (Gui de). Croisé en 1201, tué devant Constantinople en 1206.

Connétable (Baudouin le). Banneret du comté de Flandres.

Conques (Étienne de). Témoin du mariage de Guillaume de Montpellier avec Tiburge de Villemur, 1191 (voyez *Conches*).

Consierge (Henri). Chambellan du roi, gratifié par le roi du palais des Thermes, 1218.

Contes (Guillaume de). Témoin de donations faites à l'abbaye d'Andres, 1207.

Conti (Manassier de). Prisonnier à Bouvines, 1214.

— (Jean de). Fiefs du comté de Clermont en Beauvaisis.

Contres (Guillaume de), chevalier. Croisé contre les Albigeois, 1213.

Coongnières (Anseau de). Fiefs du comté de Clermont en Beauvaisis.

Cope (Gilbert). Acte de cession au roi des droits de l'abbaye de Jumièges sur le Pont de l'Arche, 1217.

Copegni (Robert de). Donation de Robert de Béthune à l'abbaye du Mont-Saint-Éloi, 1180.

— (Jean de). *Idem.*

Copelle (Baudouin de la). Présent à une donation faite à l'abbaye de Landrecies, 1186.

— (Anselme de la). Témoin de donations faites à l'abbaye d'Andres, 1193.

— (Galod de la), chevalier banneret du comté de Flandres.

— (Gilbert de la). Prisonnier à Bouvines, 1214.

Coq (Gui). Fiefs dépendant de l'évêque de Senlis, 1214.

— (Geoffroi le). Fiefs du bailliage de Châteaulandon.

Coral (Jourdain). Champion dans un duel judiciaire devant le roi d'Angleterre.

Corasin (Conrard de). Prisonnier à Bouvines, 1214.

Corant (Hélie de). Pleige de Garnier du Donjon envers le roi, 1209.

Corbeil (Jean de), chevalier. Présent à un accord avec l'abbaye de Saint-Maur des Fossés, 1209.

— (Baudouin de), chevalier banneret des environs de Paris.

— (Robert de), chevalier. Fiefs de la châtellenie de Châteaulandon.

— (Sevin et Gautier de). *Idem.*

— (Renaud de). Arrière-fief dans la châtellenie de Montlhéri.

Corbel (Ascelin), chevalier, tenant fief dans le bailliage d'Orléans.

— (Robert et Thibaud). *Idem.*

Corbenois (Robert). Fief dans la châtellenie de Nogent-l'Érembert.

Corbertin (Philippe). Contrat de vente fait à l'évêque de Paris, 1180.

Corbesas (R. de). Présent au mariage de Guillaume de Montpellier et de Tiburge de Villemur, 1191.

Corbet (Robert de). Fief dépendant du comté d'Alençon, 1216.

Corbeville (Marie de). Pleige envers le roi de l'hommage de sa fille Alix.

Corbie (Raoul de). Fief de haubert.

Corbuart (Pierre de). Fiefs du bailliage de Corbeil.

Corcelettes (Ferri de), valet du bailliage d'Yèvre, 1220.

Corceon (Gir. de) possédait des bois dans le comté de Valois, 1217.

Corchelles (Gaucher de), chevalier, tenant fief dans le bailliage de Gien.

Corci ou Courci (Robert de), chevalier banneret de Normandie, 1213-1215.

— (Richard de). Fief de haubert en Cotentin relevant de l'évêque de Coutances.

Corcons (Gautier). Fiefs de la châtellenie de Montlhéri.

— (Pierre de). Témoin de la charte du comte de Nevers en faveur de la ville d'Auxerre, 1198.

Corcoris (Hugues). Arrière-fief dans la châtellenie de Montlhéri.

Cord (Arnoul), chevalier, tenant fief dans le bailliage de Lorris.

Cordai (Guillaume de). Fief de haubert dépendant de la seigneurie de Grandménil.

Cordom (Pierre de), chevalier, fiefs de la châtellenie de Melun.

Corent (Renaud de), chevalier. Témoin de la cession faite par Humbert de Coligni à la Chartreuse des Portes, 1196.

— (Gaucerand de), chevalier. *Idem.*

— (H. le). Témoin d'une donation de Hugues de Coligni à l'abbaye d'Ambronay, 1202.

Corfalor (Guillaume de). Fief de haubert dans le Cotentin.

Corferant (Étienne de). Garant envers Blanche, comtesse de Champagne, du serment de fidélité du comte de Joigni, 1221.

Corguillet (Édelin de). Chevalier du bailliage de Gien, 1220.

Corlibon (Étienne de). Arrêt de l'échiquier de Normandie, 1207.

Cormei (Eudes de). Présent à une vente faite par Thibaud, comte de Blois, à Saint-Martin de Tours, 1189.

Cormeilles (Thibaud de). Enquête concernant les fiefs du Vexin.

Cormeri (Hugues de). Croisé en 1199 avec le comte de Blois.

Cornai (N. de). Seigneurie dépendant du comté de Grandpré, 1216.

Corneillan (Raimond de). Témoin de la charte des privilèges de Beziers, 1194.

Cornelio (Émenon de). Présent à la donation faite par le roi d'Aragon de la ville de Montpellier à Guillaume, fils d'Agnès, 1212.

Cornet (Jean). Fiefs de la châtellenie de Montlhéri.

— (Henri). Témoin d'une charte de Rason de Gaure en faveur de l'abbaye de Ninove, 1186.

Corneville (N., dame de). Fief de haubert dans la mouvance de Montfort-sur-Risle.

Cornicle (Guillaume). Témoin de la fondation du prieuré de Beaulieu, diocèse de Rouen, 1200.

Cornil (Guillaume), chevalier, tenant fief dans la châtellenie de Paris.

Cornilh (Hugues). Témoin de la confirmation des privilèges de Nice, 1210.

— (W. de). Présent aux donations du vicomte de Turenne en faveur de l'abbaye de Beaulieu, 1197.

— (Pierre). Bailli de Marsel pour le vicomte de Turenne, 1219.

— (B. de). Témoin d'un traité entre le vicomte de Turenne et le seigneur de Châteauneuf, 1219.

CORNILLON (Guillaume de), chevalier bannèret du Vexin, 1185.

— (René de). Seigneur normand siégeant à l'Echiquier de 1212.

— (Renaud de). Donation par le roi d'une terre, 1209.

— (Pierre de). Engagement d'une terre aux religieux du Parc, 1214.

CORNO (Guillaume). Possesseur d'un château en Auvergne, 1199.

CORNOUAILLE (Guillaume de), chevalier. Enquête sur les droits dans la forêt d'Iveline.

CORNOUD (Guillaume de), chevalier. Fiefs dans le bailliage de Châteaulandon.

CORNU (Alard le). Assemblée de Cambray de 1184.

— (Boëmond). Témoin d'une charte d'Alphonse, roi d'Aragon, en faveur de l'église de Saint-Sauveur d'Aix, 1185.

— (Bertrand). Assemblée de la noblesse de Provence à Manosque, 1202.

— (Bermond). Présent au jugement rendu entre le comte de Provence et ses vassaux, 1202.

— (Guillaume de). Témoin du testament du comte de Forcalquier, 1208.

— (Jean), chevalier de l'Ile de France. Témoin de donations faites à Saint-Martin-des-Champs.

— (Gautier). Présent à la cession faite par Jean de Beaugency de ses droits sur le Vermandois, 1215.

— (Gislebert le). Prisonnier à Bouvines, 1214.

CORNUN (Guillaume de). Hommage rendu au roi, 1211.

CORPEL (Amauri). Commissaire dans l'enquête sur les droits dans la forêt d'Andely, 1215.

CORRABOIL (Étienne). Présent à une donation de la comtesse de Tonnerre à l'abbaye de Cluny, 1186.

CORSESSANT (Geoffroi de), chevalier. Accord entre le comte de Vendôme et le chapitre de Chartres, 1213.

CORSON (Renaud de). Chanoine de Paris, légat du Saint-Siège pour la croisade, 1215.

CORTEN (R.) Fiefs à Émanville en Normandie.

CORTEVESVES (Jean de). Témoin de privilèges accordés par Matthieu de Montmorency aux hommes de Montmorency et de Grosley, 1215.

CORVILLAC (Bernard). Présent à des donations faites à l'église de Boisemont, 1193.

COSANCES (Manassier de). Fief de haubert dans le Cotentin.

COSTE (Richard). Fiefs dans la châtellenie de Nogent-l'Érembert.

— (Bernard de), archidiacre de Rodez, 1195.

COTE (Raimbaud). Assemblée de la noblesse de Provence à Manosque, 1202.

COTENVILLE (Gédoin de), chevalier du bailliage de Jenville, 1220.

COTEREVILLE (Rembaud de). *Idem.*

COTES (Eustache de). Présent à une donation faite à l'abbaye d'Andres, 1203.

COTHEREAU (Matthieu), chevalier du bailliage de Gien.

COTIGNAC (Guillaume de). Présent à divers actes de Raimond Bérenger, comte de Provence, 1206-1215.

COUCI (Raoul Ier de), croisé. Nommé commissaire par les rois de France et d'Angleterre pour l'emploi des deniers de la croisade, 1190.

— (Enguerrand III de), fils aîné du précédent, 1210-1221.

— (Gui, châtelain de). Chevalier banneret, croisé en 1200.

L. SANDRET.

(La suite prochainement.)

Lettres de Charles d'Hozier à Gaignières.

I.

Le 17 janvier 1690.

Je vous prie, Monsieur, de me donner les armes d'Anne de Tolignan, dame d'Alligni, femme de Charles Aleman, seigneur de Laval, et mère de Guigonne Aleman, dame d'Alligni, femme de Bertrand Raimbaud de Simiane, baron de Gordes, et Siany les Saves, les Vau-Duperé, et de la mère, et les armes de cette Anne de Tolignan, dame d'Alligni ou d'Allegni, dame de Tolignan, je ne saï lequel des deux; expliquès le moi, s'il vous plaît; les armes de Louis Guerri des Essars, seigneur de Lirei, ayeul de Louise des Essars, femme de Laurens de Saint-Marcel, seigneur d'Avaulon; les armes de Guillemette de Sencei, femme de Pierre Le Genevois, baron de Blaigni, ayeul maternel de la même Louise des Essars, et les armes de Françoise de Verdun, femme d'Antoine de Lelles, dit Despirés, seigneur de Montpezat.

Si vous ne savez pas une partie de ce que je vous demande, votre ami Mr Clerambaut pouroit vous le dire, parce qu'il a tous les quartiers de feu M^r Le Laboureur, et les armes qui ne lui manqueront jamais.

Ce que je n'estime pas non plus que vous, Monsieur, à qui je suis toujours très féal,

D'HOZIER.

II.

Je vous renvoie, Monsieur, votre généalogie des Moutiers, j'y ai corrigé quelque chose.

Je crois que Renoul des Moutiers marié l'an 1464 est le père d'André marié l'an 1507; le temps y peut convenir, comme le mariage de Jammes, fait l'an 1412, à la filiation de Renoul ; peut être aussi qu'il y a un degré entre Jammes et Renoul, comme il peut y en avoir un entre Arnoul et André. D'où vient donc que vous donnez trois chevrons à cette race au lieu des trois fasses ?

J'ai trouvé la généalogie des Moutiers dans les derniers portefeuilles que vous m'avez rendus.

Dites-moi, je vous prie, quelles sont les armes de Lor, alié à Conflans et à Choiseul et à Neuchatel-Cernai ? Comme aussi, si cela ne vous fait point de peine, tout ce que vous avez de la maison de Raullave, au-dessus de ce que j'en ai dans la preuve que je fais pour le fils du chevalier Flivacour, page dans la petite écurie. Ne savès vous point les armes de Perronne de Jauvengnes, dame de Jauvengnes et d'Armentières, femme de Jean de Conflans, sire de Viels-Maisons, l'an 1360 ?

A propos de cela, corrigez votre généalogie imprimée de Conflans, où je me suis trompé, car voici les vrais degrés :

Hugues de Conflans, sire d'Etoges, maréchal de Champagne, épousa 2ᵉ N... de Chaalons, dame de... et de Vielsmaisons.

Jean de Conflans, sire de Vielsmaisons et de Vezilli, épousa Isabelle de Lor, veuve l'an 1335, et remariée avec Choiseul, et morte l'an 1347.

Jean de Conflans II, sire de Vielsmaisons, épousa Perronne, dame de Jouvengnes et d'Armentières et vivoit avec elle l'an 1362.

Jean de Conflans III, sire de Vielsmaisons et d'Armentières, épousa Madeleine de Nerves..., vicomtesse d'Ouches, chasteleine de Conflans...

D'Hozier.

TABLETTES CONTEMPORAINES

Année 1879.

MARIAGES :

SEPTEMBRE. — M. Oscar de Ribier de Champagnac, lieutenant au 17ᵉ dragons, a épousé Mˡˡᵉ Henriette de Sartiges de Sourniac.

M. le comte Bertrand de Blacas, — Mˡˡᵉ de Beauvau.

M. le comte Robert de Bréda, — Mˡˡᵉ Jeanne de Frézals de Bourfaud.

M. le comte Antoine de Bonneval, — Mˡˡᵉ Isabelle de Damas.

OCTOBRE. — M. le marquis de Brisay, — Mˡˡᵉ Mélite Tixier Damas de Saint-Prix.

M. le comte Laurent de Gouvion Saint-Cyr, lieutenant au 46ᵉ de ligne, — Mˡˡᵉ Jeanne Murat.

Supplément.

JANVIER. — M. le comte Gaston Yvert, camérier du pape, a épousé Mˡˡᵉ Angèle Espivent de la Villeboisnet.

FÉVRIER. — M. Victor Despréaux de Saint-Sauveur, lieutenant de vaisseau, — Mˡˡᵉ Marie-Anne d'Anglars de Bassignac.

MARS. — M. le comte de Suzannet, attaché d'ambassade, — Mˡˡᵉ Nina French.

AVRIL. — M. le vicomte François de Lancrau de Bréon, capitaine d'artillerie, — Mˡˡᵉ Noémi de Certaines.

M. le marquis de Brachet de Floressac, secrétaire d'ambassade, — Mˡˡᵉ Marie du Douet.

MAI. — M. le vicomte de Brocas de la Nauze, attaché d'ambassade, — Mˡˡᵉ Gabrielle de Barthélemy d'Hastel.

M. le comte Alain de Guébriant, lieutenant au 11ᵉ hussards, — Mˡˡᵉ Léonie de Durfort de Lorge.

Juin. — M. le comte René de Bouillé, lieutenant au 1ᵉʳ cuirassiers,
— Mˡˡᵉ Amélie de Laguiche.

M. Élie de Laborde-Lassale, — Mˡˡᵉ Louise d'Arblade de Séailles.

M. Auguste de Guillebon, — Mˡˡᵉ Marguerite de Plouy.

M. le baron Robert de Nervo, — Mˡˡᵉ Claire de Sansal.

M. Edmond Espivent de la Villeboisnet, — Mˡˡᵉ Valentine du
Puget.

Juillet. — M. le baron Oscar de Reinach, — Mˡˡᵉ Alice de Cessac.

M. le comte Gontran de Montesquiou-Fézensac, — Mˡˡᵉ Pauline de
Sinéty.

Aout. — M. Emmanuel Barbier de la Serre, — Mˡˡᵉ Marie de Bourrousse de Laffore.

M. le marquis de Lillers, — Mˡˡᵉ Solange de la Rochefoucauld.

DÉCÈS.

Septembre. — *Montreuil* (vicomte Alfred de), décédé le 2 au château de la Massellière, à l'âge de 42 ans.

Bertin de Vaux (Auguste-François), général de division, grand
officier de la Légion d'honneur, ancien pair de France, décédé le 3
au château de Villepreux, à l'âge de 81 ans.

Saint-Jullien (Mᵐᵉ de), née Grimet de Juzancourt, décédée le 8 à
Montreuil-sur-Mer, à l'âge de 26 ans.

Guilloteau (Mᵐᵉ de), comtesse de Grandeffe, née de Faudoas, religieuse de la Compagnie de Marie, décédée à Paris le 11, à l'âge de
73 ans.

Advisard (Mᵐᵉ la marquise d'), née de Gramont d'Aster, décédée à
Toulouse, le 14, à l'âge de 64 ans.

Nesle (Mᵐᵉ la comtesse de), née d'Arfeuil, décédée à Meslay, le 14,
à l'âge de 87 ans.

Durfort-Civrac (Émérie-Laurent de), duc de Lorge, décédé à Paris,
le 15, à l'âge de 78 ans.

La Tour d'Auvergne-Lauraguais (Mᵍʳ Charles de), archevêque de
Bourges, décédé à Bourges, le 17, à l'âge de 53 ans.

La Rochefoucauld (Matthieu-Léon-Henri de), décédé à Paris, le 22,
à l'âge de 18 ans.

Talleyrand-Périgord (comte Augustin de), décédé à Paris, le 25, à l'âge de 67 ans.

Adam de Flamare (Mᵐᵉ), née de Vathaire, décédée à Paris, le 28, à l'âge de 48 ans.

Oᴄᴛᴏʙʀᴇ. — *Luppé* (comte Étienne de), décédé à Paris, le 3, à l'âge de 46 ans.

Maistre (Mᵐᵉ la comtesse de), née de Menthon, décédé au château d'Alleroy, le 4, à l'âge de 39 ans.

Bondy (Mᵐᵉ la vicomtesse de), née Levavasseur, décédée à Vichy, le 5, à l'âge de 40 ans.

Duriez de Verninac (Mᵐᵉ), née de Laqueygue, décédée au château de la Peyrouze, le 8, à l'âge de 80 ans.

Nesle (marquis de), ancien député, conseiller général du Cher, décédé à Bourges, le 9, à l'âge de 77 ans.

Berghes Saint-Winock (prince de), ancien officier de la garde royale, décédé à Paris, le 16, à l'âge de 87 ans.

Villequier (Mᵐᵉ de), née Cardon de Montigny, décédée au château de Beaumesnil, le 25.

Le Hon (Louis-Xavier, comte), ancien député de l'Ain, décédé à Paris, le 31, à l'âge de 47 ans.

Supplément.

Fᴇ́ᴠʀɪᴇʀ. — *Mouchy de Gillocourt* (Mᵐᵉ de), née d'Élincourt, décédée à Compiègne, le 2, à l'âge de 80 ans.

Beuverand (Édouard de), comte de la Loyère, décédé au château de Savigny, le 18, à l'âge de 62 ans.

Mᴀʀs. — *Mannoury de Croisilles* (Ernest de), décédé à Saint-Germain-en-Laye, le 5, à l'âge de 72 ans.

Maleville (Léon de), sénateur, ancien ministre et ancien vice-président de la Chambre des députés, etc., décédé à Montauban, le 28, à l'âge de 76 ans.

Aᴠʀɪʟ. — *Carpentier de Changy* (Mˡˡᵉ), décédée à Paris, le 3, à l'âge de 27 ans.

Waldner (comte Édouard de), général de division, grand-croix de la Légion d'honneur, décédé à Paris, le 3, à l'âge de 90 ans.

Vincent de Vaugelas (Claude), décédé à Gênes, le 7, à l'âge de 71 ans.

Aoust (Mme la marquise d'), née de Gantès, décédée au château de Saint-Léger, le 7, à l'âge de 95 ans.

Berranger (Mme Jeanne-Caroline de), née Emond, décédée à Bourges, le 8, à l'âge de 40 ans.

Texier de la Pommeraye (Mme), née Lebas de Girangy, décédée à Dôle, le 23, à l'âge de 71 ans.

Imbert (Louis-Marie), baron de Balorre, décédé à Paris, le 29, à l'âge de 55 ans.

MAI. — *Nouette d'Andrezel* (Antoine), ancien officier de cavalerie, décédé à Paris, le 1er, à l'âge de 82 ans.

Essars (Mme la marquise des), née Brossard de Saint-Léger, décédée à Abbeville, le 4, à l'âge de 88 ans.

La Tour du Pin-Gouvernet (Mme la marquise de), née princesse de Monaco, décédée à Paris, le 8, à l'âge de 96 ans.

Cornulier-Lucinière (comte de), décédé à Nantes, le 17, à l'âge de 61 ans.

O'Donnell (comte), conseiller maître à la Cour des comptes, décédé à Paris, le 18, à l'âge de 56 ans.

Odoard du Hazey (comte), ancien garde du corps du roi, décédé au château de Saint-Hilaire, le 21, à l'âge de 77 ans.

Le Febvre (Mme la baronne), née Lefèvre, décédée au château de la Ronde, le 24, à l'âge de 79 ans.

Drée (Louis-Stanislas de), consul de France à Liège, décédé à Liège, le 27, à l'âge de 59 ans.

Chiflet (vicomte), décédé à Besançon, le 29, à l'âge de 66 ans.

Bunot de Choisy (Mlle Anne), décédée à Saint-Germain-en-Laye, le 30, à l'âge de 64 ans.

JUIN. — *Cholet* (Henri, vicomte de), ancien officier de cavalerie, décédé à Paris, le 2, à l'âge de 49 ans.

Talleyrand-Périgord (duc de), général de brigade, ancien pair de France, chevalier de Saint-Louis, décédé à Paris, le 8, à l'âge de 91 ans.

Rafélis de Broves (Mme la vicomtesse de), née du Breuil de la Guéronnière, décédée à Paris, le 30, à l'âge de 58 ans.

JUILLET. — *Poisson* (baron), ancien officier d'artillerie, décédé à Paris, le 4, à l'âge de 59 ans.

Maupas (Mme la marquise de), née de Valanglart, décédée aux Eaux-Bonnes, le 9, à l'âge de 39 ans.

Pillon de Buhorel (Charles de), ancien officier de cavalerie, décédé à Breteuil, le 20, à l'âge de 57 ans.

Vathaire (Charles de), ancien officier de cavalerie, décédé au Fort (Yonne), le 23, à l'âge de 82 ans.

La Croix de Chevrières (Mme la marquise de), née de Cauvigny, décédée au château de Clabeck, le 28, à l'âge de 89 ans.

AOUT. — *Roncy* (Mme de), née Petit de Douilly, décédée à Noyon, le 2, à l'âge de 88 ans.

L'Hôpital (Mme de), née Lemonnier, décédée à Landerneau, le 18, à l'âge de 33 ans.

Solerac (Mme la comtesse de), née de la Haye d'Ounoy, décédée à Rennes, le 22, à l'âge de 67 ans.

Gontaut-Biron (comte de), lieutenant au 10e hussards, décédé à Sétif, le 26, à l'âge de 30 ans.

Lesparda (baron de), colonel en retraite, décédé à Paris, le 31, à l'âge de 88 ans.

TABLE ALPHABÉTIQUE

DES

NOMS DES FAMILLES

Qui ont une Notice ou dont les Armoiries

sont décrites dans ce volume.

TABLE DES ARTICLES

PAR ORDRE DE MATIÈRES.

ÉTUDES HISTORIQUES ET GÉNÉALOGIQUES.

ARMORIAUX ET CATALOGUES DE MAISONS ET DE PERSONNES NOBLES.

ANGERS, IMPRIMERIE LACHÈSE ET DOLBEAU. — 1879.